東亞學系列

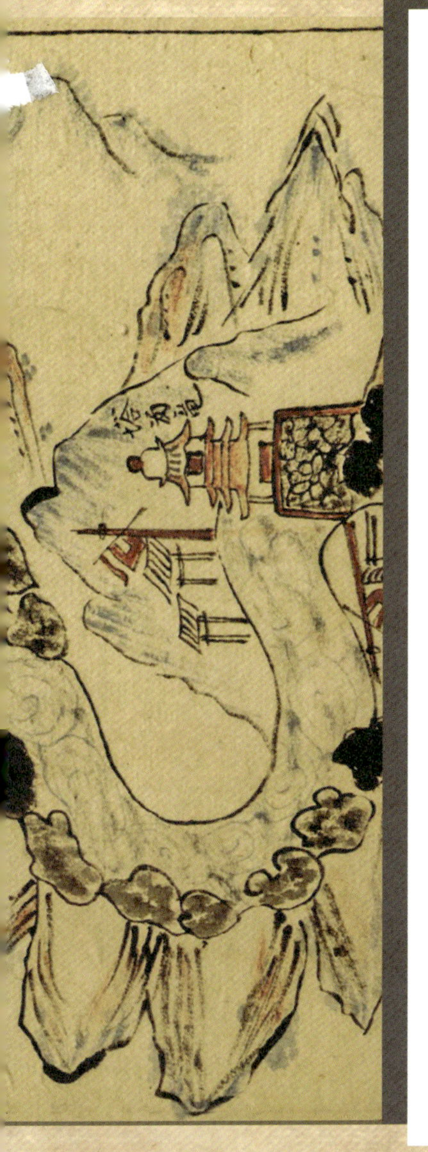

皇華使程圖

阮輝美 主編

Ainosco Press

主編簡介

阮輝美（Nguyễn Huy Mỹ）

1949 年 8 月 10 日出生於越南長留村，為長留阮輝家族第 16 代、阮輝瑩嫡系第七代。1967 年高中畢業後，就讀蘇聯能量大學控制科學與技術專業。1974 年回國任職於越南科學院。1983 年於蘇聯獲得副博士學位。1989 年始，任俄羅斯聯邦科學院越俄合作研究辦公室副主任、主任。1997 年獲科學技術博士學位，任莫斯科能量大學教授、俄羅斯聯邦自然科學院院士。2009 年回國迄今，深耕於長留村文化研究。

於長留村與爺爺生活，渡過童年的阮輝美，參與家族祠堂的祭祀，看過越南民間戲劇表演及參加過長留村的各種共同文化活動。自幼聽長輩談論阮輝瑩、阮輝似、阮輝琥等家族名人事蹟，以及長留村與周圍村縣的歷史故事。阮輝美為阮輝家族首位獲得副博士學位的後人，因此家族賦予重任，包含《皇華使程圖》在內的文史資料皆由其繼承。長留村作為 18 世紀中期越南的文化中心之一，存有諸多文化遺產，然而遺失的也不少。為此，阮輝美數十年來，投入大量心力整理與介紹長留村及其家族的文化遺產。

以長留村文化為主題，阮輝美與其他研究員六次組織、舉辦研討會，發表了 100 多篇文章、出版 30 本書。近年更成功申報「福江書院木版」與《皇華使程圖》為聯合國教科文組織亞太地區世界記憶的文獻遺產。

CONTENTS 目錄

序：阮輝僜與《皇華使程圖》

阮輝僜，1713 年生，1789 年卒，為長留村（今河靜省干祿縣長祿鄉）名門阮輝家族第十代人。1748 年中探花，後入朝為官，任國子監祭酒、都御史、工部尚書等重要職務。阮輝僜是有名的政治家、文化家、教育家，為 18 世紀中葉越華外交做出貢獻。

早在 1758 年，阮輝僜已經被列入擬在 1760 年出使清朝的副使候選人名單。1761 年，參加迎清朝大使德寶赴越。1764 年被選為 1766–1767 年赴燕使團正使。1766 年農曆正月初九，阮輝僜為首的外交使團由升龍（今河內）啟程，二十九日抵達邊境，沿著陸路去往寧明州，該走水路（共 14 艘船）經過南京，到濟寧州又改陸路，一直走到北京城外。臘月十九日，與回回使團一同進城，經章儀門前往南門公館入住。1767 年農曆正月初一，在午門迎乾隆帝祭太廟。正月十五日入朝參加宴席。在北京將近兩個月後，1767 年農曆二月十六日啟程，原路回國。農曆十一月八日回到升龍城。長達兩年的使程被阮輝僜詳細記錄，包括與朝鮮、日本使臣以及中國各地人士交流，探訪名勝古跡等事。

阮輝僜有關使程的著作非常多。他博覽群書，參考中華地理書籍，總結成《北輿集覽》、《皇華小引》等書；尤其是《皇華使程圖》，記載 1766–1767 年的赴華使程，訊息量非常龐大，不過由於沒有被刊刻所以很少人知道。

阮輝瑹（1852–1909），阮輝僜的五世孫，也是阮輝文派的作家之一，從小上學時已經聽各位先生提及阮輝僜的書，其中包括《皇華使程圖》。

經過20餘年尋找，直到1887年，阮輝琢從一位從叔家裡獲得了原書，並親自抄錄。後來，手抄本一直在家族內流傳，而至今原書卻不知所蹤。1989年，阮輝筆（1916–2011，阮輝第17代人）將手抄本交給了阮輝美（第16代人）。1993年，在阮輝似（1743–1790，阮輝瑩之子）生辰250週年紀念活動及研討會上，該手抄本首次被公布。

存世的《皇華使程圖》是該作品唯一保留至今的手抄版本，在長留村一直被族人保存於私家。該書鼠皮樹紙裝訂，內有以三彩繪製，漢文注釋的地圖，圖文並茂，內容豐富，詳細講解了18世紀大越出使清朝使團的經歷。阮輝瑩於1765–1768年對前人的紀錄進行整理，包括其師阮宗乖（1693–1767，一作阮宗奎，於1741年和1748年兩次出使中華）的紀錄，同時補充了有關阮輝瑩為正使的1766–1767年使程的訊息。之後，很有可能該書被西山朝及阮朝歷任使團繼續整理補充；如果屬實，該書也體現了大越古代使團在記錄工作方面上繼承性是很強的。

該書共有七個部分：

一、從1a到2b頁，共四頁，題為〈皇華驛路圖說〉。1a到1b頁羅列從南關到燕京所經過的州縣府路；1b頁中間寫道：「自北京奉旨回國，從良鄉起行，陸路經過府縣州，至漢口下水程」，之後列出使團經過的州縣和驛站。到2a頁中間「自北京陸路起行，到南京、江南合水程」之後繼續列出所經過的驛站，路程長短都有詳細標註，直到2b頁中間，最後的驛站為龍紅站。

二、緊接著第一部分，占滿2b一頁，題為〈兩京程路歌〉，共26句七言詩，概括使團所經過的路程，最後兩句為「已上馹名四十六，一路往來記須熟」。該部分沒有把所有46個驛站全列出來，只提及若干比較有代表性的驛站。

三、滿3a頁，題為〈使程備考〉，對從京城升龍大奧南關這一路程的時間地點作概略描寫，自堅義亭啟程，北至仰德臺，每一段路程都記錄駐留時間或當地祭祀活動。

四、使程地圖（正文），共204頁，從3b到105a頁。第一頁為越華邊境地區地圖，及一些使團的出境時間。接著是路上所經過的州府，最後的地點是新城縣。正文對風土人情、名勝古跡、城池村莊以及使團與當地人民和政府的交際活動都有詳細記載。

五、105b一頁，題為〈本國自神京進行陸路〉，羅列越南境內京北道及諒山道各驛站。

六、105b頁起，共21頁，標題為〈北使水陸路程里數〉，記載從鎮南關到燕京的路程，道路名稱和長短都詳細記錄，共9,838里。

七、117a頁起，共兩頁，標題為〈國初建宮殿〉，記錄燕京諸宮殿的名稱、宮門、方位。117a頁末尾處有宮殿建設時間的記載：「康熙六年，建端門。八年，重建太和殿，乾清宮。」

最後是阮輝瑑（1887年手抄該書的人）的序言。

總而言之，《皇華使程圖》包含有關越華兩國18世紀外交活動的資料非常豐富。該書是一部記載著從越華邊境到最後一站燕京新城的地圖集和使程筆記相結合；水陸兩路往返路程、駐留時間地點、路途長短、燕京宮門建設時間、越華兩國各地山川風物等都非常詳盡。

通過上面簡單的介紹，可以看出《皇華使程圖》是在地理、歷史、政治、外交、文化、風俗、藝術、建築、旅遊等方面上都非常有價值的一部獨特作品。該書非常值得出版並向越南以及世界廣大讀者介紹。

越南社會科學翰林院下屬漢喃研究院院長

副教授博士

阮俊強

2020年秋於河內

序：《皇華使程圖》的出版及其價值

現存於越南阮輝家族的《皇華使程圖》，由於在2018年被登錄為聯合國教科文組織（UNESCO）世界記憶文獻遺產，受到大眾矚目。它除了是一份精美的古代文物，在東亞研究上更是一份極為珍貴的資料。前近代東亞之所以成為一個區域研究單位，很大原因在於「朝貢–冊封」制度，讓周邊國家按照貢期對中國遣使入貢，形成了穩定的接觸管道。目前學術界相當重視朝鮮和越南使臣赴中使行留下來的文字紀錄，這些材料記錄了使臣在使行路上見到的中國風光、中國制度文化，以及與中國人的交流對話，在研究上應用極廣。然而相對於文字式的使行紀錄，圖像式的使行記錄則十分稀缺，這正是《皇華使程圖》極有價值的部分之一！《皇華使程圖》是1766年越南使臣阮輝僅出使中國前準備的路程圖，除了清楚的路線標示，還吸收了前代使臣及文獻對貢道一路上的「注意事項」，包括各種名勝景點和物產，對我們在客觀及主觀上瞭解越南使行極有幫助。加以阮輝僅亦有文字性的使行紀錄《奉使燕臺總歌》傳世，圖文互映更加完整難得。《皇華使程圖》是目前所知越南使程圖中時代最早的文獻，原件為阮輝僅後人所藏。阮輝家自阮輝僅的時代便是書香世家，經營福江書院，帶動了中越的學術，科舉舉子輩出。《皇華使程圖》和其家族的資料，可謂學術界的一塊瑰寶。藉由《皇華使程圖》的出版，中文讀者也終於更加容易接觸到這些訊息。

出版本書的華藝學術出版部為了充分發揮《皇華使程圖》的價值，除了《皇華使程圖》本身的圖像之外，還邀請本書主編阮輝美教授撰寫了相當於題解的說明、用當代地圖重新整理阮輝僅使行的文字記錄《奉使燕臺總歌》的路線，並將《奉使燕臺總歌》附於書後。這三件事大大提高了讀者對《皇華使程圖》的理解。首先，阮輝美教授從阮輝僅家族所在的長留村（現河靜省干祿縣）風貌開始，說明阮輝僅的生平、在故鄉經營書院、開板印書、受供書院廟等種種，為我們連結起《皇華使程圖》與它真實的時代和土地，這是特別可貴的。而以當代地圖繪製技術重現使行地圖，直觀地展現了實際的使行路徑，有效幫助讀者以現代人的感覺理解這條使行之路。書末所附《奉使燕臺總歌》為越南國家圖書館所藏刊本，此前越南漢喃研究院藏《奉使燕臺總歌》鈔本已在《越南漢文燕行文獻集成》（越南所藏篇）出版。本書所附《奉使燕臺總歌》，除了讓讀者方便與《皇華使程圖》兩相對照，亦有提供不同版本《奉使燕臺總歌》的意義。以上幾點讓原本就極有價值的《皇華使程圖》更加「增值」，為關懷東亞研究的人都值得收藏的一本書。

中國文化大學東亞人文社會科學研究院執行長

華藝學術出版部東亞學學門主編

許怡齡

2021年11月1日

序

2017 年初秋，北京故宮博物院故宮學研究所和復旦大學古籍整理研究所聯合在北京召開第二屆「燕行使進紫禁城」國際學術研討會，阮輝美教授作為清乾隆年間來華的越南燕行使阮輝僜（1713–1789）的七世孫，應我的邀請與會，並發表了述論現存阮輝僜相關文獻的論文，其中重點介紹的，就是現在呈現在讀者面前的這部《皇華使程圖》。次年 5 月，我應越南社會科學翰林院之邀，赴河內參加由哈佛燕京學社資助的越南書籍史國際學術研討會，阮輝美教授得知後熱情相邀，順道訪問其在河靜省的老家，調查阮輝氏家族所藏漢籍雕版，並在河內向我展示了其珍藏已久的寫本《皇華使程圖》原件。

阮輝美教授珍藏的這部《皇華使程圖》，當時已經被改裝成中國古籍式樣的線裝書，內葉的順次也不無問題。但全書主體俱在，抄繪與遞藏源流也十分清楚。從書最後的跋文可知，它是阮輝家族的一位名叫阮輝琭的後人，在同慶二年（1887）根據輾轉發現的阮輝僜舊稿抄繪的。

由於此前復旦大學文史研究院和越南漢喃研究院合編《越南漢文燕行文獻集成》時，我承擔了全書的統稿工作，並考證出現藏越南漢喃研究院的佚名彩繪本《燕軺日程》，即清乾隆三十年（1765）阮輝僜使團來華使程圖，因此對阮輝美教授珍藏和介紹的這部《皇華使程圖》，我自然很感興趣。而在越南，一個比較普遍的看法是，這部《皇華使程圖》，就是阮輝僜出使中國時的紀錄。

《皇華使程圖》果真是乾隆三十年阮輝僜來華所繪的使程圖嗎？我想

恐怕不是的。理由是，乾隆三十年阮輝僜使華，有文字性的《奉使燕京總歌并日記》和《奉使燕臺總歌》存世，對日程和行經的路線有詳細的記載，這些記載，跟《皇華使程圖》中的注記多有不合，而相反地，漢喃研究院所藏彩繪使程圖《燕軺日程》，則多可與阮輝僜使華日記和詩歌相互印證處。比如我在考證《燕軺日程》時，提到湖南衡州府圖中有「清泉縣」字樣，而清泉縣乾隆二十一年始置，我們回看《皇華使程圖》的衡州府裡，就沒有清泉縣，其〈北使水陸路程里數〉中，也沒有清泉縣。甚至整個《皇華使程圖》裡出現最多的清代年號，不是乾隆，而是康熙。

那麼，是否可以說這部《皇華使程圖》就此價值很低甚或沒有價值呢？當然不是的。事實上，這部使程圖有兩個十分重要的獨異之處。首先，我們看《皇華使程圖》的主體，也就是圖的部分，第一葉中間畫著昭德臺，臺的左右兩邊各寫著一條注記，左邊是「戊辰部正月二十七日過關」，右邊是「甲辰部正月二十二日過關」，而這戊辰部和甲辰部，聯繫本書最後阮輝璨所撰跋，可知它們分別是清乾隆十三年戊辰（1748）和更早的雍正二年甲辰（1724）使華的越南燕行使團，因此，《皇華使程圖》雖是阮輝僜所繪，卻不可能是阮氏出使中國後所繪，而更可能是出使前為準備行程而合併前代兩次使節的使程圖所繪，目的是為了自己出使時參考。需要特別指出的是，由於迄今為止，已經公開的越南燕行文獻中的使程圖，淺見所及，時代最早的就是乾隆三十年阮輝僜使團的《燕軺日程》—— 無論在東亞的越南，還是西方的英國、法國，近年都陸續發現過一些越南使節燕行使程圖，但燕行時間無一早於乾隆時期 —— 則這部底本不會晚於乾隆十三年，甚至可能還保留了一些雍正二年使團行蹤的《皇華使程圖》，其在越南燕行文獻發現整理史上的價值，是不言而喻的。

其次，從更深的層次上說，《皇華使程圖》的價值，還不止於底本製作的絕對年代早，它提供給學界的，還有很重要的一點，是我們可以通過這份圖，復原出一屆越南燕行使團如何使用前屆使團的舊圖，並以此為基礎，結合自身的燕行實際，製作新的使程地圖。換言之，從《皇華使程圖》到《燕軺日程》，雖然從底本上說是兩個甚至三個使團的出使地圖，但換一個角度看，他們其實都是阮輝瑩使團的出使前後的工作用圖。阮輝瑩為了順利地完成其畢生唯一一次出使中華的外交活動，從受命伊始就找來了前輩出使的真圖詳加研究，而他自己最後完成使命終於抵達北京後，也為後來的使團順利出行，繪製了他自己的使程圖。這是前此研究越南漢文燕行文獻者都還沒有關注過的新的問題點，可以解釋前此一直困惑讀者的諸如為何不同的行程使程圖卻多相似、有些使程圖會出現上下完全不配等一系列的具體問題。

如果從這樣的視角去看這部《皇華使程圖》，則除了位於中心位置的使程圖，其餘部分作為阮輝瑩出使的文案準備，其與使程圖本圖之間的有機聯繫也得以彰顯，像題為「乙酉年校輯」的〈皇華驛路圖說〉，和「乙酉年輯續」的〈北使水陸路程里數〉，應該也是事先準備的文獻，而不是阮輝瑩作正使的乙酉部實際出行的路線。若能據此作深入細緻的研究，相信會在雍正乾隆間越南燕行的歷史等方面有更多的收穫。

也許熟悉越南漢文燕行文獻的讀者，看了以上我寫的解釋，還是有疑問，並會反駁我說：這部《皇華使程圖》，雖然可以證明不是乾隆三十年阮輝瑩出使中國時的行程紀錄，難道就不能是阮輝瑩另一次出使時所繪的嗎？就此我想糾正一個與我有關的《越南漢文燕行文獻集成》裡的失誤。在《集成》的第五冊裡，除了收錄阮輝瑩的《奉使燕京總歌并日記》，還收錄了一部題為阮輝瑩輯，實際是有問題的《北輿輯覽》。這部抄本《北輿輯覽》的卷首，有落款為「欽奉正使探花阮輝瑩引」的一篇〈北輿輯覽小引〉，起首有「景興十年正月，余奉命北使」等語，《集成》的本書解題，據此推測阮輝瑩曾兩度使華。但景興十年當清乾隆十四年（1749），如果次年正月阮輝瑩就被選為正使赴北京，意味著前一年剛考上進士，前此只有地方治理經驗，沒有經歷什麼高層職位的30幾歲的年輕人，突然就承擔了外交使團領袖的大任，這是不可想像的。與此相應的一個引人注目的反證，是如果阮氏果真是再次出使，則他在《奉使燕京總歌并日記》中，絲毫不顯露再次出使中華時對往昔使程的回憶，反而在中秋對月時有「異域相逢見二度」這樣的詩句，不是太過奇怪了嗎？（一次使程，一往一返，兩次見月；若是來華兩次，則第二次異域相見，必云「四度」而非「二度」。）因此唯一的結論，是景興十年阮輝僜絕無出使中國的經歷，《北輿輯覽》即使是一部真實的書，卷首小引也不可能是阮輝僜所寫的。我當時統稿，雖然對《北輿輯覽》的來歷頗有懷疑，因此沒有按照年代將它編在《奉使燕京總歌并日記》之前，而只是附編其後，但終究沒有細勘阮輝僜的履歷，發現其中的矛盾，殊為憾事。今借《皇華使程圖》刊行之機，特此自糾前失，尚祈學界鑒察。最後我想說的是，阮輝美教授是世界著名的自然科學家，但對歷史充滿溫情和敬意，對於人文遺產之於一個家族乃至一個國家的重要意義，有清晰而堅韌的意識。我在與他的交往中，如沐春風，受教甚多。承他不棄，命我這個晚輩為本書撰序，因不揣淺陋，漫書鄙見如上，兼求教於研治越南漢文燕行文獻的諸位同道和中越關係史學界的各位先進。

中國國家古籍保護工作專家委員會委員

復旦大學古籍整理研究所教授

陳正宏

2020年8月31日

出版序

2019 年初，在越南社會科學翰林院阮蘇蘭教授、中國文化大學東亞人文社會科學研究院許怡齡執行長的引介下，我帶著促進越南漢喃文獻及相關研究在臺出版的期許，親赴河內拜訪漢喃研究院前院長鄭克孟教授及現任阮俊強院長等學者，並且與長留阮輝家族第16 代阮輝美教授相談甚歡。長留村作為越南18 世紀的文化中心之一，至今仍保留許多文化遺產，2018 年聯合國教科文組織UNESCO認證的世界記憶（Memory of the World）文獻遺產《皇華使程圖》，便是阮輝家族世代珍藏的文獻之一。數年前該文獻曾在越南整理、出版成越文版，如今由華藝學術出版部首次出版繁體中文版，以饗廣大中文讀者。

《皇華使程圖》為18 世紀越中兩國外交的重要史料。然須特別說明的是，「皇華使程圖」一詞，其實並未出現在史料之中，而是2018 年申請認證為世界記憶文獻遺產時所使用的名稱。在考量與越文版的一致性，以及《皇華使程圖》認知度較高的情況下，中文版仍以《皇華使程圖》為名。同時，本次出版並非直接複印古籍，亦增列阮輝家族、使程圖之淵源作專文說明，故使用「卷首名」為書名已非必要。

古籍文字常有殘缺，字形與今日通行者亦多有不同，故本書採用虛缺號□表示字跡不清無法辨認、無法查明的字，一字一「□」；此外，用☒表示文句殘斷；〔 〕表示補入文字；〔？〕表示該字存疑。原圖中的通假字，不另改為本字，然若為俗體字或簡化字等異體字，則使用現行規範字寫出；若兩字於世俗時有通用，然彼此尚有其他意義，則兩者並存，例如：「莊」、「庄」；「鋤」、「耡」；「壩」、「垻」。註釋中引用的文獻，皆於初次出現處註明版本或詳細出版資訊，後文則減省之。

除訂定前述體例外，中文版更收錄珍貴的燕行文獻《奉使燕臺總歌》（越南國家圖書館藏，編號R1375）作為附錄。該文獻為乾隆年間阮輝家族重臣阮輝僅使華的紀錄，可與使程圖之內容互相參照、比較異同。惜因越南新冠疫情爆發，《奉使燕臺總歌》第45–50葉在出版前未及完成高清晰度的掃描，故先行採用越南國家圖書館的現有圖檔，待本書二刷時再予以替換。此外，越文版曾將出使的重要地點繪成現代地圖，惜清晰度不佳。今中文版已另委請地理資訊系統的專家重新繪製該地圖，俾使燕行往返路徑更為明確，方便讀者參閱。

期盼本書中文版的問世，對於深耕東亞、中越關係史研究的學者專家能有所幫助，也期盼有興趣的讀者能一窺此珍貴史料的風貌。

華藝學術出版部總編輯

張慧銖

2021年9月29日

第一部分

一、前言：
長留村阮輝家族文化背景下的《皇華使程圖》

世界記憶（Memory of the World Programme, MOW）是聯合國教科文組織（United Nations Educational, Scientific and Cultural Organization, UNESCO）於1992年所倡議發起的項目，其動力來自對世界各地文獻遺產保護和面臨的危險狀態的認識；其目標為記錄具有國際級、地區級與國家級影響的有價值的文獻遺產，同時呼籲全球蒐集保存，並為保護珍貴文獻創造便利條件。文獻遺產可在亞洲太平洋地區世界記憶文獻遺產（Memory of the World Committee for Asia and the Pacific, MOWCAP）以及拉丁美洲和加勒比地區世界記憶項目（Memory of the World Regional Committee for Latin America and the Caribbean, MOWLAC）登記註冊。

越南至今已有七項文獻遺產被列入名錄中。其中包括阮朝木版（林同省第四國家檔案館）、黎莫兩代82座進士碑（河內文廟國子監文化科學活動中心）、阮朝硃本（河內第一國家檔案館）等三項世界級文獻遺產；永嚴寺木版（北江省）、順化宮廷建築詩文（承天順化）、福江書院木版（河靜省）以及《皇華使程圖》（河靜省）等四項亞太地區級文獻遺產。此外還有許多其他文獻遺產的申請資料有待完善。

《皇華使程圖》被正式列入名錄之後，政府組織了展覽、講座、製作電視節目等一系列活動，目的旨在推廣與發揮其文化歷史價值。2018年10月16日，河靜省舉行證書接受典禮，省長強調將與省內各級政府和人民積極落實河靜省人民委員會發布的《有關「乂靜民歌」、「籌歌」、〈金雲翹傳〉、「福江書院木版」、〈皇華使程圖〉等已列入聯合國教科文組織名錄的省內文化遺產保護與推廣議決》。

在這一部分中，我們將從文獻狀況、作品價值、尤其是以長留村阮輝家族文化為中心的文化背景等方面切入，詳細考察《皇華使程圖》。

二、長留村與阮輝家族

（一）長留村

1. 長留村簡介

從河內沿著1A國道，經過乂安省榮市，到鴻嶺市右轉，開車八公里路即可到達長留村故地，該村距河內南邊300公里，距榮市機場30公里。

古長留村，今長祿鄉，北邊和西北邊是雙祿鄉，東邊和東北邊為清祿、安祿二鄉，南邊連嘉亨鄉，西南接富祿鄉。長留村又包括東碩、福長、鳳山、新進等四巷。1469年，黎聖宗命令畫全國地圖，該地方屬乂安鎮德光府羅江縣萊石總萊石社。幾經滄桑，村落的名稱與地界也多次改變，有的名稱仍然沿用至今，卻也有些名稱早已不復存在。

長留村坐落在茶山、孛山、鸑鷟山之間，以前是山谷，雨季水淹成湖，現在已形成一些小河流，其間還有若干小山丘。山丘地形和三角洲地形，大自然都給予了這塊土地；山水之情合於一地，長留村亦靠山望水而立。周圍的小河流為岸江（Nghen river）的支流，農曆九月下雨之時，水勢潼潼，可以隱約看見舊時山谷的輪廓。流經長祿鄉的河流分為多個支流，明江流經長留的一段，名為福江，可當作各鄉之間的自然分界。福江一段的位置在安祿、嘉亨二鄉與長留村之間的地方。

在氣候與天氣上，長留村屬於熱帶季風區，一年兩季分明。農曆八月到臘月為雨季，九月洪水泛濫。二月到七月為旱季，但正月到三月時有小雨，異常潮濕，有時長期降溫，溫度低到7–9 °C。四月到八月颳西南風，俗稱「老撾風」，炎熱難耐，氣溫可達37–38 °C。

古長留村，今天是長祿鄉的四個巷，長祿鄉是河靜省干祿縣下屬的23個行政單位之一，該鄉共有五個巷。舊長祿鄉面積為412 公頃，人口共2,978 人，14 個家族，41 個家族分支，阮輝家族人數最多，共23 個分支。以前村民主要靠種地為生，每年五月、十月兩次收成；此外村民還製作木制品、五金品、竹編產品、磨石，從事養蠶種桑、織布等手工工作。如今村民多參與服務業工作。

2. 長留村各家族

長留村除阮輝家族之外，還有13 個其他家族（18 座祠堂）以及尚未形成家族的新家庭。其他13 個家族情況如下：

（1）阮春家族：通過阮春元先生提供的阮春族譜，我們發現，阮春家族六代祖阮春茂（1685–1736），與阮輝家族九代祖阮輝僦是同一代人；通過其他考證也證實阮春家族入村比阮輝家族晚三代，將近100 年時間。阮春家族現分為三個支。

（2）阮清家族：至今有將近30 戶，皆為阮仁直的後裔。阮仁直，清化省人，阮輝瑩四妾阮氏芷親弟。阮仁直與姐姐一同避難之時，與阮輝瑩相遇，便去往長留村。阮仁直被送到私塾讀書，娶潘氏，生一男。後回清化，管理守護河堤，並與家人重逢。阮仁直留在清化，納二房，其子孫也在村裡自成了家族。阮清家第四代有阮氏超，嫁給阮輝傑（1770–1818），生阮輝儹。

（3）陳輝家族：《1980 年陳輝家族譜系記錄》是陳輝家族一分支的紀錄，2004 年的電子版列印共24 頁，由陳國士先生提供，記錄到第19代。據該紀錄，從第一代到第九代都只有一戶人家，第十代開始分為五個分家。第三代，「陳明倫，黎朝慶德年間，中甲午科校生」。第七代，「陳輝寶，考中校生（即秀才），黎朝永慶年間又考鄉解，任會寧知縣，乳名任（Dằm），享年79歲」。

上文所提及的甲午，是1654年，因此陳明倫應該與阮公班為同一代人；陳輝寶於1729年舉鄉解，與阮輝儆同一代。陳輝家族第三代與阮輝家族第六代為同一代，陳輝第七代與阮輝第九代為同一代。陳輝家族住長留村，最早也晚於阮輝家族兩到三代，即將近百年的時間。現如今陳輝家族共分三支。

（4）阮仲家族：阮仲家族譜一共11張雙面列印A4紙，從漢喃文翻譯成國語字，成泰元年（1889）出原譜，1972年9月抄副版，記錄共11代人，如今共有26丁。族中有個成員參加本村的斯文會。其譜注明自第一代至第11代人的忌日、墳墓、歷代墓誌。

（5）陳文家族：陳文家族譜於1993年（癸酉）抄錄，雙面列印A4紙共11張。族譜共記載十代。第一祖陳文麟，原是德壽縣忠禮村人。第二代陳文松，官至千戶，後黎朝景興三十六年（1775）敕封。

（6）阮文家族：阮文家族譜由第五代人阮文尊於1965年撰寫，雙面A4紙共七張，記錄第一代到第七代。該家族裡有1936年出生的阮文乘，干祿縣原縣長，河靜省農業司原司長，已退休，住長留村。家族第一代人的原籍和入村時間，已不可考。

（7）鄭文家族：族譜由鄭文成用漢文書寫，鄭文劵翻譯，經過多次補缺，最新版本2001年成譜，由鄭克賢編寫，共文字八張、地圖三張。鄭克賢，大校，已退休，現住榮市。鄭氏發跡於清化，住長留村的第一祖是鄭唐，娶潘氏面，本是探花郎扶郎侯潘瞰之後，潘瞰與阮輝僅是同一代人，至今已傳到十代。據阮輝家族的傳言，當時為了提防禍起蕭墻之事，鄭王派潘瞰與阮輝僅一同前往長留村，阮輝僅及第後朝廷賜褒鐸園一處以居住，便騰出一塊分給鄭唐。

（8）陶文家族：《陶族家譜》由陶文公與陶文祥於1994年撰，共雙面A4紙八張，記載列祖名諱、八代族系，同時也說明，只知道第二代是府校校生，第一代何地發跡、何時住村，暫時無從考證。

（9）阮氏家族：阮族第一祖為阮鐘，族譜記載到第九代，共雙面A4紙11張，抄錄由阮仲汪與明命十八年（1837）校訂的版本，後補充祖墓地圖。按族譜記載，阮族來自陳留郡。

（10）胡文家族：《胡氏家譜》為手寫稿，漢喃文並用，第一祖是胡亮，乂安省東城縣人，1748年（戊辰）趕考後進福江書院。據該譜所記載，在1748年，也就是阮輝僅中探花的那一年，胡亮考中第七名，這也符合於書院廟的祭文內容。如今胡氏傳到第12代。十代祖生二子，一個留住長留村，一個回東城縣。

除此之外，還有尚未找到家譜的三個家族，包括：

（11）黎唯家族：第一祖是阮輝僅二房黎氏合的親弟。

（12）陳文家族：原是阮輝僅一女婿的後人，此人來自石河村一富貴家族，因鍾愛長留村的學風而來。

（13）協鎮官（陳？）族：現有40多戶，但如今只剩一戶留在長留，其餘的都在外地，祭祖時方能齊聚。

（二）長留村與阮輝家族的形成與發展

1. 村名

在包括現今的長祿、雙祿、富祿鄉的萊石，或在更廣闊的，包括月澳、密切、碣石、安輝、東西、永嘉、阮舍等村的鸞鶯山一帶，從傳言中很難找到村名來源和建村時間。長留村倒是可以通過以前的傳言和現在所找到的資料獲得一些訊息。

15世紀中葉，國子監五經博士阮淵厚來到此地。見渡村、鼎村和長村坐落在濕地，村民終年勞苦，而離三村只有幾百米的鳳嶺，卻是一個鍾靈毓秀的高地。很有遠見的阮淵厚提議，三村村民搬到此地，與區村（東西村一部分）合併，起名「長留」，「長村」取「長」字，「陳留郡」（阮淵厚故鄉）取「留」字，「長留」一名自此有之。阮淵厚娶嘉亨人陳氏懿，1454 年生一子，名為阮含恆，後阮含恆娶阮心弘（1434–？）之女。阮心弘，永嘉人，戊戌科（1478）進士，官至參政，加封王爵，阮朝追尊為神。阮淵厚、阮心弘等的後人，就是以后的長留阮輝家族。

及冬至，阮淵厚回故鄉，囑咐子孫以冬至為忌日，因此祭祀的地方也叫作「冬至祠堂」，2010 年被公認為河靜省省級遺產。後代人在廟山阮劉家族墓地裡為他築虛墳。墓地還有阮輝家族第二代到第五代祖的墳墓。陳氏懿年老時回到嘉亨，其墳墓坐落在嘉亨村裡的苦朱山。

國子監五經博士阮淵厚與及第進士阮心弘兩個家庭結秦晉之緣，為長留村後來的發展奠定了基礎。

有關阮輝家族頭三代，暫無資料記載，但可以肯定，阮淵厚不回長留，阮含恆以及阮一郎、阮承業二兄弟都在故鄉去世，至今墳墓還在。相傳阮淵厚等回老家開私塾，或許上學的人就是這幾個村的孩子？再者，阮輝家族第三代之末，阮春、陳輝兩家第一代人也到長留村，很可能他們特意為了找有開私塾的地方定居。阮春、陳輝家族族譜對原籍沒有交代，但既然說是第一代，那麼應該不是長留村原來的人。

2. 長留村與阮輝家族的發展

1450–1550 年這一段長達百年之久的時間就是阮輝家族祖先與本地居民建村並傳承到第三代的時間。列祖不去安輝、嘉亨、永嘉等地，也許是因為看到了此地的發展前景。據各家族的記載，當時本地居民的後代都已經不在長留村。

阮輝家族第二代阮含恆與第三代阮承業都是黎聖宗時期的監生。

後來出現阮春、陳輝兩家族。

1550–1650 年這一階段，越南正屬於黎莫戰爭時期，也相當於阮輝家族第四代到第六代的時間。1526 年，莫氏篡權，這時間阮輝家族第四代人在私塾讀書，族譜記載，阮承祖為「本府校生」，第五代阮承休、阮承寵也是府校生，阮承休參加黎莫戰爭，官至參將臣事。阮承休長子阮敦厚繼承父業，也做參將臣事。第三子阮如石（1579–1662）留在京城，官至刑部郎中，封美良子。阮輝家族頭三代經歷了黎莫戰爭。第四代人留在家鄉。第五、六代參與戰爭。到第六代，黎朝已恢復京城，整頓科舉制度。阮如石與楊致澤（1586–1662）為親家。楊致澤因立下戰功而朝廷賜婚，娶阮文階宰相（1553–1628）第五女。

這一階段後期，瓊瑰（Quỳnh Côi）黎族從越安村前往月澳，為建設瓊瑰鄉做出貢獻，1588 年重修嘉興寺。

1650–1750 年是為長留村的發展奠定基礎的 100 年。阮輝家族第七代到第九代的一些族人到別的地方去生活。這一時期，黎莫戰爭已經告一段落，鄭阮紛爭卻仍在時起時落的進行。阮如石當朝官，晚年回鄉開私塾，卒於 1662 年，有三子：阮公班（1630–1711，第七代人），考會試三場中宏詞士望，仕至監察御史。阮公班有三子：長子阮公璞北上拜師，學習京北文化，在北方娶妻生子；二子阮公質，1675 年中解元，後來定居富祿鄉景村；三子阮公珍（1754–1726），廣平知州、布政使，後居福祿村（今雙祿鄉）。第九代族人有阮輝儆（1690–1750）是第一個名含「輝」字的人，官至參政。阮輝家族其他分支也蓬勃發展。福祿村第八代人阮氏萱，是潘暾探花郎的母親。兄長國子監監生阮公林對潘暾的成長和事業有著很大影響。阮公質則前往富祿鄉定居，對地方建設做出貢獻。阮舍村分支裡多為朝官，勢力不小。進士阮弼亮家族裡，有族長阮弼紀（第七代人）去往阮舍村，認當地阮輝家族的勝祿侯阮克寬為義父。據《密村阮氏族譜》，阮克寬在宮廷裡有勢力，因此阮弼紀願意做其義子。阮舍村阮輝家族第八代人阮氏瞻是進士阮行（1700–1742）之母。阮儼（1707–1775）曾作碑銘稱頌阮氏瞻對家族的功勞。阮氏瞻也是阮浹（1722–1804）的祖母。

阮浹母阮氏紅，是阮輝家族第九代人阮公環長女。

17 世紀末、18 世紀初，長留村科舉發達，很多人考中鄉貢，當上朝官。阮春茂（1685–1736）於 1708 年考中鄉貢，當知縣，死後追贈少卿。陳輝寶於 1729 年中鄉貢，當會寧知縣。之前有知縣黃公，是阮公班的老師，至今尚未找到這位黃公的來歷。阮春茂、陳輝寶和一些阮輝家族族人一起參加羅江縣文會。

接下來的 100 年，從 1750–1850 年，相對應是阮輝家族第十代到第十二代。前期相當安寧，長留發展成有名的村落，自然美景與人為建築融為一體，建設了諸多家族祠堂，阮輝家族裡的教師以及福江書院和印刷廠吸引很多文人學子來學習交流。據一些研究指出，這一階段也形成阮輝文派。後文所介紹的文化遺產，大部分就是在這一階段形成。這個階段長留以及整個地區都比較安寧。長留村的一些人繼續參加鄉試、會試。1783 年鄉試，阮輝家族很多成員都考中，但沒有人考過會試。1786–1802 年（西山時期到嘉隆登基），長留村經歷了較大的動蕩。1786–1789 年，西山北伐，阮輝家族子弟參加反抗，因此長留被燒毀。後來阮輝似投靠西山朝，時間約 1788 年，可能因為這個原因，長留被燒毀的程度不如先田村。阮朝初期，阮輝家族很多族人較早地加入阮朝隊伍，比如阮輝僾參加護送嘉隆皇帝北上的親兵隊；阮輝像、阮輝傑都受邀出來做官。阮輝佐任北寧督學，後官升國子監副督學。1789–1807 年這一段時間，科舉荒廢，只有西山光中帝舉行的一次俊士科。

阮輝僾，後改名阮允忠，1827 年考鄉試，其子阮輝玾，1840 年中解元，會試未達。阮輝琥，官職小且做官的時間較短：正七品欽天監靈臺郎。這段時間是否有人當過武官，尚無資料可考。

阮春家族裡有阮春育（1768–？），當過西山兵，被阮朝抓進牢裡，後投靠阮朝，做過知府。

1850–1950年，相應的是阮輝家族第13代至第15代，這是動蕩的100年：1858年法國殖民完成侵略越南，李寧、潘廷逢等人響應勤王詔，起兵反抗。儒學逐漸失去地位，1920年代開始國語字與法語教育。後來，1930–1931年乂靜蘇維埃、1945年八月革命以及1954年土地改革等重大歷史事件接連發生。

有關勤王運動、蘇維埃以及八月革命的參與，已經有具體研究，本書不再贅述。有資料證明長留村民參加過上述的事件，但相關資料一直沒有統一印刷。下文將再簡單介紹幾個重要事件。

1923年起，長留村有《鄉約》紀錄。

長留村人仍然參加科舉，有的考中秀才，參加過鄉試二場、三場。很多人教子弟學漢文，同時也有參佐阮輝秦、參佐阮輝瑞等這些學習國語和法語的人（「參佐」是法殖民政府裡的高級官員）。

長留村的主要文化遺產都在18世紀中葉形成，尤其是1919年之前（傳統科舉制度廢除之前）。歷經滄桑，1975–1980年才開始重新進行遺產保護工作。

1950年至今，牧師洪懷（1911年生）、阮輝樂（1926年生）等一些對村落與家族歷史有深刻瞭解的高齡老人相繼西歸。1920–1930年生的一代人現在雖然無幾，但一大部分都有學過漢字和國語字學習經歷。1930–1950年生的一代人大部分已經退休並且在大城市生活，很少留在長留村。

長留村人積極參加抗法戰爭。1946–1956年搬遷到此的河靜醫院和河靜衛生司，是遼南戰場和第五戰區療傷地點，同時也是抗法時期醫療幹部培訓基地，許多衛生部門高級幹部都出身於此。抗美時期，省委隧道，或稱鳳山隧道，已為歷史遺跡。然很少研究提及長留村在這個階段的貢獻。

18 世紀中葉，長留村成為全國數一數二的文化中心，包括福江學校、布坊民歌、長留八景，以及豐富的文化遺產。

長留阮輝家族的一些分支也居住在長留村和附近一帶。

阮輝家族第三代有兩個家庭，長兄家移居萊石總阮舍村，後發展成阮舍阮輝家族、寨村阮有家族、蜜村阮克家族等分支。第八代也有移居蜜村的人。

第五代有阮承寵從長留往嘉亨移居，至今已形成阮士、阮輝兩個分支。

18 世紀中葉，自第12 代起，共有45 分支；長留村有23 分支、22 座祠堂，其他地方有22 分支、21 座祠堂。

長留阮輝家族擁有歷史文化遺產共13 項：四座國家級遺產的祠堂、九項省級遺產；四位越南文化名人、九位省級文化名人。長留村有三項國家級遺產、六項省級遺產，其他地方有四項省級遺產。

（三）長留村文化遺產

1. 物質文化遺產

長留村物質文化遺產包括：祠堂、廟、亭、殿、寺、住宅、陵墓等。

1945 年之前建成的祠堂共有37 座：阮輝家族23 分支的22 座、阮春家族三座、陳輝家族三座以及阮清、阮仲、陳文、阮文、鄭文、陶文、阮氏、黎文、關俠等家族的九座。其中國家級遺產包括：阮輝僜祠、阮輝佢祠、阮輝似祠、阮輝琥祠；省級遺產包括阮淵厚祠、阮輝倜祠、阮輝傑祠。正在提交資料有待公認的遺產包括：陳文祠堂、黃氏祠堂以及阮如哈祠。

村莊裡的墳墓也很俱全，阮輝家族15 世紀中葉以來的墳墓都得以保存，其中的阮公班（1630–1711）墓和阮輝僦（1690–1750）墓是河靜省省級遺產。

省級遺產還包括18 世紀建成的村廟、引跡碑林、藍橋醫院，以及鳳山隧道。

長留村現存的古宅約十多座，都在80–100 年前建成，比如阮輝坦宅，約1830–1840 年建，房間裡保存著較多的橫匾、對聯。

長留八景從前也知名天下：官市朝霞、鳳山夕照、掀天寺鐘、義倉木鐸、古廟陰容、蓮池月色、碩井香傳、阮莊花美。如今掀天寺、義倉、古廟已成廢墟，但有望修復。

此外，可以修復的建築還包括：

（1）祭祀烏茶南嶽大王武崇班的鳳山廟：武崇班是李朝武官，山廟現在只留下兩個四角柱的殘跡，據說柱子1960 年代尚未被毀，裡面藏有銅錢。

（2）坐落在村中心的高山高閣廟：高山神，原本是明朝進士，任安南按察使，美字高山高閣莫山顯應大王。

（3）書院廟：供奉福江學校的阮輝僅，迄今殘存下來的還有廟前的水池、水溝、包墻墻腳，嘉亨宅子殘留的木件，村民甚至還能描寫書院廟的形狀結構。

（4）掀天寺：建寺時間不詳，據阮輝僅碑文，掀天寺早已有之。1756 年在山南時，他在雪山寺鑄造一洪鐘，帶回掀天寺，該鐘已經不在，現在的洪鐘是嗣德年間鑄造的，安置在村廟裡，戰爭時期被當防空警報鑼使用，因此銘文已經模糊不清。

（5）高山廟：山前小廟已經見不到。供奉雙瞳玉女的古廟以及椚追（Mun Troi）山的廟也都已經不復存在。

（6）進士宅：去往富祿鄉笏村的路上，經過雷（Roi）橋，以前有一塊田，名叫「營田」，原本是阮輝僩1772 年考中進士後所建的住宅，村民稱之「進士營」，已變成田地，以前在此深挖也常常碰見磚瓦之類。

2. 非物質遺產

長留村非物質遺產包括如下。

（1）教育與創作

長留阮輝家族自創祖五經博士阮淵厚始，12 代下來科舉出身大有人在。黎阮兩朝期間考中鄉貢（舉人）共32 個人，族中也多有生徒（秀才）、儒生、校生。第十代有兩位考大科，分別是探花郎阮輝瑩和進士阮輝倜。第11 代，鄉貢阮輝似受特頒進朝應務，列同進士。後來讀書人也很多，不少人考了鄉試二場、三場。

除政治、經濟、外交等領域上的貢獻外，長留阮輝家族最大的貢獻就在教育和創作上了。單單阮輝瑩已經有上萬學生，考中進士的有30 餘人。族中文人存世作品數以百計，其中不少名著。很多人在越南文學文化歷史上享有崇高地位。

「文章楷模」（阮儼評語）的阮輝瑩是《奉使燕臺總歌》、《碩亭遺稿》、《北輿集覽》、《皇華使程圖》、《初學指南》等諸多文學、地理、歷史、哲學、教育著作的作者。其子「少年多才藝」（阮儼評語）的阮輝似與其孫阮輝琥也留有《花箋傳》、《梅亭夢記》等著作。此外還有阮輝倜的《寅峰詩抄》、《寅峰文抄》、《廣順道史集》；阮輝僚的《梅亭夢詩》、〈賜壬辰科進士廣順道督視口謚忠懿阮公行狀〉、阮輝傑的《鍾山遺草》等。

據黃春瀚所考，阮攸寫《金雲翹傳》時受《花箋傳》的影響。而後阮善潤正《花箋傳》時又受《金雲翹傳》的影響；阮輝琥編寫《梅亭夢記》時受《花箋傳》（潤正版）的影響。這三部作品的相互影響給了黃春瀚一個啟迪：一個所謂「鴻山文派」的存在。

要強調的是該文派對越南喃字文學的貢獻，尤其是「六八體」。對於長留阮輝家族裡的文人而言，該體裁成功地運用到了《訓女子歌》（阮輝瑩）、《托長留布坊女言》（阮輝倜）等作品中。探花阮輝瑩還運用六八體編寫了《奉使燕臺總歌》和《藥性歌括》兩部漢文長詩。後來香山丁儒家族的丁日慎也運用漢文六八體來編寫《秋夜旅懷吟》。

阮輝家族族人所創作的作品，自從剛剛問世時起，已經被家人與學徒抄錄並廣泛傳播開來。19 世紀潘輝注《曆朝憲章類誌 • 文籍誌》裡只記載有阮輝瑩的《阮探花詩集》、《性理纂要》、《四書纂要》、《五經纂要》等幾部著作。

阮朝初期阮善潤色的《花箋傳》，到嗣德乙亥年（1875）才進行印刷，提名為《花箋潤正》，杜夏川檢校。武待問編輯、高伯括校點的另一個版本，阮文素用國語字注音，收錄到1936 年出版的《致知會紀要集》，改名為《花箋記演音》。以該版本為藍本，賴玉剛進行考釋，1961 年由文化出版社出版。陶維英從長留阮輝家族借到阮輝似的原版《花箋傳》，與段升注音，收錄到賴玉剛版本《花箋傳》的附錄。1978 年，文學出版社出版陶維英考訂注釋的《花箋傳》。該版本以嗣德年間阮善潤正版為基礎，附錄阮輝似原版《花箋傳》。2008 年，美國加州的清淨出版社出版了段擴考訂版《花箋錄考註》。

至於阮輝琥的《梅亭夢記》，黃春瀚根據嗣德年間三個手抄本進行編輯整理，嚴鑽注釋，河內的珥河出版社出版於1951 年。

長留阮輝家族的著作中，《碩亭藏版》所收錄的書成書於黎朝年間，《花箋潤正》於阮朝年間印刷，之後才有國語字注音版本。

近年來舉辦了若干有關長留阮輝家族的研討會，包括：1993 年河內舉辦研究阮輝似的研討會、2007 年和2013 年河靜舉辦有關阮輝瑩的研討會，此外有關長留阮輝家族的文獻研究共有三屆研討會。除六次研討會的論文集以外，國內報紙也刊登許多介紹阮輝文派作者與作品的研究。《阮輝琥與〈梅亭夢記〉》（1997）、《阮輝傑與〈鍾山遺草〉》（2005）、《阮輝瑩詩文集》（2005）等書也陸續出版。

（2）信仰與祭祀

A.「德婆祠」托兒：長留村有把孩子寄託到德婆祠的習俗，以期祝願孩子有美好的未來，寄託時有契約，供奉香火和水果，時間為德婆忌日（三月十五日）。

B. 求仙：村裡以及附近一帶，每有病者，常常到阮公班祠請藥。

C. 祈福：農曆六月十三日行祈福，前一天選出健壯男青年去請神回村：南嶽大王、高山高閣神、掀天寺雙瞳玉女（上述為天神）；請書院廟神阮輝僜時，經過六支祠堂，等請城隍阮輝僦、通章大王阮輝佢一同回到村廟，還有從阮輝家族大宗祠請「德婆」阮氏護（上述為人神）。

D. 祭神：以前長留村祭祀阮輝僦、阮輝僜、阮輝佢、阮輝似、阮氏台（為長留村獻出自己的田地）等五位。前四位是村落的「福神」，因為有建村立邑之功，唯有阮氏台按照「佛後祀」（從祀）習俗而被祭祀。祭神在忌日前一天進行，忌日那天子孫在家裡自行供奉。祭阮輝佢由村裡「兵會」進行。祭拜儀式及貢品由村裡人負責（經濟來源來自那幾位生前捐出的田地）。

以前，書院廟祭祀阮輝僜以及福江書院裡工作的其他十位。該典禮意義重大，體現了詩書禮義長留村的尊師重教之精神。可惜如今已經不知道祭典時間為何日，幸而祭文已被蒐集到。希望以後可以恢復祭典，以彰顯好學之精神。

上述祭典以外，長留以及附近村莊都很重視私家裡的祭拜祖先，規模因家庭條件而有所不同。家族祠堂裡的祭祀很受重視，祭祖為重，元旦、元宵、清明、端午、中元、中秋、下元等節日次之。一些家族還保留每年二度春祀秋嘗的習俗。

每逢墳墓修繕可看條件決定規模，但都必須擇日辦禮。以前每兩年改葬一次，現在一些家庭修建陵墓而不做改葬。七七、百日、滿週年、滿三年都有具體的儀式。

如今很多儀式都已經不復存在，地方政府與人民正努力還原六月十三日的祈福、書院廟祭典等傳統祭祀活動。一些習俗與儀式都在長留村鄉約裡有詳細記載。

（3）藝術表演

A. 布坊歌（Hát phường Vải）：根據阮攸的〈長留二女活祭文〉、〈托先田笠坊男言〉以及阮輝倜的〈托長留布坊女之言〉等資料，布坊歌在18 世紀中葉到18 世紀末已經很盛行。有名的藝人要數早前的簑姑、乍姑（有人說是阮輝傅的女兒）、桃姑、柳姑（阮春家族）、20 世紀初的波姑（陳氏），以及現代優秀藝人陳德維、阮文寅等。長留布坊歌曾經與養蠶織布息息相關，也是聯合國教科文組織評選為2015 年年度代表性非物質遺產的乂靜民歌的一部分。

B. 廟會藝術表演：廟會時間，長留村常常有「嘲劇」（hát chèo）表演，包括《劉平楊禮》、《觀音氏鏡》等名劇。據傳聞，村裡在阮輝僜時期已經有戲班子，班子裡多為能歌善舞之人，因此常常受邀在縣、省中表演。

C. 公共活動裡的文藝表演：如今一些公共的儀式性活動都隆重舉行，包括升旗、學生以及村民朗誦詩詞、唱布坊歌等文藝表演。活動前幾天，全鄉人民在街頭巷尾、廟堂內外進行打掃衛生。除了嘲劇、祭神、祈福等活動外，每次有重要活動之時，村民、老師、年輕人，以及小朋友們也都有歌舞表演節目。之前的活動常常有傳統舞蹈表演，現在開場節目包括唱歌跳舞都有。

3. 已被公認的資料遺產與待開發遺產

（1）福江書院木版

福江書院木版是服務於教學工作的圖書印刷雕版，製作時間大概從18

世紀到20世紀，相當於阮輝家族在長留開設並經營福江書院的時期。

福江木版刻有阮輝僦、阮輝僜、阮輝佢、阮輝倜、阮輝似等五位18世紀名士的字跡、印章、家徽。木版資料是阮輝家族裡歷代作者編纂、書寫、找工匠雕刻的，有具體的時間地點，形式豐富，雕工精湛，字跡精美，內容包含歷史、政治、社會、文化思想、外交、儒教等多重訊息。

福江書院木版充分體現了儒教對朝廷、國家、社會生活，尤其是對18世紀到20世紀人才培養的影響及其重要性。木版也見證了阮輝家族一段歷史裡的文化教育活動，同時木版也是獨特的藝術作品。

福江木版共383片，保存在河靜省干祿縣長祿鄉（舊長留村）的私家裡；這是越南家族教育最古老的資料。

（2）待開發遺產

長留村家族祠堂與私家資料（17世紀到20世紀）：共489項，包括敕封、行政文件、橫匾、木版、楹聯、碑銘等。

長留村家族祠堂與私家資料用漢字書寫在鼠皮樹紙、絲綢、木版、石片上，記載著長留村人在250年時間裡與政府機構和外國名人交流的豐富內容，反映了黎阮兩朝家族與村莊的社會生活、政治、經濟、文化、教育、思想等問題。這些資料都比較完好地保存下來，是有代表性的文化總集。

長留村家族祠堂與私家資料保存在河靜省干祿縣長祿鄉（舊長留村）的祠堂與私家裡。

（3）待開發文化遺產：長留文化村

長留村擁有諸多物質遺產和非物質遺產，不僅有世界級世界記憶名錄中的遺產，同時也是東亞文化價值交流之所。

長留村，屬今天河靜省干祿縣長祿鄉，面積362.4平方公里，574戶人家，共1,644人，屬阮輝家族23分支以及其他13家族，阮輝家族之祖阮淵厚於15世紀中葉為村莊命名。18世紀中葉，阮輝僦、阮輝瑩、阮輝似等人和村民共同建設福江書院，上千人入塾讀書，培養出30多位進士，其中有不少名人；也共同建設村莊美景，發展多種文藝交流活動。長留村當時是全國僅次於升龍京城的文化大中心。

物質遺產包括三項國家級遺產、九項省級遺產、37座祠堂和古宅。非物質遺產包括布坊歌、鴻山文派的主要作品。國家和國際世界記憶名錄中有福江書院木版、《皇華使程圖》等。

所有上述遺產屬於長留村所有。

三、阮輝瑩生平與事業

（一）生平

1. 行狀

阮輝瑩生平在2008年的《文化名人阮輝瑩》研討會論文集、賴文雄的《長留阮輝家族文業考》、《長留阮輝家族考》等研究裡都已經介紹過。本章節將介紹阮輝瑩後人阮輝傑所編寫的〈行狀〉，同時補充一些有關阮輝瑩及其家人的訊息。

阮輝瑩，原名僜，別名敞，字鏡華，號榴齋，黎朝永盛九年（1713）九月十七日生於羅山縣萊石鄉長留村（今河靜省干祿縣長祿鄉），是阮輝僦與潘氏紬的長子。六歲隨父親讀書，八歲可熟讀文章，據〈行狀〉稱，其一日可誦讀千句。隆德元年（1732），20歲時考鄉試，次年春，考會試未果。22歲時（1734）娶阮氏闖，次年在村之南建一宅以為教學及自學所用。曾出遊海陽，在安子山上隨一華客學習三、四個月。甲子年（1737）官升長慶知府，長慶乃是其父曾任知府之處。後輔佐大臣，被薦舉到鄭主，任侍內文職。後辭官回鄉，鑽研《四書》、《五經》、《性理》、《史綱目》、《百家》等書。據〈行狀〉所言，阮輝僜曾經是多位在朝當官的名士的門下弟子，諸如：

（1）阮宗乖（或作「阮宗奎」）（1693–1767），御天縣福溪社（今太平省興和縣協和鄉）人，29 歲考黎朝裕宗保泰二年（1721）辛丑科，中會元，兩次出使清朝，官至戶部左侍郎，封午亭侯，後貶職為侍講。

（2）陳仲寮（1695–？），唐安縣文甲社（今河內常信縣文平鄉文甲村）人，隆德二年（1733）考癸丑科中黃甲，官至東閣學士，死後追贈寺卿，封伯爵。

（3）武欽慎（1703–？），四岐縣玉勒社（今海陽省四岐縣玉山鄉玉勒村）人，黎朝保泰八年（1727）考丁未科中進士，歷任參從、陪從、都御史，爵封郡公，曾出使清朝，死後追加尚書。

（4）鄧公茂（1688–1765），慈廉縣羅內社（今河內懷德縣陽內鄉羅內村）人，辛丑（1721）科進士，曾出使清朝，官至戶部右侍郎，死後追加尚書。

（5）武公鎮（1685–1755），清威縣敦書社（今河內清威縣金書鄉敦書村）人，前中士望科，後保泰五年（1724）甲辰科高中進士，再考保泰戊申（1728）東閣科。隆德年間（1732–1735）在工番任職，因剛直不阿而被免職，死後追贈兵部尚書，封郡公。

（6）杜輝琪（1695–1748），瑞源縣黍谷社（今清化省壽春縣春明鄉黍谷村）人，前中士望科，後永慶三年（1731）辛亥科考中探花，官至海陽省承政使，封華岳伯，歲在戊辰出使，回國路上去世，追贈禮部右侍郎。

（7）黎富恕（1694–1782），延河縣延河社（今太平省興河縣獨立鄉）人，後改名黎种恕，是名士黎貴惇的父親，甲辰（1724）科進士，官至陪從兼左正言，刑部尚書，追贈太保，封河郡公。

（8）何宗勳（1697–1766），金鼎縣金域社（今清化省安定鄉金域村）人，甲辰（1724）科榜眼，官任參從兼協鎮統領，兵部尚書，封輝川侯，追加紹寶，封爵輝郡公。

（9）黎有喬（1691–1760），唐豪縣遼舍鄉（今興安省安美縣遼舍鄉遼舍村）人，黎朝永盛十四年（1718）中戊戌科進士，歷任禮部尚書、參從、兵部尚書，封遼亭侯，死後追贈少傅，追封遼郡公。

阮輝瑩交友甚廣，與探花潘瞰（1715–1761）（堂兄弟）、阮侃（1734–1786）（親家）、總督高晉（清朝官員）都有詩歌交流。摯友包括吳時仕、黎貴惇、鄧陳琨等當時聞名天下之士。

黎顯宗皇帝景興九年（1748），阮輝瑩中戊辰科探花。科舉後入仕，先任翰林待制，到1749年任青花道參謀，1750年改任乂安道協同，與海郡公范廷重在泡江圍剿阮有求。1750年9月，其父阮輝僦去世，阮輝瑩回家居喪兩年，並在長留開私塾。1752年（壬申），阮輝瑩為其父建設祠堂，在長留南建設官市和官橋。服喪後，升任東閣校書，尚寶寺卿。1753年（癸酉），在海陽和安廣等地鄉試考場當欽差提調。1754年（甲戌），在安豐、安越、和合、保祿、金華、仙福等縣擔任勘官，也擔任過會試考場覆考。1756年（丙子）任山南等處贊治承政使參政使。1757年（丁丑）當會試考場監考，丁丑科也是其弟阮輝僩第一次參加會試的一年。同年，阮輝瑩升東閣大學士。

1759年（己卯），阮輝瑩從山南回京城，加任知兵番，行機密院事，入內侍講（在世子府教書），兼國子監司業，升翰林院承旨。同一年，長子阮輝似在考中鄉試第五名後上京任侍內文職，與阮輝瑩一同在世子府教書。在這段時間裡，阮輝瑩寫過很多奏折，如〈調陳時務啟〉，內容包括朝中事務、用兵之事等。

1761年清朝使臣德寶來越南，提醒朝貢一事，朝廷特頒阮輝僅三品，以迎接使臣。1765年，升御史臺添都御史，並任赴華正使。此行共兩年，阮輝僅廣交清朝名士和日本、高麗使者。按當時慣例安南使臣低高麗使臣一等，阮輝僅上表說情，清帝批准，讓安南使臣與高麗使臣同等（四品）。1767年年底，使團歸國，加封伯爵，但不升官，以教學為正業，據《阮氏家藏》記載，這段時間慕名而來學習的人不計其數。1768年升工部右侍郎。接下來幾年先後擔任兵部右侍郎、刑部右侍郎等職。

1774年阮輝僅與其弟阮輝倜、其子阮輝似參與南征，任協理一職，專管兵糧。1775年，母潘氏辭世，阮輝僅回家居喪並在長留村開私塾教書。1777年服喪滿三年，又上京，因有軍功，任吏部右侍郎。1778年，已66歲的阮輝僅告老還鄉，但因海賊作亂，朝廷又命阮輝僅「起復」，任青花、山南、海陽三道贊理軍務，學生甚至寫字畫賀「起復」。阮輝僅與海陽潘郡公分路進兵，降服海賊。1779年因有軍功而升官至御史臺都御史，兼太原、高平等道贊理軍務。高平剿匪後，執意要辭官。朝廷相送，朝臣作送別詩近70首。

1782年，鄭棕（又名鄭楷）為王。1783年，阮輝僅再次上京，被朝廷升為工、禮、戶三部尚書，並有意讓他當參從（相當於丞相）一職，阮輝僅謝絕，寫一份〈辭參從啟〉以表其志。

告老還鄉之後，阮輝僅致力於教學，成立「長恩會」，開設福江書院，這是長留村書本印刷數量最多，也是村莊發展最旺盛的時期。福江書院收藏數萬本書，是群賢畢至的文化中心。大詩人阮攸曾經在此唱兩個月的對歌。阮輝倜從景興四十二年（1781）十月到1784年底留在長留村為岳母居喪；阮輝似也為岳母居喪，直到投奔西山。這時間，阮輝家族裡很多人都科舉亨通，比如阮輝傳中癸卯（1783）科鄉試第一名，阮輝倞和阮輝佐也考中鄉貢。

這段時間，驕兵之亂已安，因宣光平亂有功，阮輝僅升任兵部尚書、禮部尚書、國子監祭酒。景興四十四年（1783）七月二十六日，朝廷封之為淵溥弘裕大王；十月二十九日，朝廷有敕，任之兵、禮二部尚書，國子監祭酒等虛職，不需上朝。

親家阮侃，當時任參從一職。不久後，甲辰年（1784）二月，驕兵攻破阮侃府邸，朝廷上下一片驚慌。被委派到青花探勘田地之後，阮輝僅也順路回鄉，不再上京。

己酉年（1789）五月九日，阮輝僅辭世，享年77歲，謚號文肅，葬鳳嶺。1995年建陵，名「探花陵」。

阮朝多次敕封為福江書院廟神。1791年阮輝僳寫的〈行狀〉裡沒有提到，因為當時還沒有敕封。通過《鳳陽阮宗世譜》可以知道，明命五年（1824）封「福江書院淵博之神」；紹治三年（1843）加封「該洽妙用」四字；嗣德年間加封「端肅」二字；同慶年間又加封「翊保中興」四字；啟定五年（1920）加封「光懿」二字，封中等神（福江書院淵博該洽妙用端肅翊保中興光懿中等神）；保大十九年（1944）加封「福江書院淵博該洽妙用端肅翊保中興光懿卓偉上等神」。

2. 重要事件

賴文雄在《長留阮輝家族文業考》中已詳細介紹阮輝僅的行狀，特別強調阮輝僅繼承祖業，學而不厭，誨人不倦，為官廉政，詩歌精美。此章節將介紹一些重要事件。

阮輝僅致力於學習科考。從小受其父阮輝僦精心教導，鄉試之後，又經過15年苦讀，訪遍名師，再高中探花郎。阮輝僅官路亨通，從1748年的翰林待制開始，在30年裡，他歷任御史臺都御史、國子監祭酒、三部尚書；外交方面則出使清朝；直到被朝廷委以參從一職，方堅決申請辭官。在任何崗位上阮輝僅都殫精竭慮，盡心盡力。

阮輝僅也是驩州傑出的儒士和教師，很多有名的儒生都是他門下弟子；學徒上千人，其中在朝當官的有張登揆、陳公燦、范阮攸、范貴適等

30 餘人。阮輝瑩「起復」時，25 位學生聯名慶賀，其中24 位進士，賀文仍保留至今。

阮輝瑩被供奉在其父阮輝僦的祠堂裡，至今書院廟裡祭祀日期不詳。以前在祈福節裡，村民將阮輝瑩靈位帶到阮輝僦祠堂那邊，然後將阮輝僦靈位一起請到村廟。

3. 家人與後裔

阮輝瑩共有九妻，正室阮氏闊（1720–1791），羅江縣丞阮福全之女。景興四十四年（1783）九月十七日，阮輝瑩七十大壽，其弟阮輝倜撰賀文，阮侃潤正，賀文裡說明阮輝瑩當時有七個兒子、九個女兒、21 個孫子孫女。約六年後，1789（己酉）年，正室阮氏闊七十大壽之時，慶賀詩裡（作者不詳，通過稱呼可猜測是阮輝似所作）有說阮輝瑩有九個兒子、八個女兒、六個兒媳婦、四個女婿、31 個孫子孫女、四個玄孫。阮輝傑所寫的〈行狀〉也有資訊：阮輝瑩有16 個兒子，其中八個早夭；阮輝僻剛剛訂婚便去世，其妻守寡，阮朝頒「貞節可風」匾額；阮輝僼只生一女；其餘六人皆有後，後來演變成如下幾個分支：

（1）阮輝似（1743–1790），詩人，《花箋傳》作者，阮輝僦祠堂裡有靈位，墳墓在佛山（富祿鄉東西村）之西。

（2）阮輝似妻阮氏彭（1750–1773），參從阮侃之女，阮攸姪女，阮儼孫女，生阮輝像、阮輝傑。繼室阮氏台（1752–1819），阮氏彭妹，生阮輝琥、阮輝信、阮輝壽。妾阮氏靜，生阮輝會；妾阮氏然，生阮輝儦、阮輝俚、阮輝璘；此外還另有兩妾。長子阮輝像行狀不詳。雖然《鳳陽阮宗世譜》裡連續記載四到五代人，但至今也只有一個族長和四戶人家。阮輝信與阮輝壽的靈位都放在阮輝琥祠堂裡一塊供奉。《世譜》裡記載阮輝儦之後的三代人，現今也無從考證。阮輝俚和阮輝璘無嗣，供奉在同一座祠堂裡。

（3）阮輝似之後分四個分支：侯鍾山阮輝傑分支有82丁、侯郎阮輝琥分支有97丁、干解元阮輝傅有122丁和101女，這三個分支都在長留。阮輝儥、阮輝俚、阮輝璘為一分支，共10丁。

（4）阮輝侗，號鳳山居士，阮輝僅之次子，朝列大夫。其子阮輝伯，舉人。阮輝侗後來搬到雙祿鄉福祿村，後代都在此地。福祿村現在有兩個阮輝家族，一個是阮公珍之後，一個是阮輝侗之後，阮輝侗這一分支共70丁。

（5）阮輝倞，號鳳亭居士，1783年中鄉貢，又參加會試三場，後為朝列大夫。移居到石河寨梨村（今屬光祿鄉），後代已信仰基督教，但仍然保存家譜和家族生活習俗。光祿鄉盤龍村阮輝倞分支共200多丁。2007年9月7日，我們去往盤龍村與阮輝倞後人見面，他們雖然信仰基督教，但不忘祖訓，繼續記載家族譜系，從阮輝倞始不曾斷過。

（6）阮輝倥，朝列大夫，有一子名叫阮輝良，後改名阮輝愈，移居到乂安省清章縣青春鄉良田村，該分支約40丁。2007年9月8日我們去青春鄉尋訪，才發現現在已經改名為春蓮村。該分支有第三代建立的祠堂，家譜以國語字書寫，自阮輝倥起共記載了七代人。

（7）阮輝伻，朝列大夫。家譜記載到第三代，如今後裔都在乂安省興元縣。

（8）阮輝佐，1783年中鄉貢，歷任北寧督學、國子監副督學，封黍亭侯。阮輝佐分支共77丁，分布在長祿、旺祿二鄉，以及干祿縣永祿鄉東山村。

（9）阮輝僻，朝列大夫。妻潘氏，朝廷頒匾額「貞節可風」。

（10）阮輝僾，朝列大夫。

自阮輝僅至今共12個分支：長留村的阮輝像、阮輝傑、阮輝琥、阮輝傅、阮輝儥、阮輝佐共六個分支；其他地方包括雙祿阮輝侗、光祿阮輝倞、清章阮輝倥、岸村阮輝僅的另一個分支、永祿阮輝佐、興元阮輝伻，共800丁，主要包括阮輝琥一分支的第七到第十代人和阮輝傅一分支的第八到第11代人（自阮輝瑩算起）。如今長留村共有六座祠堂，其他地方共五座。

上述是2017年的統計數據。

（二）作品

據《阮氏家藏》所記載，阮輝瑩作品有《皇華集》兩冊、《阮氏藏書》十冊、《碩亭遺稿》兩冊、致仕詩一集。據賴文雄博士的研究，阮輝瑩藏有《四書》、《五經》、《長留阮氏》十冊、《皇華詩集》兩冊、《碩亭遺稿》、《初學指南》、《岳章詩集》、《性理纂要》、《奉使燕京》、《阮探花詩集》、《國史纂要》、《奉使燕臺總歌》、《瀟湘百詠》。今《性理纂要》已被確定是阮輝儆的著作。

1990年代，長留阮輝家族第15代傳人阮輝秦給阮輝美教授看過阮輝瑩的一本《針灸撮要》，約50、60頁，有畫圖，但阮輝秦去世後，該書也不知去向。

賴文雄在自己的博士論文《長留阮輝家族文業考》裡，列舉了已經蒐集到的阮輝瑩的作品：

1.《皇華使程圖》（已被陳海燕在紀念阮輝似的研討會上介紹過）：是記載出使路上的畫圖作品。全書約120頁，經過的山川、州府，哪裡有溪水、田地，居民的分布等都描繪清楚。除版圖外，還有兩篇文字，包括〈皇華驛路圖說〉和〈兩京程路歌〉。阮青松博士重新鑒定後確認，其內容是記載之前出使中國的路程（1724年和1748年），後來阮輝瑩進行編輯和補充。
2.《國史纂要》（漢喃院圖書館藏，編號A1923）：封面寫道「史臣吳士連編修，碩亭阮輝瑩藏版」，其內容始自《外紀》（鴻龐氏），末至

《陳紀・重光帝》。阮輝瑩主持雕刻木版，印刷的目的應該是服務於福江書院所用。該書已被范文映、一帆、阮光勝翻譯註解，謝玉聲題序。

3.《北輿集覽》（漢喃院圖書館藏，編號A2009）：阮輝瑩在1765年（乙酉）出使中國時編寫，其內容取自《名勝全誌》，簡略編寫稱《北輿集覽》，詳細記載旅途中所經過的城池州府、風土人情、山川湖海、亭臺樓閣。

4.《奉使燕臺總歌》（漢喃院圖書館藏，編號A373；河內國家圖書院藏，編號R1375）：為旅程日誌，共130首詩。雖然是敘事性的詩歌，但也不失對自然景色的感觸和寓情於景的情懷。開頭是472句漢文「六八」詩，總結整個旅程。1997年該書已經被陳伯芝翻譯，現在正在重新翻譯並且準備出版。

5.《初學指南》（漢喃院圖書館藏，編號A1634）：景興癸巳年（1773）成書，為初入私塾讀書的學生編寫，包括入門課程和說明學校規定。一部分內容已經於2019年出版。

6.《碩亭遺稿》（漢喃院圖書館藏，編號A3133）：繼《奉使燕臺總歌》之後的詩文集，包括賦、啟、雜記、詞，凡127篇。雖然還是敘事為主，但感情色彩比《總歌》更加濃厚。

7.《藥性歌括》：醫學書，詳細分析藥物之性、針灸之法。《藥性歌括》共234句漢文六八詩，與《總歌》同為富有特色的漢文六八長詩。

8.《訓女子歌》：632句喃文六八詩，教導女孩以工容言行，言簡意賅，朗朗上口。副教授阮佐貳於1989年完成翻譯，已出版。

此外，阮輝瑩訪遍名山古剎，多有摩崖刻石、碑銘、詩歌，一些作品收錄在《越南漢喃銘文》、《河靜碑文》等書中，一些尚未公布。阮輝瑩的詩文還被收錄到吳時仕《觀瀾詩巢》、嘉林富市《阮輝族譜》（收錄一首慶賀阮光潤致仕的詩）、裴氏《明都詩彙》、阮收《越詩續編》等書裡。

阮輝瑩在多個領域上都有著作，而一大部分服務於教學工作。這些作品在賴文雄的《長留阮輝家族考》和《阮輝瑩詩文集》裡都有詳細介紹。

阮輝瑩作品的翻譯與研究到最近才被注意到。順化出版社於2005年已經出版《國史纂要》，阮輝瑩詩歌在《阮輝瑩詩文集》和其他資料裡也有了初步的介紹。2007年文學研究院和河靜省文化信息廳一同舉辦阮輝瑩研究研討會，提出諸多研究問題。2008年出版論文集，包括23篇論文，共356頁。

（三）阮輝瑩的出使與《皇華使程圖》

1. 關於出使之旅

縱觀人類歷史，自從出現領土割據開始，就已經有外交活動。外交形式很豐富，但主要形式還是派遣使團出使鄰國，雖然說其目的多是保持友好的鄰邦關係，但裡面其實也包含著諸多活動以及其他事物，如：謝恩、求封、進貢，也有軍事偵探、經濟情報、戰爭籌備等等。因為外交的複雜性，歷代朝廷都需要予以最高的重視。

西元前四世紀，希臘使者麥加斯梯尼（Megasthennes）去往印度，記載孔雀王朝的治國之法；西元一世紀，朝鮮三國（高句麗、百濟、新羅）已有派遣到中華和日本的使團；西元五世紀，法顯前往印度，七世紀也有玄奘法師去印度研究佛法。古代出使的人都要歷經艱難，甚至有性命之憂。蘇武（140–60 B.C.）因出使而被匈奴囚禁，在貝加爾湖畔牧羊19年。

越南歷史記載第一個出使中華的人是丁璉（？–979），時間為972年。此後，越南曾派遣使團前往法國、印尼、美國、波斯等國家。對華外交是越南歷代王朝的首要任務。每一個歷史階段都有具體的任務和使命，但不外乎兩個目的：一則維持有利於朝廷和國家的友好外交關係；二則維護領土和國格。出使中華是使臣的榮譽，也是使臣的重任。

15世紀的黎朝，外交官都是高中大科的有學之士，使臣必須精通華越兩國的文化、地理、歷史，才華敏捷，非此品質不能勝任。阮廌（1380–1442）、吳時任（1446–1803）等人甚至提出外交戰略，適用於幾十年，出色完成使命，維護國家利益。

除了外交任務之外，大越使臣也為學習和普及科學技術做出貢獻，一些使臣學習了技術，或者帶回國一些物種，收藏多個領域的資料。1008年和1019年，使團帶回一部《久經》和一部《三藏經》。梁世榮帶回一部《啟明算法》。梁汝鵠將木版印刷術帶回國。阮世忠、范敦禮、馮克寬等使臣將粿製、製鞋、織席、絲綢紡織等技術帶回國，同時也帶回玉米、芝麻等物種。

在出使過程中，使臣也常常與其他國家的官僚名士作詩填詞，或尋訪名山大川時寫詩詠之，或將途中所見所聞編撰成書，甚至把路程畫成地圖以傳後世。使臣編寫的書內容豐富，醫學、地理、歷史、文學等領域都有涉及。

18世紀中葉，中華和其他國家，包括越南在內的外交活動達到鼎盛。這段時間出使行程和禮儀由中華朝廷規定。對越南黎中興王朝來說，除求封或有關領土的議事以外，規定的出使頻率是三年一禮，六年一貢，因此，約五、六年越南又派遣使團前往燕京。越南使團出使時間，包括路上耗費的時間約兩年。

史書有記載：

《大越史記全書續編》卷五〈黎紀・顯宗永皇帝・下〉記載景興二十六年（1765）：「冬，十月……遣正使阮輝僅，副使黎允伸、阮賞，如清歲貢。」《歷朝憲章類誌・邦交誌》卷四十七（漢喃院圖書館藏，編號A1358/10）記載：「二十六年（乾隆三十年）遣正使阮輝僅，副使黎允伸、阮賞，如清歲貢。」《乾元御製詩集》收錄賜阮輝僅使團的漢文詩一首，賜正使阮輝僅的喃文詩一首。

1758 年，阮輝瑩成為1760 年使團副使的候選人；1764 年阮輝瑩被選為1766 年出使燕京使團的正使。阮輝瑩等人於景興二十七年（1766）正月九日從升龍（今河內）出發，二十九日出境，走陸路到寧明州，轉水路共14 艘船經過南京到濟寧，又轉陸路去往北京。臘月十九日，與回回使臣一同進城，通過彰儀門到南門的公館。次年正月一日，到午門迎接乾隆帝往太廟祭拜；正月十五入朝赴宴。在北京近兩個月，到二月十六日原路返回，十一月八日回到河內。往返一程將近兩年，途中見聞、外交事宜都被詳細記錄，如覲見乾隆、與朝鮮日本等國使臣進行詩歌交流等。《碩亭遺稿・皇華贈答附錄》記載兩篇贈高麗使的詩，和一首〈餞日本使回程〉。

2. 皇華使程圖

如上文所述，阮輝瑩編寫40 多部書，現今已確定的有八部，使程集有四部，至今只發現兩部。阮輝瑩博覽群書，將中國地輿書籍總結寫成《北輿集覽》一書。《奉使燕臺總歌》則是敘述兩年出使時間的書，共470 句漢文六八體詩。據〈行狀〉和《碩亭遺稿》，阮輝瑩還有一部《皇華全集》，但至今沒有被收錄，河內的各大圖書館也沒有，家族裡也沒有保存。

漢喃研究院和國家圖書院有保存阮輝瑩有關使程的兩本書：

（1）《奉使燕臺總歌》：通過《總歌》可以知道阮輝瑩於景興二十五年（1764）臘月十三日領命出使。向燕京發起公文申請出使時間、貢品行李籌備等準備工作完成之後也得花一年多的時間。景興二十七年（1766）正月九日，使團出發。正月二十九日到達邊境。次年（丁亥）正月二十一日抵達燕京公館。二月十六日啟程返回。十月二十六日到達邊境。十一月一日回到京城。八日進貢面聖。二十九日朝廷論功封賞。自領命到回朝，時間長達三年多。

（2）《北輿集覽》：從中國地輿圖書汲取內容重新編寫，介紹中國州府縣城名稱。

此外還有《碩亭遺稿》。該書收集阮輝僋存世詩歌，阮輝僋去世後由孫子阮輝傑收錄。裡面有《皇華贈答附錄》，收錄使團經過的地方與地方官員和名士對答的詩歌。

《奉使燕臺總歌》用記敘文體敘述出使路程，加上寫情寫景的詩歌，讓讀者更容易形容出作者所經過的山山水水和各國的外交活動。《碩亭遺稿》則描述阮輝僋與中國地方官員、士人和日本使者的交情。而《北輿集覽》收錄中國州府縣城名稱，是一份重要的參考資料。上述幾部作品的結合就成為了描述阮輝僋使團出使旅程的重要資料。

《皇華使程圖》：為做好準備工作，阮輝僋蒐集了先前出使過的使團的資料，特別是阮輝僋的各位老師的使程紀錄，然後進行校對、編輯、注釋，為使團提供資料。在阮輝僋的九位老師當中，曾經出使中華的有阮宗乖、武欽慎、鄧公茂和杜輝琪，有人甚至已經兩次出使，有人畫了地圖，很可能阮輝僋拿到了那些珍貴的資料。阮輝僋的很多作品都被印刷出來並得以普及，現在在各個圖書館和其他地方都有保存，比如阮嘉翻（又名阮世歷）（1750–1829）入校時收到阮輝僋所贈的《五經》和《性理纂要》（阮嘉翻家譜記載），而《皇華使程圖》卻沒有被印刷出來，只有族人自己保管。

四、皇華使程圖

（一）文件情況

阮輝家族及其分支有一個有關地位的習俗：族長（嫡系後代）、首指（族中年齡最大的人）和學業最有成就的人，這三個人對族中各種問題有決定權。族長是主持祭拜典禮和家族見面會的人；首指則在各種節日裡可以收到禮物；而學業最有成就的人有責任保管家族的珍貴資料，並且可以使用家族的「科名田」，「科名田」由阮輝僦在1750年之前提出設立的勸學之田。

1989年秋天，阮輝美（1983年被授予副博士學位）從阮輝筆（1916–2011）手中接過《皇華使程圖》。阮輝筆說這是家族一直保存的阮輝僜出使紀錄。

這是一份紙質文件，封面粉紅色已泛黃，四角已破損，書脊兩頭處破損了約3–4 cm，露出裡面的紙張。封面和扉頁都沒有文字。第一頁不寫書名，只寫第一部分的標題〈皇華驛路圖說〉，下面寫著「乙酉年校輯」等字樣。

書的尺寸為22 x 14 cm，共119頁，鼠皮樹紙，手寫。頁面有邊框。地圖用黑墨描邊，朱墨填色，其餘內容皆用黑墨書寫。陳海燕博士、阮青松博士、黃芳梅博士等研究學者都各有相關研究的論文。研究表明，在先前使團的記錄的基礎上，阮輝僜進行編輯、續寫，成為《皇華使程圖》；幾十年後又由阮輝僜的下一代抄寫。《皇華使程圖》經多人編輯校對，考察幾十年之內的出使路程，最後的版本形成於19世紀末。

現今漢喃院收藏的、有圖畫的使程書有如下九部：

1. 《皇華圖譜》：編號A1579，尺寸30 x 20 cm，共77頁，較薄的鼠皮樹紙，後20頁外邊已破損，有的損害了三分之一。封面沒有字，扉頁用鋼筆寫越南文和漢文書名。書名又寫於a頁和b頁中間的版心。作者和年代不詳。第一頁畫（河內）愛慕、希梅、嘉瑞等地以及坐落在珥河天德河之間的公館。最後一頁描畫燕京的宮殿和城門。筆畫清晰，道路、山川、城池、住宅、名勝古跡、路邊花草都有描畫。上面用黑色墨水寫漢字；校對編輯內容和地名都用朱色書寫。地圖全部用黑墨畫，河流留白，也不描邊，而用色塊表示兩岸；出使的路程用朱色單鉤描畫。

2. 《使程圖本》：編號A1399，尺寸29 x 16 cm，共85頁，鼠皮樹紙比較堅韌。封面有用立可白書寫的書名，扉頁和其他頁面沒有書名和作者名字。第一頁右邊留白，左邊畫河內省城地圖，共四個城門。最後一頁是燕京略圖。
3. 《燕臺嬰語》：編號VHv.1733，尺寸31 x 19 cm，共67頁。第一頁寫書名，還有一段介紹編撰人的喃文。從1a到5b頁是描述出使過程的一篇長詩，上半頁是漢文，下半頁翻譯成喃文。6a頁到最後一頁是路程經過的地方地圖，南起鎮南關，北至燕京。地圖用黑墨描邊勾勒，紅墨塗色點綴；筆劃清晰簡潔，道路和城池都很俱全。漢文詩是嗣德元年（1848）出使燕京的裴樻創作，喃文由阮登選作，地圖作者不詳。
4. 《使程括要編》：編號VHv.1732，尺寸為31 x 21 cm，共111頁。作者李文馥為紹治元年（1841）出使路程編寫，其內容包括：〈使程括要引〉（1a至1b頁）、〈使程括要編〉（2a至29b頁）、路程地圖（30a頁到最後）。《使程括要編》記載自鎮南關到燕京使團走過每一條路的位置和長度。地圖簡單明瞭。該書還有保存在河內國家一號檔案館裡的版本。
5. 《北行圖本》：編號A821，尺寸為32 x 20 cm，共93頁。封面以及其他頁面都沒有寫漢文書名。1a頁有用藍色圓珠筆寫著「北行圖本」幾個字。該書描繪始自天德江附近，直達燕京的出使路程。年代和作者不詳。
6. 無題：編號A3035，尺寸為30 x 18 cm，共188頁，沒有書名。畫筆精湛，注重山川地勢和道路遠近，至於遠景則一筆帶過，不甚詳細。第一頁畫昭德臺，最後一頁則是燕京。地圖註解相對少。
7. 無題：編號VHv.1378，尺寸為32 x 21 cm，共96頁。封面為比較老舊的洋紙，不題書名。書名、年代和作者不詳。第一頁畫昭德臺，最後一頁是任丘縣河間府的地圖。

8.《燕軺日程》：編號A2381，尺寸29 x 22 cm，共82頁。封面題「燕軺日程」四個字，沒有寫年代和作者，書的內容也沒有提及。從頭到尾完全是出使行程的地圖，自昭德臺畫起，最後就是燕京。畫風簡明，注重全景布局，而不太注重細節。
9.《如清圖》：編號A3113，共130頁，由范文儲於嗣德三十五年（1882）撰寫。該書共兩部分：《燕臺嬰語》和戊申使團的行程。

經過考察表明，上述九本圖書裡，有五本的作者或年代已經確定，其餘四本尚未確定。上述的圖書有共同特點：主要目的是記載路過的地方地名，遠近長短的比例則不太注重。九本書的資料來源也沒有說清楚。

相比之下，《皇華使程圖》有以下一些特點：

1. 該書使用三種顏色：黑色描邊勾勒；朱色畫江心、道路、旗面和城墻；深藍色畫山脈。筆劃簡而精。
2. 註明甲辰使團和戊辰使團出境日期。
3. 大部分地圖都標明地名，一些特殊的地方則有詳細說明。
4. 有州府之處都寫明在職的地方官員；使團見了哪一位、有沒有禮物相送、有沒有提供糧草等這些使團和中國地方官員的交涉都有詳細解說。
5.《皇華使程圖》還反映使團路過的地方的風土人情；比如哪裡有民居聚落、哪裡有田地、哪個地方人口比較稠密、某地方街頭巷尾有賣什麼特色產品、哪些地方還在使用康熙通寶等等；一些地方還描寫水道、閘門，說明開閘時間等等問題；和其他使程圖相比，這一點是比較特殊的。
6. 最重要的一個特點是，《皇華使程圖》還說明該書的抄錄和保管過程。

漢喃研究院結合復旦大學出版了《越南漢文燕行文獻集成》，共25冊，收集了越南燕行文獻79部，但上述的九本沒有全部收錄。

《皇華使程圖》與九本圖書對照表

序	書名	作者	年代	資料來源	注釋
1.	皇華圖譜				
2.	使程圖本		阮朝		
3.	燕臺嬰語		1848（？）		喃文由阮登選編
4.	使程括要編	李文馥	1841		
5.	北行圖本				圓珠筆抄
6.	無題				
7.	無題				
8.	燕軺日程				
9.	如清圖	范文儲	1882		
10.	皇華使程圖	阮輝僜	1765–1768	有註明	

（二）內容

《皇華使程圖》作為記載越南使臣出使中華路程的重要資料，其內容包括如下七部分：

第一部分：由1a至2b頁，共四頁，題為《皇華驛路圖說》。從1a到1b頁中間，羅列從鎮南關到燕京所路過的州、府、縣名稱。1b頁中間有寫「自北京奉旨回國，從良鄉起行，陸路經過府縣州，至漢口下水程」，並列出使團所經過的州縣和驛站。2a頁中間寫著「自北京陸路起行，到南京、江南合水程」，然後繼續列出所經過的驛站，每一條路都寫明長度，一直到2b頁第一行中間為止，最後一站是龍江驛站。

第二部分：從2b頁第一行開始，到2b頁末尾結束，題為〈兩京程路歌〉，漢文七言詩，共26句，概括使團走過的路程。最後兩句是「已上馹名四十六，一路往來記須熟」，但其實詩中沒有把46個驛站全都列出，只提及其中的一些而已。

第三部分：3a頁，題為〈使程備考〉，記載從升龍（河內）到鎮南關一路的詳細時間，始自堅義亭，最後一站是仰德臺，每一段路程都記載留宿日期和地方祭拜活動。

第四部分：路程的地圖，共104頁，從3b到105a頁。3b頁是中越兩國邊境一些地方的地圖，以及各個使團的出境時間。接下來是路程經過的州府縣城的地圖，最後是新城縣城。地圖每一頁都對風土人情、名勝古跡以及使團與地方官員和人民交流活動有詳細記載。

第五部分：地圖之後，105b頁，題為〈本國自神京進行陸路〉，簡單地把越南京北、諒山兩道的驛站名稱列舉出來。

第六部分：從105b頁開始，題為〈北使水陸路程里數〉，共22頁，詳細記載從鎮南關到燕京的路程，共9,838里。

第七部分：題為〈國初建宮殿〉，共兩頁，列舉燕京宮殿、拱門及其方位。117a頁尾記載宮殿建成時間：「康熙六年，建端門。八年，重建太和殿、乾清宮……」。

最後是阮輝琢（1852–1909）的序言。阮輝琢是阮輝僅的第五代，也是於1887年抄錄《皇華使程圖》的人。

（三）價值

《皇華使程圖》的價值已經被國內外各個研討會和學術期刊多次肯定，完全符合記入名錄的標準。在2016年和2017年，河靜省科學技術廳交給阮輝家族和河靜省博物館一項名為「阮輝家族地輿作品價值研究」（包括《皇華使程圖》在內）的項目。研究表明《皇華使程圖》在準確性、國際意義（獨特性和影響力）等方面上完全符合世界遺產名錄的條件。

下文說明《皇華使程圖》的獨特性和國際意義：

1.《皇華使程圖》獨具特色，綜合了地理、歷史、民族、美術、文學等多方面的使程紀錄。這也是記載中越兩國外交關係的家族性資料。地圖也對州府、縣城、道路、驛站、山川、田地、市井作詳細註解，很難是偽作。

2. 畫圖的色彩、布局都很和諧，註解詳細，有審美價值，也是記載中國地名的珍貴資料。
3. 漢字本身有國際化性質。
4. 詳細記載出使行程的方方面面，包括使團要走的路長，或要履行的外交禮儀等等。
5.《皇華使程圖》的資料來源豐富，取材於諸多地理、文化、歷史著作。

《皇華使程圖》對越南以及世界的影響力：

1. 在參考前任使團資料的基礎上，結合個人的自身體驗，阮輝僅創造出對出使使團很有參考價值、對家族也很有意義的一本書。
2. 1765 年之後，一共有五位出使中華的使臣原本是阮輝僅的學生，分別是：阮惟宏（1737–？）、吳時任（1746–1803）、黎有容（1745–？）、杜輝演（1746–1828）、阮瑝（1746–？），都對越南中華兩國外交關係作出重大貢獻，尤其是吳時任，在己酉戰爭（1789）結束後出使清朝，帶來了和平信號。
3. 阮輝僅靠著這些豐富資料而完成出使任務，提升了越南的國際地位。之前越南使團每次覲見都排在高麗使團之後，阮輝僅的一番言辭竟然讓大清皇帝同意把安南和高麗排在同等位置上。
4. 阮輝僅是黎中興時期與高麗和日本有交際往來的使臣之一。
5.《皇華使程圖》也受到國籍學者的關注。
6. 雖然是 18 世紀的書，但資料蒐集和綜合方法對現在的外交資料編寫仍然有很大的啟發。
7. 是瞭解 18 世紀中華文化、地理、歷史、經濟社會等領域的寶貴資料。
8. 在研究清和安南兩國之間外交儀式、研究清朝對日本、高麗、印度、巴基斯坦等不同國家的外交政策的異同等方面上，《皇華使程圖》顯然不失為重要的歷史資料。

18 世紀是中越兩國外交趨於穩定的階段，使團頻繁來往，文化教育交流日益發展。1702 年到 1783 年，黎朝相繼派出以何宗穆、阮公沆、胡丕績、黎貴惇等名儒大臣為首的15 個使團出使清朝。這些使臣既是早就金榜題名的朝廷忠臣，也是給後世留下諸多使程資料的文學家，可惜大多數都已經失傳。他們為中越兩國以及東亞地區的和平作出了貢獻。18 世紀朝鮮、日本等國家使團也經常去往燕京，越南使團曾經有機會跟他們交流過。

（四）《皇華使程圖》：從家族遺產到世界文獻遺產

1. 從家族遺產到世界文獻遺產

《皇華使程圖》由阮輝瑩從1765–1768 年編輯成書。阮輝瑩的第五代人阮輝璨（1852–1909）也是阮輝家族裡的一位作家，從讀書的時候已經聽過各位先生提到包括《皇華使程圖》在內的阮輝瑩作品。經過20 年尋找，到1887 年，阮輝璨從一位遠親家裡找到了原書，並且親手抄錄。該抄錄版本流傳於家族之內（至今原書已不知所蹤）。1989 年，阮輝筆（1916–2011，第17 代人）將該抄錄版本交還了家族的代表。

1993 年，在阮輝瑩的兒子阮輝似（1743–1790）誕辰250 週年之際，一次學術研討會召開，第一次向大眾公布《皇華使程圖》。

《皇華使程圖》是涵蓋地理、歷史、政治、外交、文化、風俗、藝術、建築等多方面的寶貴資料；意識到這一點，河靜省科學技術廳於2016 年6月開展了題為「有關越南邊境與海島的阮輝家族歷史資料價值研究」的省級社會科學研究項目，該項目的目標之一是研究《皇華使程圖》的來源、內容和價值，從此提出保存和發揮其價值的方案，為完善越南記憶和世界記憶檔案奠定基礎。這一點在2017年4月21日越南社會科學翰林院舉辦的研討會上也得到了再次的肯定。

河靜省外務處下屬體育旅遊廳將檔案呈交到駐越聯合國教科文組織國家委員會；在征集史學院、漢喃院、國家邊境委員會、外交文化處以及教科文組織等機構的意見之後，外交部進行了初步評審，之後就趕往韓國參加第八屆亞太地區世界記憶項目全體會議。

檔案完全滿足了世界記憶項目的要求。參加這次會議有來自29個國家的125位代表，17個具有投票權的國家將手中票數全部投給了《皇華使程圖》。10月16日，河靜省為阮輝僅《皇華使程圖》舉行了隆重的證書接受典禮。

2. 遺產價值的保存與發揮

文化遺產的保存與發揮需要家族中人（遺產的主人）、各級政府（管理機構）、研究專家以及旅遊行業攜手。

乂靜地區，尤其是長留村，從18世紀以來經歷了不少劫難：西山北伐、勤王運動、乂靜蘇維埃運動、八月革命、解放戰爭……等，一場場戰火摧毀了大量文化遺產。1975年之後，家族中人才開始積極地蒐集資料、編修家譜、重建祠堂。

1990年以來，開始完善遺產檔案。2009年起，河靜省文化體育旅遊廳和科學技術廳相繼展開了一個廳級項目和四個省級項目，同時舉辦了多次學術研討會；文學院、史學院、漢喃院、各大名校的研究人員以及中國、韓國、俄羅斯、日本、臺灣等國家和地區的專家都前往長留進行了考察；媒體也經常對長留阮輝家族遺產進行報導。

長留村屬於越南中部，氣候惡劣，從10月到次年4月是雨季，天氣潮濕，病菌等微生物孳生迅速，而到旱季則天氣炎熱，氣溫可高達38–39 °C，很容易造成木版變形，書本藏在櫃子裡也難免受到影響，雖然竭力保護，但受損害的危機依然時時存在。該地也常受到戰火之災，木版和紙質資料經過多次搬運，已經損壞了不少。在重修祠堂的時候，阮輝家族儘量保留石碑、楹聯等的原來位置。

如今，所有木版拓本和《皇華使程圖》原書都已經進行數位化，送到國家圖書館、國家一號檔案館、漢喃研究院、河靜省博物館、乂安省圖書館、胡志明市圖書館以及阮輝家族代表私宅，以便保留。資料內容正在翻譯，傳統和數位資料庫也正在開發。如上所述，原書封面已經褪色，四角有破損，書脊兩頭也損害了約3–4 cm，露出裡面的紙張。國家一號檔案館接管之後進行了修補並掃描了內容。2017年，榮市大學出版社已經出版，有英文序言，現在有計畫出版英文版。

福江書院木版和《皇華使程圖》都已經被媒體和出版刊物積極介紹過，同時有關阮輝家族中的文化名人的研討會在1993、2007、2013、2015、2017年也連續召開。越南國家電視臺在一號、四號頻道播出的《越地名人》節目中，有十集專門講述阮輝家族，其中多次提及福江木版和《皇華使程圖》；河靜省電視臺也有相關的節目。

阮輝家族正在與國家四號檔案館、永嚴寺、國家一號檔案館等一些存有諸多檔案遺產的機構進行合作，目的旨在學習資料保管方式，同時也動員人民參加搜尋失散的木版。

3. 走向世界

2013–2014年，越南國家文化藝術院回到長留，為乂靜民歌辦理申請遺產資料，這段時間阮輝家族也慢慢地去習慣這些工作。2015年9月，阮輝家族參加國家檔案局的培訓班，並成功地提交了申請資料。

2016年開始，阮輝家族先後參加了在中國揚州（2016年10月）和越南大叻（2017年11月）舉行的世界木版協會研討會；2017年5月參加了在馬來西亞開設的世界記憶文獻遺產（MOWCAP）培訓班；2018年參加了韓國世界記憶文獻遺產全體會議，並成功申請了檔案遺產。

2016 年以來，其家族與河靜省政府曾先後迎來了韓國資料片製作團隊、日本考古專家團、復旦大學陳正宏教授、臺灣朝陽科技大學耿慧玲教授來長留參觀考察。

五、尾聲

河靜省干祿縣長留村擁有著長達600 年之久的歷史。早在18 世紀中葉便成為國內有名的詩書之鄉，至今仍然保存著諸多文化遺產；包括國家級遺產四項、省級八項、人類非物質遺產布坊歌。最近，福江木版和《皇華使程圖》都已經列入亞太地區世界記憶文獻遺產名錄。

如今村裡一共有37 座祠堂，都是革命前保留下來的建築。村裡還有家族祠堂以及私家的漢喃文獻、長留村建築群體等待開發遺產。

2018 年10 月16 日在遺產公認典禮上，一系列長留村的文獻被介紹，同時開了三個遺產展示廳，展示250 年來代代相傳的珍貴文獻。在政府機構的支持下，部分已損壞的書籍得以修復或數位化。展示資料之多，足以說明繼續研究、保護並發揮長留村文獻遺產的文化、歷史、地理、教育等方面價值是今後應當力行的工作。

2018 年7 月18 日，河靜省人民委員會頒發了93/2018/NQ-NĐND決議，為2018–2025 年階段乂靜民歌、籌歌、《金雲翹傳》、福江木版、《皇華使程圖》等非物質遺產和文獻遺產保護工作制定具體目標及任務。

參考資料

（一）書籍

吳士連編修，阮輝僅刊補，賴文雄、范文映、阮光勝翻譯，陳氏冰心校對，《國史纂要》。順化：順化出版社，2004。
阮輝似、阮輝傑、阮輝僨、阮輝章，《鳳陽阮宗世譜》。榮市：榮市大學出版社，2019。
阮輝似著，陶維英釋音解義，《花箋傳》。河靜：河靜文化信息廳，1993。
阮輝美，《阮輝家族祠堂及私宅資料》。榮市：榮市出版社，待出版。
阮輝美、阮青松，《阮輝倜——人生與詩文》。河內：勞動出版社，2013。
阮輝美主編，《長留阮輝文派歷代作者——人生與詩歌》。河內：勞動出版社，2013。
阮輝倜，《廣順道史集》。榮市：榮市大學出版社，2018。
阮輝傑，《阮氏家藏》。榮市：榮市大學出版社，2019。
阮輝僅，《北輿集覽》。榮市：榮市大學出版社，2018。
阮輝僅，《初學指南》。榮市：榮市大學出版社，2019。
阮輝僅等，《皇華使程圖》。榮市：榮市大學出版社，2018。
阮輝僅著，賴文雄編，《奉使燕臺總歌》。河內：社會科學出版社，2014。
阮輝僅著，賴文雄編，《碩亭遺稿》。河內：社會科學出版社，2014。
賴文雄，《長留村阮輝家族考》。河內：社會科學出版社，2000。
賴文雄主編，《阮輝琥與梅亭夢記》。河內：作家協會出版社，1997。
賴文雄主編，《阮輝傑與鍾山遺草》。河內：作家協會出版社，2005。
賴文雄主編，《阮輝僅詩文集》。河內：作家協會出版社，2005。

（二）會議論文

河靜省文化廳，《阮輝似與花箋傳》研討會論文集。河內：社會科學出版社，1997。

河靜省文化廳，《長留各家族祠堂與私宅保存的資料》研討會論文集。榮市：榮市大學出版社，2017。

河靜省文化廳，《河靜文化環境中的阮輝瑩與長留文派》研討會論文集。河內：勞動出版社，2013。

河靜省文化廳，《河靜干祿阮輝家族有關邊境與海島的漢喃資料研究》研討會論文集。榮市：榮市大學出版社，2017。

河靜省文化廳，《福江私塾木版研究與保存》研討會論文集。河靜：河靜省文化廳，2015。

越南文學研究院，《文化名人阮輝瑩》研討會論文集。河靜：越南文學研究院，2008。

（三）學位論文

武鴻海，《家族文化遺產與當代名人研究和人才發展問題》，博士論文，越南文化藝術院，2012。

賴文雄，《長留阮輝家族文業考》，博士論文，文學研究院，1998。

第二部分

皇華使程圖

– 1b –

寶應縣 淮安府此城有戶部廒 宿遷縣 山東驛縣臺見在 沛縣
清寧州 東平州 引秋門劉驛 東昌府 臨清州 故城縣
吳橋縣 交河縣 滄州 清縣 靜海縣 天津州 衛有鹹水 楊村驛
河西務 通州 右五十九府
自北京奉旨回國從良鄉起行
陸路經過府縣州至漢口下水程
良鄉 涿鹿驛 宣化驛安肅縣 白溝驛安肅縣 清苑河有康符廟
慶都驛有堯母廟 安喜城城北烈 定州即中山地 新樂縣伏羲故里 真定城退忍異建麥飯
欒城縣 栢鄉縣光武廟 內丘縣有郭巨埋金處 邢臺縣祖乙故都 沙河縣有宋璟墓
沙河縣有由子祠 臨洛驛 邯鄲縣 磁州曹操疑塚 彰德府 湯陰縣有文王演易處
朝歌驛 汲縣有比干墓 新鄉渡黃河 滎澤縣過河南岸 新鄭縣 許昌驛

– 1a –

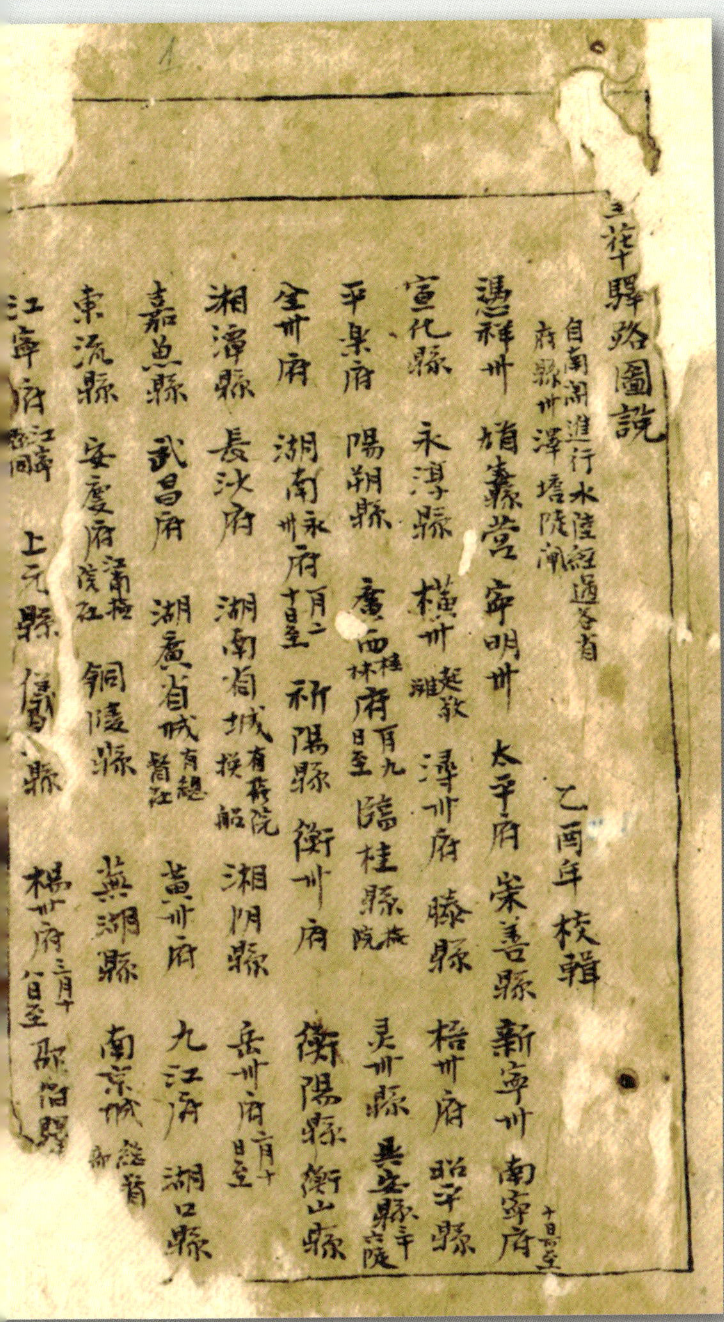

皇華驛路圖說

自南關進行水陸經過各省府縣州澤塘陂湖　乙酉年校輯

憑祥州　鎮夷營　寧明州　太平府　崇善縣　新寧州　南寧府

宣化縣　永淳縣　橫州　潯州府　滕縣　梧州府　昭平縣

平樂府　陽朔縣　廣西桂林府　臨桂縣　靈川縣　興安縣

全州府　湖南永州府　祁陽縣　衡州府　衡陽縣　衡山縣

湘潭縣　長沙府　湖南省城　湘陰縣　岳州府

嘉魚縣　武昌府　湖廣省城　黃州府　九江府　湖口縣

東流縣　安慶府　銅陵縣　蕪湖縣　南京城

江寧府　上元縣　儀徵縣　揚州府　邵伯驛

– 1a –

皇華驛路圖說

（自南關進行水陸經過各省府縣州澤塘陡閘）

乙酉年校輯。[1]

憑祥州，埴轟營，寧明州，太平府，崇善縣，新寧州，南寧府（十日可至），宣化縣，永淳縣，橫州（起敬灘），潯州府，滕縣，梧州府，昭平縣，平樂府，陽朔縣，廣西桂林府（一月九日至）臨桂縣（撫院），靈州縣，興安縣（三十六陡），全州府，湖南永州府（一月二十日至），祈陽縣，衡州府，衡陽縣，衡山縣，湘潭縣，長沙府，湖南省城（有撫院，換船），湘陰縣，岳州府（二月十日至），嘉魚縣，武昌府，湖廣省城（有總督在），黃州府，九江府，湖口縣，東流縣，安慶府（江南，撫院在），銅陵縣，蕪湖縣，南京城（總督☒部☒），江寧府（江寧縣同），上元縣，儀□縣，楊州府（三月十八日至），邵伯驛，

1 「乙酉年」，越南黎顯宗景興二十六年，清乾隆三十年，西曆1765年。本書卷末記載：「我高祖阮相公，黎朝景興戊辰廷元探花（即阮輝僅）。乙酉奉命北使。江山到處，題詠詩歌，名曰《使程總歌》，刻版家傳，生下者皆得親見。間有取前部甲辰、戊辰《奉使程圖》，親手校正輯續明白，併與歌本兩相考驗。」另《大越史記全書續編》卷五〈黎紀・顯宗永皇帝・下〉記載：「（乙酉二十六年，冬，十月）遣正使阮輝僅、副使黎允伸、阮賞，如清歲貢。」《大越史記全書續編》（東京：東京大學東洋文化研究所附屬東洋學文獻センター，1984–1986），頁1160。《奉使燕臺總歌》記載：「景興二十五年（1764）甲申十二月十三日聞命使北，二十六年（1765）三月旬修文投遞左江道……十月初七日赴京，十二月初一日兩廣總督投報，以來年（二十七年，1766）正月二十九日起關。」阮輝僅，《奉使燕臺總歌》（越南國家圖書館藏本，編號R1375）。故乙酉年乃是阮輝僅出使前一年的準備時間。

－1b－

寶應縣，淮安府（此城有戶部巡），宿遷縣，山東驛縣（臺兒庄），沛縣，☒，濟寧州，東平州，張秋（荊門）驛，東昌府，臨清州，故城縣，☒，吳橋縣，交河縣，滄州，清縣，靜海縣，天津州（衛有鹹水），楊村驛，河西務，通州（右五十九府）。

（自北京奉旨回國，從良鄉起行，陸路經過府縣州，至漢口下水程）

良鄉，涿鹿馹，宣化驛（安興縣），白溝驛（安肅縣），清宛河（有廉將廟），慶都馹（有堯王廟），安喜城（昭烈城），定州（即中山地），新樂縣（伏羲故里），真定城（憑異進麥飯），欒城縣，栢都縣（光武廟），內丘縣（郭巨獲金處），邢臺縣（祖乙故都），沙河縣（有宋璟墓），沙河縣（有由子祠），臨洺驛，邯鄲縣，磁州（曹操土塚），彰德府，湯陰縣（有文王演易處），朝歌馹，汲縣（有比干墓），新鄉（渡黃河），滎澤縣（過河南岸），新鄭縣，許昌驛

– 2b –

江東驛至天府二十五里 章江驛十里以上皆陸路

兩京程路歌

兩京相去幾千程　秋今逐一為歌唱　付与諸君作[illegible]

南京首出章江驛　行到竜潭同一日　過却儀真問廣陵

邵伯盂城相繼覓　從茲界首問安平　淮陰乃是驛之名

前頭清口桃花渡　古城驛前亦暫行　鐘吾直河下邳轉

新安房村離不遠　仰望高高是呂梁　彭城漸漸到夾溝

泗亭沙城接魯橋　石佛南城分兩流　安山荊门崇武歷

清阳夾馬梁家磧　連高新橋及磚河　乾寧流河楊清家

高人道及西河務　莫言和合與通津　到此金臺不多路

已上驛名四十六　一路往來記須熟

– 2a –

子產作封洫処 德星亭 荀氏居 臨潁壇 西平縣 是天地中 遂平城 吳房城 帝閣古城

胡陵 明港驛 山路難行 平靖關 在塞至隨 應山縣 有渡橋 安陸縣 昔名吉阳

雲夢縣 子文見亂 雲夢縣 孝感縣 董永鄉 黃陂縣 合至陂口

自北京陸路起行到南京江南合水程 會同館 七十里至 固節馹 六十里至 涿鹿馹 六十里至

汾水馹 六十里 為美馹 七十里至 鄭城馹 七十里至 瀛海馹 六十五里至 泉城馹 四十里至 阜城馹 四十五里至

東光馹 六十里至 安德馬馹 七十里至 太平馹 八十里至 魚丘馹 高唐州二十里 茌山馹 七十里 銅城馹 六十里

首縣馹 六十里至 東源馹 六十四里至 新橋馹 一百里 兗州府 昌平馹 六十里至 鄒城馹 五十里至

界河馹 四十五里至 滕阳馹 七十五里至 臨城馹 七十里 利国馹 一百里至 東岸馹 徐州五十里 桃山馹 五十

夾溝馹 六十里 睢阳馹 四十五里至 大店馹 四十五里至 固鎮馹 五十里至 王莊馹 六十里至 濠閔

六十里至 紅心馹 滴淮泉六十里 池河馹 定遠泉四十五里 大柳馹 六十里 徐阳馹 六十里 東葛城馹 三十五里至 江

－2a－

（子產作封洫處），德星亭（荀氏居），臨穎塘，西平縣（是天地中），遂平城（吳房城），帝關古城，朗陵，明港驛（山路難行），平靖關（厄塞至險），應山縣（有渡蟻橋），安陸縣（舊名吉陽），雲夢縣（子文虎乳），雲□縣，孝感縣（董永鄉），黃陂縣（合至漢口）。

（自北京陸路起行，到南京、江南合水程）

會同館（七十里至），固節馹（六十里至），涿鹿馹（六十里至），汾水馹（六十里），為義馹（七十里至），鄭城馹（七十里至），瀛海馹（六十五里至），樂城馹（八十里至），阜城馹（五十五里至），東光馹（六十里至），安德馬馹（七十里至），太平馹（八十里至），魚丘馹（高唐州，二十里），莊山馹（七十里），銅城馹（六十里），舊縣馹（六十里至），東源馹（六十四里至），新橋馹（一百里），兗州府昌平馹（六十里至），鄒城馹（五十里至），界河馹（四十五里至），勝陽馹（七十五里至），臨城馹（七十里），利國馹（一百里至），東岸馹（徐州，五十里），桃山馹（五十〔里〕），夾溝馹（六十里至），睢陽馹（四十五里至），六店馹（四十五里至），固鎮馹（五十里至），玉莊馹（六十里至），濠梁〔馹〕（六十里至），紅心馹（漓〔准？〕[2]皋，六十里），池河馹（定遠皋，四十五里），大柳馹（六十里），徐陽馹（六十里），東葛城馹（三十五里至），☒

2　或為「淮」之誤。

－2b－

江東駟（應天府，三十五里），龍江駟（十里。以上皆陸路）。

兩京程路歌：

兩京相去幾千程，我今逐一為歌唱。
付與諸君作記行，南京首出龍江駟。
行到龍潭同一日，過卻儀真問廣陵。
邵伯孟城相繼覓，從茲界首問安平。
淮陰乃是駟之名，前頭清口桃花渡。
古城駟前舟暫佇，鐘吳直河下邳轉。
新安房村離不遠，仰望高高是呂梁。
彩城漸漸到夾溝，泗亭沙城接魯橋。
石佛南城分兩流，安山荊門崇武歷。
清陽夾馬梁家磧，連高新橋及磚河。
乾寧流河楊清家，高人道及西河務。
莫言和合與通津，到此金臺不多路。
已[3]上駟名四十六，一路往來記須熟。

3 「已」、「以」通假。

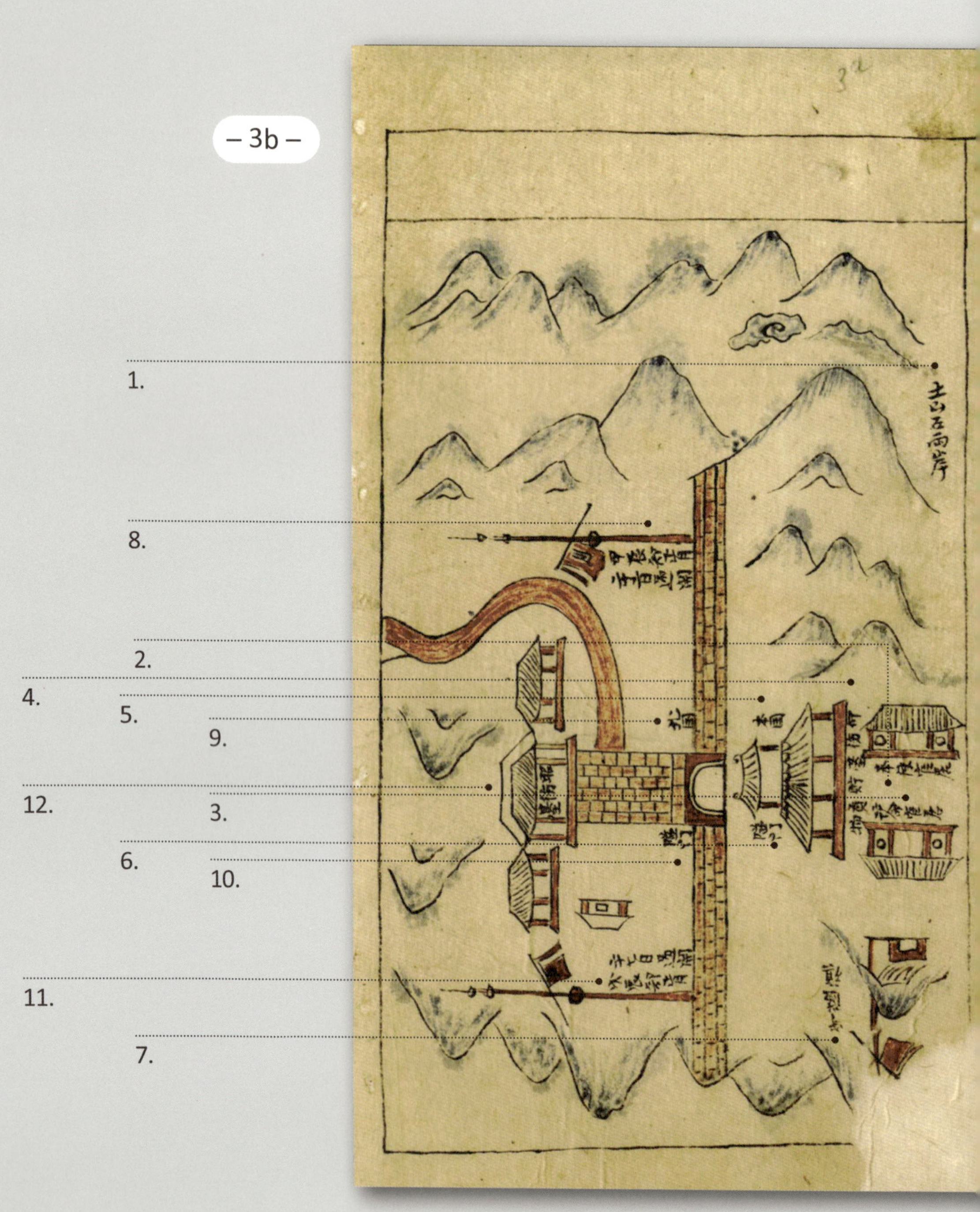
– 3b –
1.
8.
2.
4.
5.
9.
12.
3.
6.
10.
11.
7.

– 3a –

使程備考

一拜行日從堅義亭渡富良江駐习鷄庯次日駐芙蒥次

日駐市採次日駐壽昌預先差人告祖蠟祠次日經過祠前下

馬暮到芹營駐次日經芹營祠差人致告近前下馬暮

到八位站駐次日到滝化站是日經過岧嶤祠致告如前次

日未時過支稜界嵓門關備礼致告暮到梲榔市屯駐

次日駐仁里站俗名同鵲是日過域尾祠差人致敬次日越

毋子嶺俗名窖娜窖昆未到廣居社駐俗名核橋次日越

岧楊嶺到團城駐城西隔江有三清洞望天山城東有三

洞洞前有井使臣多汲取驛八內地至日候在仰德臺

－3a－

使程備考[4]

一拜行日，從堅義亭渡富良江，[5]駐刁鴿鋪。次日駐芙葍。[6]次日駐市林。[7]次日駐壽昌，[8]預先差人告祖蜂[9]祠。次日經過祠前，下馬，暮到芹營[10]駐。次日經芹營祠，差人致告，近前下馬，暮到八位站駐。次日到滝化[11]站。是日經過岩蹇[12]祠，致告如前。次日未時過支稜界鬼門關，[13]備禮致告，暮到桄榔市[14]屯駐。次日駐仁里站，俗名同鶻。[15]是日過域瓦，[16]差人致敬。次日越母子嶺，俗名窖娜窖昆，[17]未〔時〕到廣居社駐，俗名核橘。[18]次日越岩楊[19]嶺到團城[20]駐。城西隔江有三清洞，望夫山。[21]城東有三図洞，洞前有井，使臣多汲取驛入內地。至日候在仰德臺。[22]

---

4 《使程備考》乃使程圖。根據該書右邊標記的葉碼來看，該部分本應有107葉，而目前阮輝家族所藏的版本缺47、48、105、106等四葉。

5 「富良江」，即紅河，又稱「珥河」、「瀘江」。《河內地輿》：「珥河。有名瀘江，亦曰富良江，水流沙如硃，至秋始清，自內地雲南來。」《河內地輿》（越南漢喃研究院藏本，編號VHv.2659）。又，《大南一統志》曰：「按珥河之名，明黃福築大羅城，見江流灣回如垂珥，因名之。」越南阮朝國史館，《大南一統志（嗣德版）：法國亞洲學會藏本》（重慶：西南師範大學出版社，2015），第一冊，頁62。《安南志略》卷一〈水〉記載：「富良江：宋郭逵敗交趾處。」黎崱著，武尚清點校，《安南志略》（北京：中華書局，2000），頁27。

6 「芙葍」，地名。《大南一統志》〈河內〉：「福安州領保福、芙葍、清潭。」越南阮朝國史館，《大南一統志（嗣德版）》，第一冊，頁7。

7 「市林」，地名，屬（越南）黎朝京北處。《皇越一統輿地誌》卷四〈京北鎮驛路〉：「市林亭，俗號亭金，沿路民居稠密，有煉鐵線藝路西有市俗名林，市西一百七十尋至。」黎光定纂修，《皇越一統輿地誌：法國亞洲學會藏本》（重慶：西南師範大學出版社，2015），上冊，頁481。

8 「壽昌」，地名，屬（越南）黎朝京北處。

9 「祖蜂」，喃字地名，即Tổ Rồng，該祠屬（越南）黎朝京北處。

10 「芹營」，地名，屬（越南）黎朝京北處。

11 「滝化」，喃字地名，即Sông Hóa，亦即大化江，屬（越南）黎朝京北處。《皇越一統輿地誌》卷四〈京北鎮驛路〉：「大化江，即日德江上流。」黎光定纂修，《皇越一統輿地誌》，上冊，頁488。

12 「岩蹇」，喃字名，即Đèo Kiển。

13 「鬼門關」，地名，屬（越南）黎朝諒山處。《皇越一統輿地誌》卷四〈諒山鎮驛路〉記載：「鬼門關，一名枝棱關，關路狹窄，東西石山斗峻，西邊又逼近深溪，凜然可畏。北人有語云：『鬼門關鬼山門關，十人去一人還。』至黎中興冊封使惡其名改稱畏天關。」黎光定纂修，《皇越一統輿地誌》，上冊，頁488。

14 「桄榔市」，地名，屬（越南）黎朝諒山處，陳朝丘溫驛，李朝時稱桄榔縣；《嶺外代答》稱之為机榔縣，即諒山。《越南歷代疆域》：「丘溫縣：《一統志》（諒山）載，溫州，李曰桄榔州，陳曰丘（溫），屬明曰丘溫縣。因此，古代的丘溫縣相當於今天的溫州縣，位於諒山到銅模的鐵路和公路沿線。」陶維英著，戴可來譯，《越南歷代疆域》（北京：商務印書館，1973），頁190。

15 「同鶻」，喃字地名，即Đồng Cốt，此地屬（越南）黎朝諒山處。《皇越一統輿地誌》卷四〈諒山鎮驛路〉記載：「仁里驛九千八百五十一尋至枚坡驛，九十尋至同骨庯，庯有市儂客家居住稠密，行人可住宿。」黎光定纂修，《皇越一統輿地誌》，上冊，頁489。

16 「域瓦」，喃字地名，即Vực Ngói，屬（越南）黎朝諒山處。

–3b–

1. 土山石兩岸。
2. 奉使官居。
3. 護命官居。
4. 仰德臺貯貢物。
5+6. 本國隘門。
7. 守隘旗。
8. 甲辰部正月二十二日過關。[23]
9+10. 北國隘門。
11. 戊辰部正月二十七日過關。[24]
12. 昭德臺。[25]

17 「窖娜窖昆」，喃字地名，即Khéo Na Khéo Con，亦即母子嶺，又名窖山，屬（越南）黎朝諒山處。《大南一統志》關於諒山山川曰：「窖山：在溫州十一里，西南一峰竣大，西北一峰稍低小。兩峰聯絡、高下相顧，如母子狀，俗名窖母窖子。窖母山頂上有溪注下山腳，水清而味甘，俗呼為長生水。二項並開一條路，大使行經此，商旅往來，亦由之。」越南阮朝國史館，《大南一統志（嗣德版）》，第二冊，頁300。

18 「核橘」，喃字地名，即Cây Quất，屬（越南）黎朝諒山處。

19 「岧楊」，喃字地名，即Đèo Dương，屬（越南）黎朝諒山處。

20 「團城」，屬（越南）黎朝諒山處長慶府。

21 「三清洞」、「望夫山」，屬（越南）黎朝諒山處長慶府。《歷朝憲章類誌》〈諒山處長慶府〉記載：「三清洞峭壁巑岏，俯臨江渚。洞前有湖寺在山腰，景致幽寂。嵩右有望夫山。山嶺有石，似征婦遠望形，故名。」潘輝注，《歷朝憲章類誌》〈諒山處長慶府〉（日本東洋文庫藏本）。

22 「仰德臺」，屬越南諒山，《歷朝憲章類誌》〈諒山處長慶府〉記載：「關（鎮南關）前有仰德臺，為侯接北使之所。」潘輝注，《歷朝憲章類誌》〈諒山處長慶府〉（日本東洋文庫藏本）。

23 「甲辰部」，越南黎裕宗保泰五年（1724），清雍正二年，由范謙益率領的使團。《大越史記全書續编》卷二〈黎紀・裕宗和皇帝〉：「（癸卯四年，冬，十月）遣使如清。正使范謙益賀即位，副使阮輝潤、范廷鏡等，歲貢兼謝恩、謝前部加賜彩緞。」《大越史記全書續编》，頁1056。《清實錄・世宗憲皇帝實錄》卷之二十〈雍正二年五月〉記載：「安南國王黎維祹遣陪臣范謙益等，賀登大寶，貢獻方物。」鄂爾泰等奉敕修，《清實錄・世宗憲皇帝實錄》（北京：中華書局，1986），卷之二十，頁321。

24 「戊辰部」，越南黎顯宗景興九年（1748），清乾隆十三年，由阮宗室率領的使團。《大越史記全書續编》卷四〈黎紀・顯宗永皇帝・上〉：「（丁卯八年，冬，十月）遣正使阮宗室、副使阮世立、陳文煥等，如清歲貢。」《大越史記全書續编》，頁1125。《清實錄・高宗純皇帝實錄》卷之三百三十一〈乾隆十三年十二月下〉：「安南國進貢，陪臣阮世立故。」慶桂等奉敕修，《清實錄・高宗純皇帝實錄》（北京：中華書局，1986），卷之三百三十一，頁515。

25 《大南一統志》〈諒山省〉「關汛」記有「南交關」：「在省城北三十一里，文淵洲同燈、堡林二社地。北夾清國廣西省憑祥州界，即清國所謂鎮南關。其關蓋始於明嘉靖所建，清雍正三年廣西按察甘來重修，一名大南關，關之東一帶土山，關之西一帶石山，……。清雍正六年建門一，有扉鎖，惟使事方啟。……南有仰德臺，臺之左右有兩廟，每使部進關，題中外一家四字，……。關之北有清昭德臺，臺以為駐歇之所。」越南阮朝國史館，《大南一統志（嗣德版）》，第二冊，頁309–310。

– 4b –

憑祥州州官繼襲輔導有小。

溪。

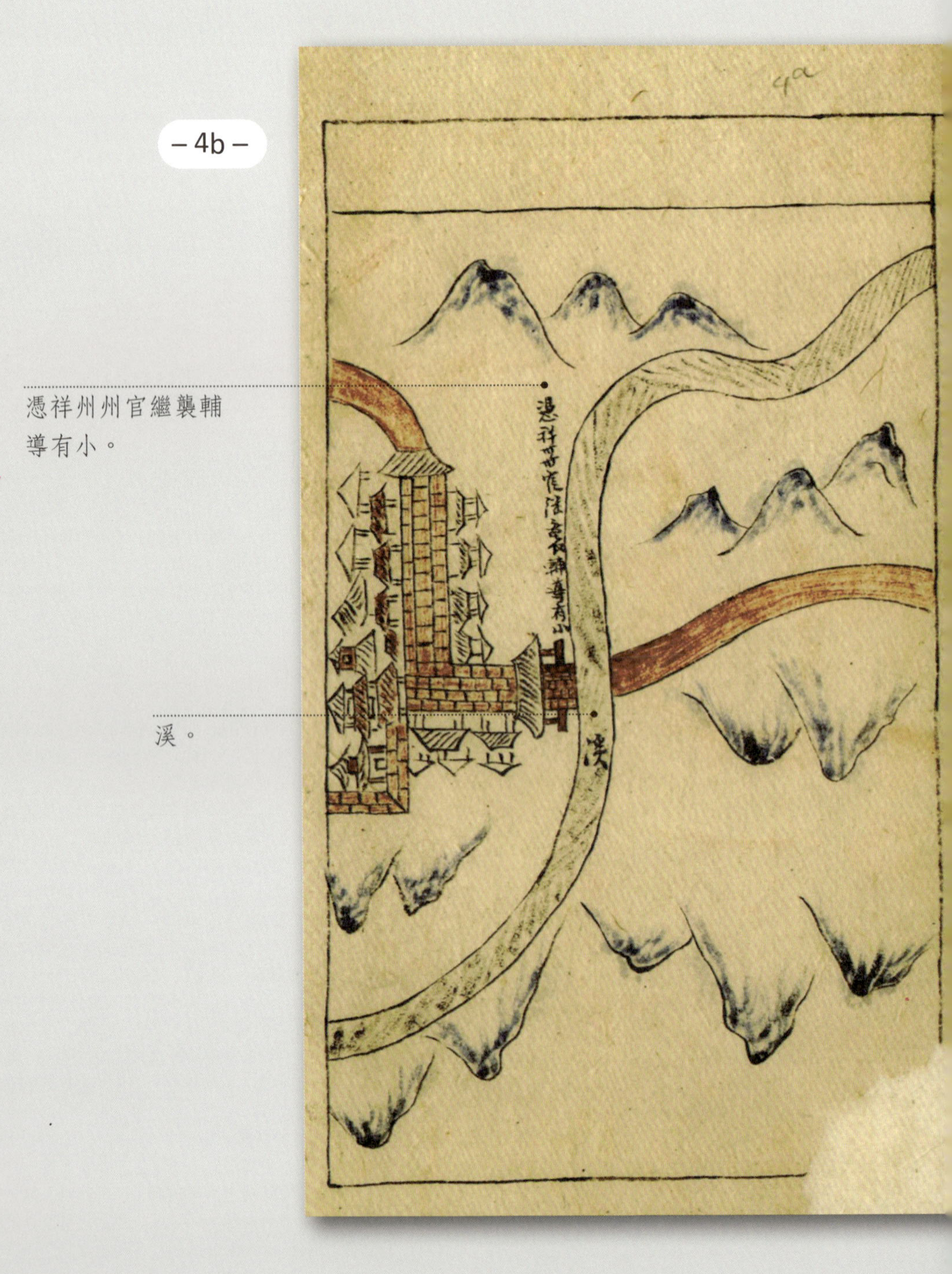

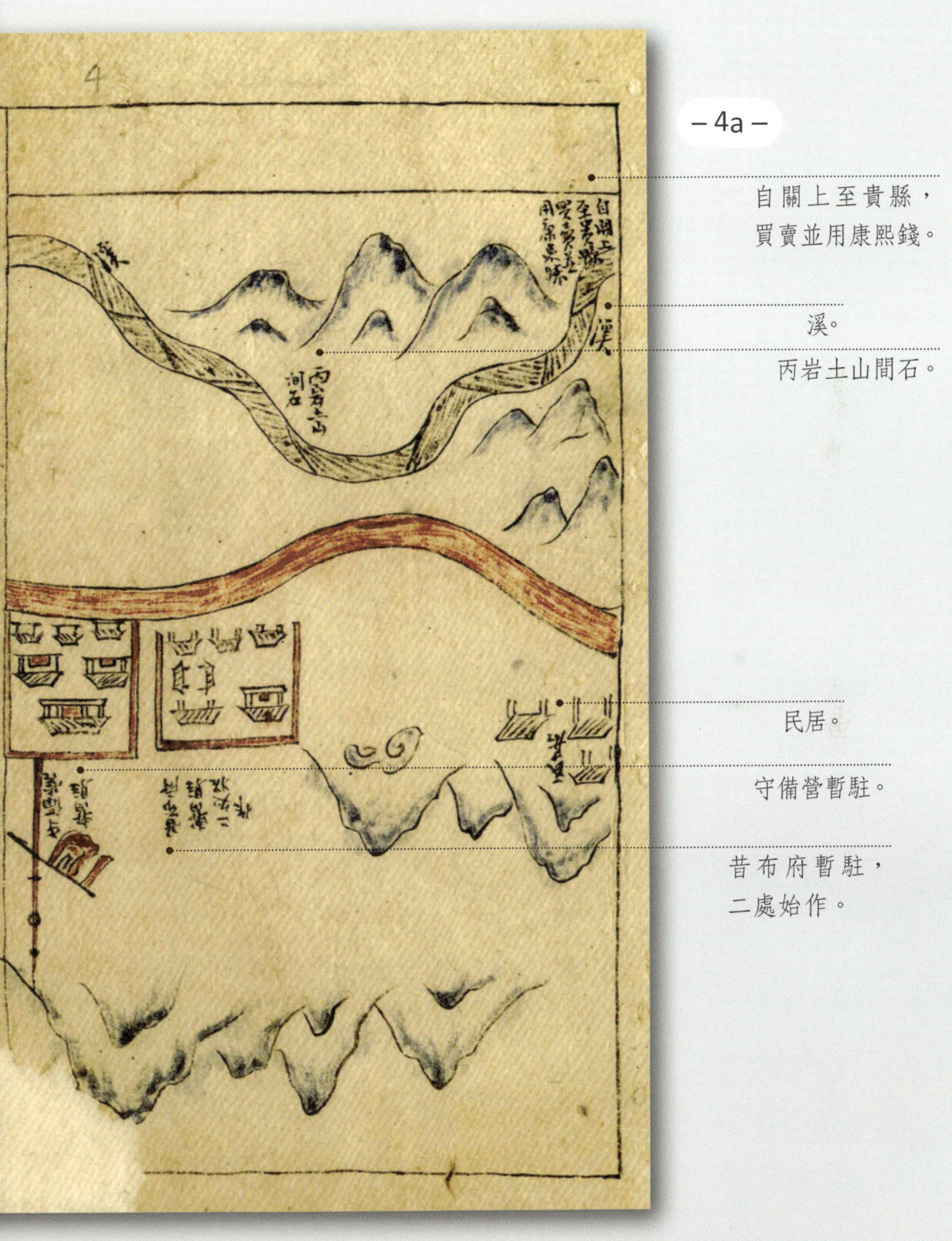
– 4a –
自關上至貴縣，
買賣並用康熙錢。
溪。
丙岩土山間石。
民居。
守備營暫駐。
昔布府暫駐，
二處始作。

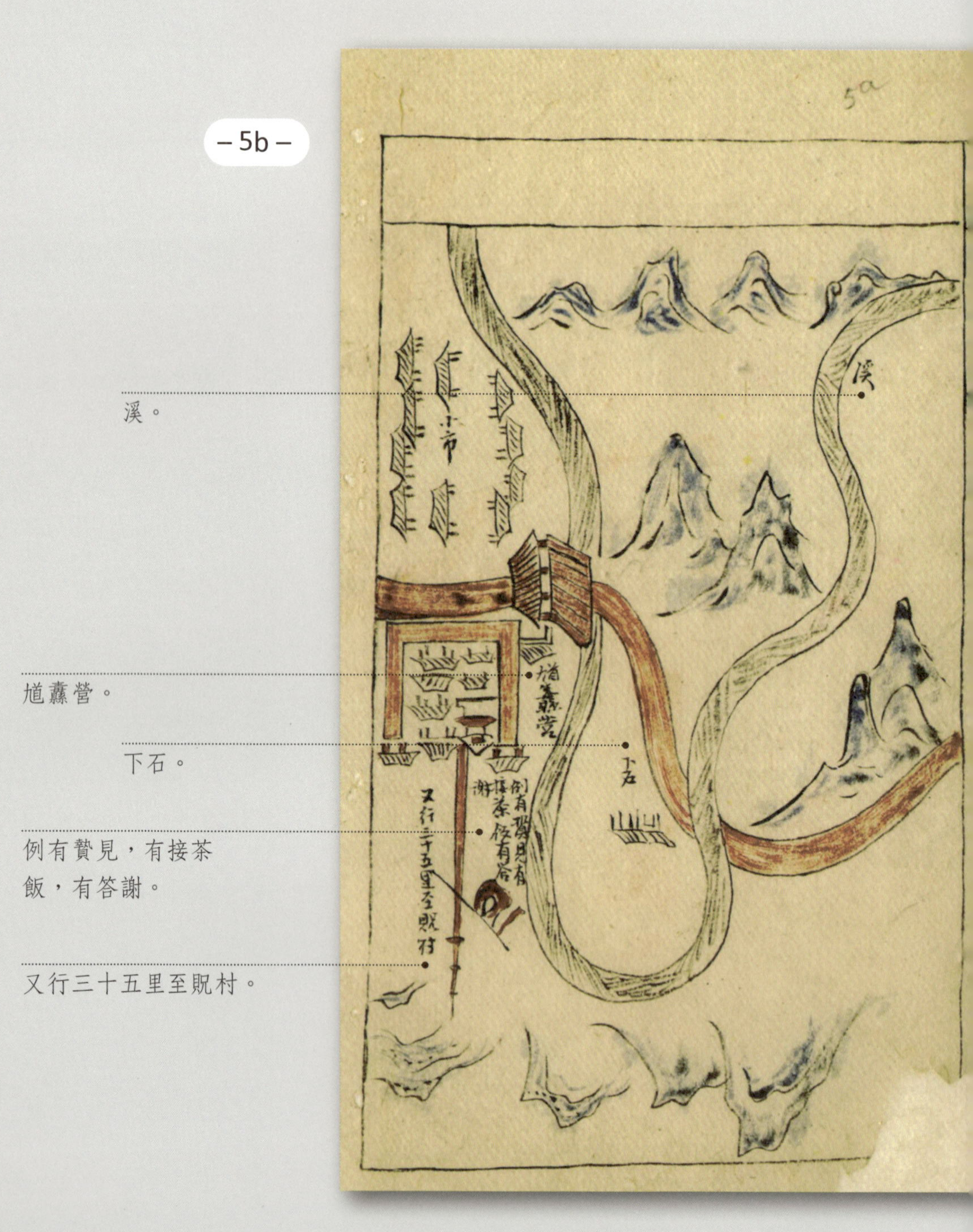
– 5b –
溪。
旙纛營。
下石。
例有贄見，有接茶飯，有答謝。
又行三十五里至貺村。

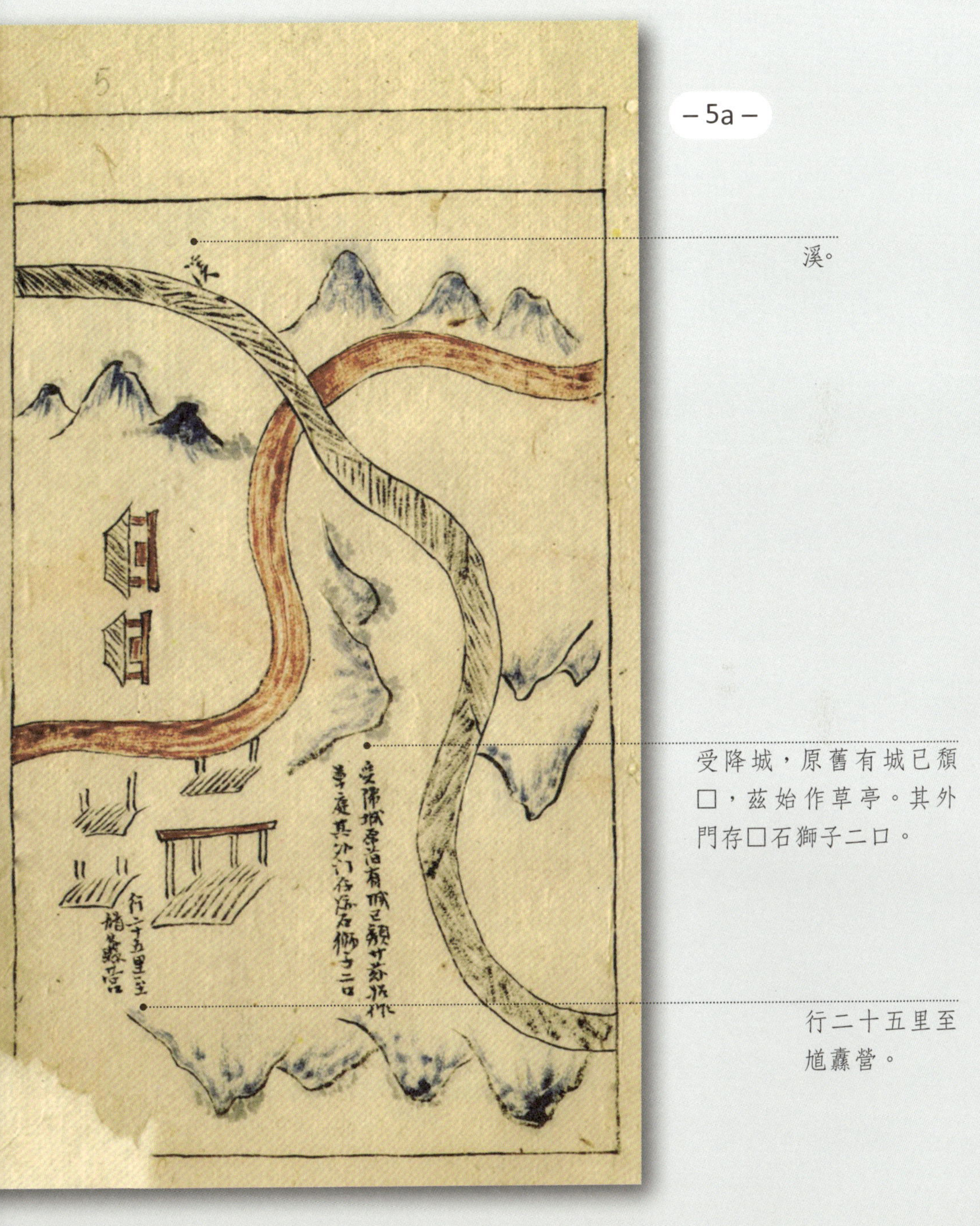
– 5a –
溪。
受降城，原舊有城已頹口，茲始作草亭。其外門存口石獅子二口。
行二十五里至[illegible]蠹營。

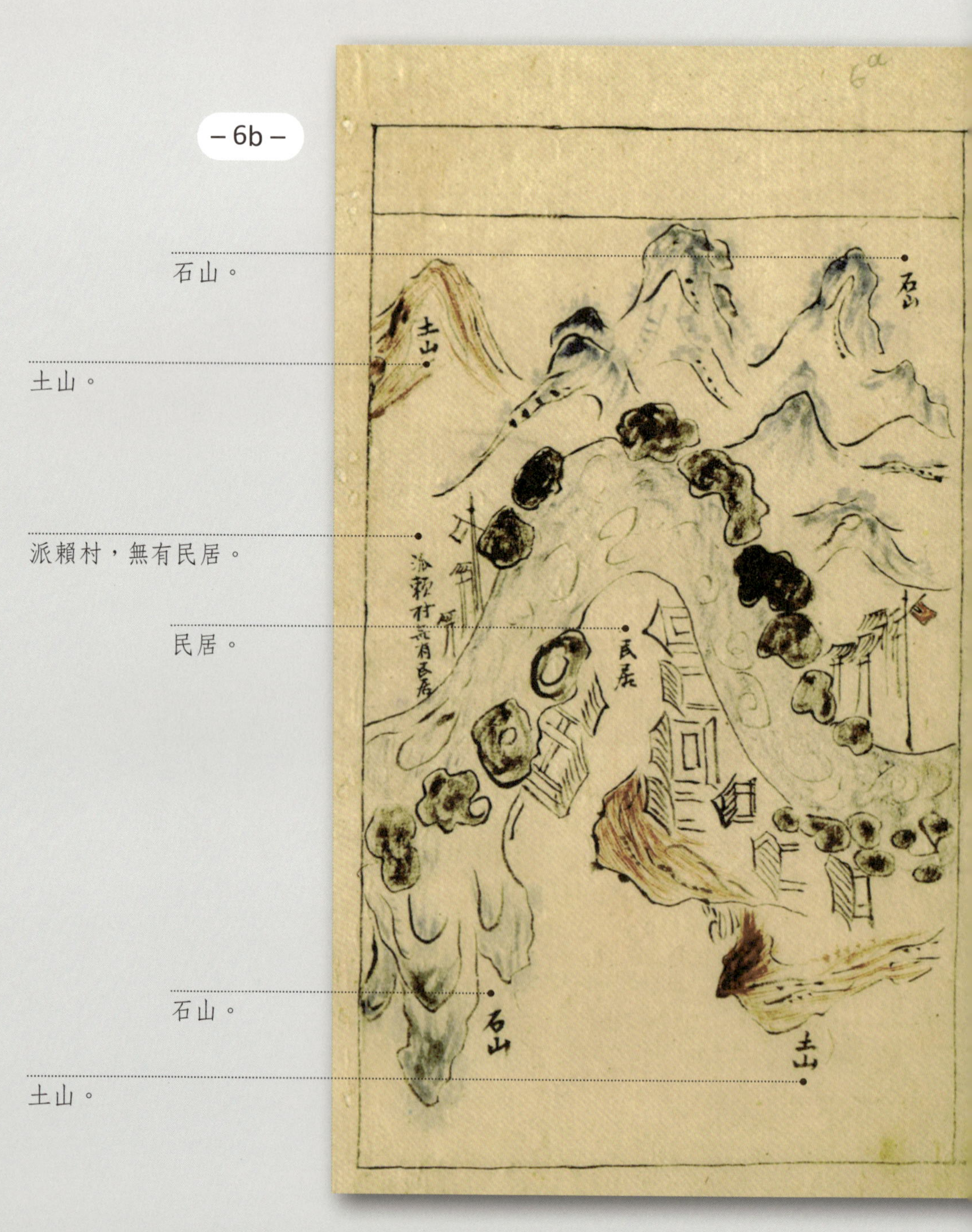
6a
– 6b –
石山。
土山。
派賴村，無有民居。
民居。
石山。
土山。
石山
土山
派賴村無有民居
民居
石山
土山

– 6a –

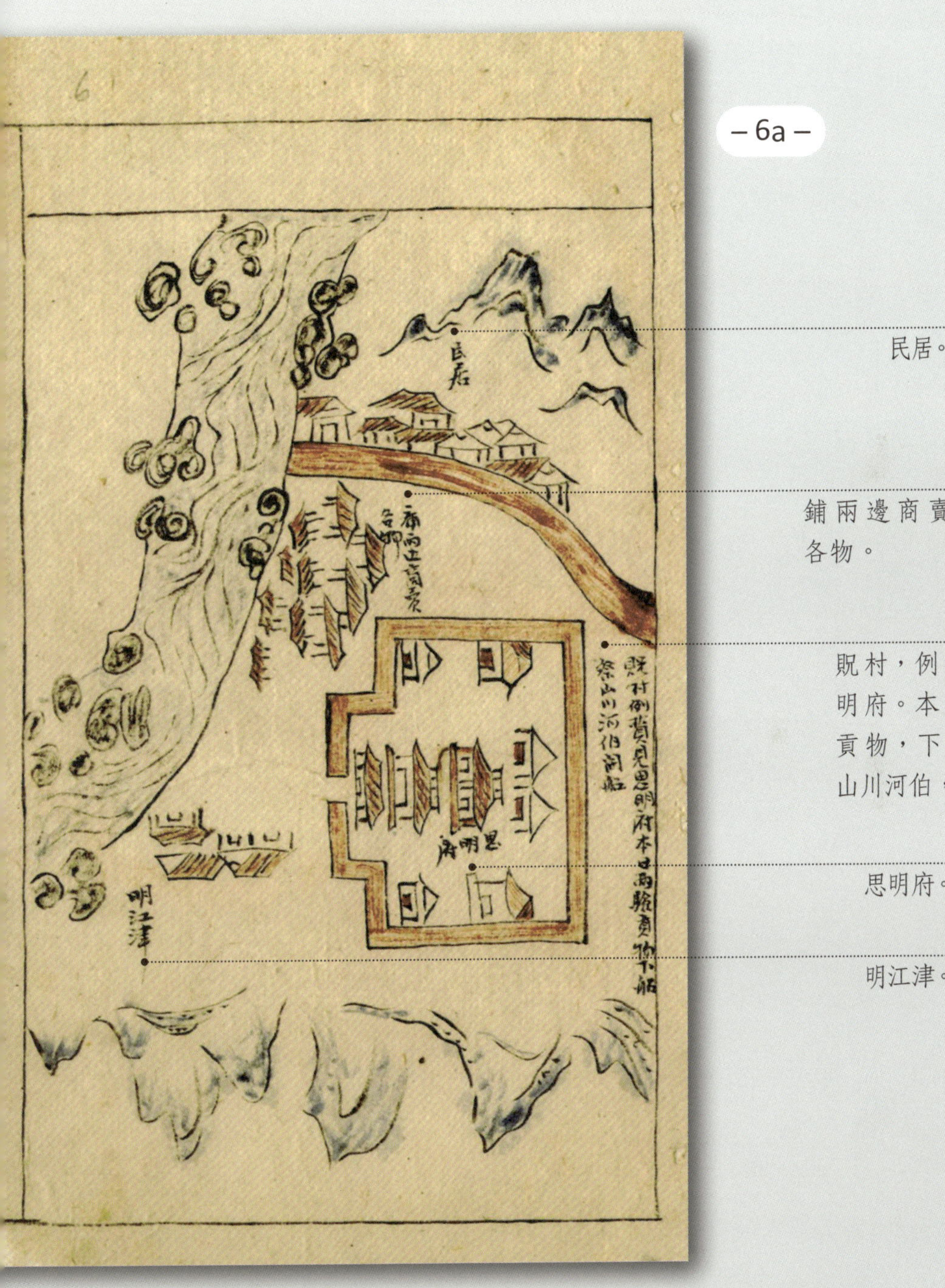

民居。

鋪兩邊商賣各物。

䀛村，例贄見思明府。本日兩驗貢物，下船，祭山川河伯，開船。

思明府。

明江津。

– 7b –

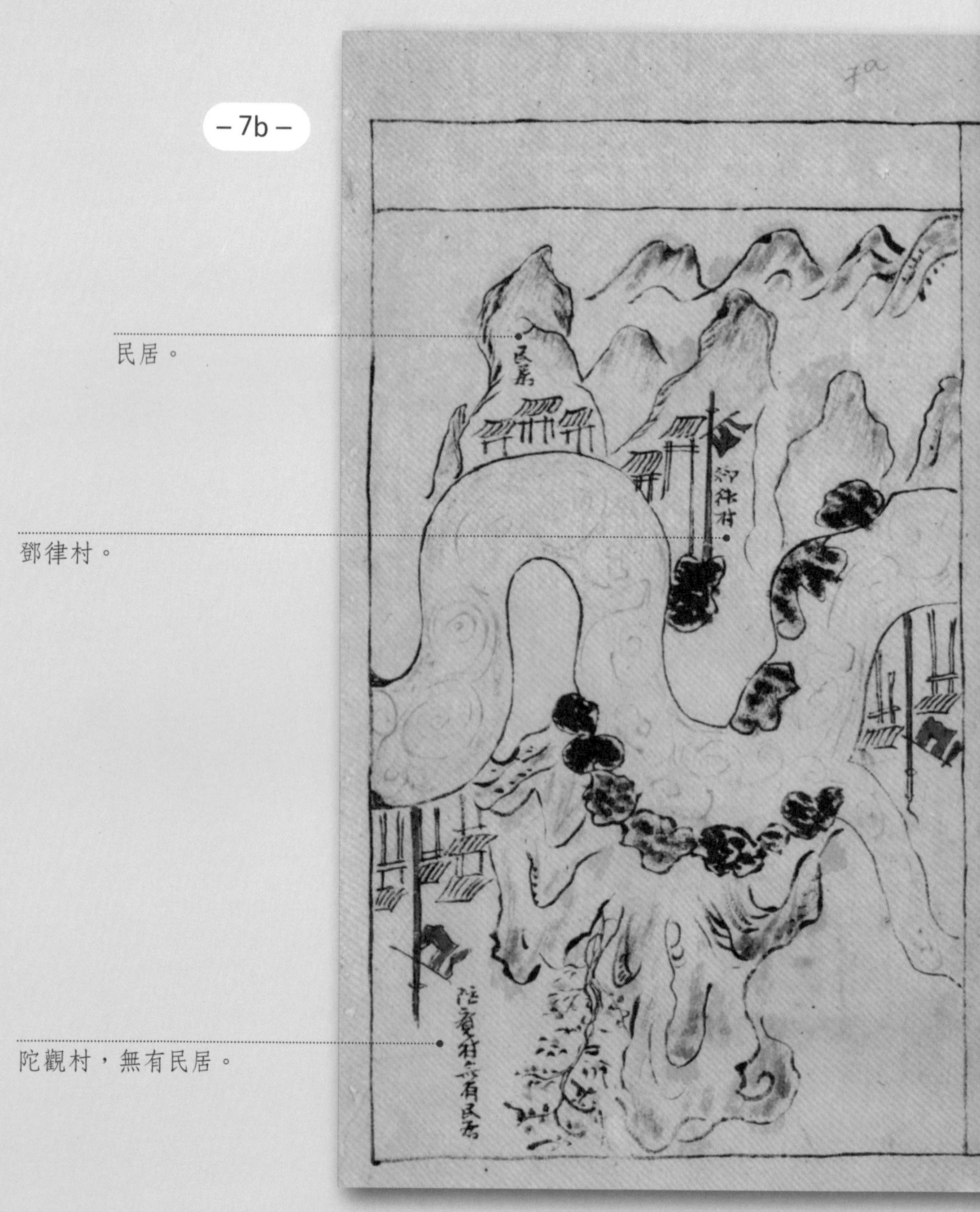

民居。

鄧律村。

陀觀村，無有民居。

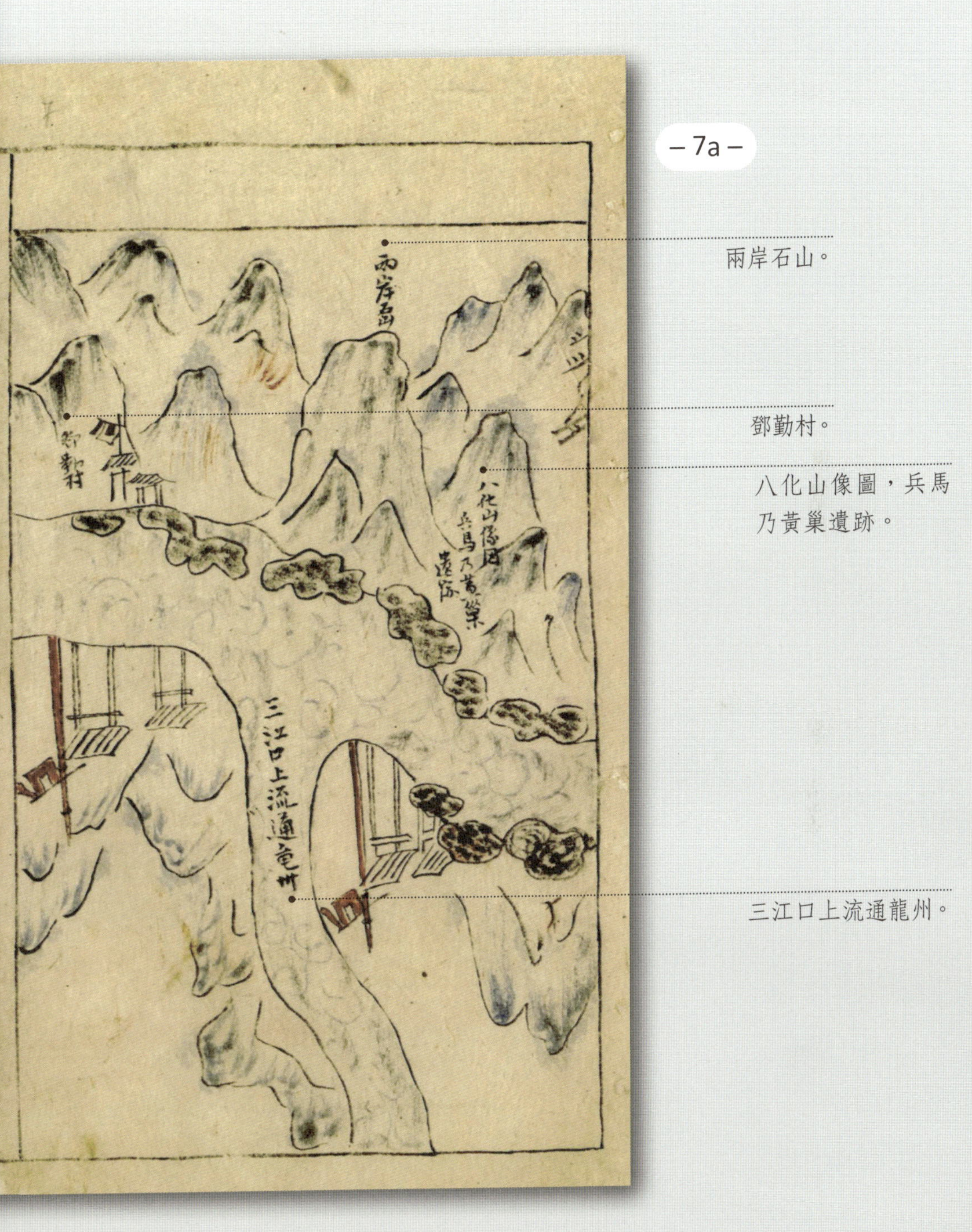

– 7a –

兩岸石山。

鄧勤村。

八化山像圖，兵馬乃黃巢遺跡。

三江口上流通龍州。

– 8b –

塔歸龍。

崩港塘。

伏波祠，號翁馬援。
本國奉祀在白馬市。

– 8a –

太平府城。自此城至新寧州城三百八十里。有贊見。

三層山。

– 9b –

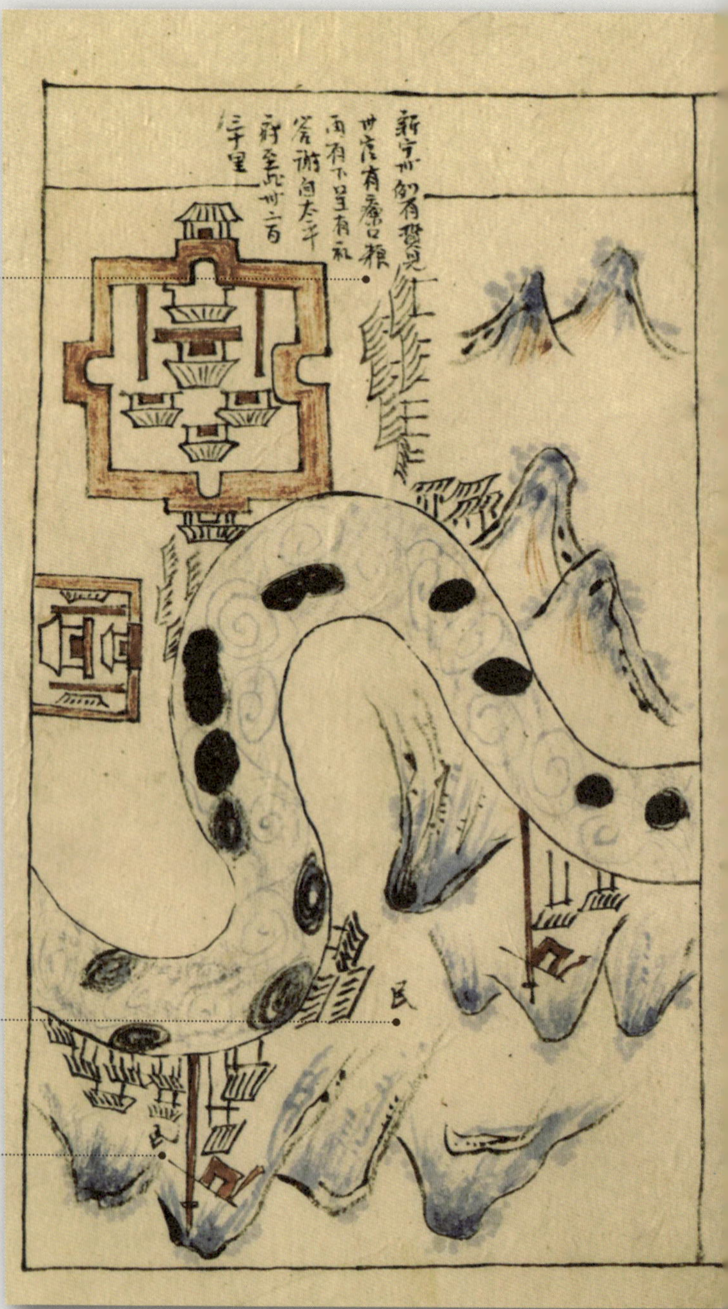

新寧州。例有贄見州官，有廩口糧，再有下呈，有禮答謝。自太平府至此州二百三十里。

民。

民。

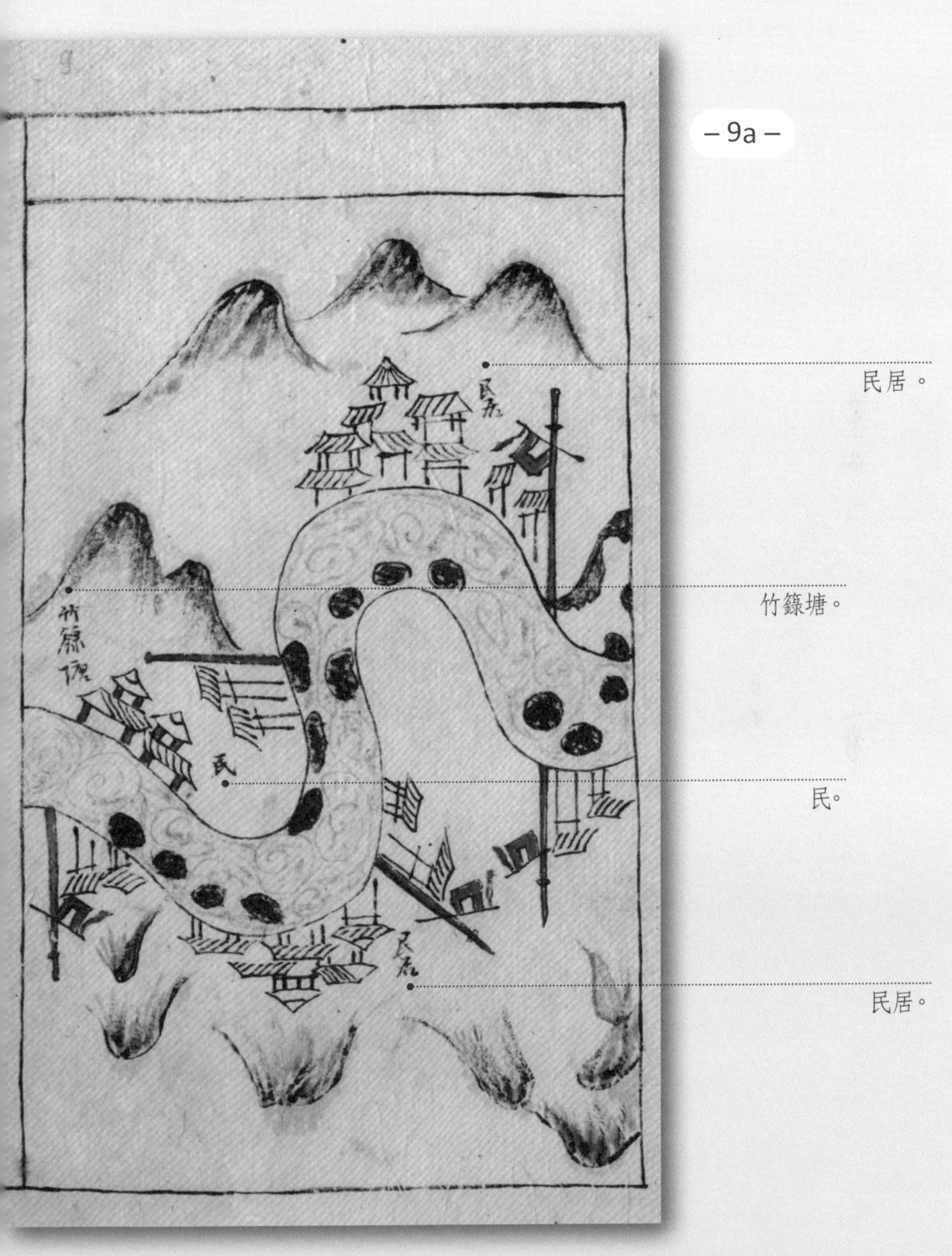

– 9a –

民居。

竹籙塘。

民。

民居。

– 10b –

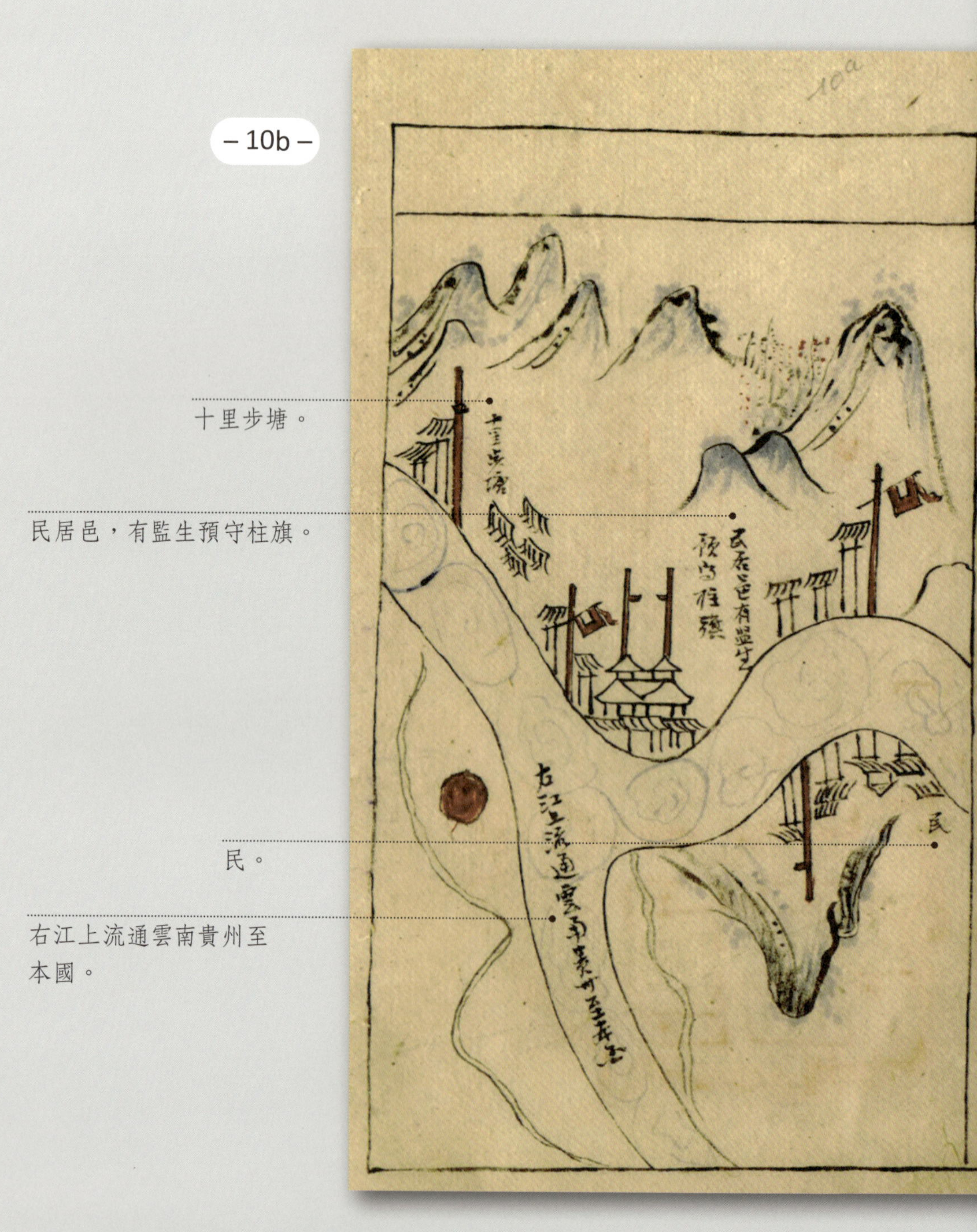

十里步塘。

民居邑，有監生預守柱旗。

民。

右江上流通雲南貴州至本國。

– 10a –

民。

廟。

廟。

民。

陽尾塘。

– 11b –

剪刀塘。

民。

民。

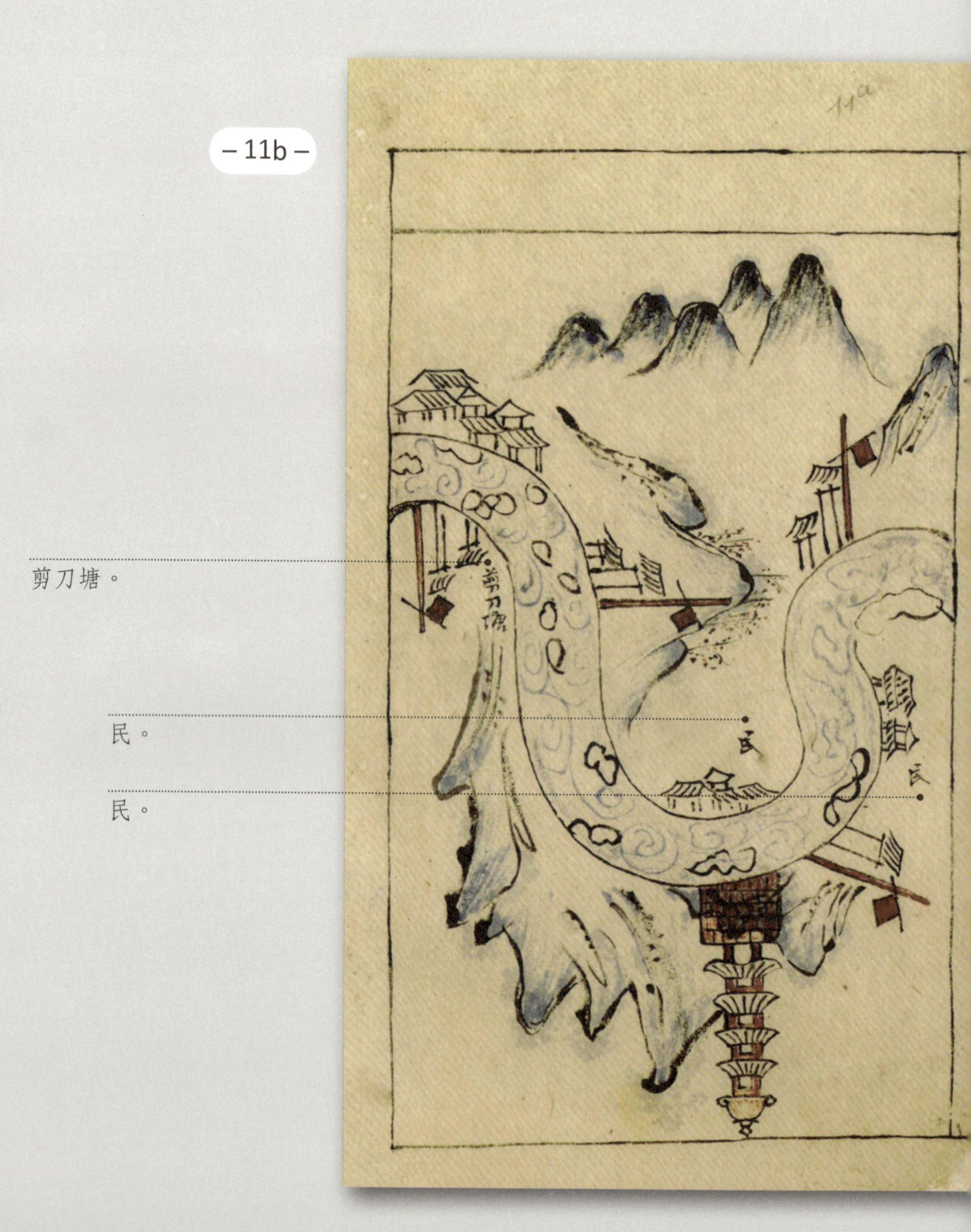

– 11a –

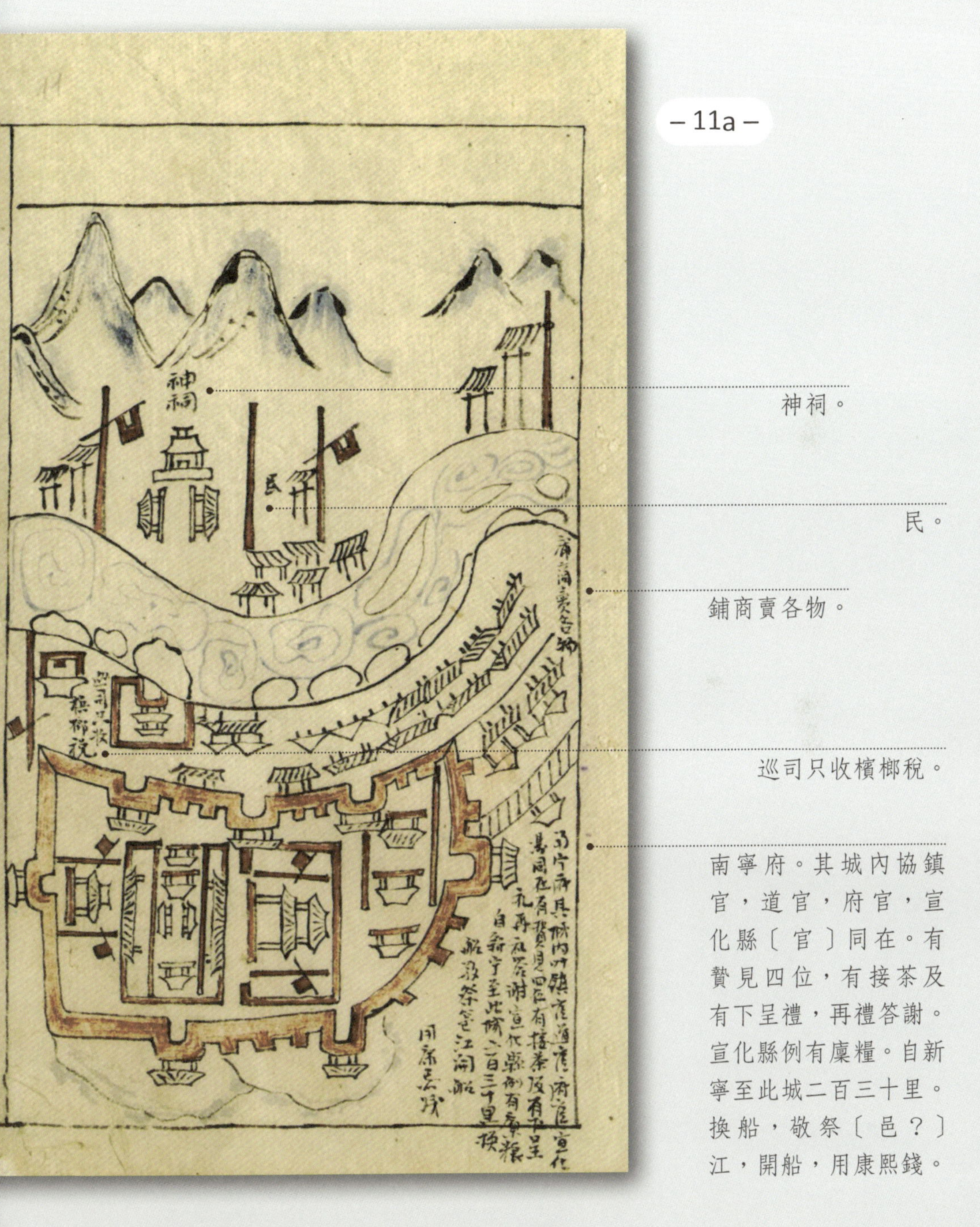

神祠。

民。

鋪商賣各物。

巡司只收檳榔稅。

南寧府。其城內協鎮官，道官，府官，宣化縣〔官〕同在。有贄見四位，有接茶及有下呈禮，再禮答謝。宣化縣例有廩糧。自新寧至此城二百三十里。換船，敬祭〔邑？〕江，開船，用康熙錢。

– 12b –

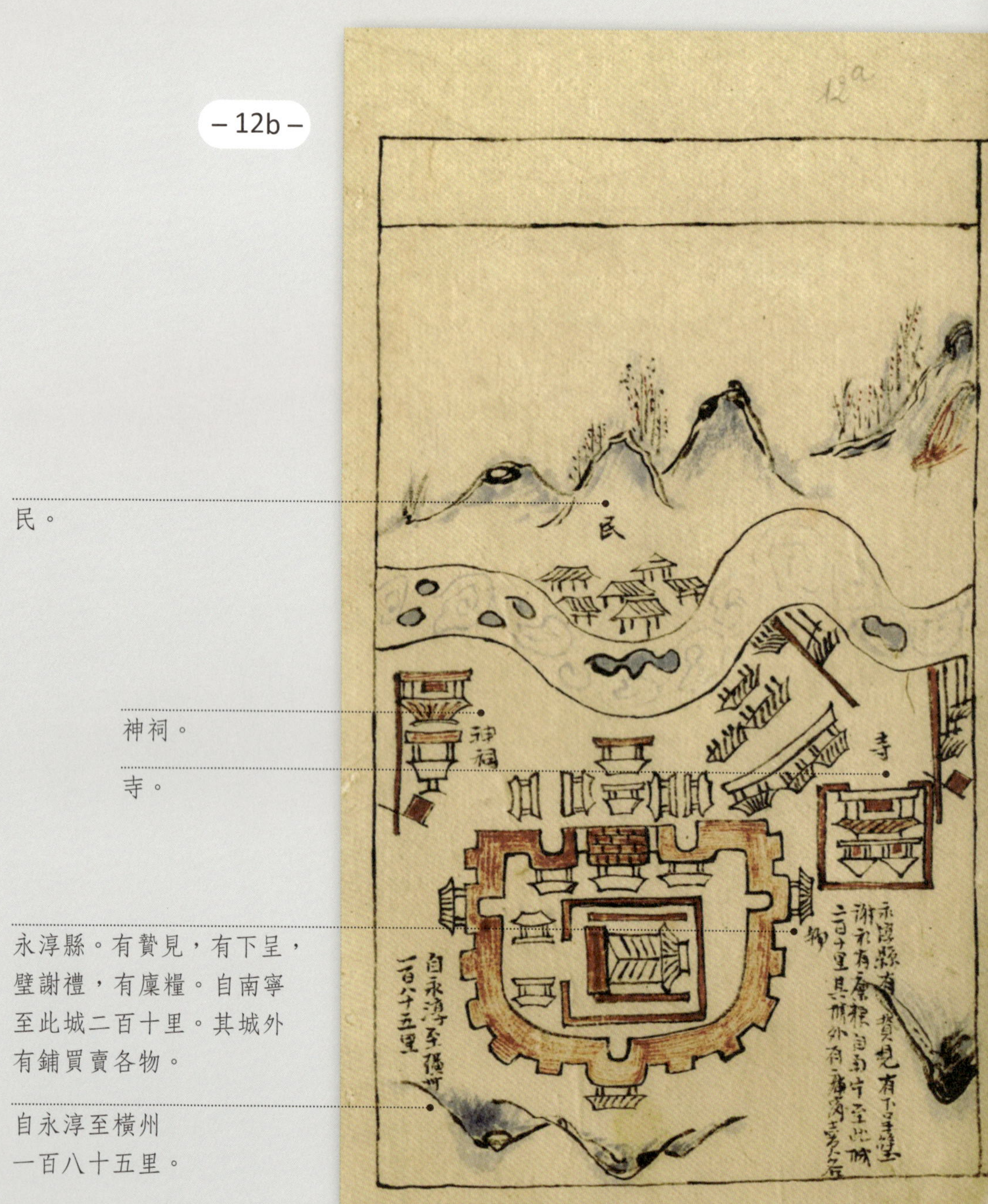

民。

神祠。

寺。

永淳縣。有贊見，有下呈，壁謝禮，有廩糧。自南寧至此城二百十里。其城外有鋪買賣各物。

自永淳至橫州一百八十五里。

– 12a –

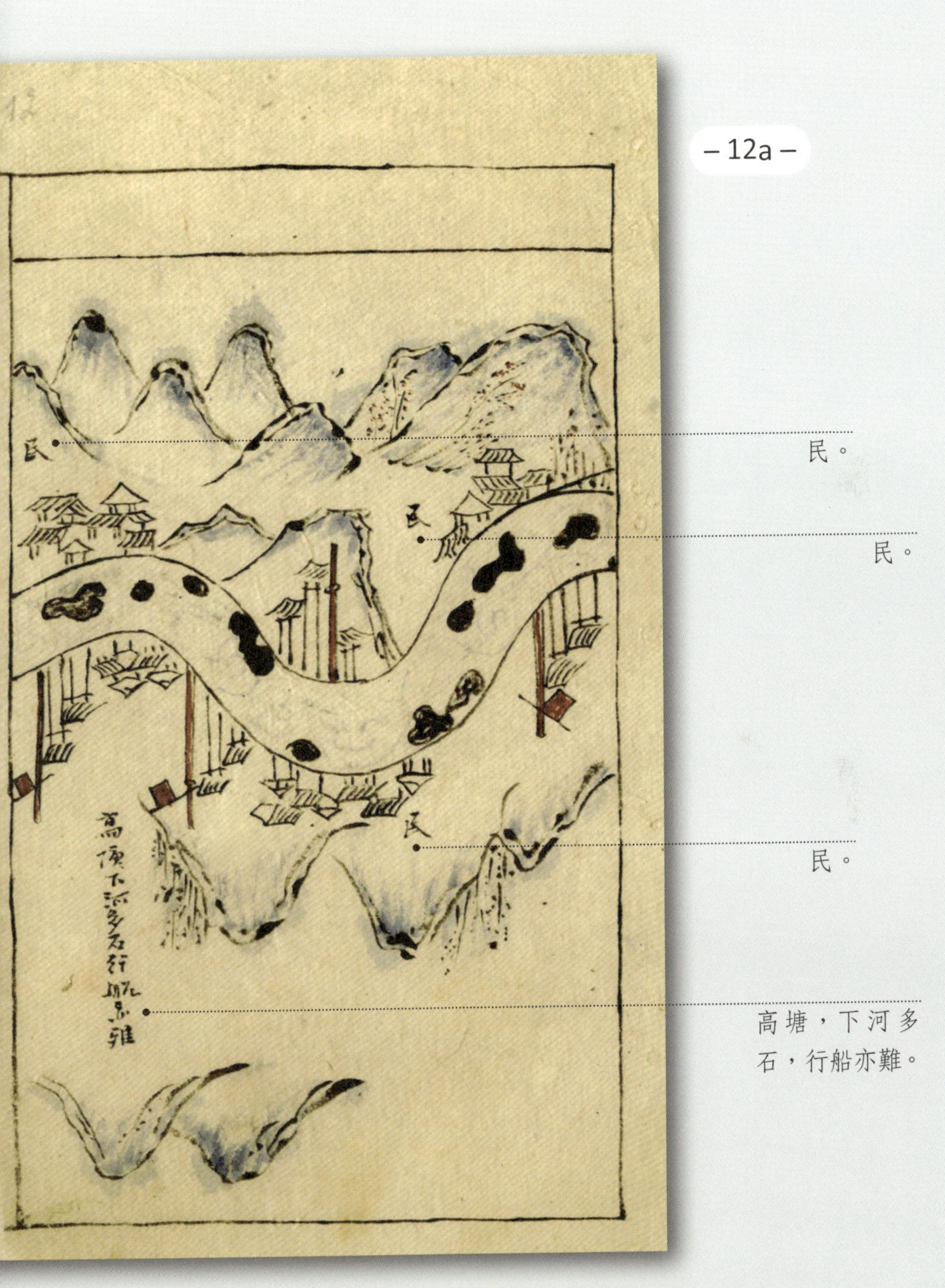

– 13b –

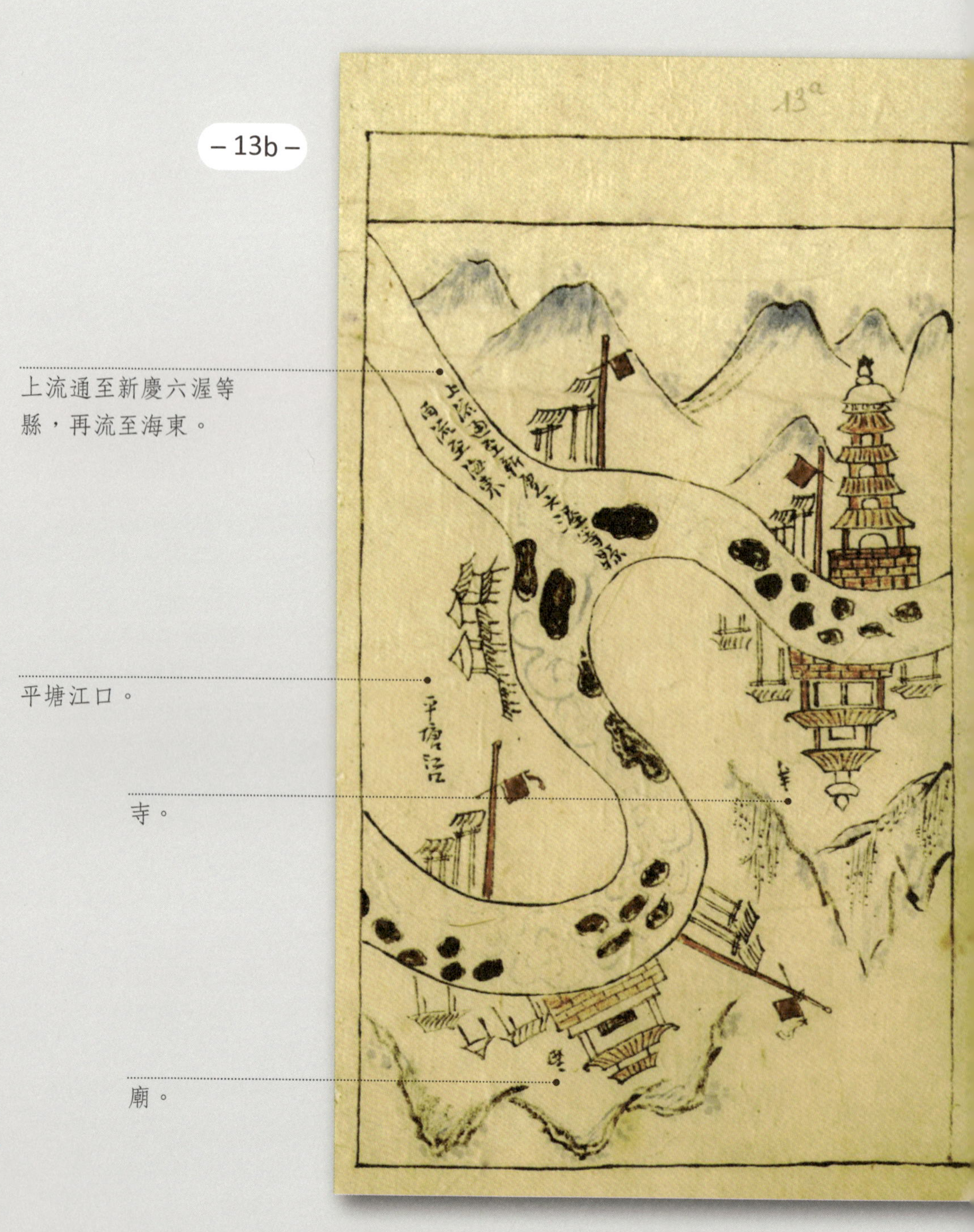

上流通至新慶六渥等縣，再流至海東。

平塘江口。

寺。

廟。

– 13a –

三州村。取夫引船，每船二人。

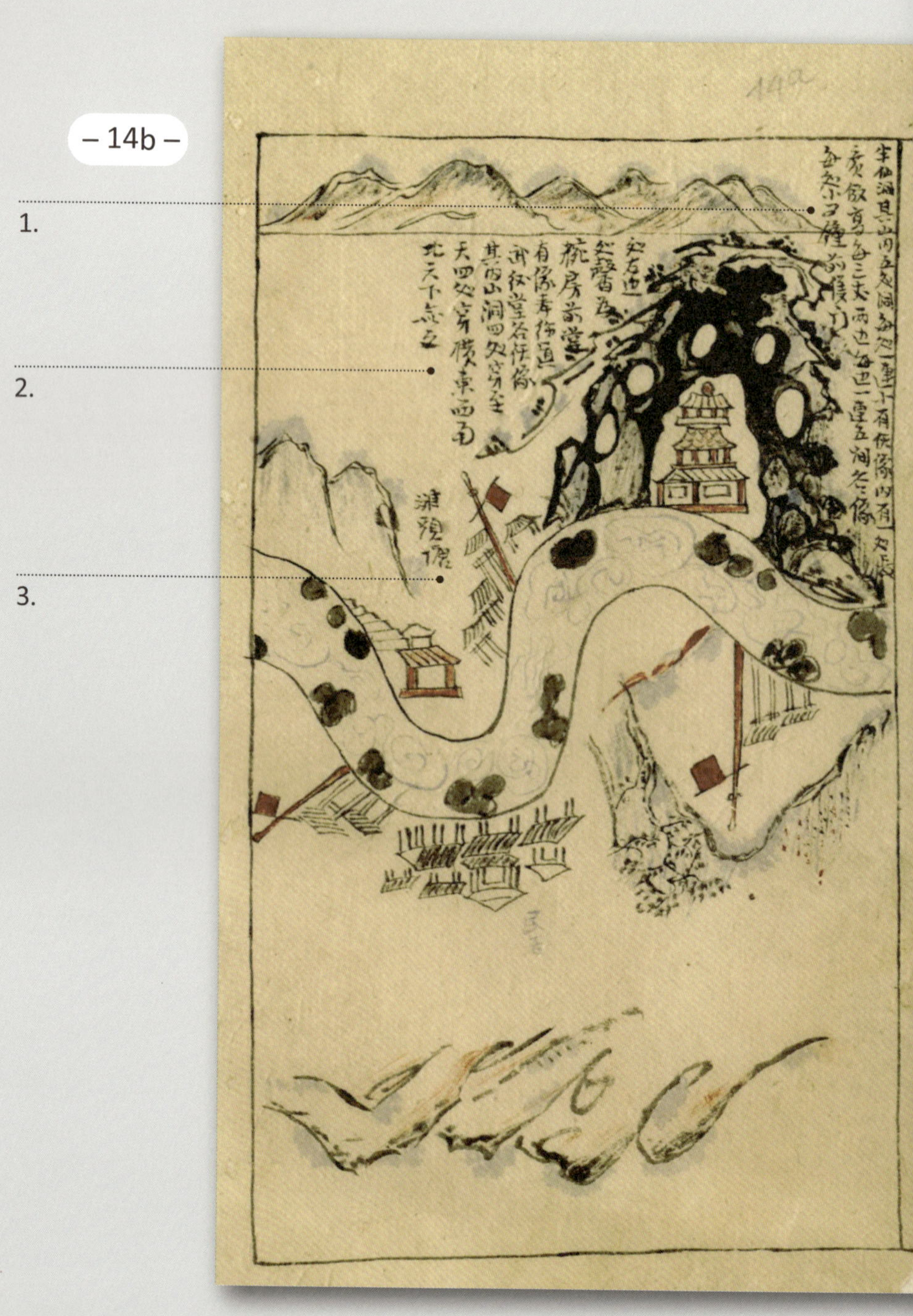
– 14b –
1.
2.
3.

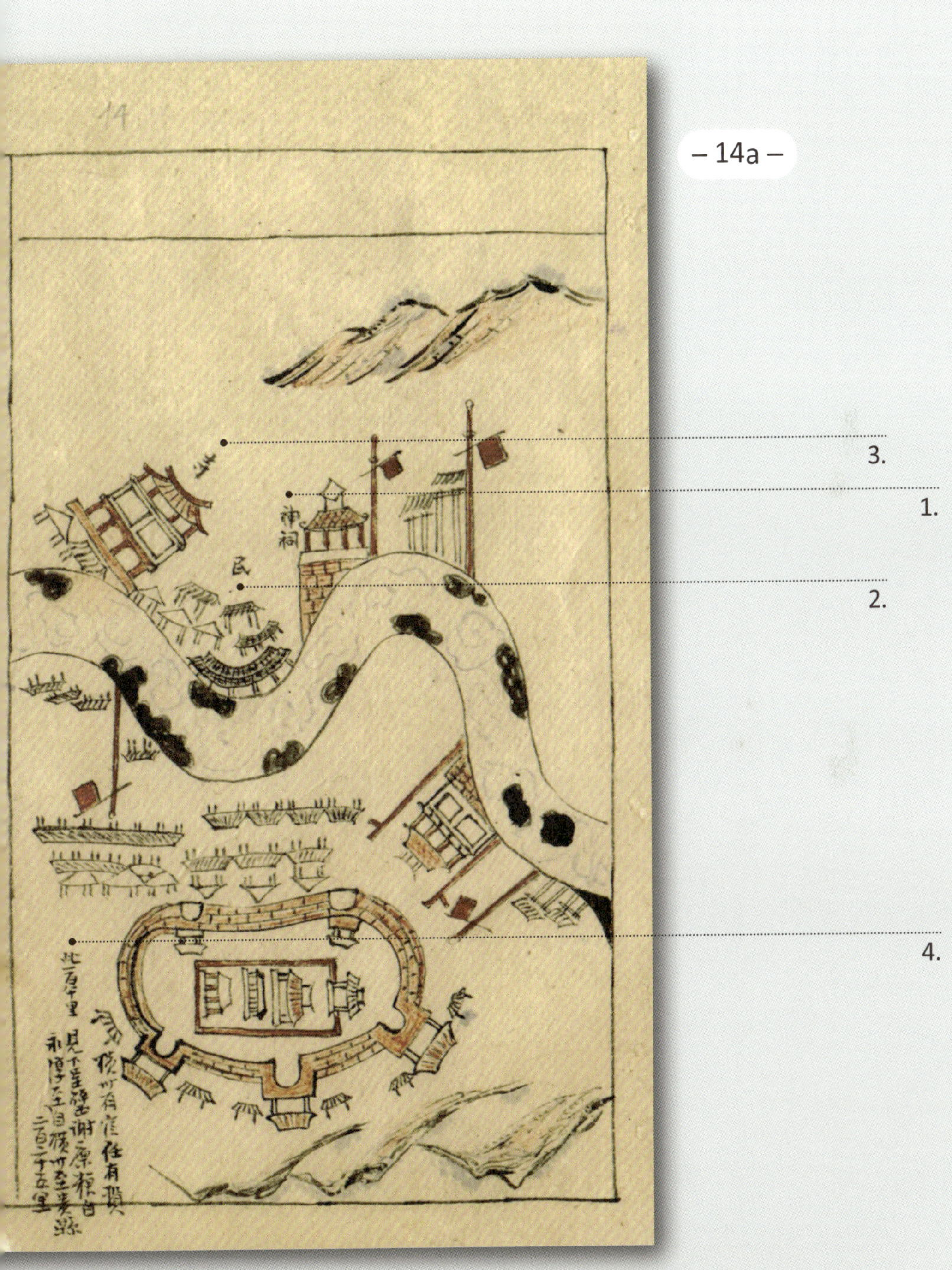
– 14a –
寺
神祠
民
3.
1.
2.
4.

– 14a –

1. 神祠。
2. 民。
3. 寺。
4. 此一百八十里。橫州有官任，有贄見，下呈，壁謝，廩糧。自永淳至自橫州至貴縣二百二十五里。

– 14b –

1. 半仙洞。其山內五處洞，每處一連小有佛像。內有一處長廣飯亭每三丈。兩邊每邊一連五間各像。每處小口鐘前儀門。
2. 處右邊處馨為椀[26] 房。前堂有像，奉德真武。後堂各佛像。其內山洞四處穿至天，四處穿橫東西南北，天下無之。
3. 灘頭塘。

26　椀，喃字，即 Oản。椀房，又稱「香椀房」，為獻禮前準備祭拜供品的地方。

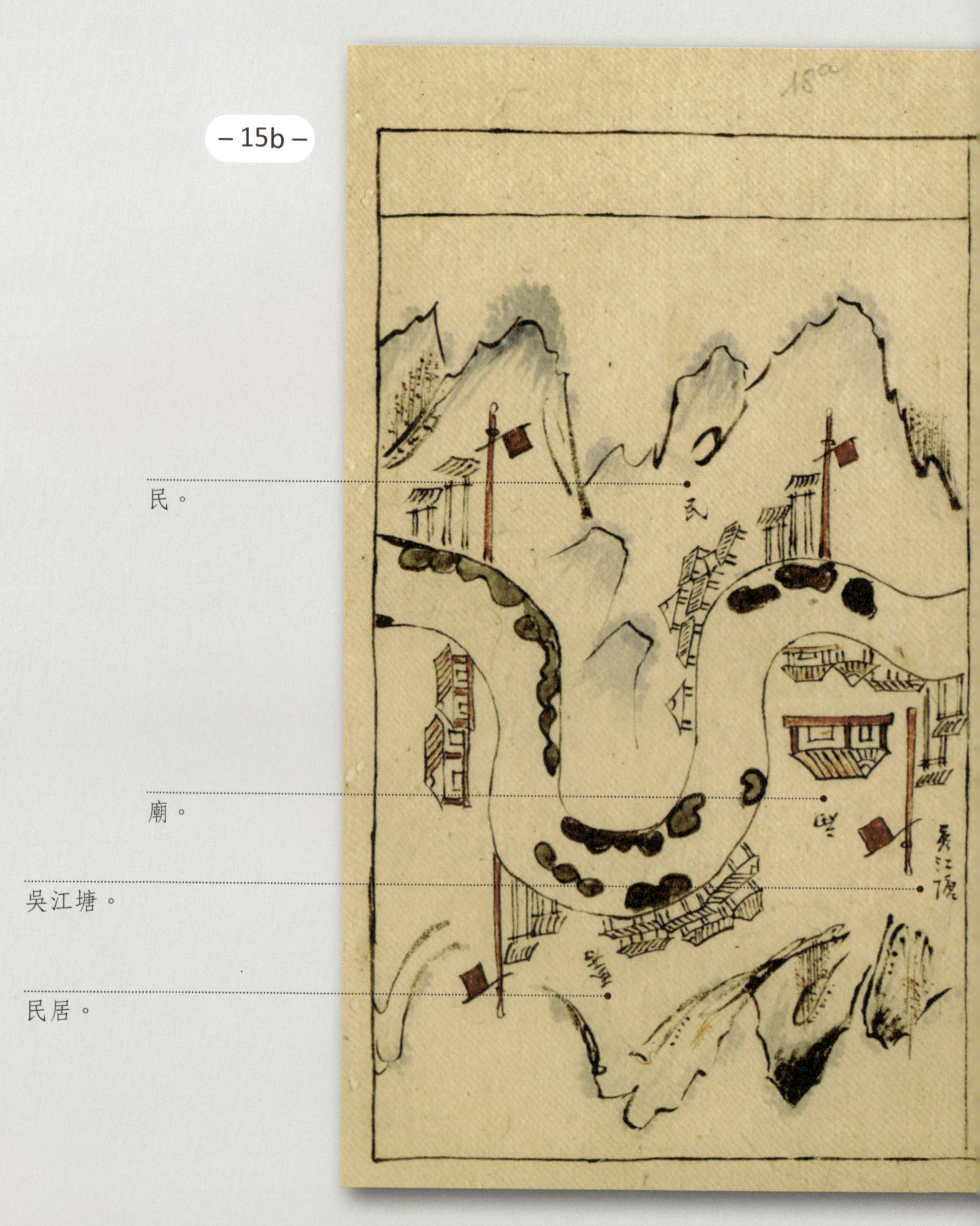
15a
– 15b –
民。
廟。
吳江塘。
民居。

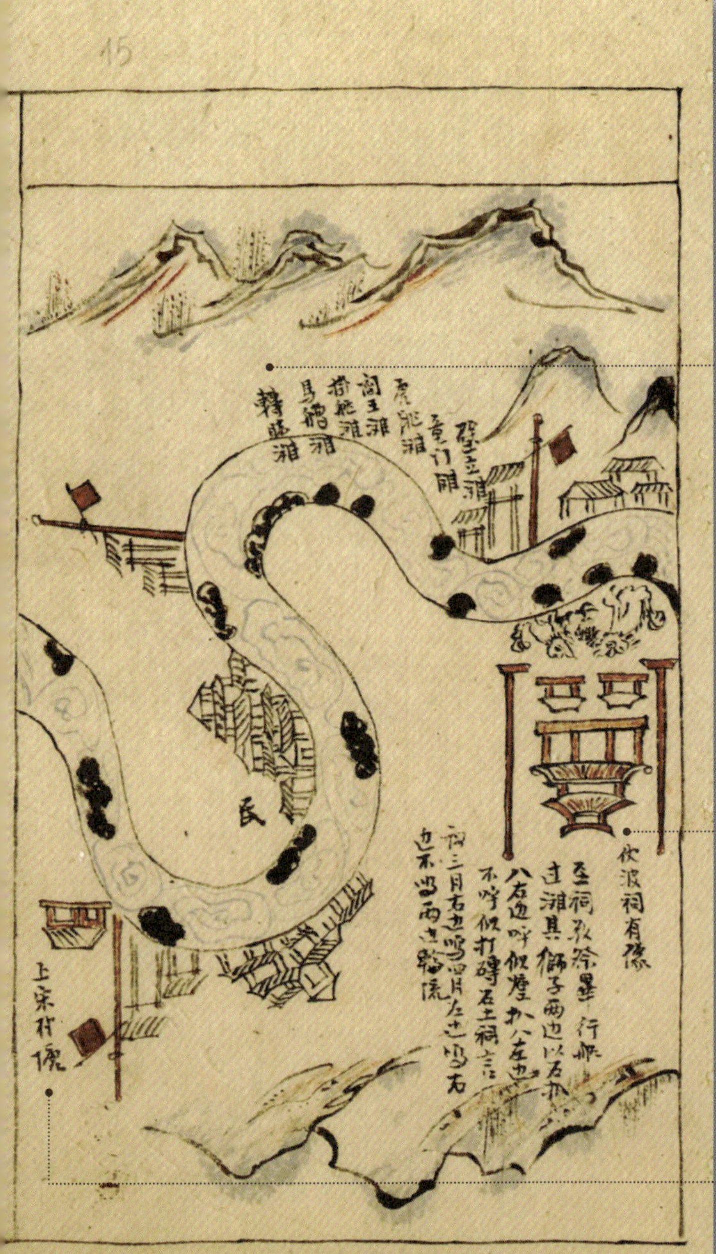

– 15a –

壁立灘，龍門灘，虎跳灘，閻王灘，掛舵灘，馬艚灘，轉肱灘。

伏波祠，有像。至祠敬祭畢，行船過灘。其獅子兩邊以石扒入右邊呼似鐘，扒入左邊不呼似打磚石。土祠言謂三月右邊鳴，四月左邊鳴右邊不鳴，兩邊輪流。

上宋村塘。

– 16b –

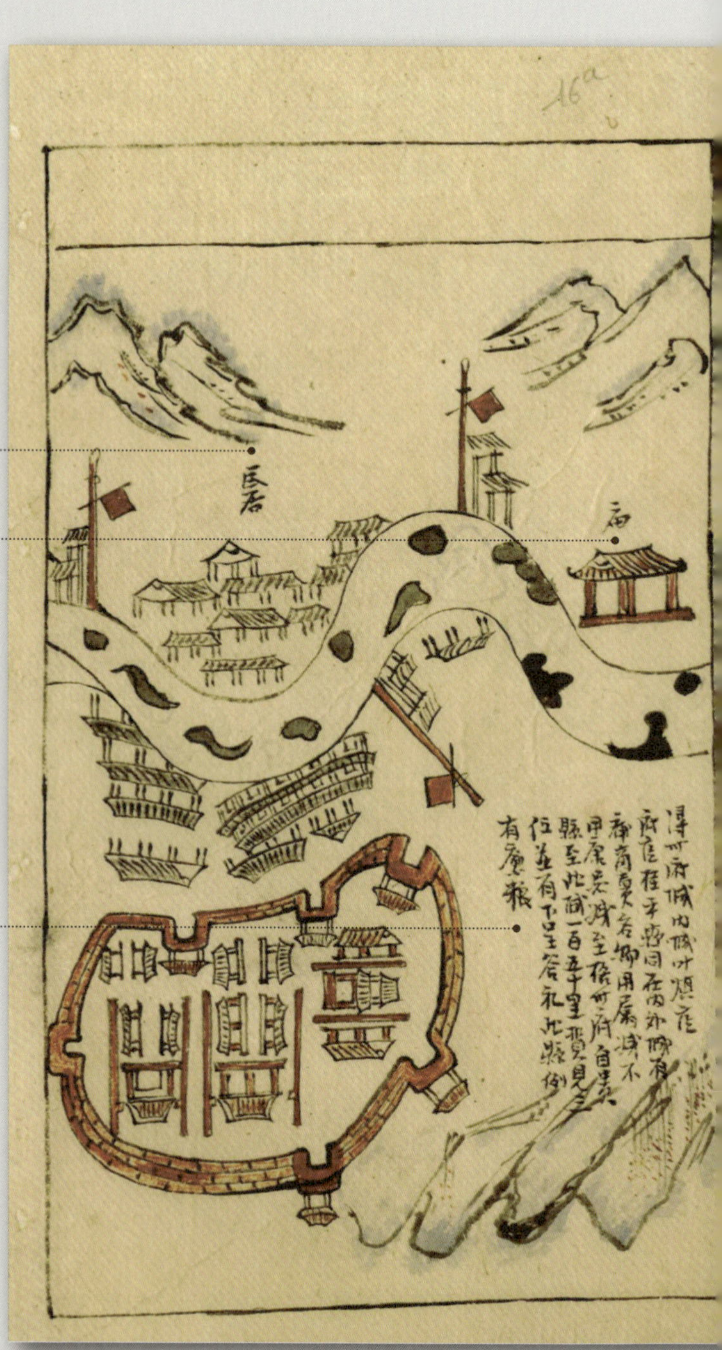

民居。

廟。

潯州府城。內城協鎮官，府官，桂平縣〔官〕同在。內外城有鋪商賣各物，用屬錢不用康熙錢。至梧州府。自貴縣至此城一百五十里。贄見三位並有下呈答禮。此縣例有廩糧。

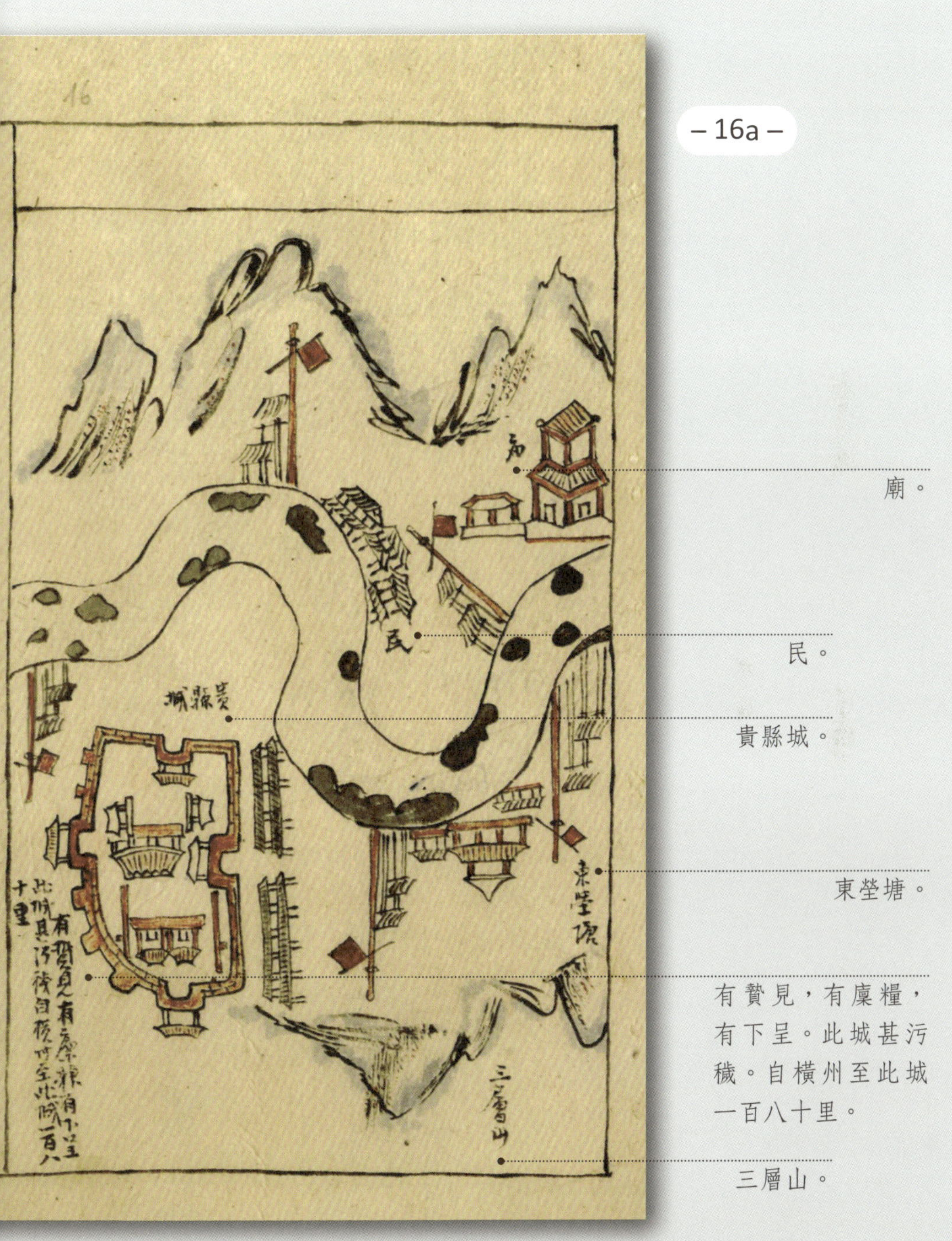

– 16a –

廟。

民。

貴縣城。

東埢塘。

有贇見，有廩糧，有下呈。此城甚污穢。自橫州至此城一百八十里。

三層山。

– 17b –

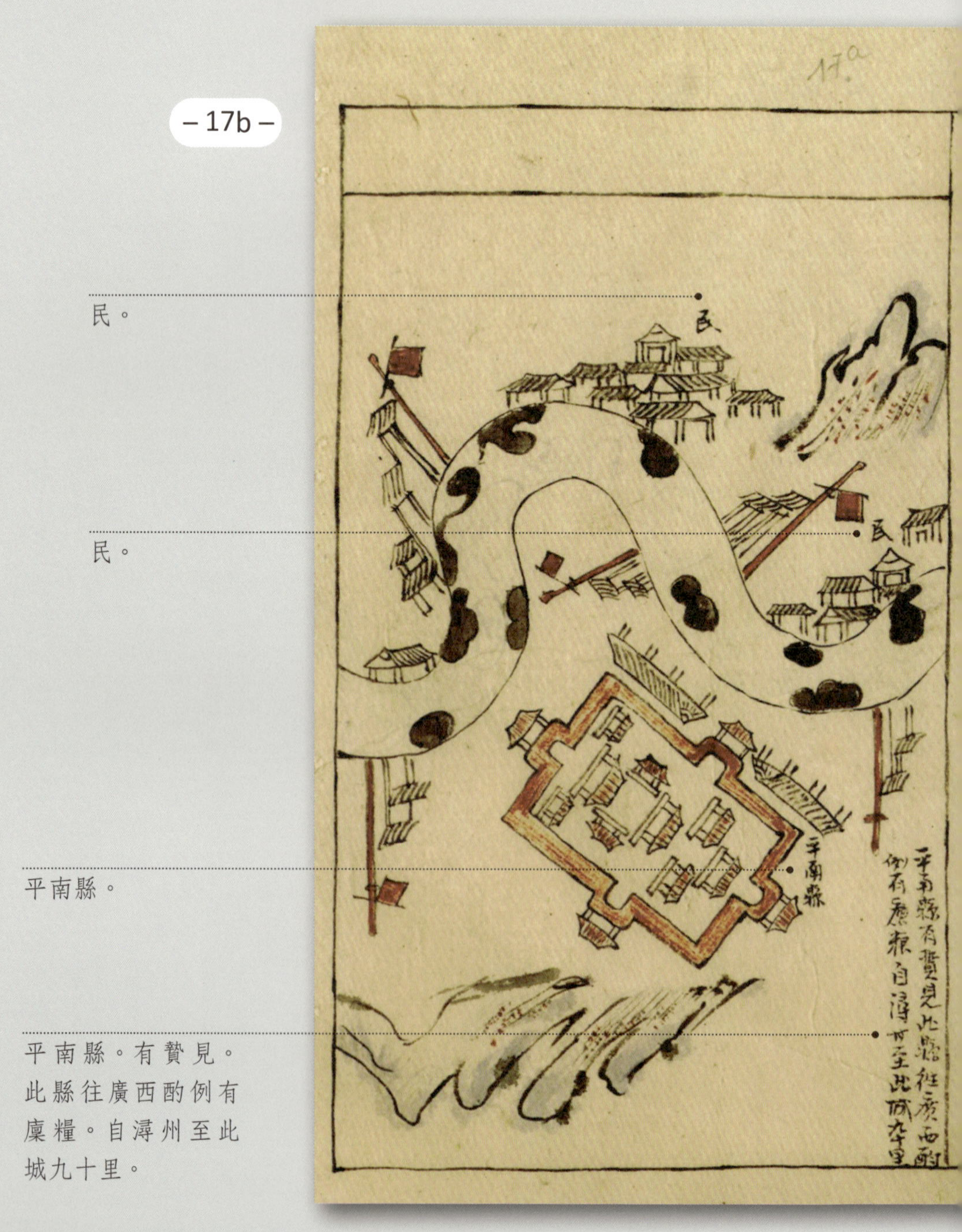
民
民
平南縣
平南縣有贊見此縣往廣西酌例有廩粮自潯州至此城九十里

民。

民。

平南縣。

平南縣。有贊見。此縣往廣西酌例有廩糧。自潯州至此城九十里。

－17a－

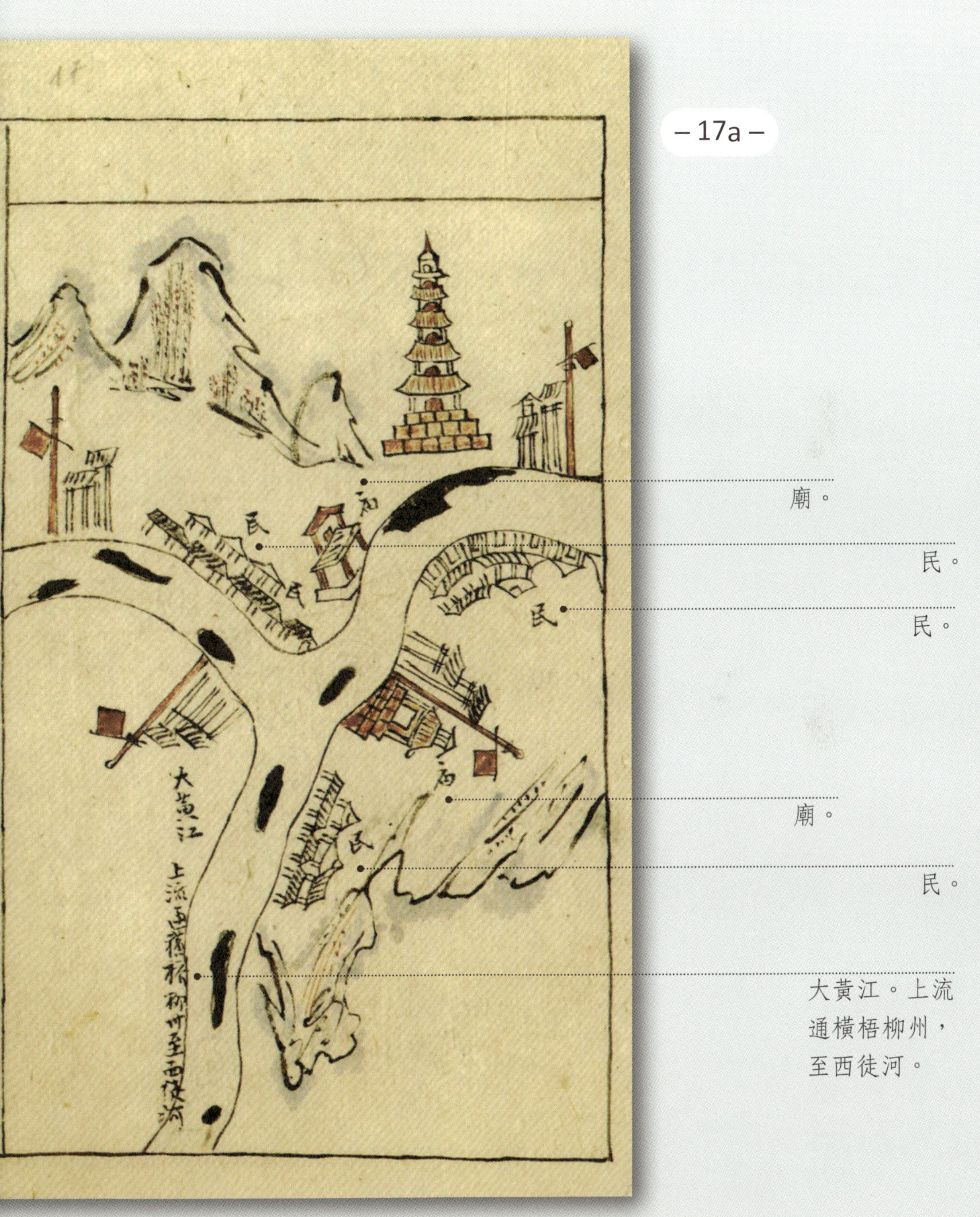

廟。

民。

民。

廟。

民。

大黃江。上流通橫梧柳州，至西徒河。

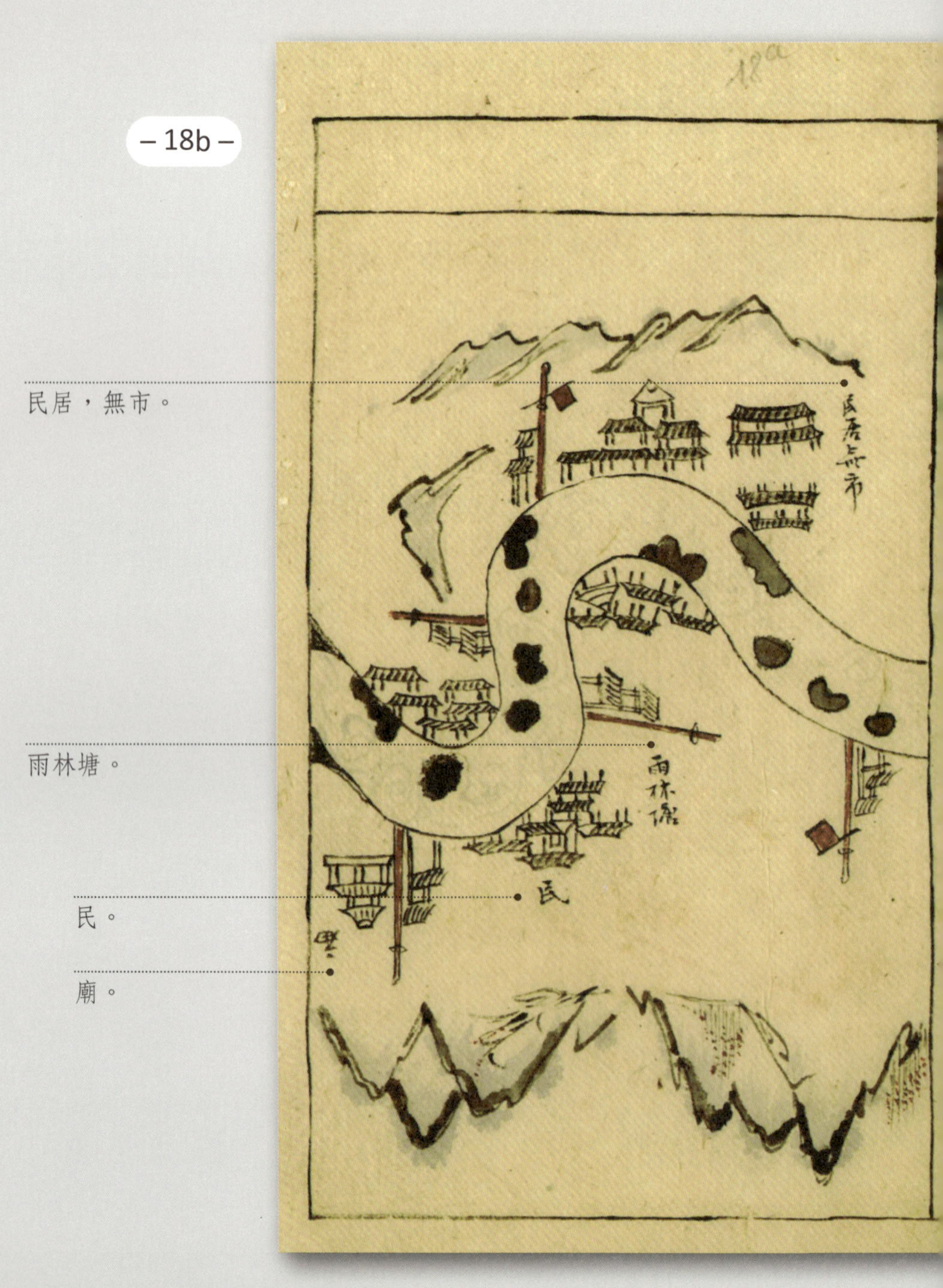
– 18b –
民居，無市。
雨林塘。
民。
廟。

– 18a –
廟。
宴子塘。
民。
廟。

– 19b –

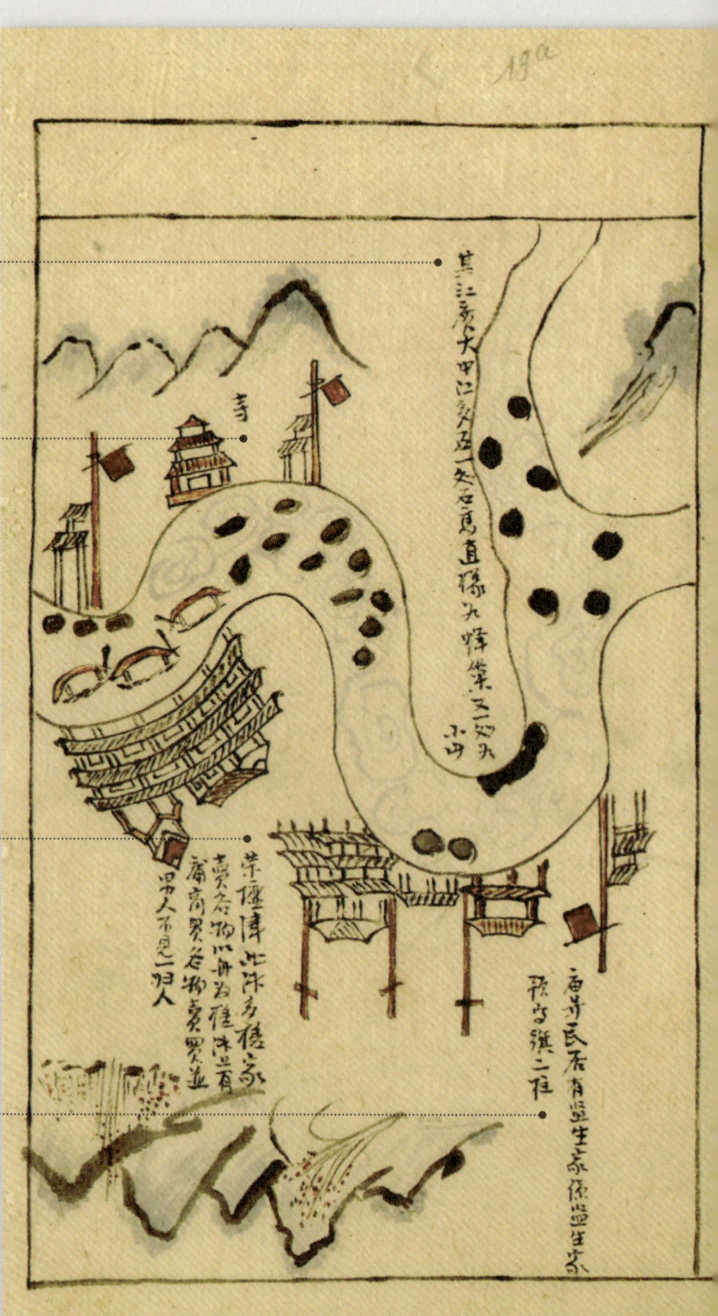

其江廣大，中江多石，
一處石高直樣如蜂巢，
又一處如小山。

寺。

榮塵津。此津多槎家賣各物以舟為槎。津上有鋪商買各物，賣買並男人，不見一婦人。

廟并民居，有監生家。係監生家預守旗二柱。

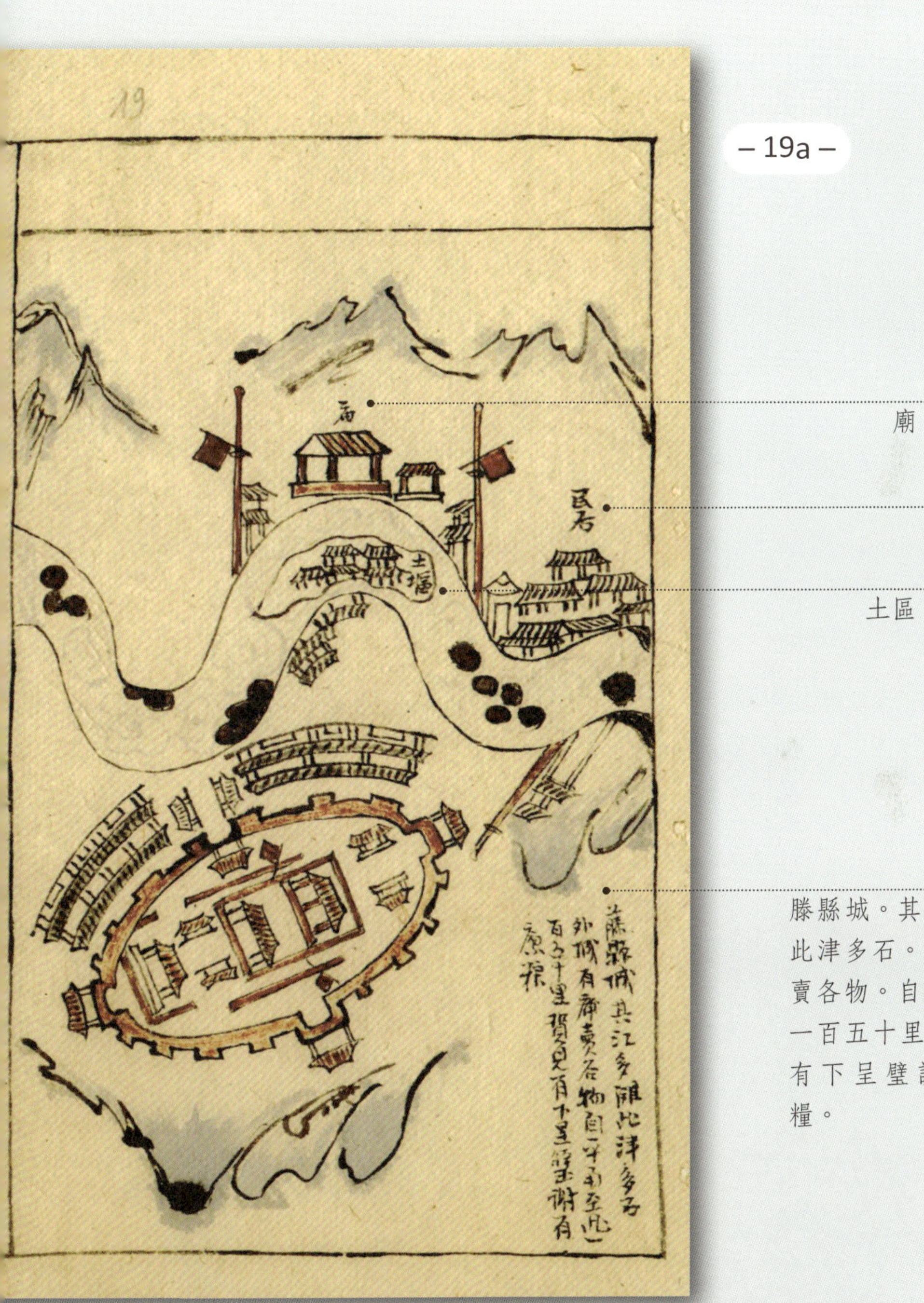

– 19a –

廟。

民居。

土區。

滕縣城。其江多灘，此津多石。外城有鋪賣各物。自平南至此一百五十里。贄見，有下呈璧謝，有廩糧。

– 20b –

廟。

民居。

三門灘。其灘及水勢依前。

– 20a –

民。

烏龍塘。此日四丘灘水急，上流下外三尺則行船難。

– 21b –

魚良塘。江下有灘，水急行苦。

民居。

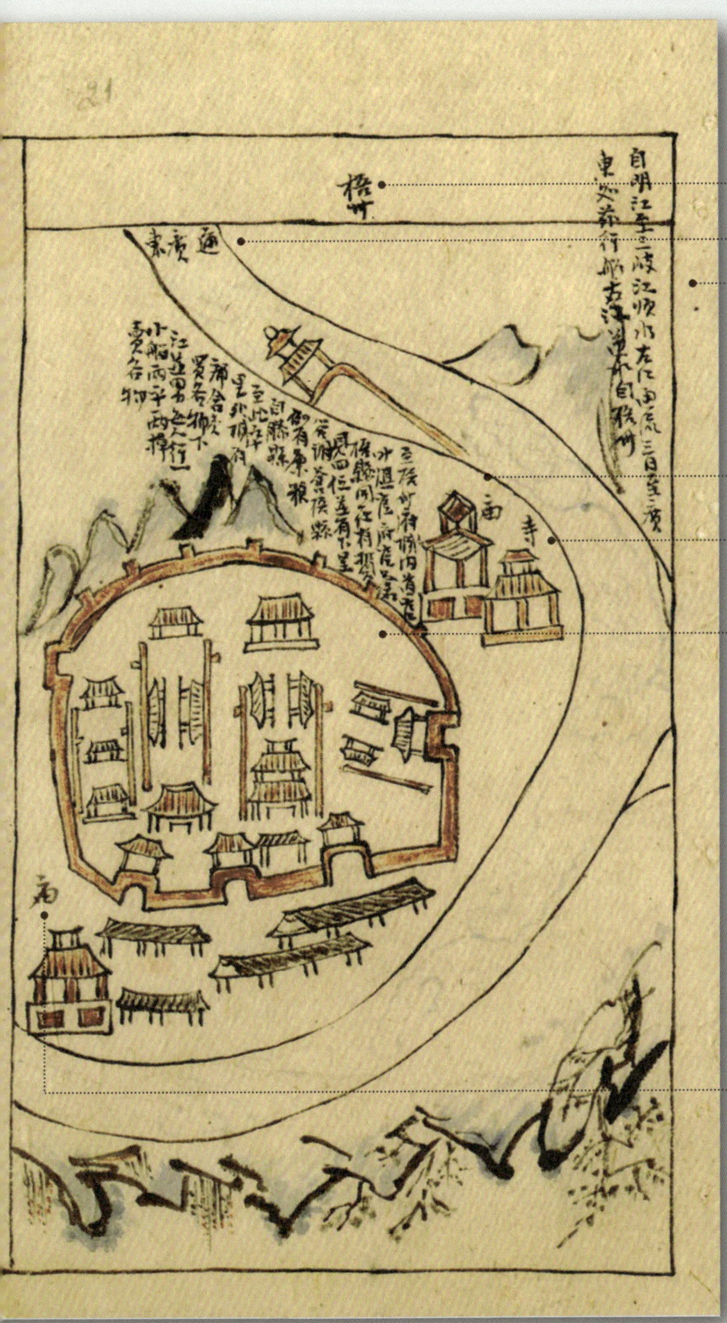

– 21a –

梧州。

通廣東。

自明江至三岐江順水左江由流三日至廣東處。茲行船右江逆水自梧州。

廟。

寺。

至梧州府城。內道官，協鎮官，府官，蒼梧縣〔官〕同在。有贄見四位並有下呈答謝。蒼梧縣例有廩糧。自滕縣至此九十里。外城有鋪舍賣買各物。下江並男每人行一小船，兩呼兩棹賣各物。

廟。

– 22b –

行過龍門灘，至徐告灘。各船並焚金銀在船頭畢，行過灘。此灘水急，上流下高一伍，難行。再過一灘。本縣涼風塘下。

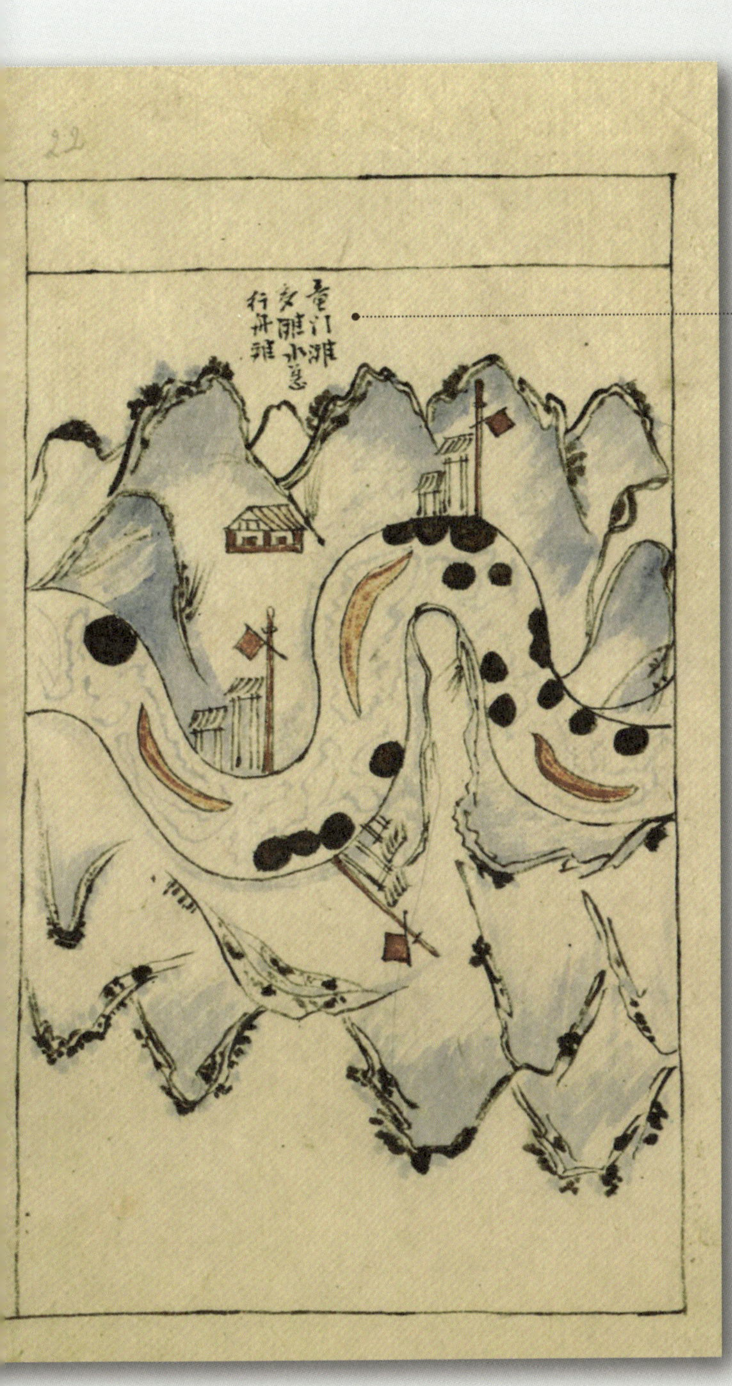

– 22a –

龍門灘。多灘水急，行舟難。

– 23b –

烈女碑云：明朝萬曆年間，有劉強在梧州府通判職故。其妻郭氏，妾菊花與女子裝載棺回，至途中被賊盜脅淫，彼並不肯，投江而死，至昭平縣。彼縣見事如此，具本奏呈褒獎立墓此處。當朝縣官敬祭。

三烈碑。

左邊過溜吊灘。右邊〔成？〕至昭平縣城。有贄見，下呈，廩糧，有答謝。此縣賣買並用康熙錢，好廿並用。自梧州至此一百九十里。

– 23a –

深冲塘。

置銃城。宋朝差楊漢廣禦賊，用險水急，賊若行陸道有大山林，若行水道至此處則後巨銃難行。

– 24b –

行船石灘，水急。水上流下高外一伍，行甚難。

– 24a –

龍門閘。

楊漢廣架銃。其
架作曲畫直四角。

– 25b –

大龍塘。

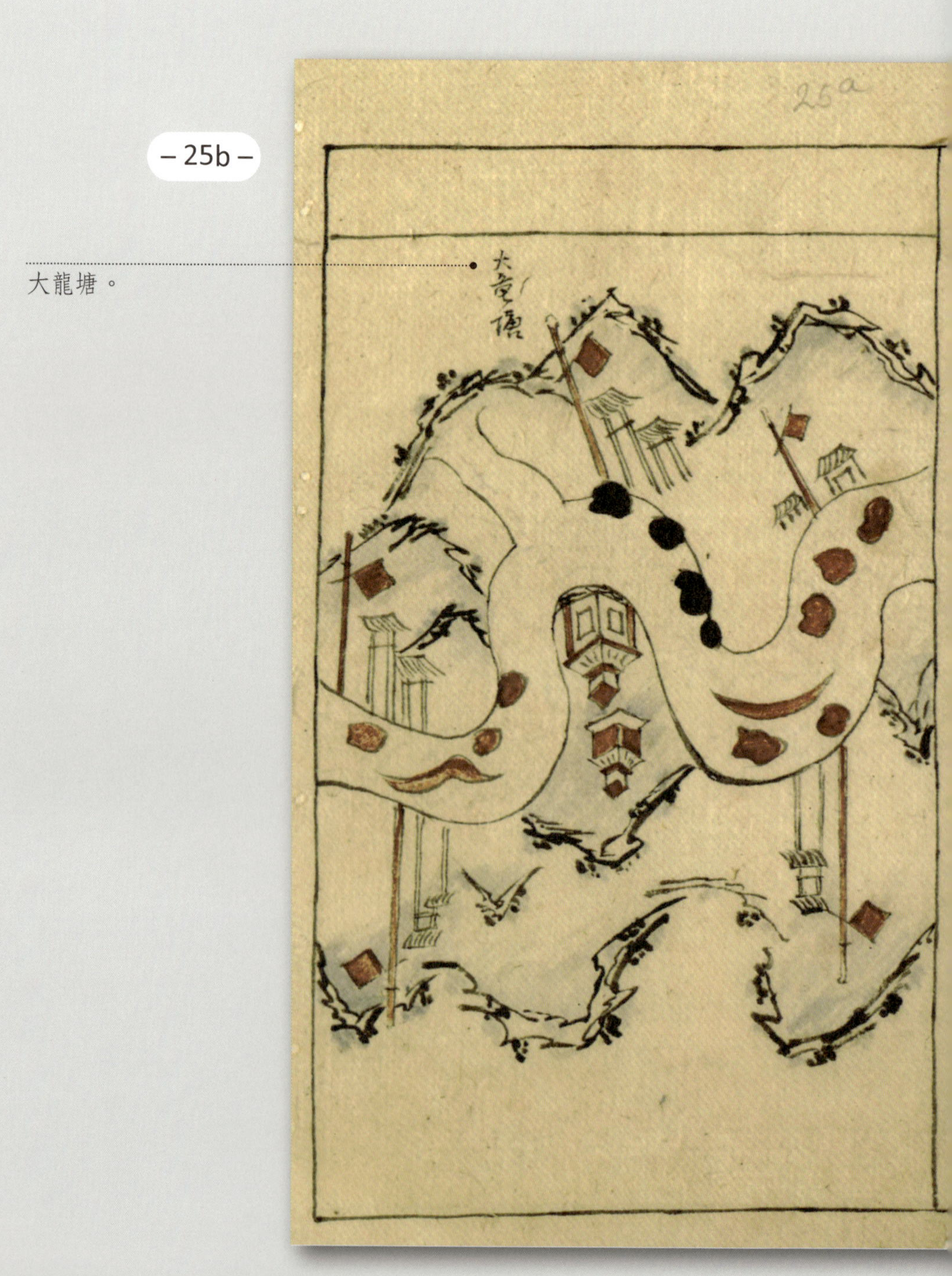

– 25a –

其灘亦依前。

小黄牛灘。

– 26b –

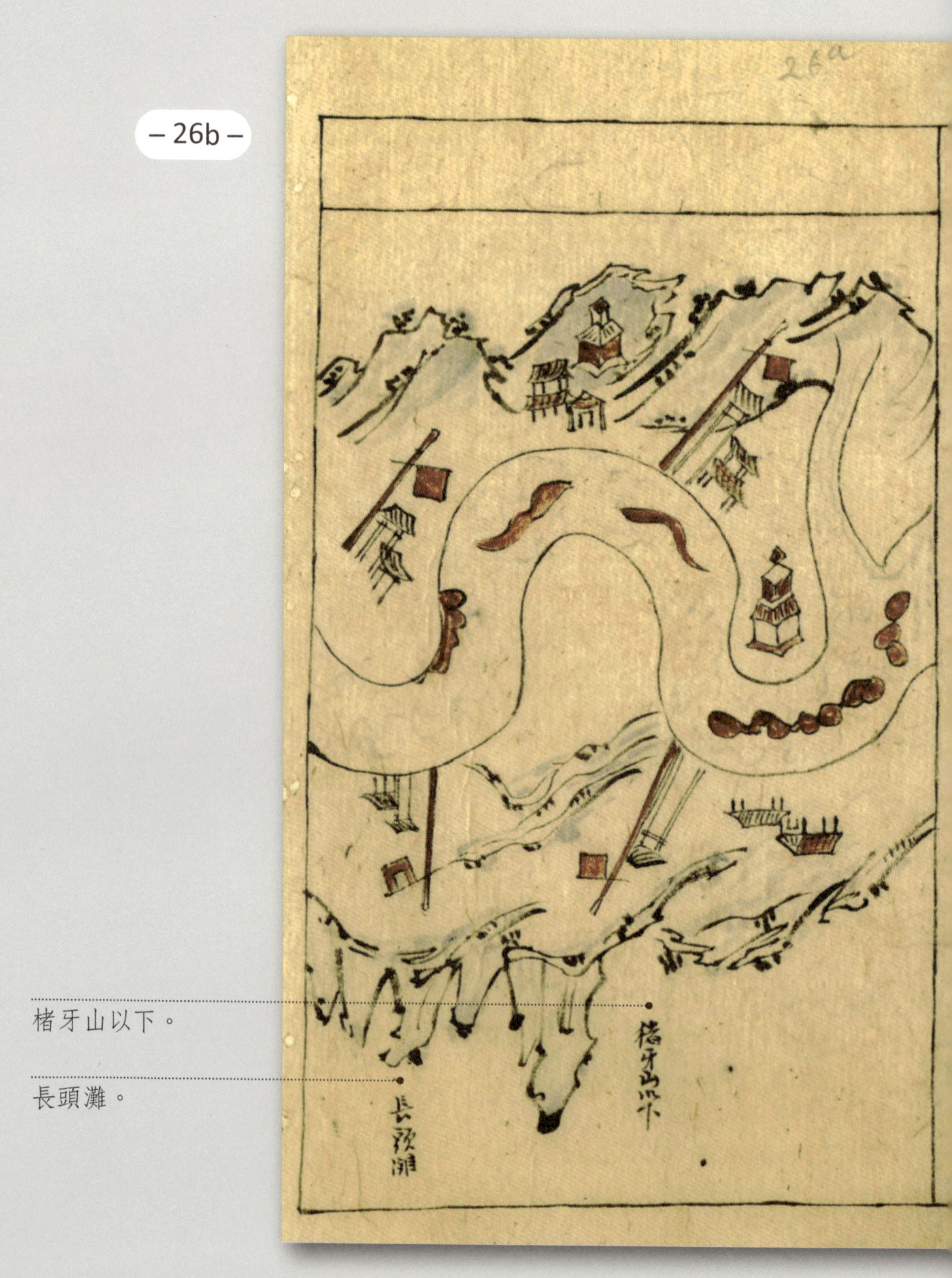

楮牙山以下。

長頭灘。

– 26a –

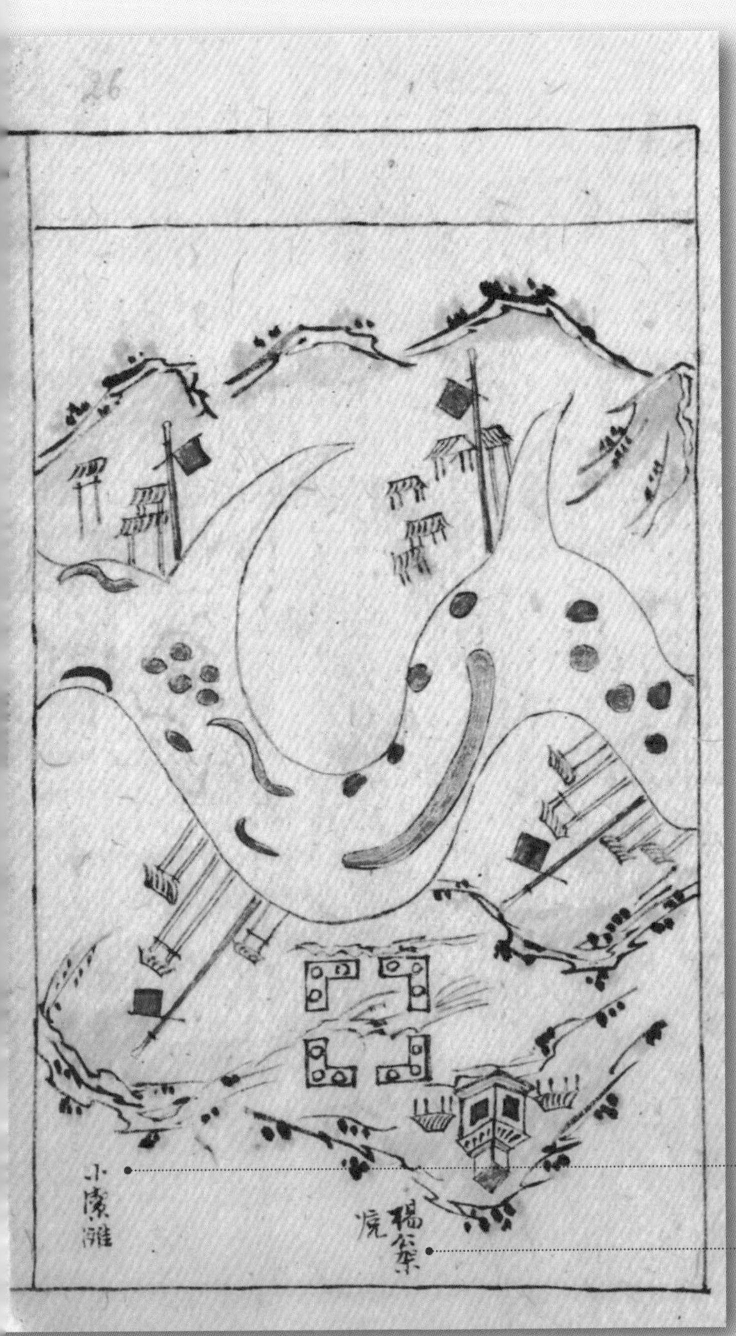

小潔灘。

楊公架銃。

– 27b –

1.

2.

3.

4.

5.

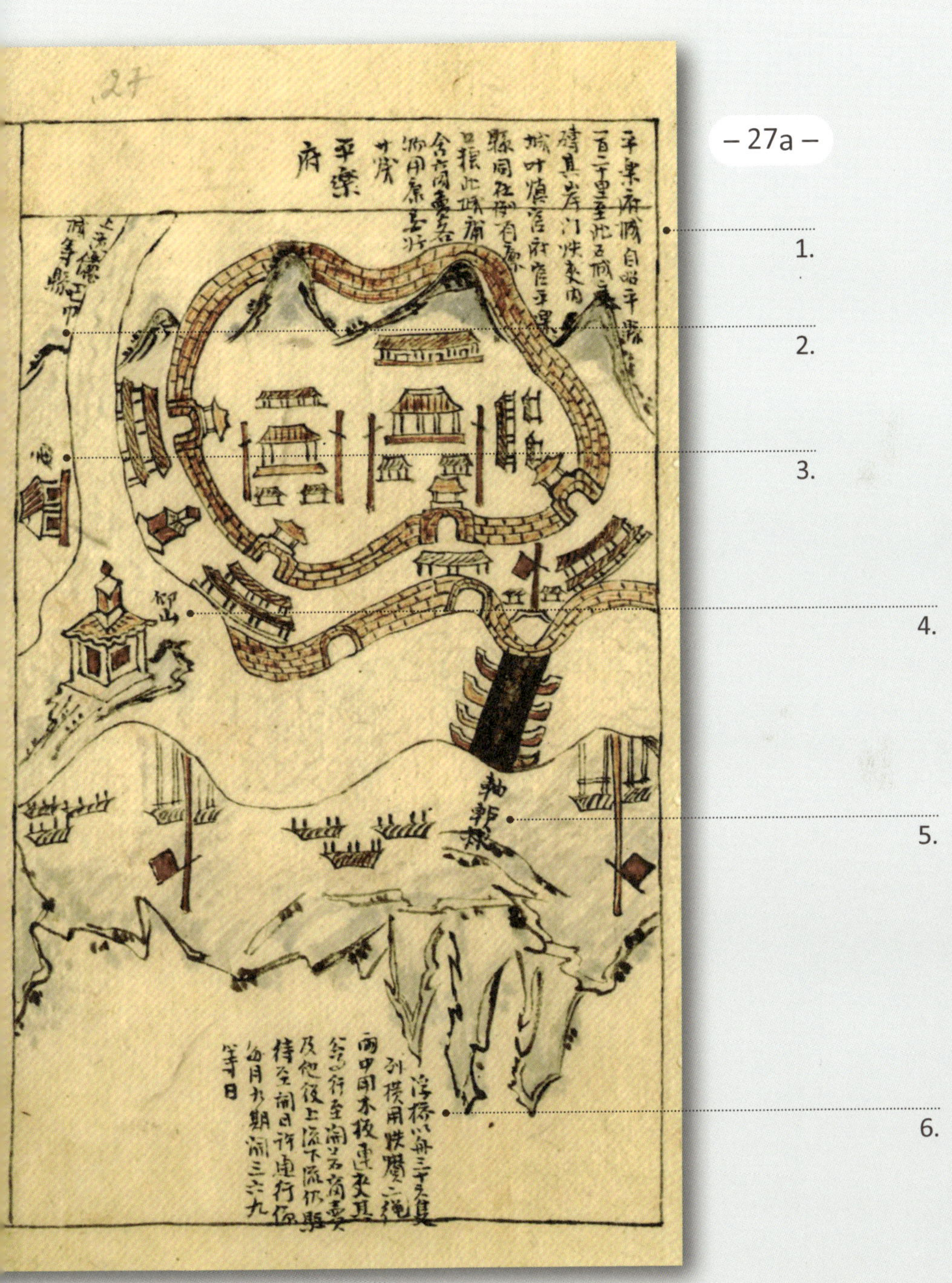
– 27a –
平樂府
1.
2.
3.
4.
5.
6.

– 27a –

1. 平樂府。
平樂府城。自昭平縣一百二十里至此。石城磚其岸，門鐵夾。內城協鎮官，府官，平樂縣〔官〕同在。例有廩口糧。此城鋪舍商賣各物用康熙好廿錢。
2. 上流儷巴巾城等縣。
3. 廟。
4. 仰山。
5. 軸轤橋。
6. 浮橋以舟三十六隻，張橫用鐵鑽二繩，面中用木板連夾。其公事，行至開。若商賣及他役上流下流，仍駐待至開日許通行。係每月九期開三六九等日。

– 27b –

1. 石山。
2. 留公村。
3. 李魚塘。
4. 民。
5. 晉公塘。

– 28b –

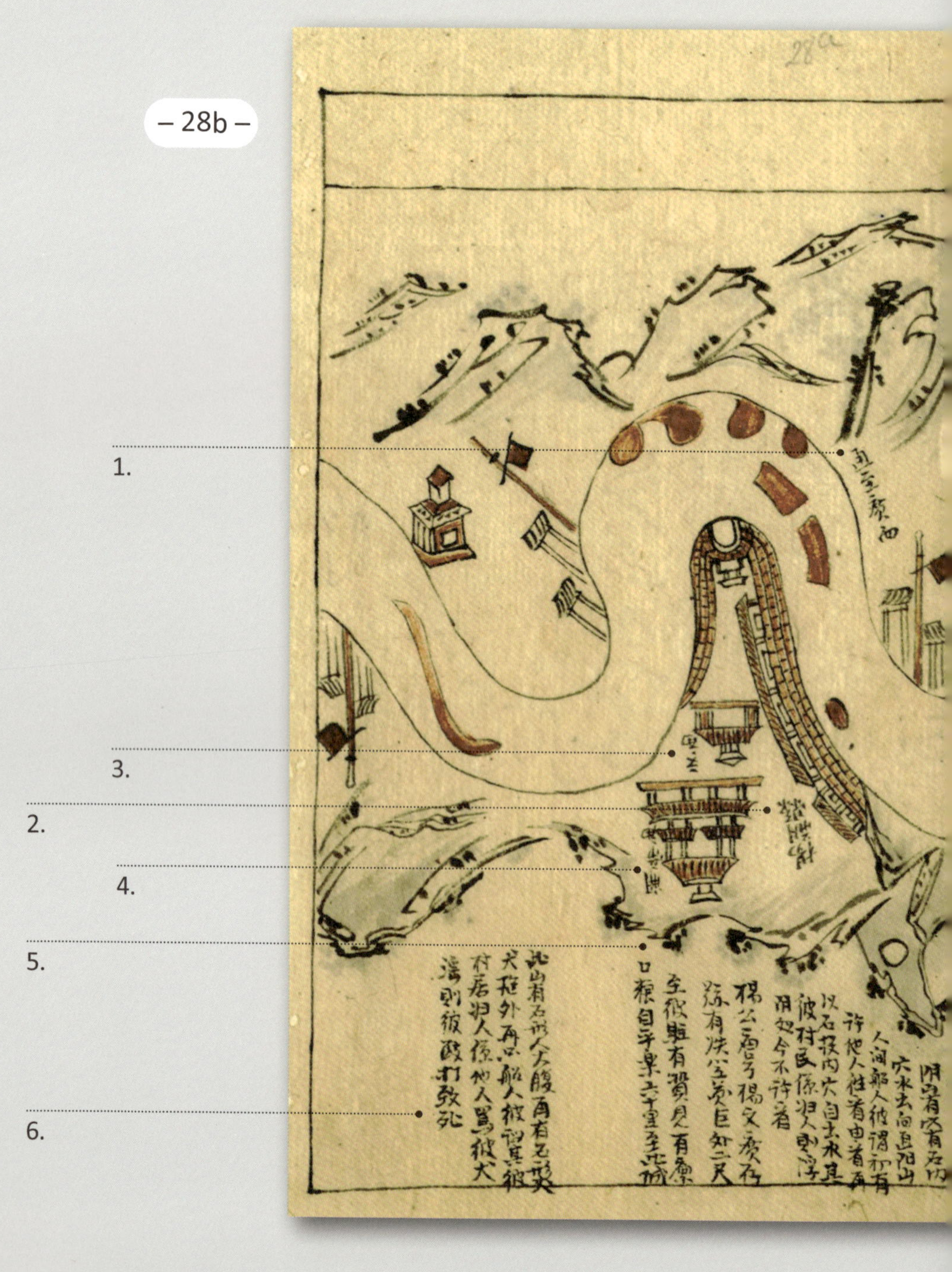

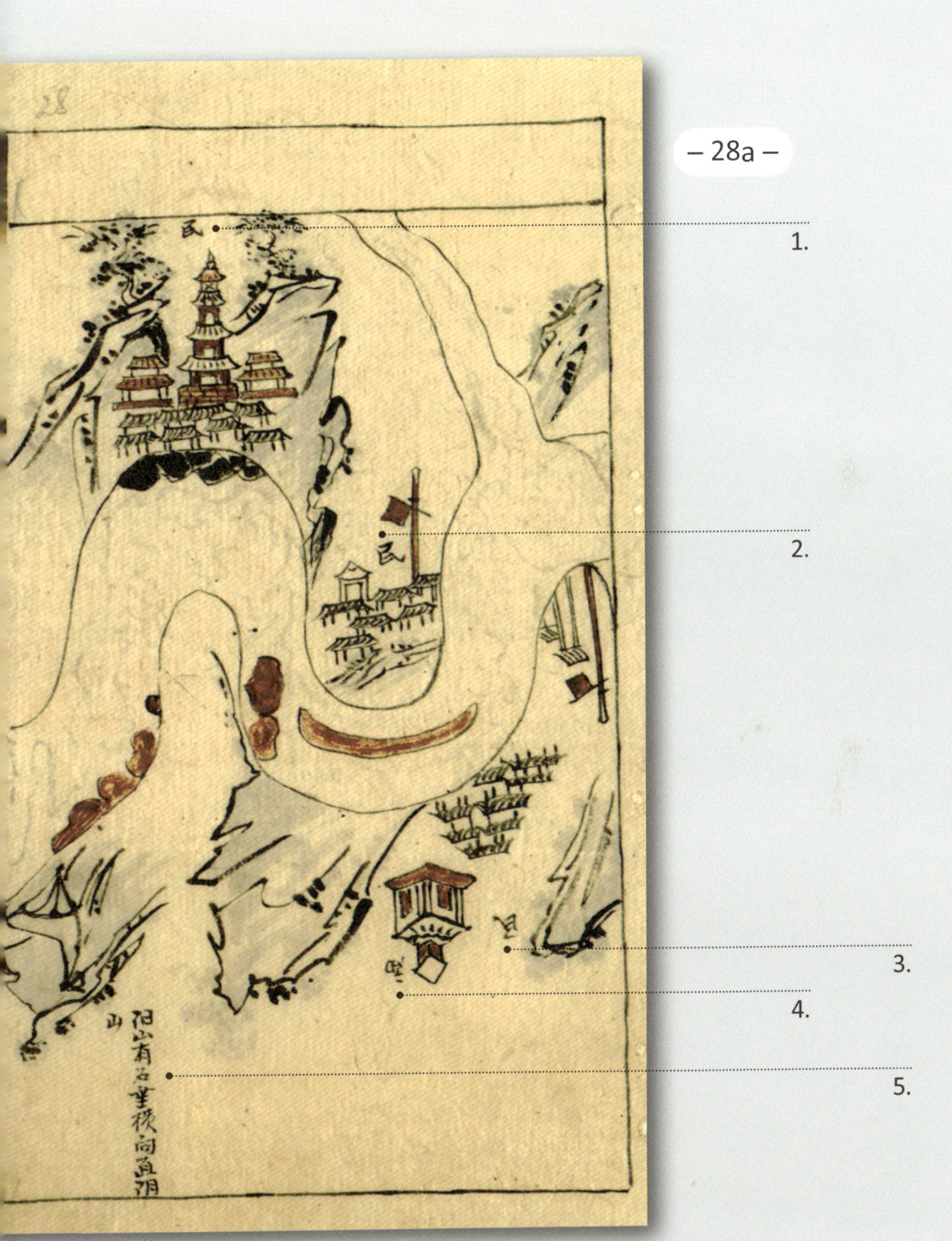
– 28a –
1.
2.
3.
4.
5.

– 28a –

1. 民。
2. 民。
3. 民。
4. 廟。
5. 陽山有石，垂横向直陰山。

– 28b –

1. 通至廣西。
2. 楊朔縣。
3. 文廟。
4. 關帝廟。
5. 陰山有穴，有石。內穴水出向直陽山。人間船人彼謂初有許他人往看，由看再以石投內穴自出水，其彼村民係婦人則浮陰處，今不許看。楊公廟，號楊文廣，存跡有鐵笠園，巨外二尺。至彼駐，有贄見，有廩口糧。自平樂六十里至此城。
6. 此山有石形人大腹，再有石形夾犬抱外。再只船人彼謂其彼村居婦人係他人罵彼犬淫則彼毆打致死。

– 29b –

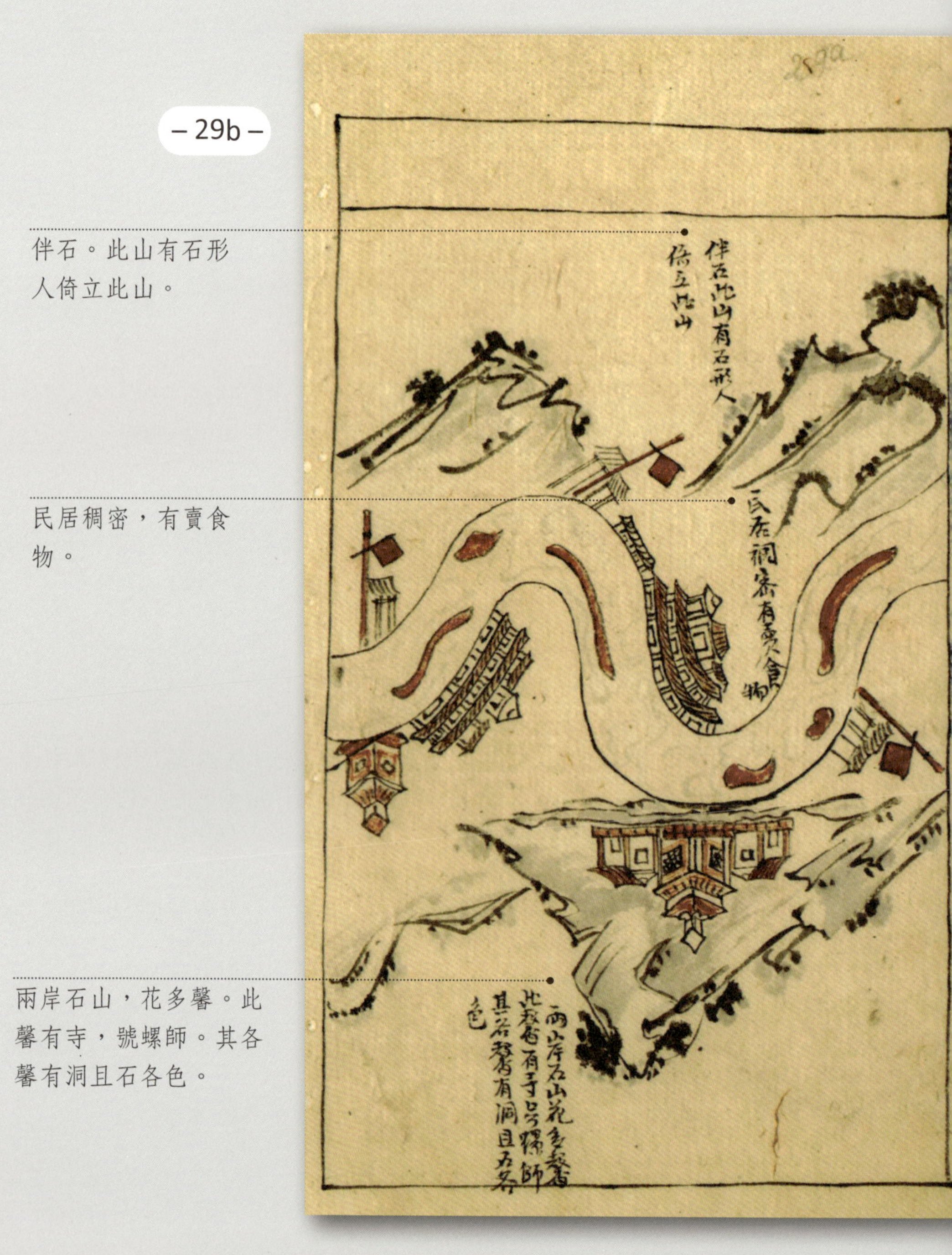

伴石。此山有石形人倚立此山。

民居稠密，有賣食物。

兩岸石山，花多馨。此馨有寺，號螺師。其各馨有洞且石各色。

– 29a –

牛尿塘。

– 30b –

龍門塘，民稠密。

民居稠密，有監生家。

寺。

西陡河，通柳州潯州。

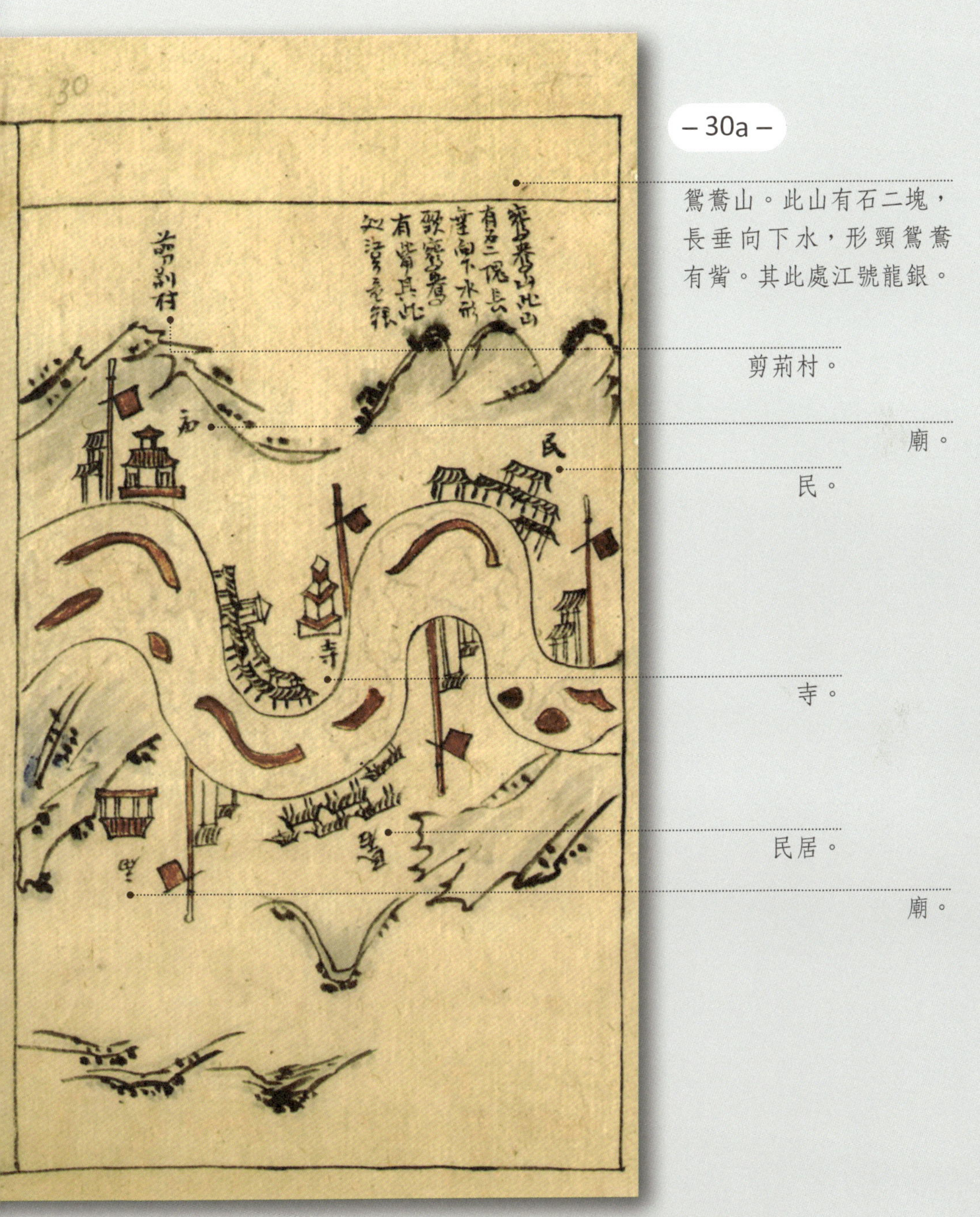
– 30a –
鴛鴦山。此山有石二塊，
長垂向下水，形頸鴛鴦
有背。其此處江號龍銀。
剪荊村。
廟。
民。
寺。
民居。
廟。

– 31b –

1.

2.

3.

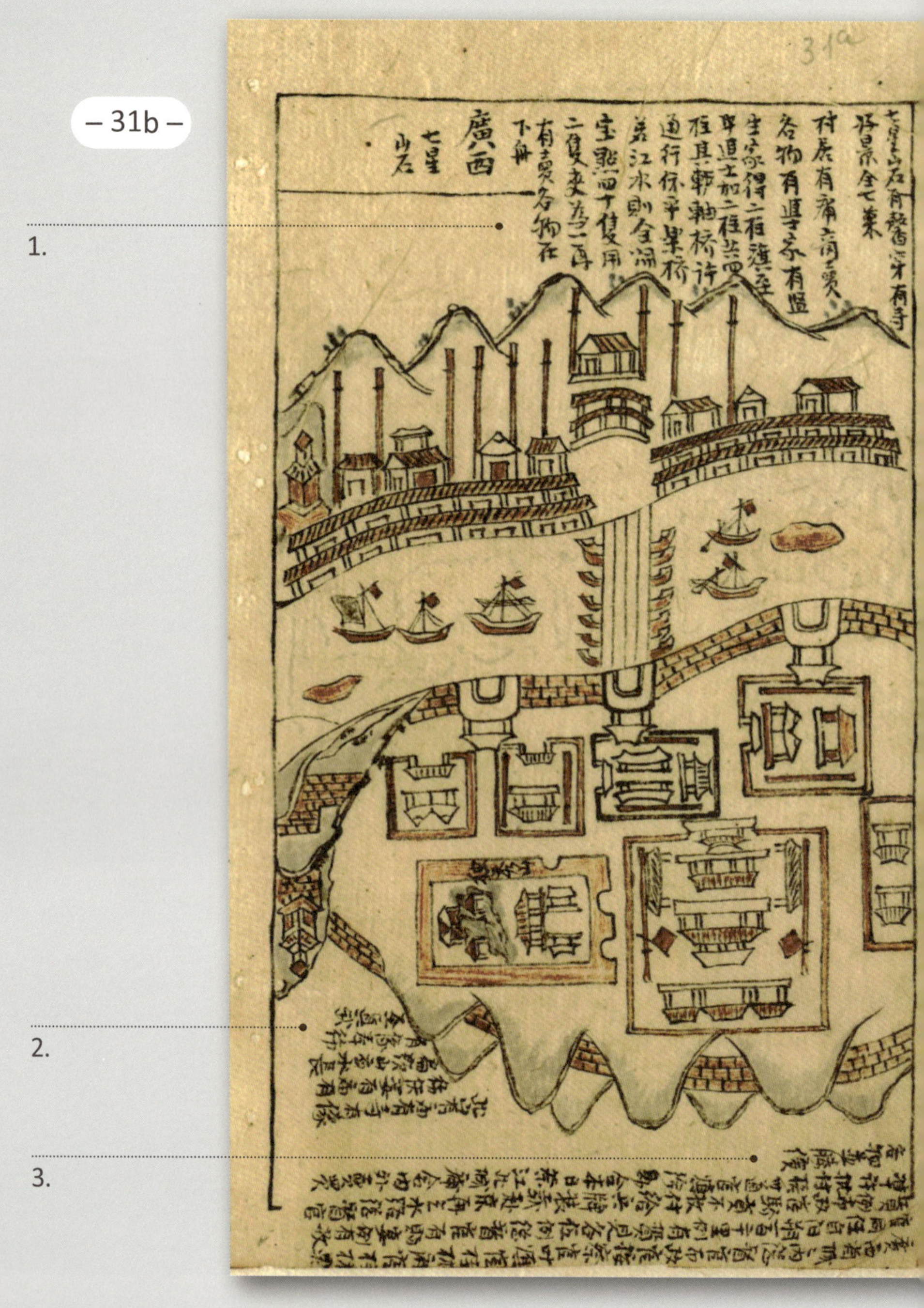

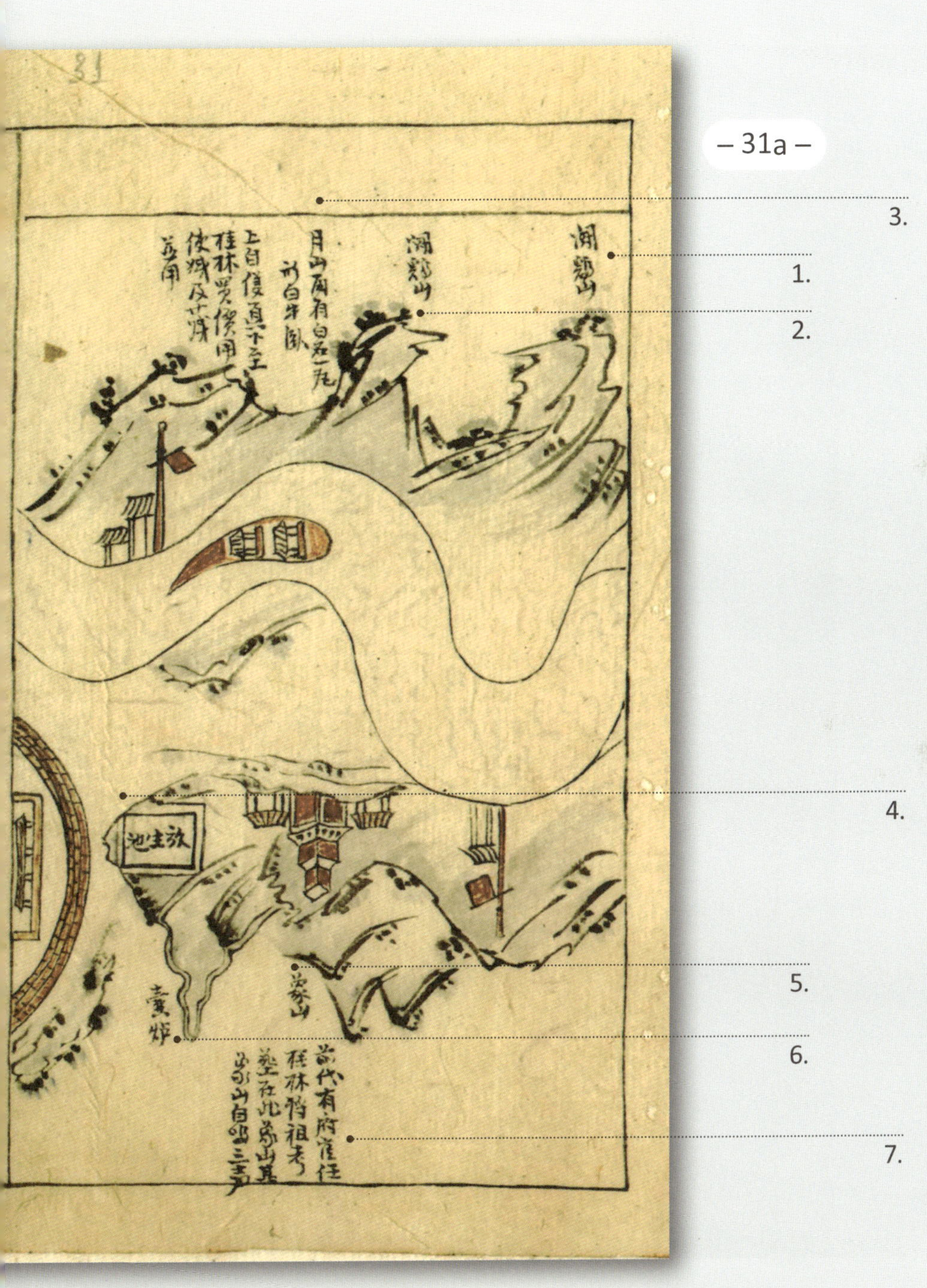
– 31a –
3.
1.
2.
放生池
4.
5.
6.
7.

– 31a –

1. 闘雞山。
2. 闘雞山。
3. 月山。南有白石一丸，形白牛卧。上自儀真下至桂林買價用使錢及廿錢並用。
4. 放生池。
5. 象山。
6. 壺爐。
7. 前代有府官任桂林將祖考葬在此象山，其象山自鳴三聲。

– 31b –

1. 廣西七星岩。
七星岩，有馨，穿有寺。好景全七果。村居有鋪商賣各物。有學家，有監生家得二柱旗，至中進士加二柱共四柱。其轤軸橋許通行依平樂橋。若江水則全開寶點四十隻，用二隻夾為一。再有賣各物在下舟。
2. 此山有廟，有寺，有像德佛婆，有廟有扁額「山高水長」，有像奉德聖真武。
3. 廣西省城。城內總督官，布政官，按察官，協鎮官，桂林府官，桂林縣官同任。自陽朔一百二十里。例有贄見各位。例總督官有賜宴。例有收貢。例布政官驗貢不收，付給兵牌裝載赴京。再之水路。總督官準許批付梧州道官鎮給勘合。本日祭江。此城鋪舍內外賣買各物並勝價。

– 32b –

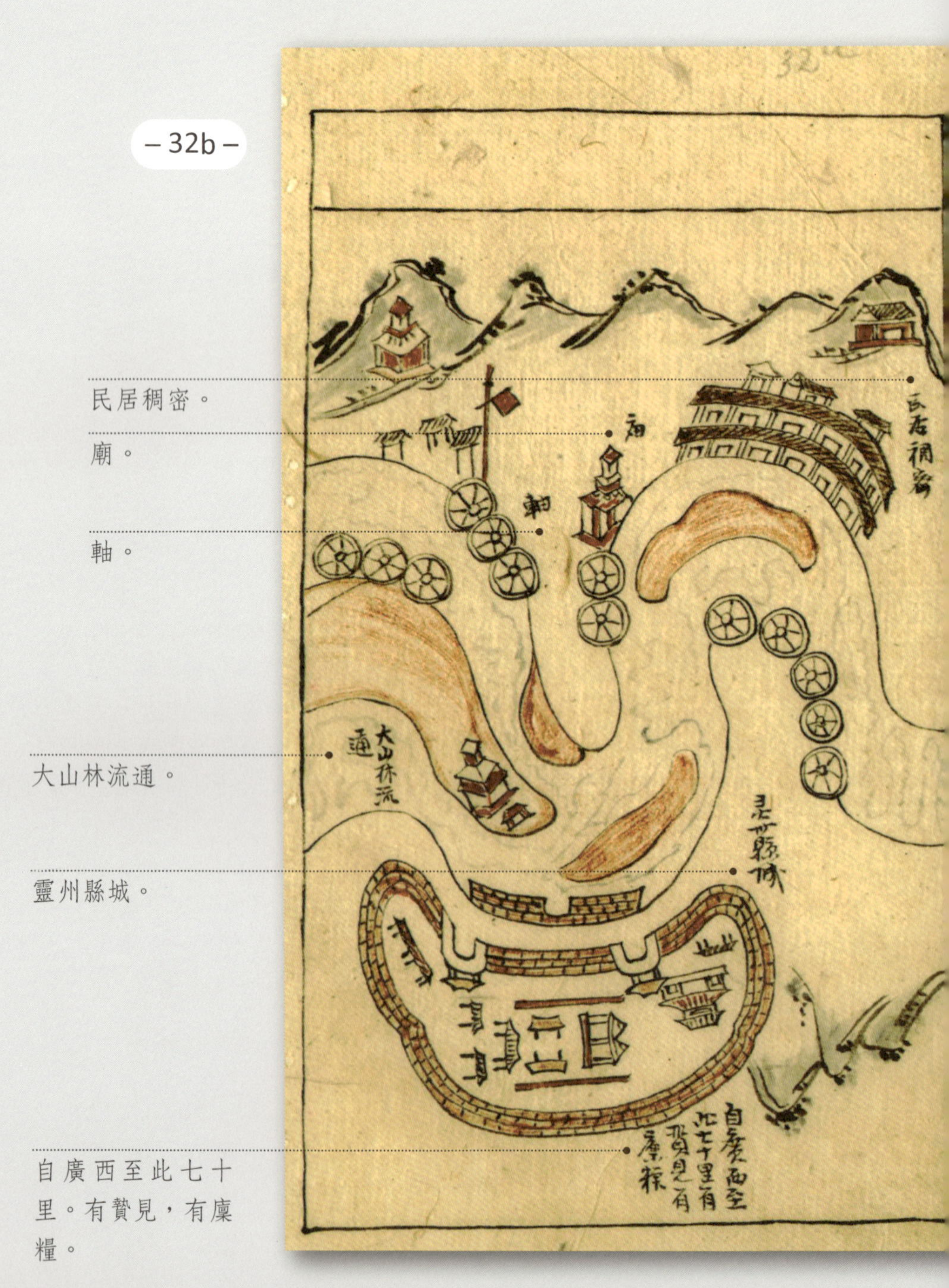

民居稠密。

廟。

軸。

大山林流通。

靈州縣城。

自廣西至此七十里。有贊見，有廩糧。

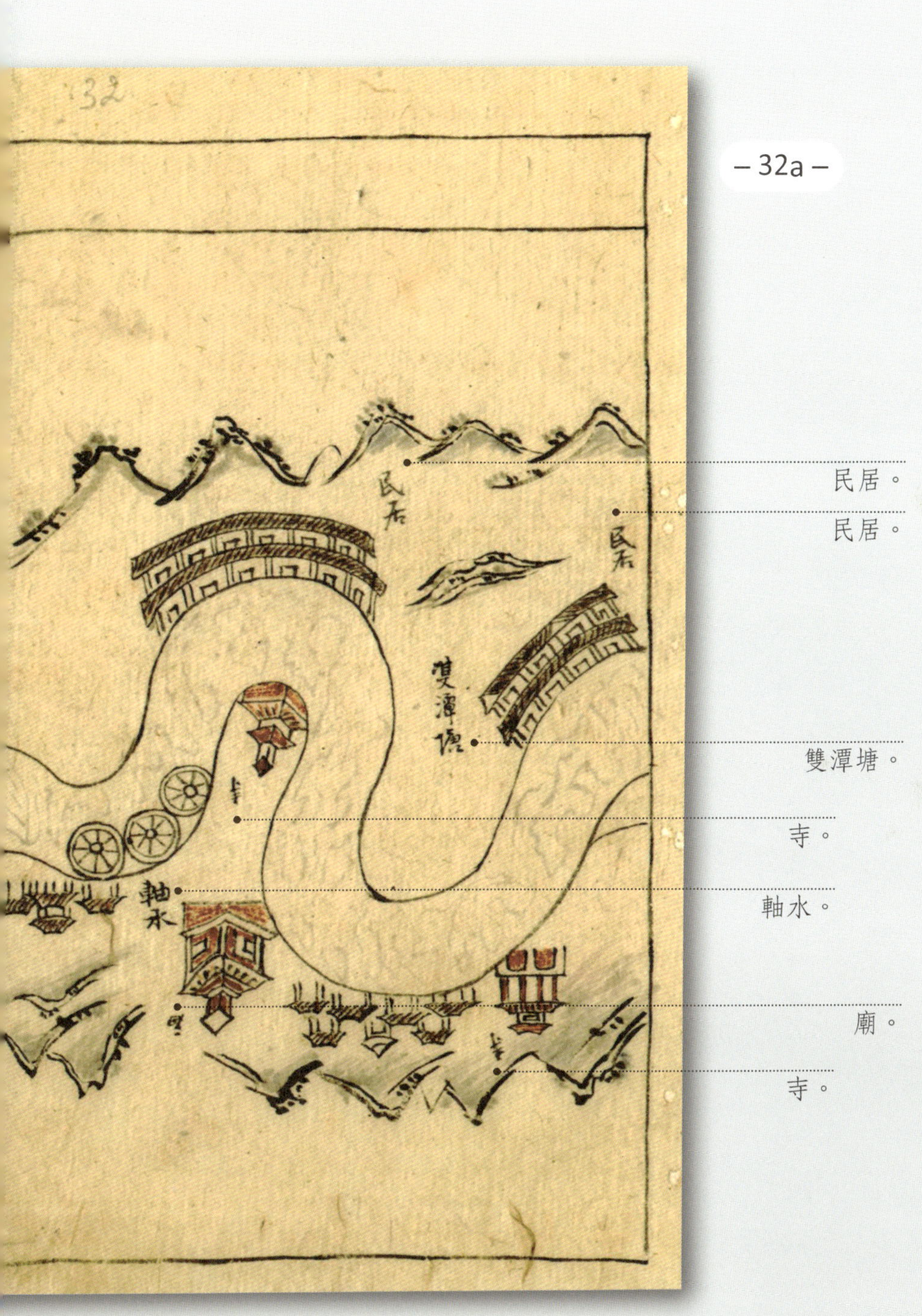

– 32a –

民居。

民居。

雙潭塘。

寺。

軸水。

廟。

寺。

– 33b –

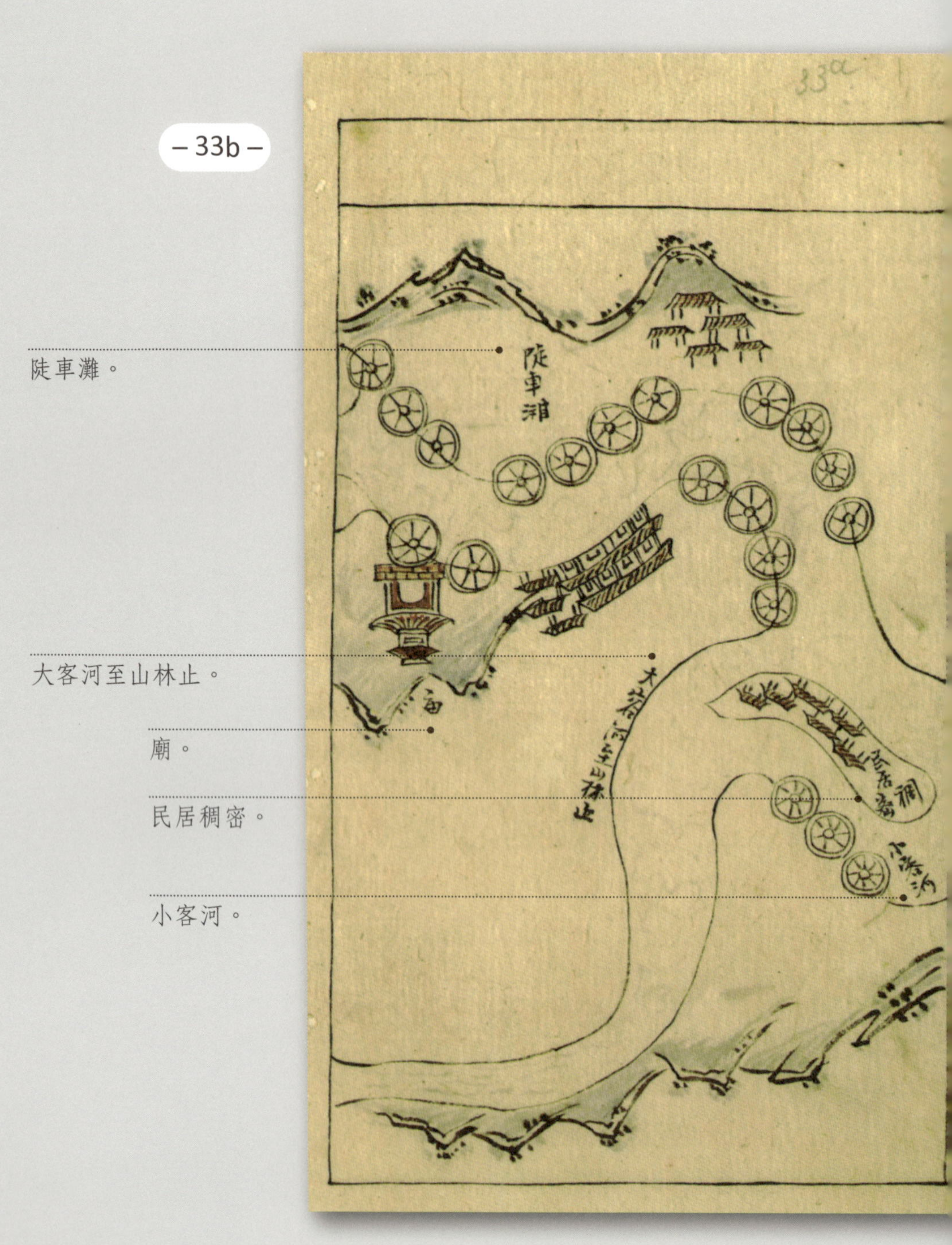

– 33a –

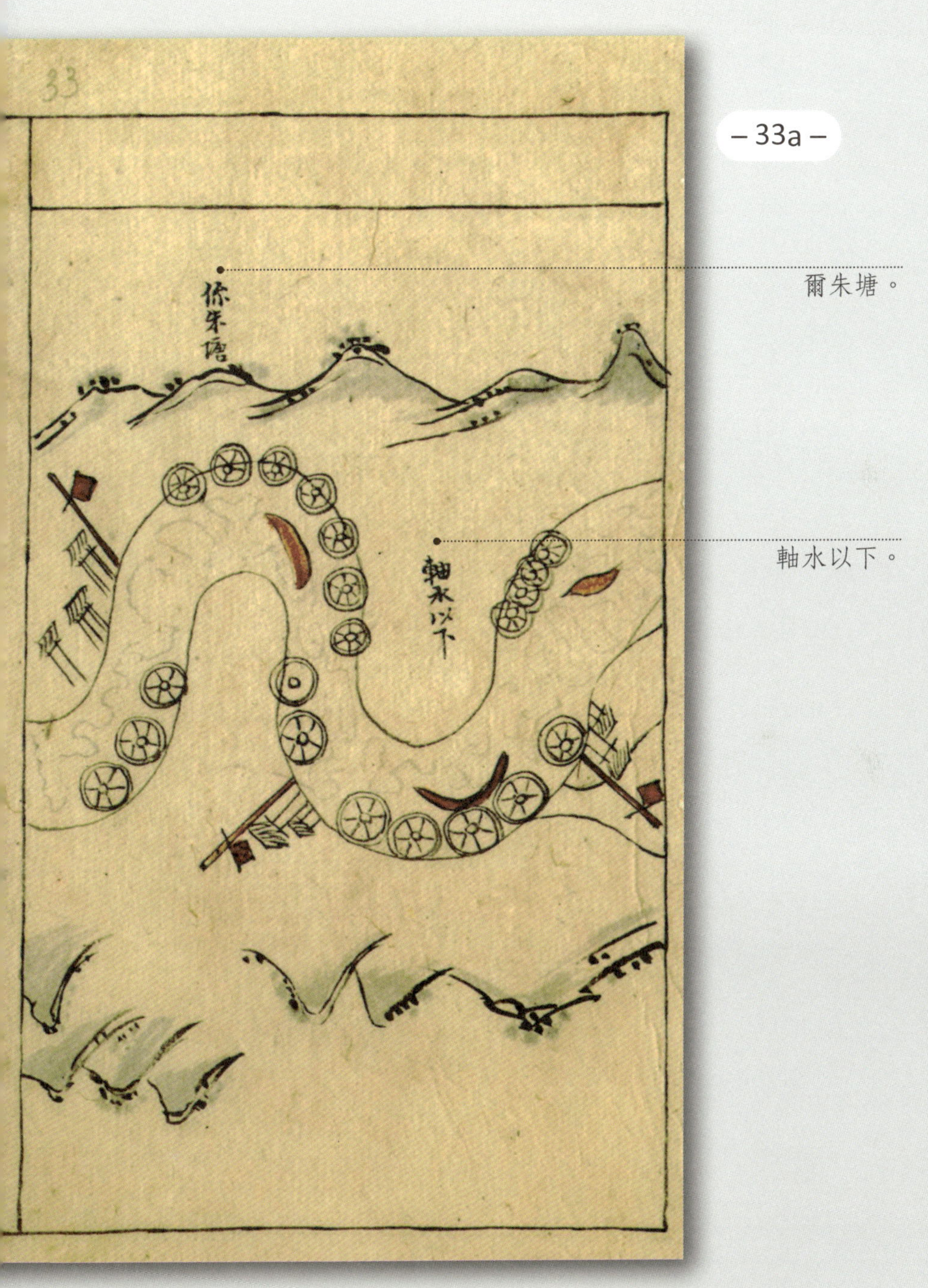

爾朱塘。

軸水以下。

– 34b –

2.

1.

4.

3.

5.

6.

7.

8.

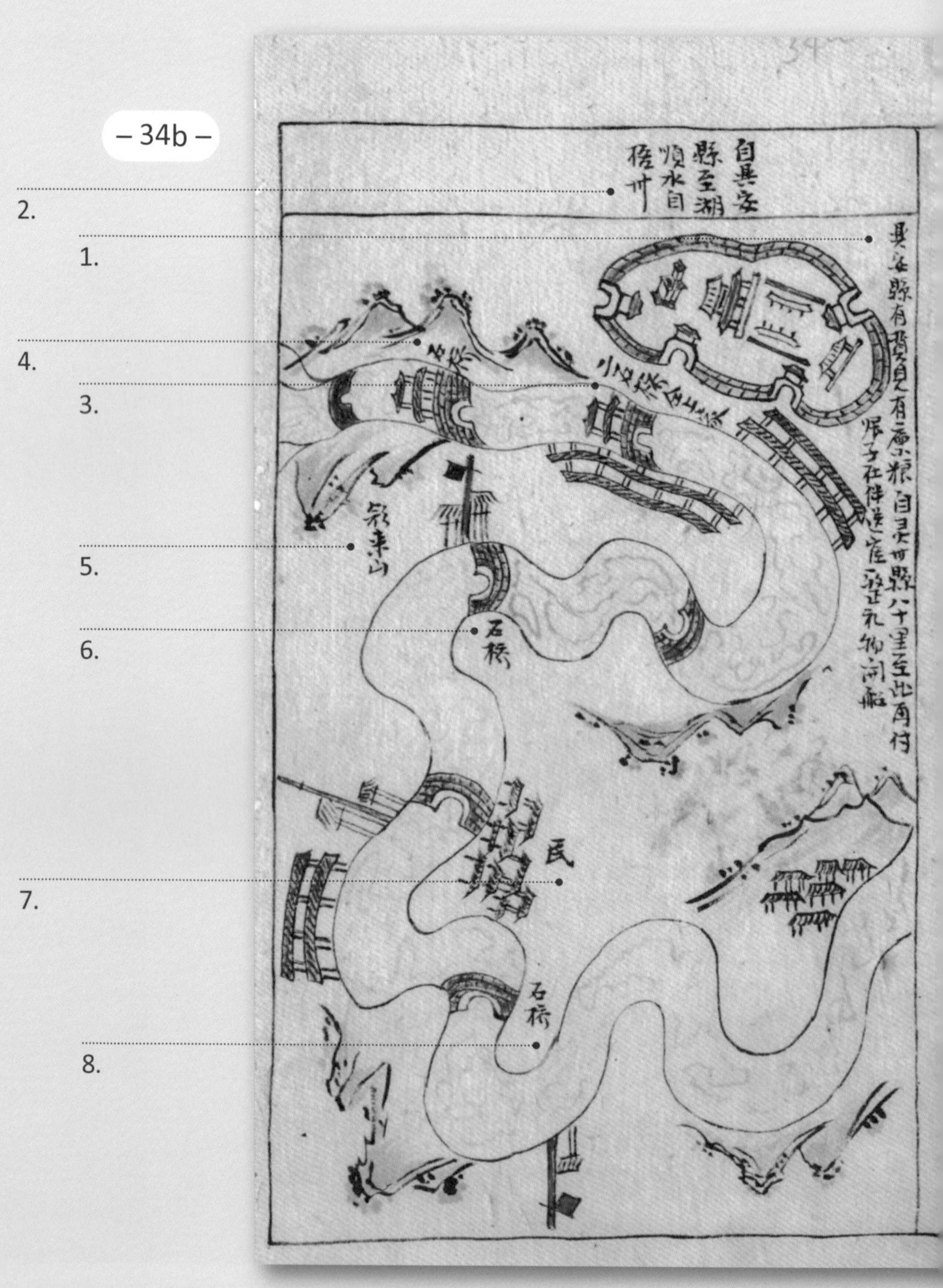

34
– 34a –
1.
4.
2.
5.
3.
6.

– 34a –

1. 民。
2. 廟。
3. 馬頭山。
4. 往行三十六陡七十二〔灣？〕。
5. 民。
6. 兩邊田耕稼。

– 34b –

1. 興安縣。有贄見，有廩糧。自靈州縣八十里至此。再付銀子在伴送官整禮物開船。
2. 自興安縣至湖，順水自梧州。
3. 二石橋，仝上家。
4. 石橋。
5. 飛來山。
6. 石橋。
7. 民。
8. 石橋。

– 35b –
1.
2.
3.
4.
5.
6.
金州

– 35a –
1.
3.
2.
8.
6.
7.
4.
9.
5.
10.
11.

– 35a –

1. 龍王廟。
2. 到此廟敬祭。逆水自梧州至此廟再順水。
3. 上流數日至山中。原水前自此去派入分流，往湖廣，下南京山海口二好流，出廣西梧州，下廣東出海口。聞之此水泉在中冬後春初水涸，船難行。係遞年仲春，例興安縣官親禱祭。祭畢泉自湧出。
4. 中武生祠。
5. 民。
6. 軸水。
7. 石橋。
8. 大石門。
9. 廟。
10. 石橋。
11. 民。

–35b–

1. 全州。全州城。有贄見，有廩糧。自興安至此二百二十里。城內有鋪舍賣外物。再有尚書四代作四石門，刻字職爵及子孫靈碑文記。
2. 界有民居。賣買各物用康熙巨錢，後有桂字。無桂字錢，用紅錢三文為一文桂字。其銀一錢賣得桂錢十五文。
3. 萬香河，上流至大寺而止。
4. 金山光孝寺。
5. 萬壽宮。
6. 光孝寺，跡有〔無量壽佛？〕。代人〔見？〕〔百帖杞？〕皮有并存木條常見浮于水面，南有存墓，原明朝巡按官。或親就針刺于命體，其血湧出，彼恐自出至三關右邊口自出血而死，葬于此處。

– 36b –

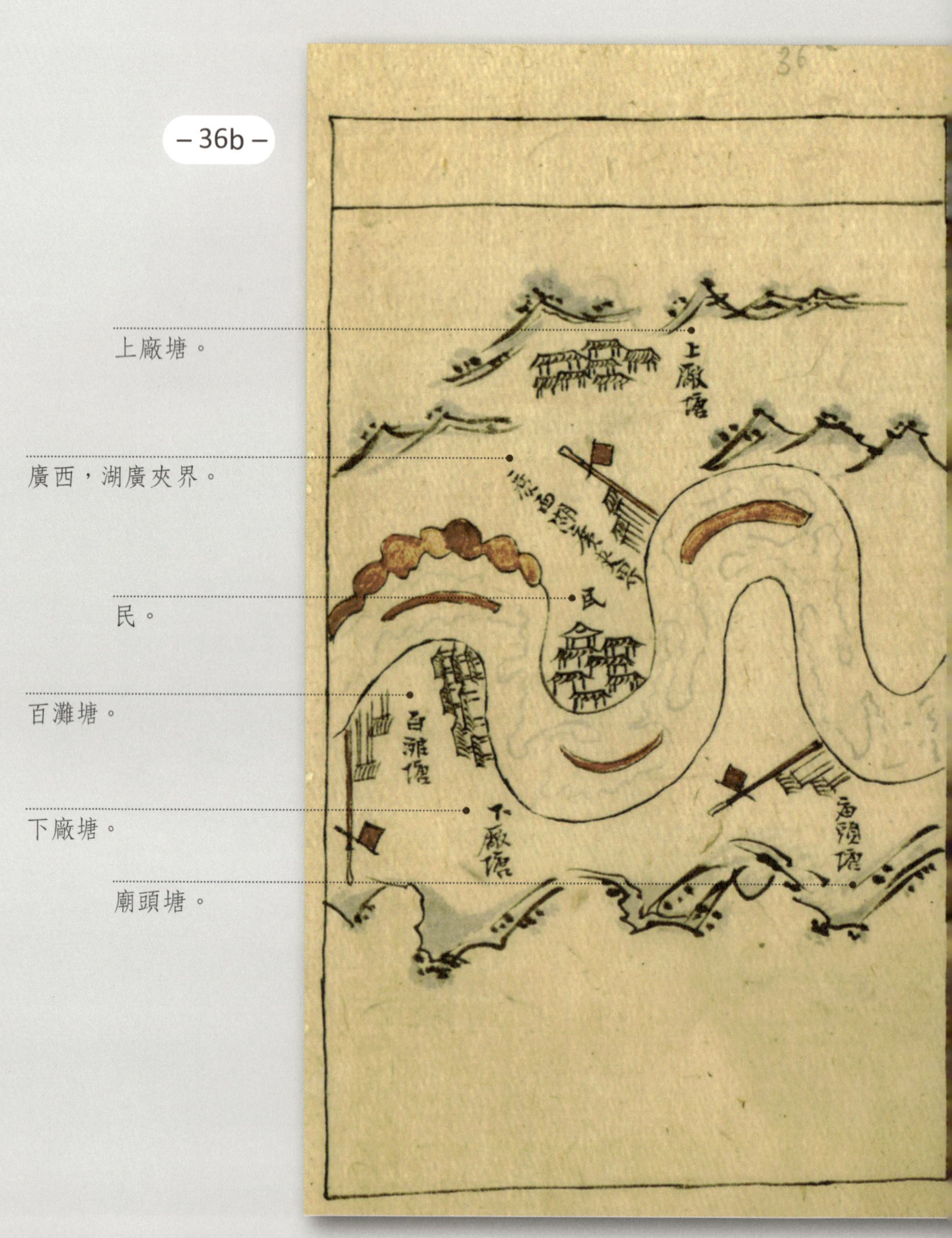

上廠塘。

廣西，湖廣夾界。

民。

百灘塘。

下廠塘。

廟頭塘。

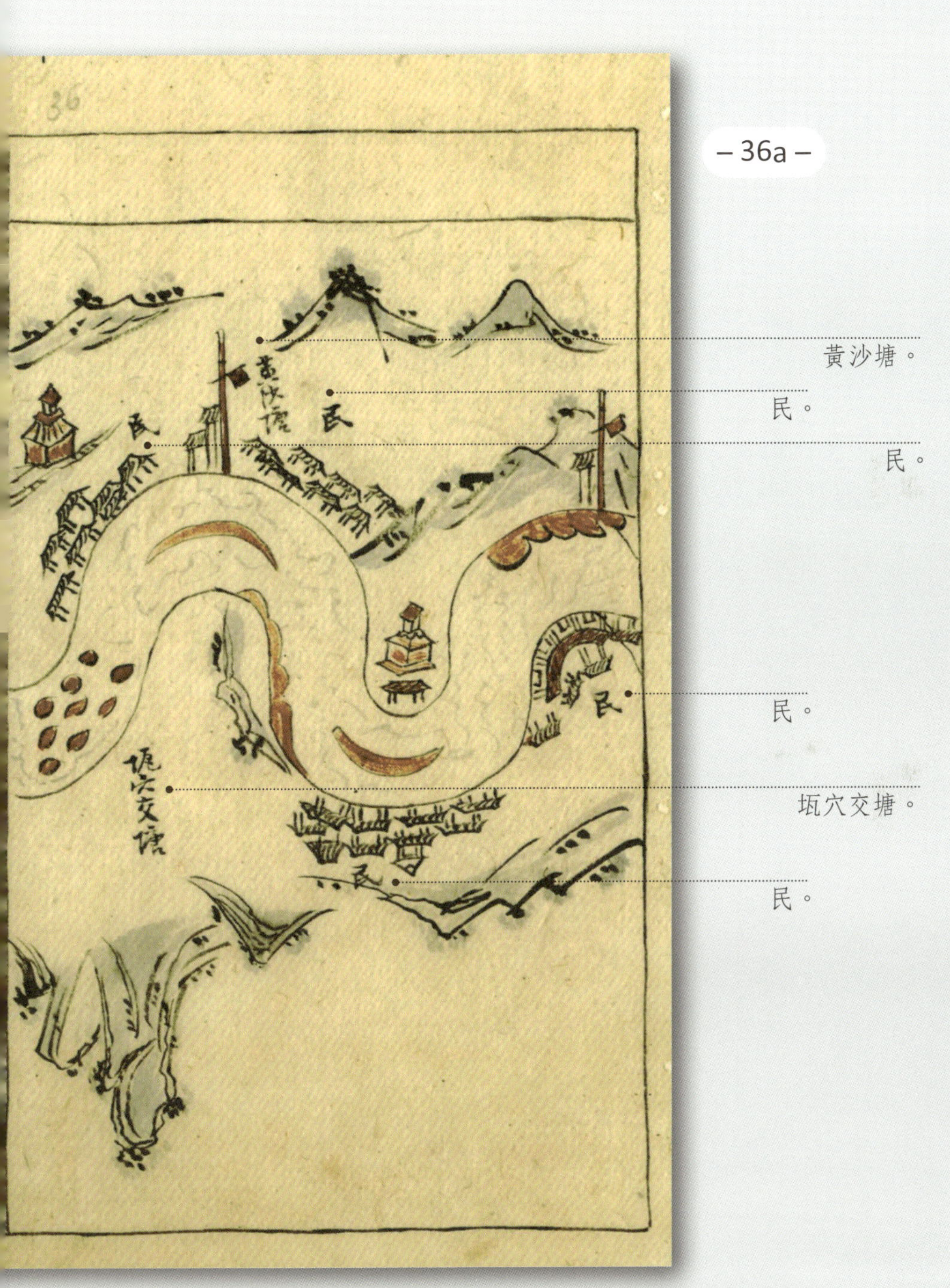
– 36a –
黃沙塘。
民。
民。
民。
坵穴交塘。
民。

– 37b –

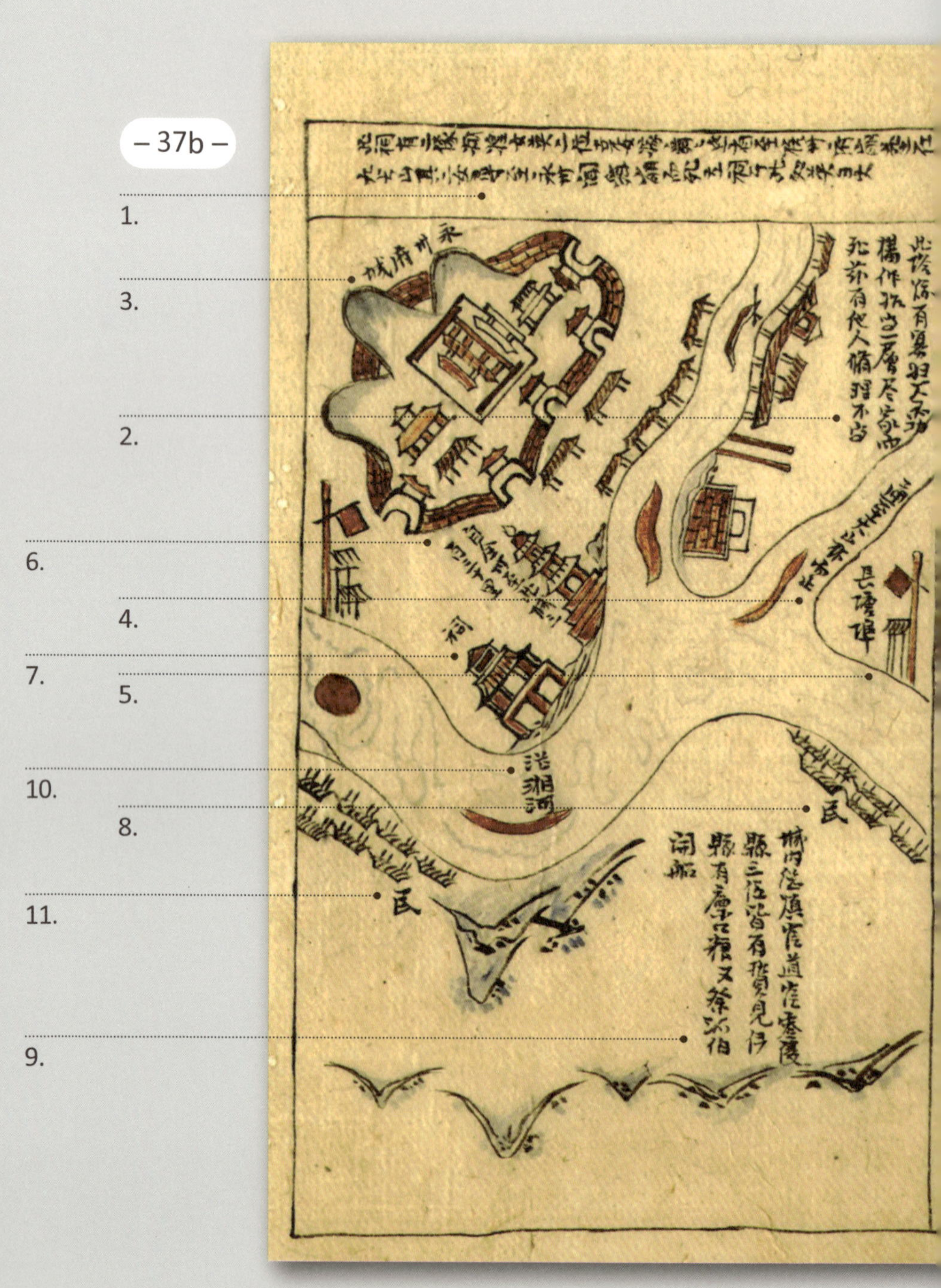

– 37a –

1.

3.

2.

5.

4.

6.

7.

9.

8.

– 37a –

1. 原有跡石磯站，有老夫婦天作酒坊。老翁常賒酒飲不有錢還，曰我有石一丸，許為酒錢。係至老賣銀二十鎰。此辰〔時〕有魯班作石橋，存欠石一丸，無一石當此處。有人就酒坊，度此石依此處不差尺寸，因買二十鎰。此橋至茲未曾頹崩。石磯站好鐵。
2. 東鄉通至大山林而止。
3. 大江口塘。
4. 石磯市塘。
5. 石橋名仙橋。
6. 此里稠密，有監生家。
7. 大江口塘。
8. 上流東安縣，至下山林而止。
9. 人生村。

– 37b –

1. 此祠有二像娥皇女英二位，堯女嫁舜。舜巡守至梧州府，崩葬在九嶷山。其二女尋至永州，聞舜崩而死，立祠于此處，英靈。
2. 此塔跡有寡婦一人興功構作，始高一層盡家而死。茲有他人脩理不改。
3. 永州府城。
4. 通至大山林而止。
5. 長塘埠。
6. 自全州至此城三百三十里。
7. 祠。
8. 民。
9. 城內總鎮官，道官，零陵縣〔官〕三位，皆有贄見。伊縣有廩口糧。又祭河伯，開船。
10. 瀟湘河。
11. 民。

－38b－

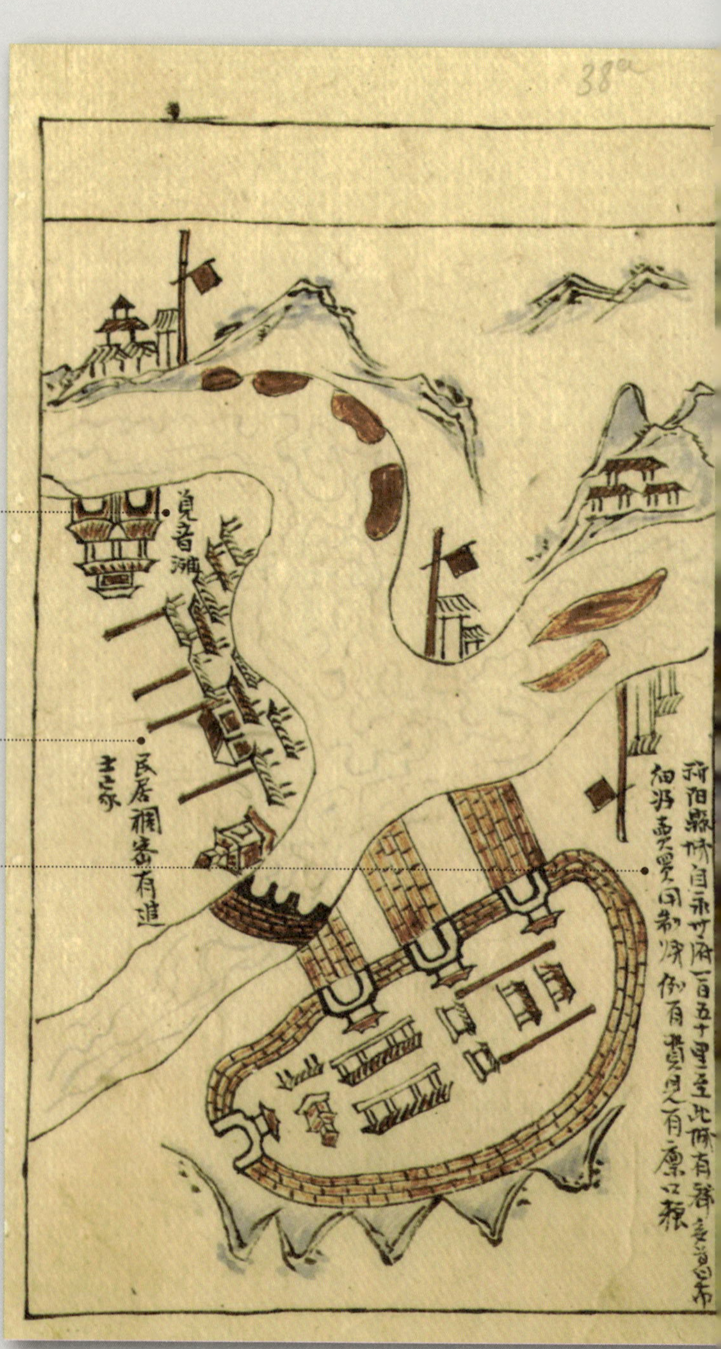

觀音灘。

民居稠密，有進士家。

祁陽縣城。自永州府一百五十里至此城。有鋪多葛布細好，賣買用〔制？〕錢。例有贄見，有廩口糧。

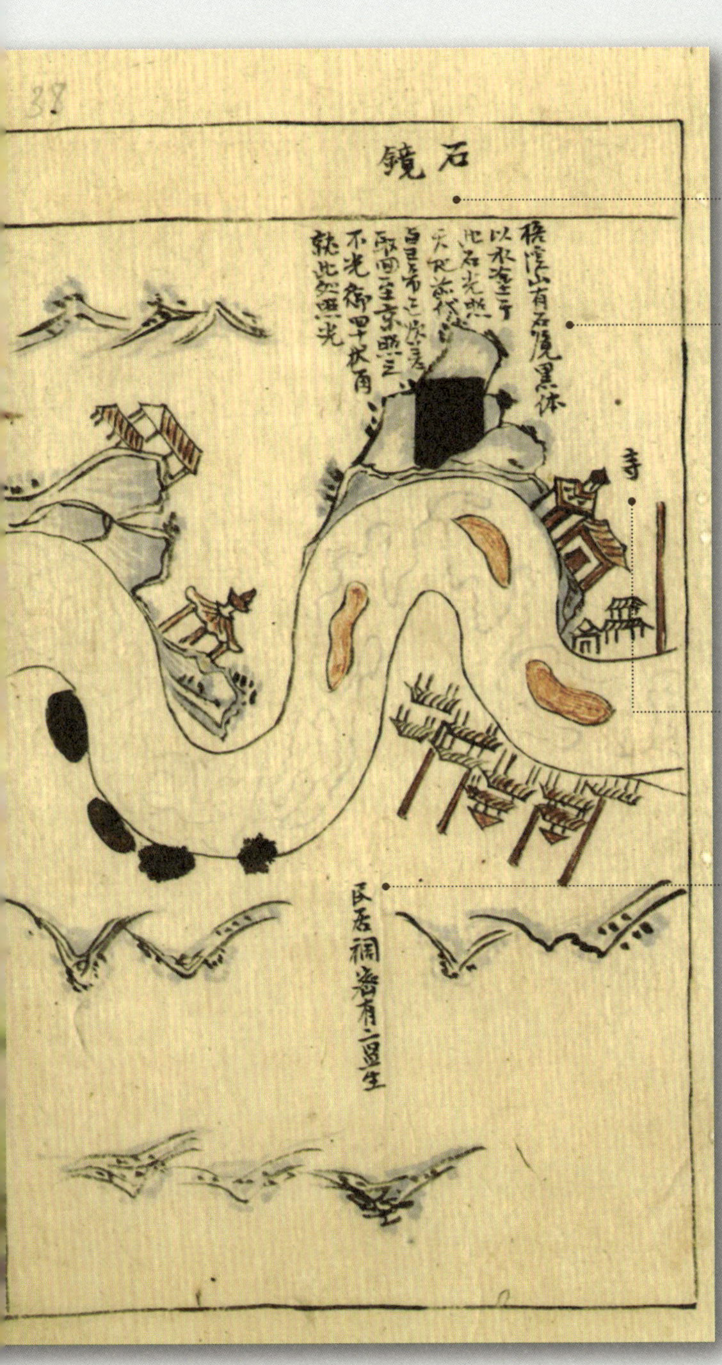

– 38a –

石鏡。

梧陰山有石鏡黑體。以水塗于此石，光照天地。前代，皇帝已欽差取回至京，照之不光，即四十杖。再就此處照光。

寺。

民居稠密，
有二監生。

– 39b –

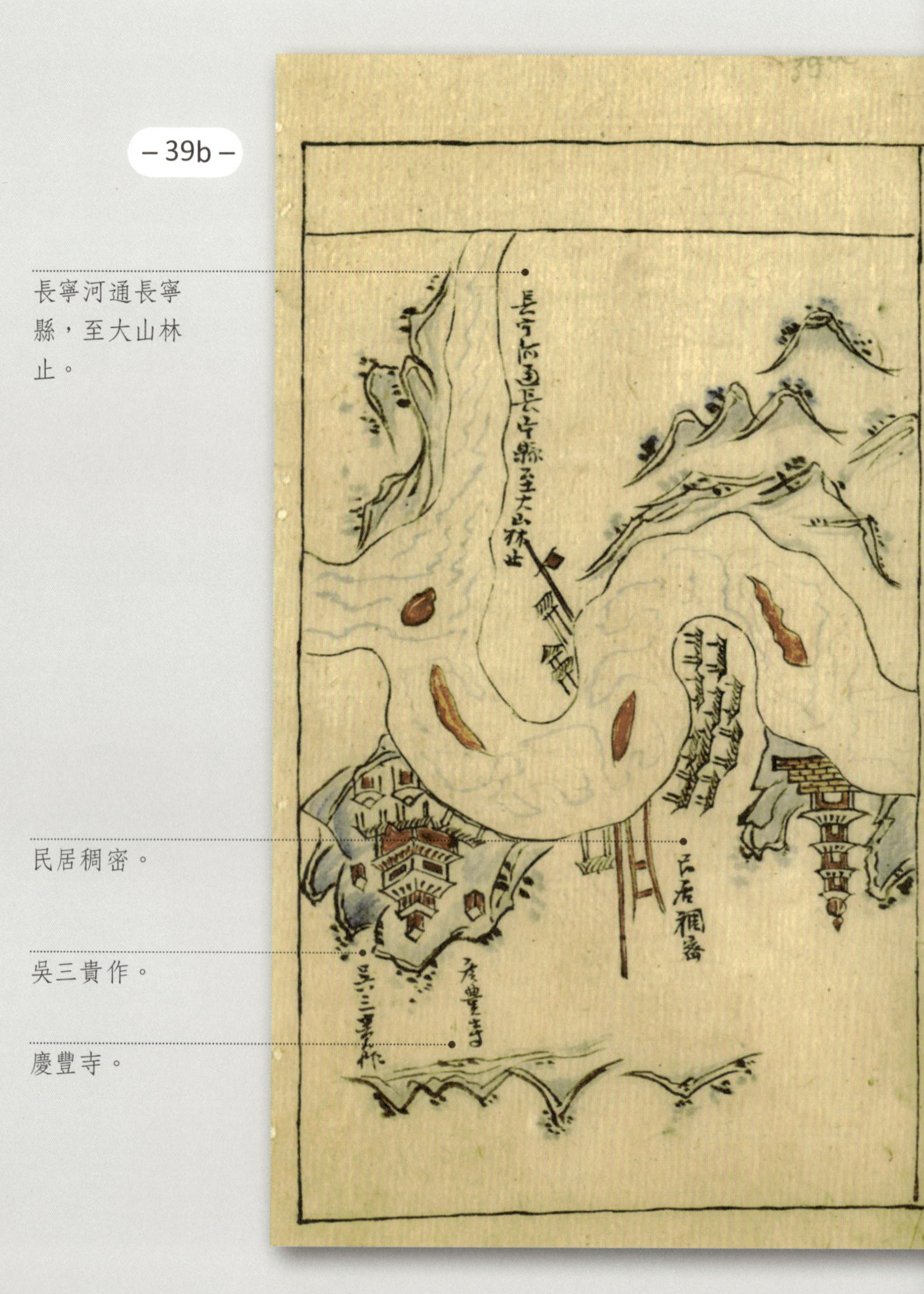

長寧河通長寧縣，至大山林止。

民居稠密。

吳三貴作。

慶豐寺。

– 39a –

槿塘。

牛鬼塘。

民居稠密。

各歸陽河通至山林而止。

長林塘。

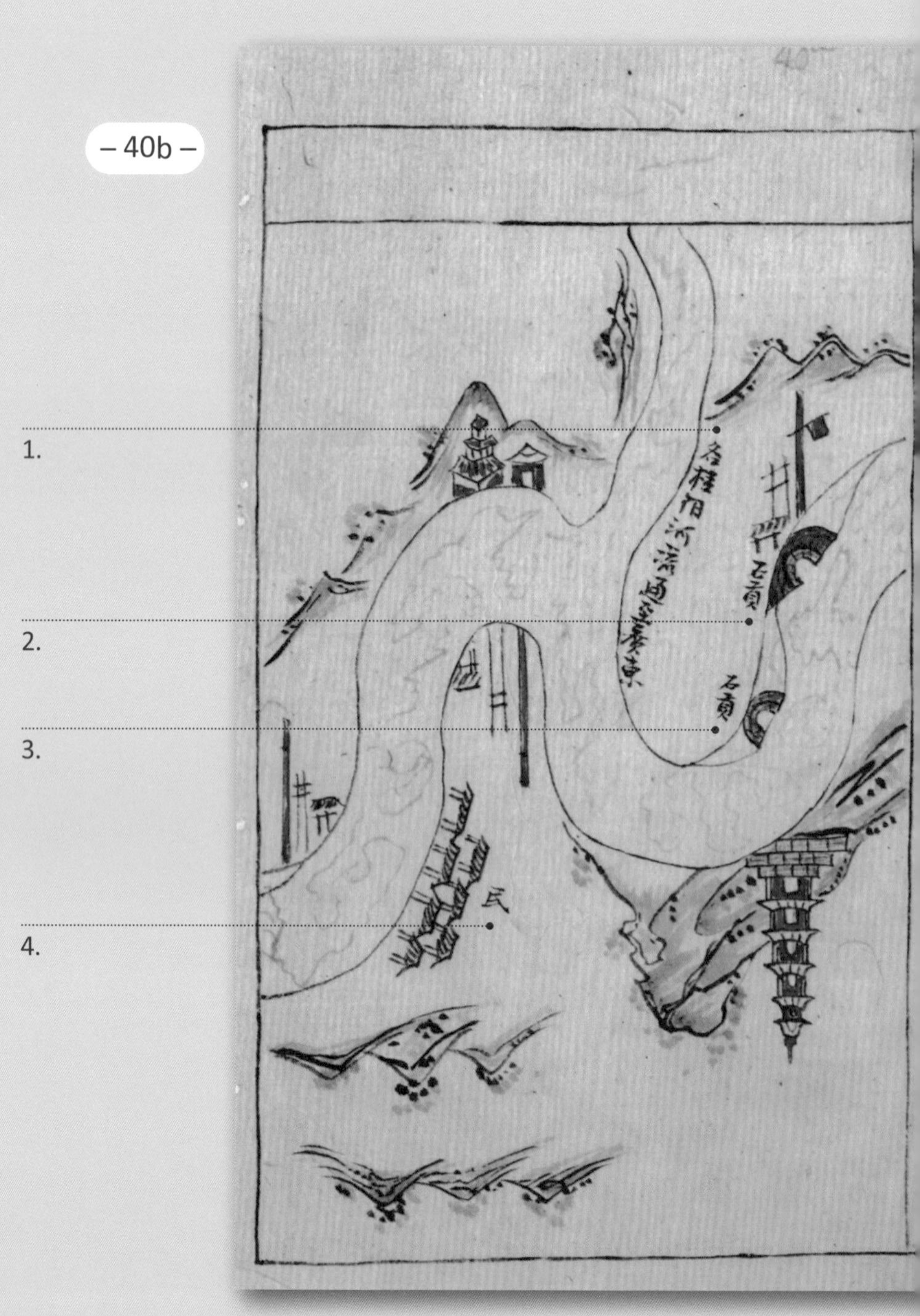
– 40b –
1.
2.
3.
4.
各桂相河流通至廣東
石貢
石貢
民

– 40a –

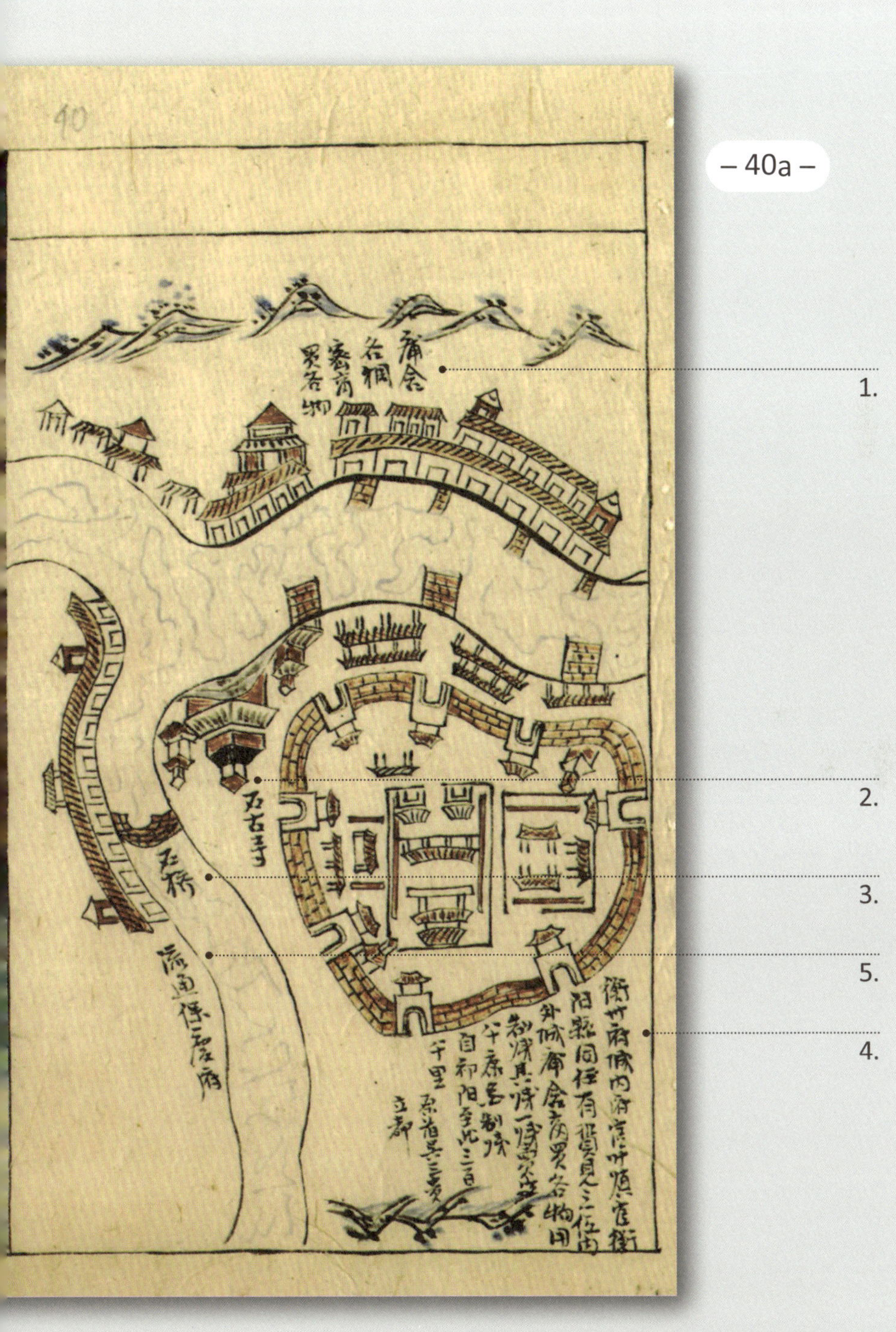

– 40a –

1. 鋪舍各稠密商買各物。
2. 石古寺。
3. 石橋。
4. 衡州府城。內府官，協鎮官，衡陽縣〔官〕同任。有贊見三位。內外城鋪舍商買各物用〔制？〕錢。其錢一錢賣得八十康熙〔制？〕錢。自祁陽至此三百八十里。原舊吳三貴立都。
5. 流通保慶府。

– 40b –

1. 各桂陽河流通至廣東。
2. 石貢。[27]
3. 石貢。
4. 民。

27 「貢」，喃字，越南語 Cống，意為排水溝。

– 41b –

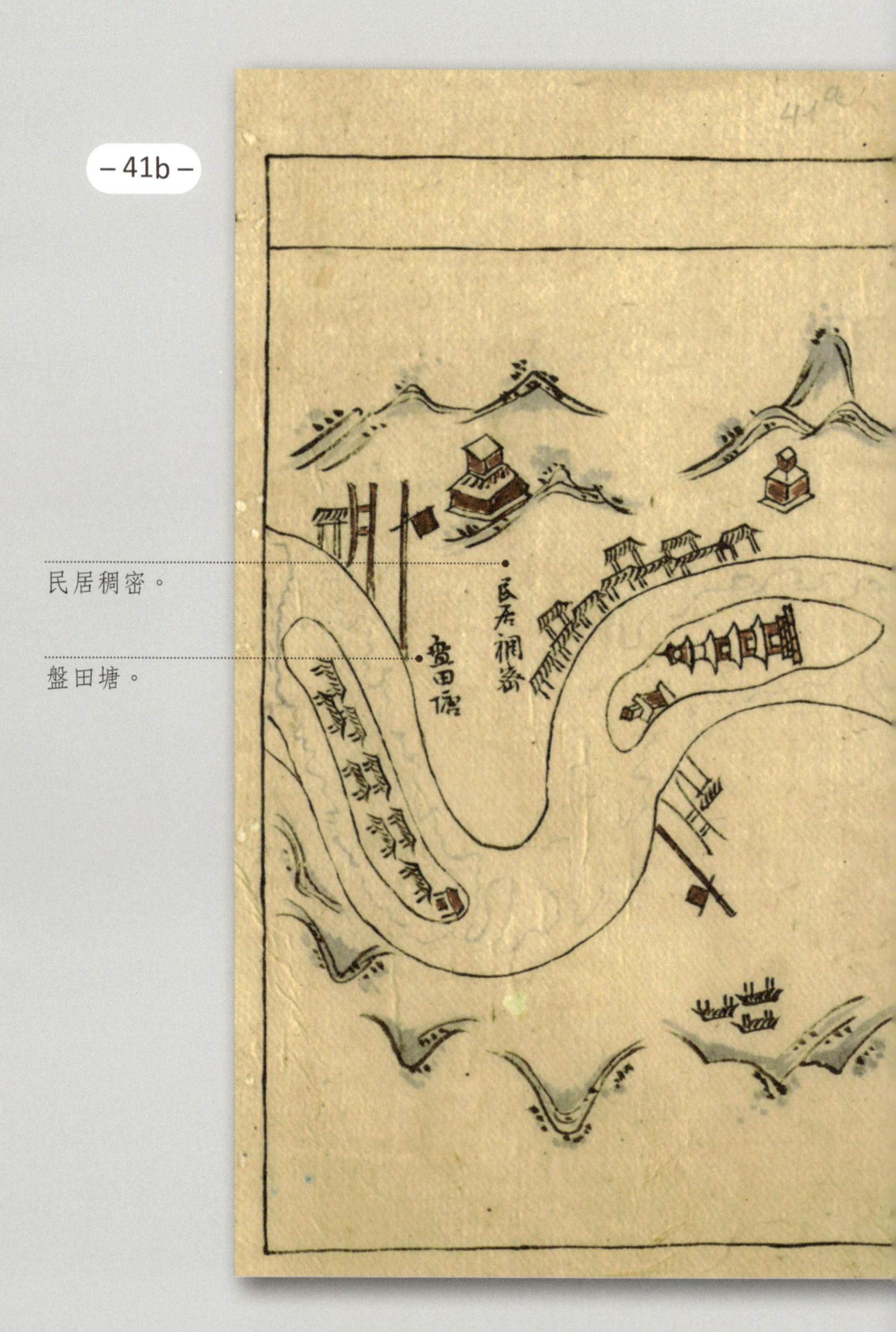

民居稠密。

盤田塘。

– 41a –

各茶林河流通江西。

衡山縣城。自衡州府至此二百二十里。有贄見，有廩糧。內城鋪賣各物。

– 42b –

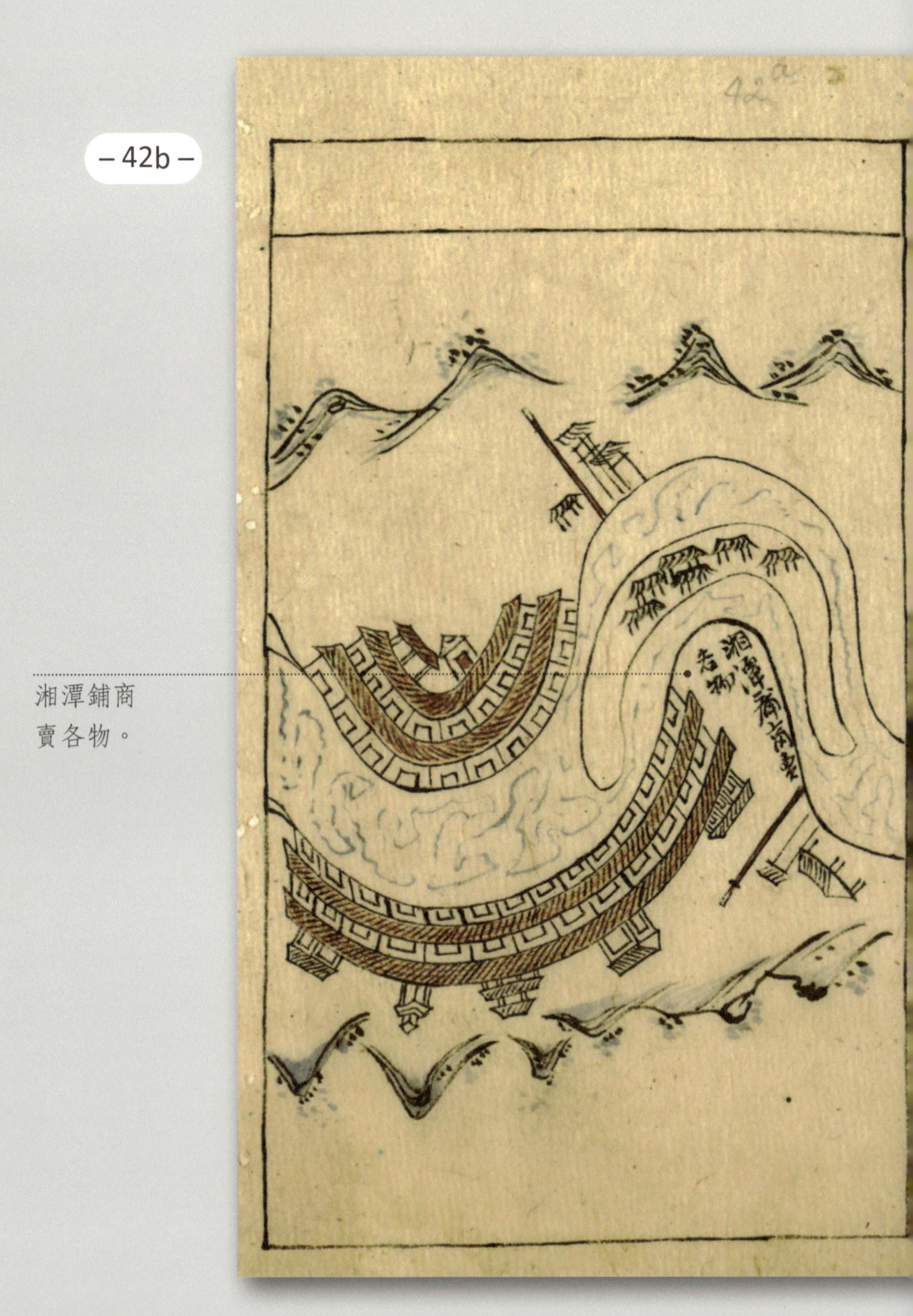

湘潭鋪商
賣各物。

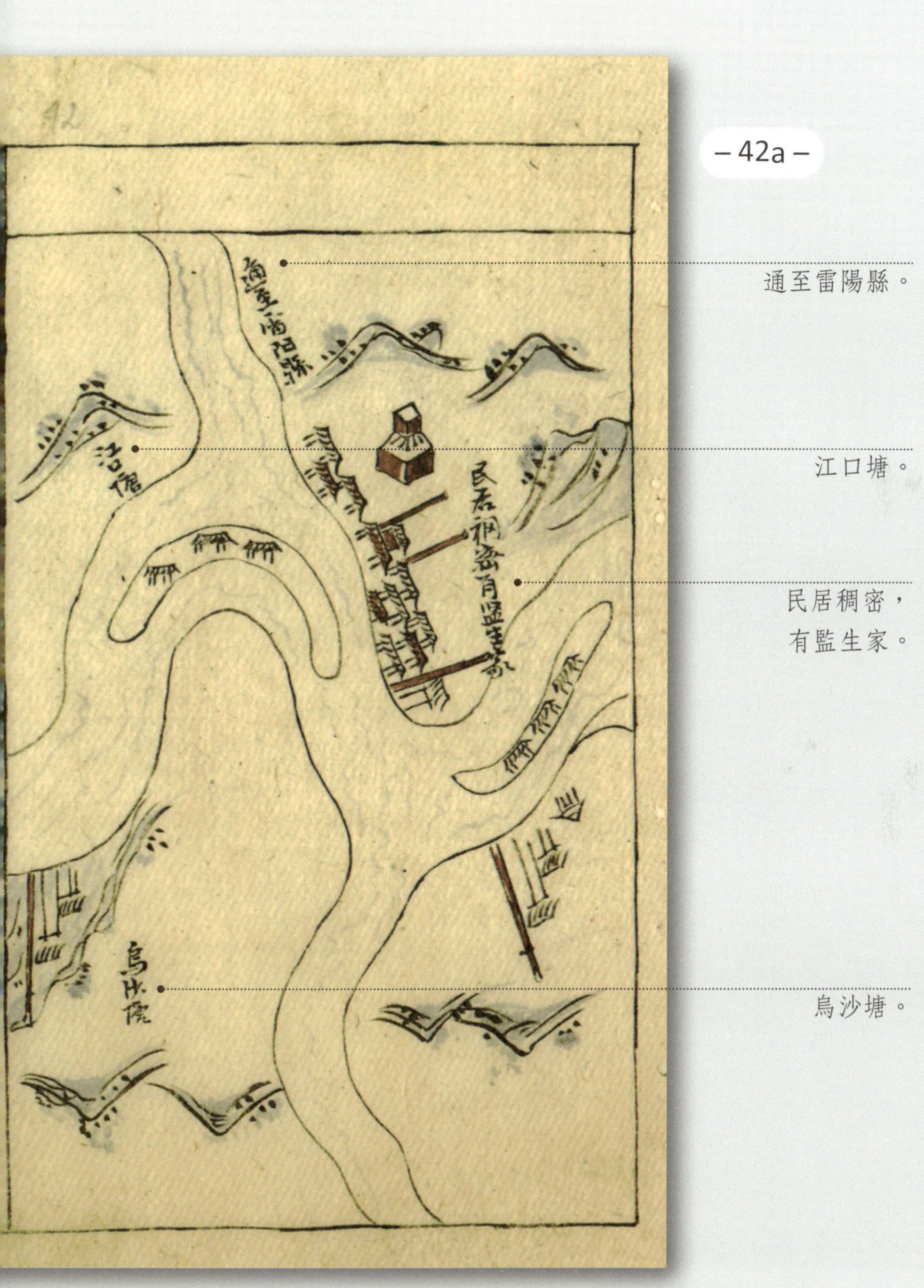

– 42a –
通至雷陽縣。
江口塘。
民居稠密，
有監生家。
烏沙塘。

– 43b –

– 43a –

昭陵灘。

湘潭縣城。有贇見，稟糧。自衡山至此三百三十里。

– 44b –

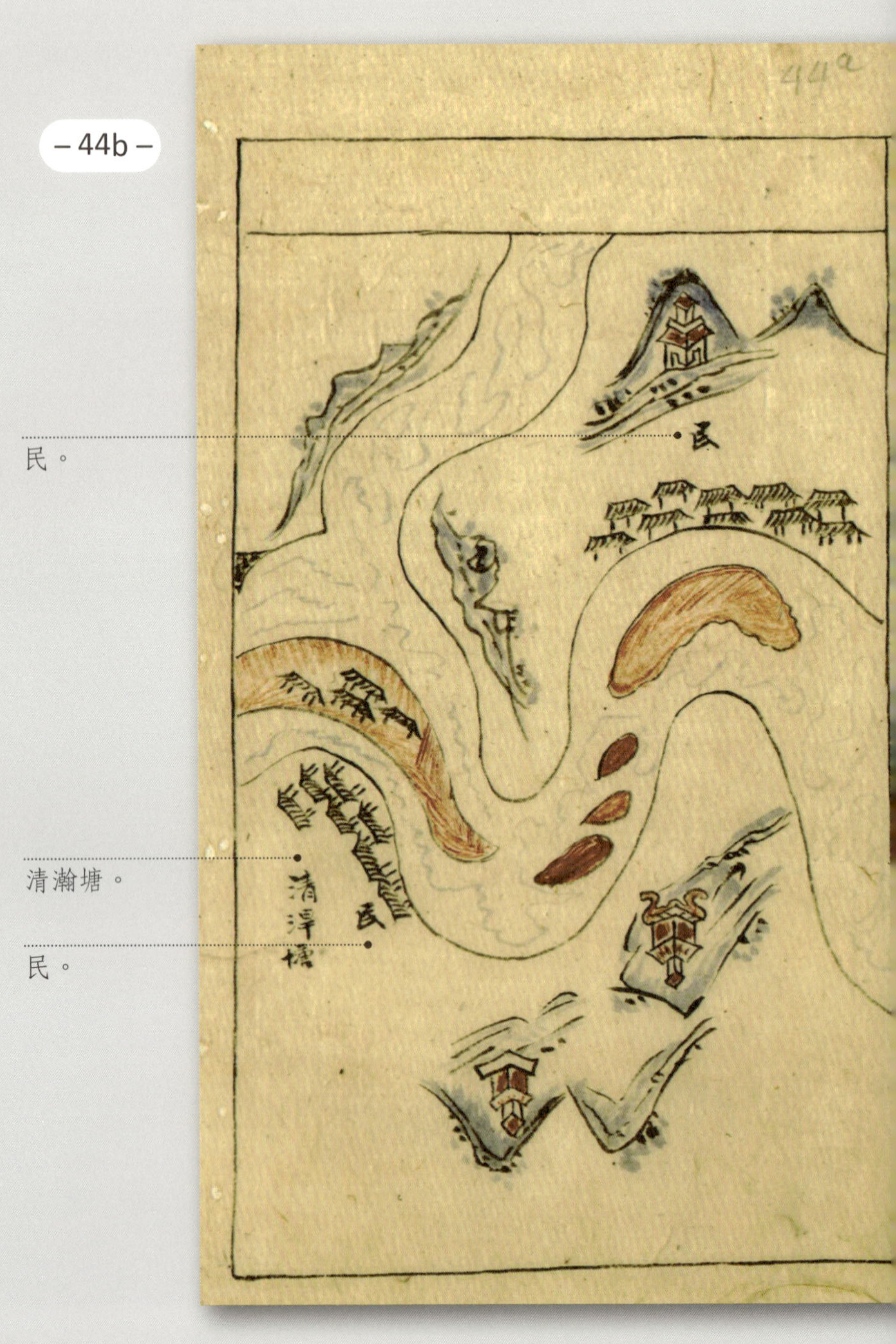

民。

清瀚塘。

民。

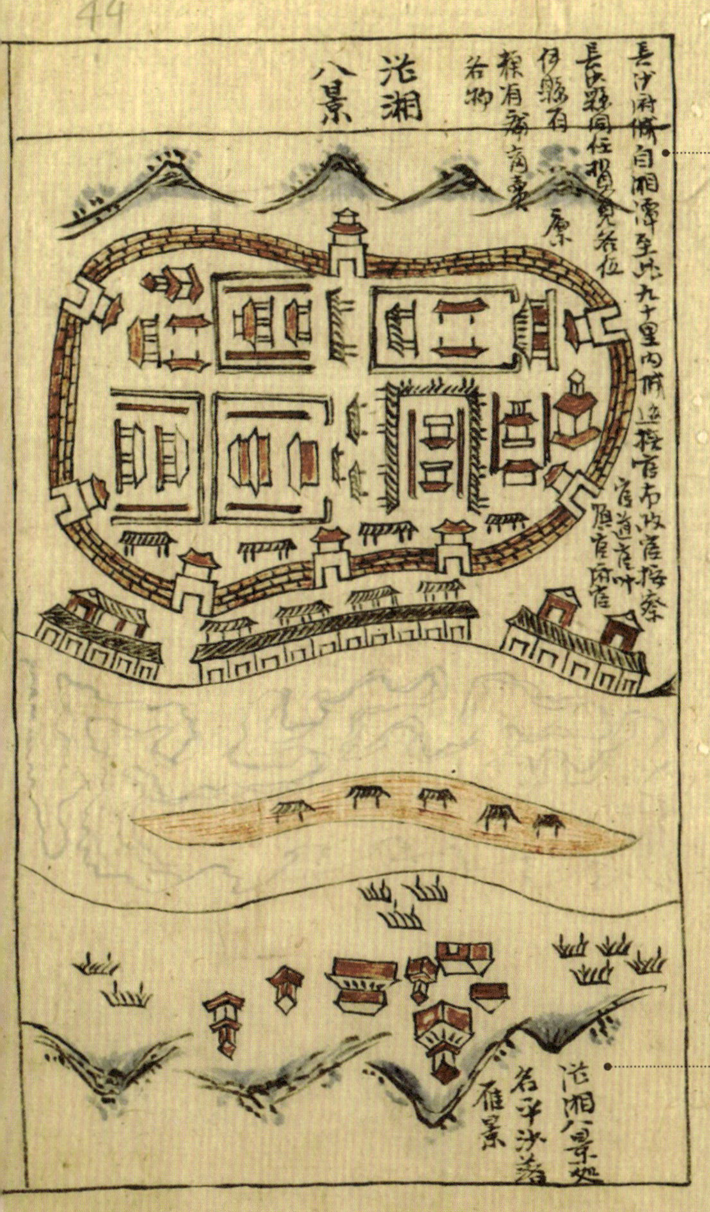

– 44a –

瀟湘八景。

長沙府城。自湘潭至此九十里。內城巡撫官，布政官，按察官，道官，協鎮官，府官，長沙縣〔官〕同任。贄見各位。伊縣有廩糧，有鋪商賣各物。

瀟湘八景處，名平沙落雁景。

– 45b –

湘陽縣。自長沙至此一百二十里。有贊見，有廩口糧。敬祭洞廷，開船。

民居稠密，有小鋪。

– 45a –

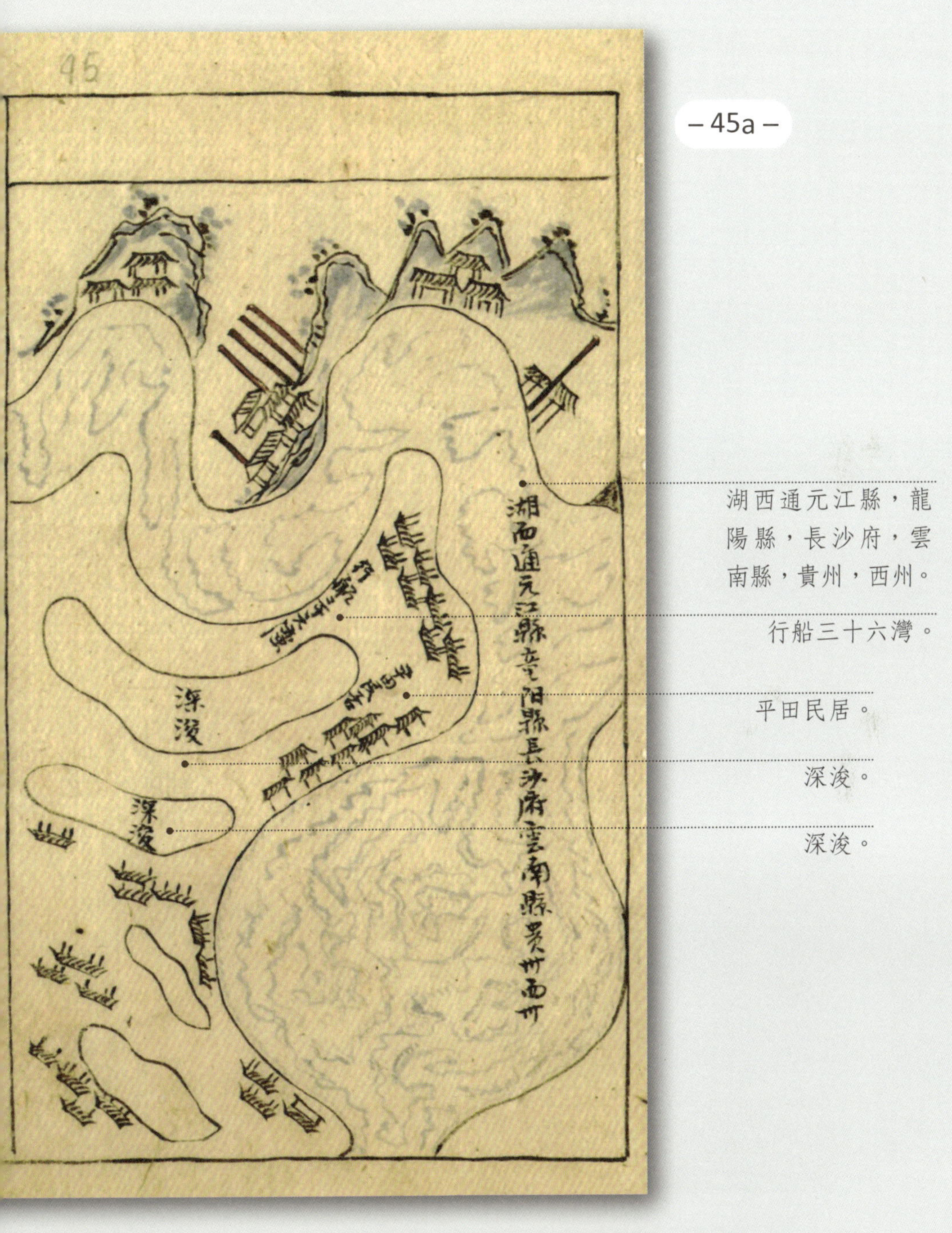

湖西通元江縣，龍陽縣，長沙府，雲南縣，貴州，西州。

行船三十六灣。

平田民居。

深浚。

深浚。

– 46b –

岳州府城。自湘陽至此二百八十里。內城協鎮官，府官，巴稜縣〔官〕同在。贄見及整禮物謝湖。此處小鋪。伊縣有廩糧。

君山。

布政山。

– 46a –

爐香山。

扁山。

– 47b –

嘉魚縣城。差通醫士。贄見，有廪口糧。仍駐。此城風景山水甚好。自岳州至此二百八十里。

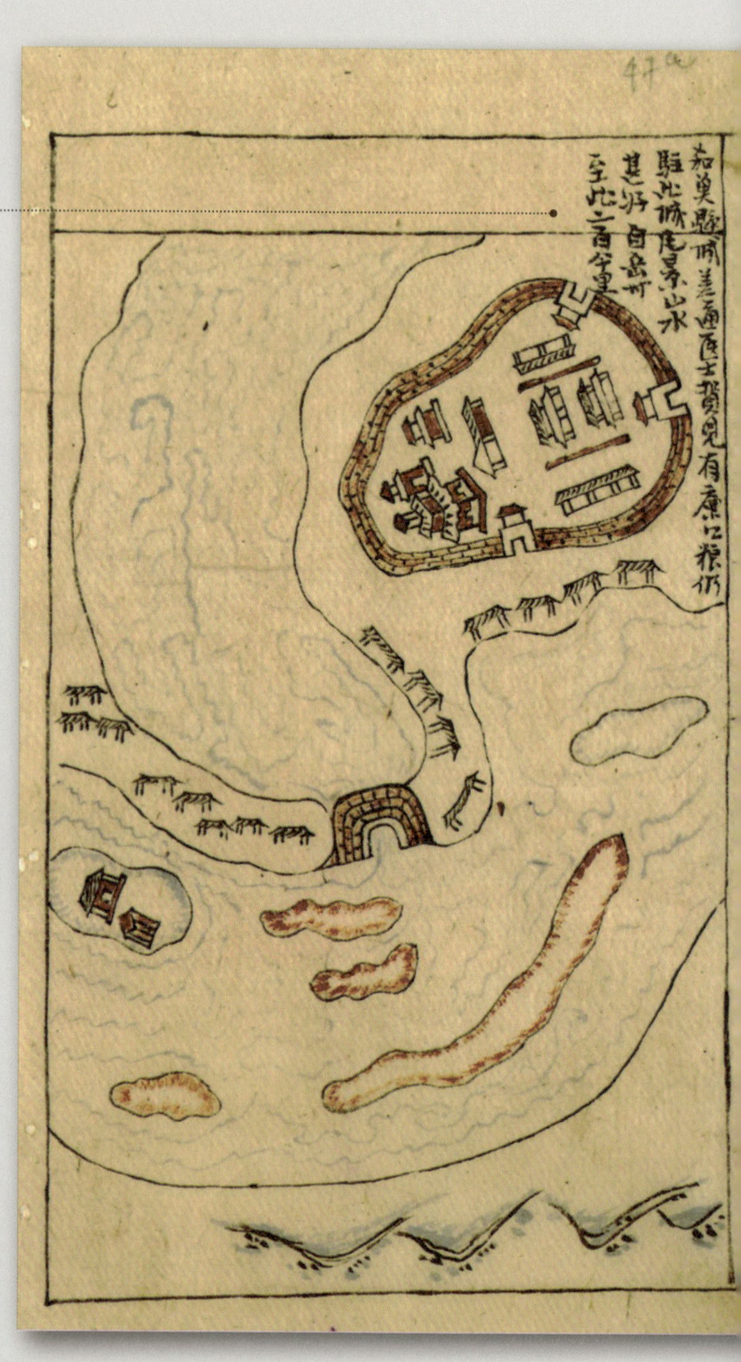

– 47a –

樊口通樊城。

石頭口。

廟。

螺磯。

累山。

–48b–

鋪。

鋪。

小君山。

大君山。

– 48a –

排州。此處民稠密。

– 49b –

黃州府城。自漢口至此一百八十里。內城府官，協鎮，黃峒縣同在。有贄見，有廩糧。其城内八十石碑文。前代多進士，尚書，左相，太宰各職。多好布。

崩塔。

赤壁臺。此臺原東坡在此府構作于〔康熙？〕十二年。

– 49a –

– 50b –

嚴子陵。

– 50a –

武昌縣城。例無贄見，有口糧。

民居好景。

民居稠密。

蘇州城。有贄見，有廩糧。外厚沙二帶。此城有白〔艾？〕綠籠。自黃州至此一百二十里。

– 51b –

51a

– 51a –

五宜鋪。

– 52b –

九江府城。內城府官，協鎮官，德化縣〔官〕同在。城外巡官居，及鋪舍賣各物。

巡。

– 52a –

九江城。自蘇州至此二百四里。有贊見府官，協鎮官，巡官縣官各位。有廩糧。

巡。

– 53b –

大孤山。

湖。

寺，好景。

經過湖口縣。自九江六十里至。例無贄見，有廩口糧。

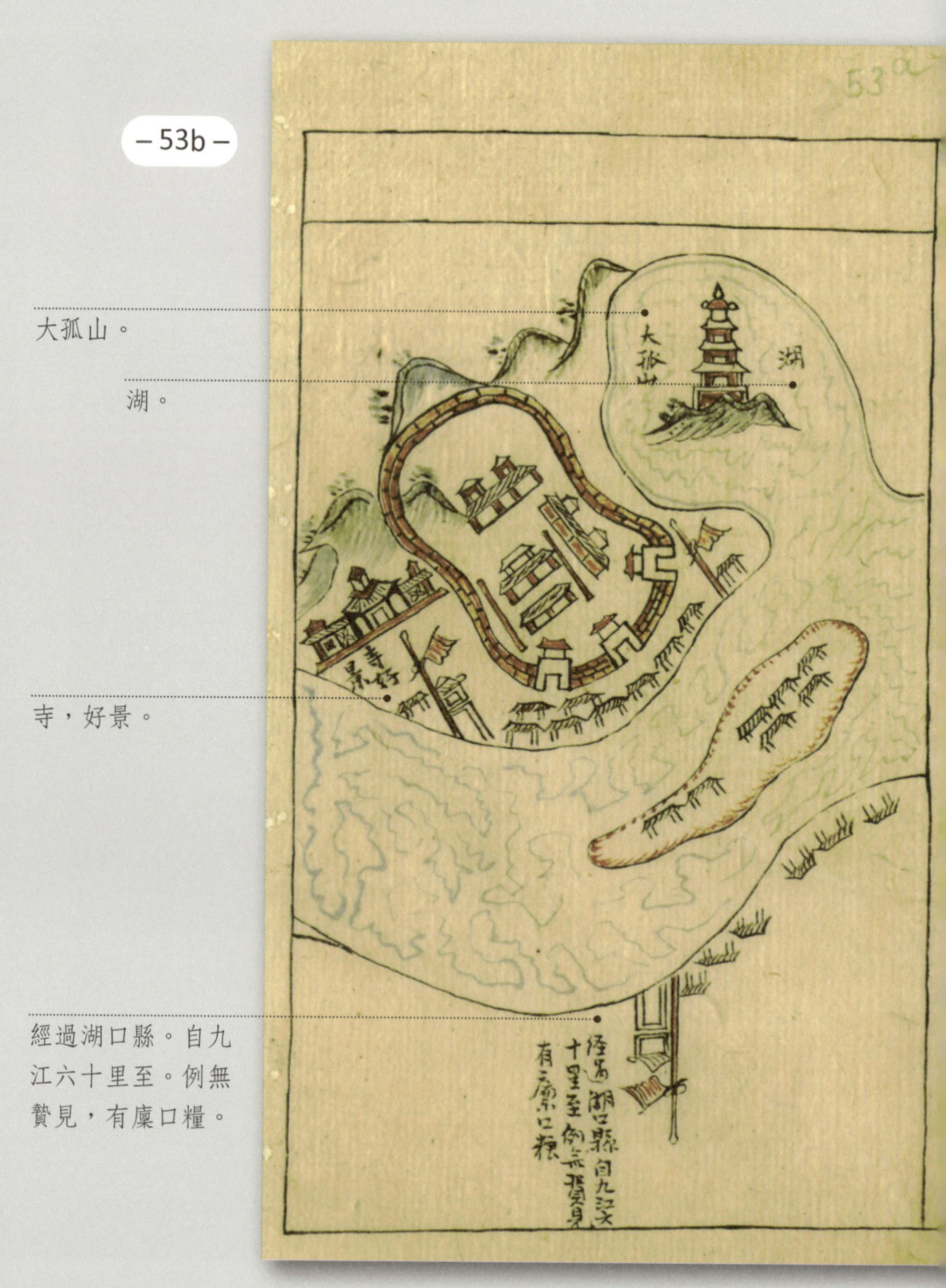

– 53a –

蓮陂。

鋪巷塘。

– 54b –

經過東流縣城。例無贄見，有廩糧。自彭澤九十里至。

灣水家口。

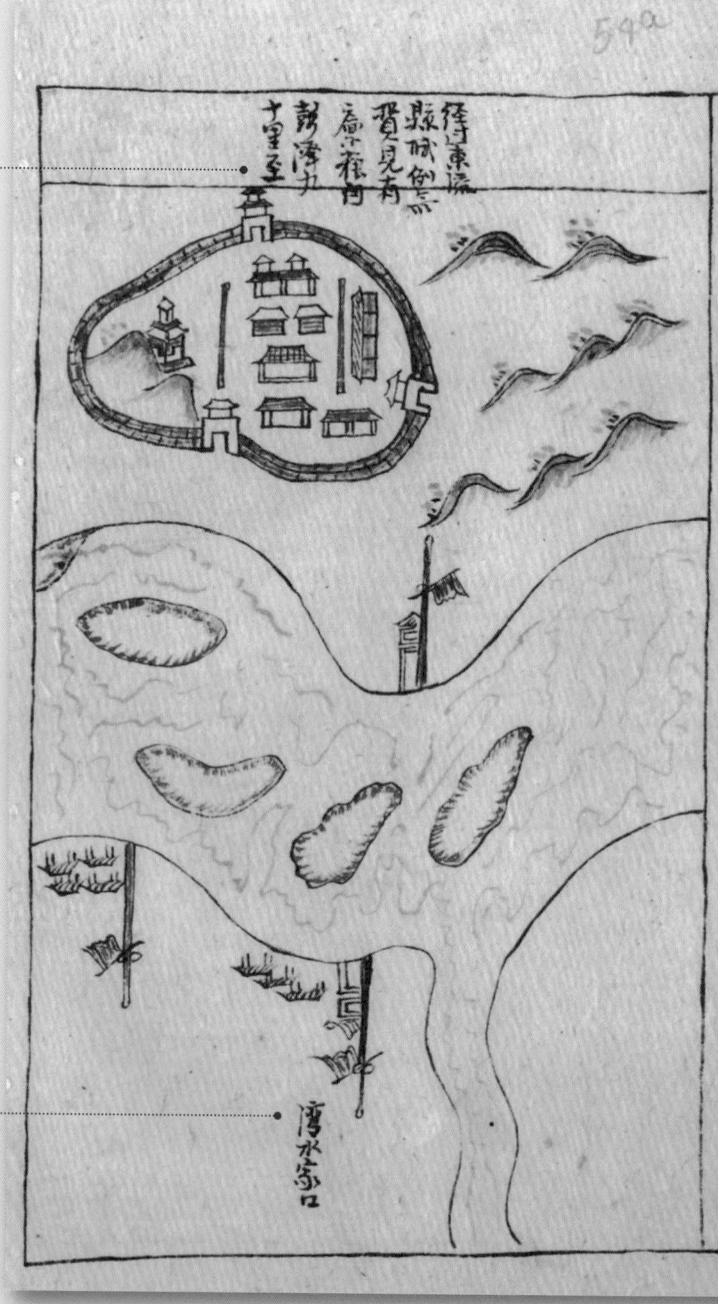

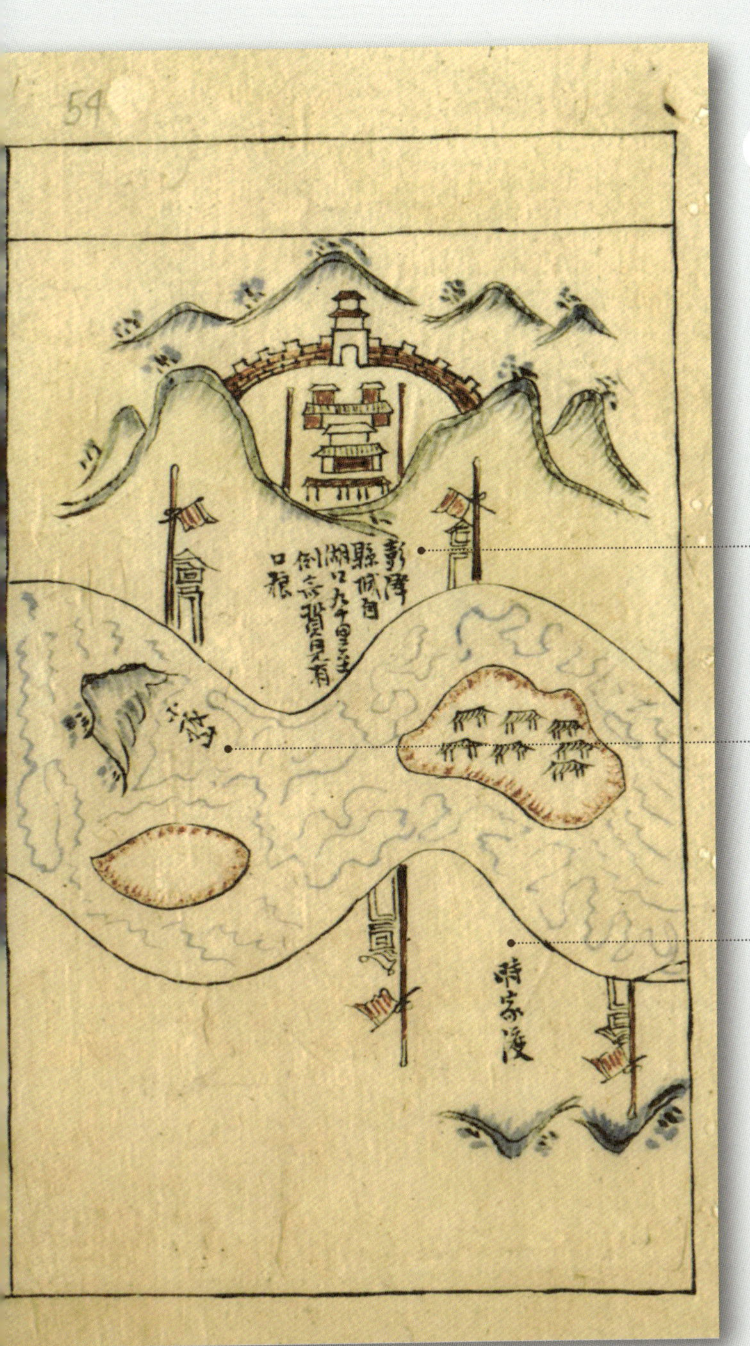

– 54a –

彭澤縣城。自湖口九十里至。例無贄見，有口糧。

小孤山。

時家渡。

– 55b –

安慶府城。內巡官，按察官，協鎮官，府官，懷寧縣〔官〕同在。有贄見，有廩糧。其內城有生根。玉皇殿原有槐一株，前代粧金入此木。此木年年長生年年粧金。并有空亡石，〔此？〕石如卵皮。外有塔七層。遞年八月十五日皆來朝賀，其半夜月中天照人有塔其影橫江。

戴天樓。

亭。

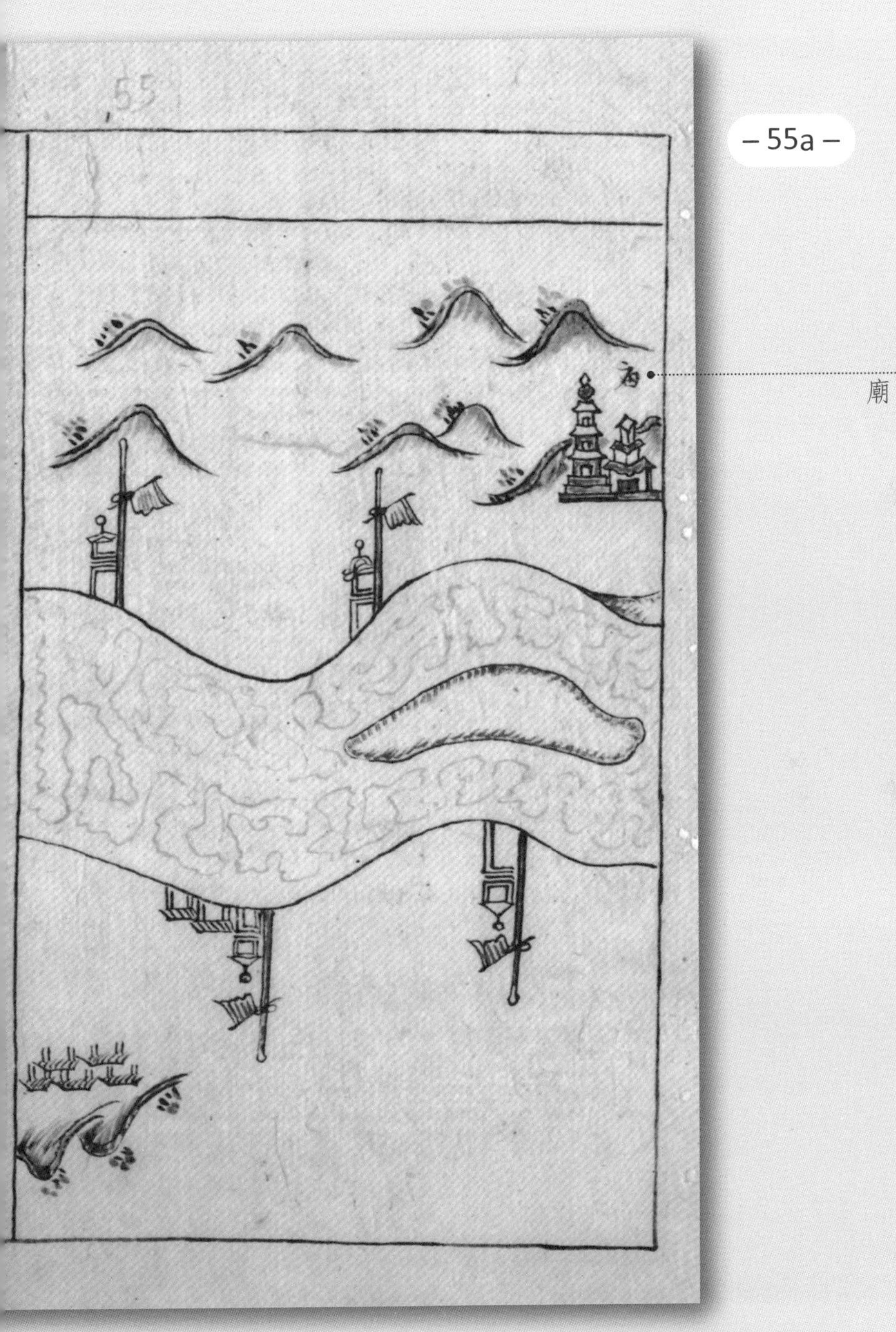

– 55a –

廟。

– 56b –

池州府城，有桂池縣〔官〕同在。例無贄見，有廩糧。自安慶九十里至。此城有清陽扇油紙，水浸數日不壞，又善吹笛。

清溪浹。

– 56a –

太子址。

桑同州。

－57b－

銅陵縣。有贄見，有廩口糧。自桂池九十里到。

– 57a –

有鋪舍。

– 58b –

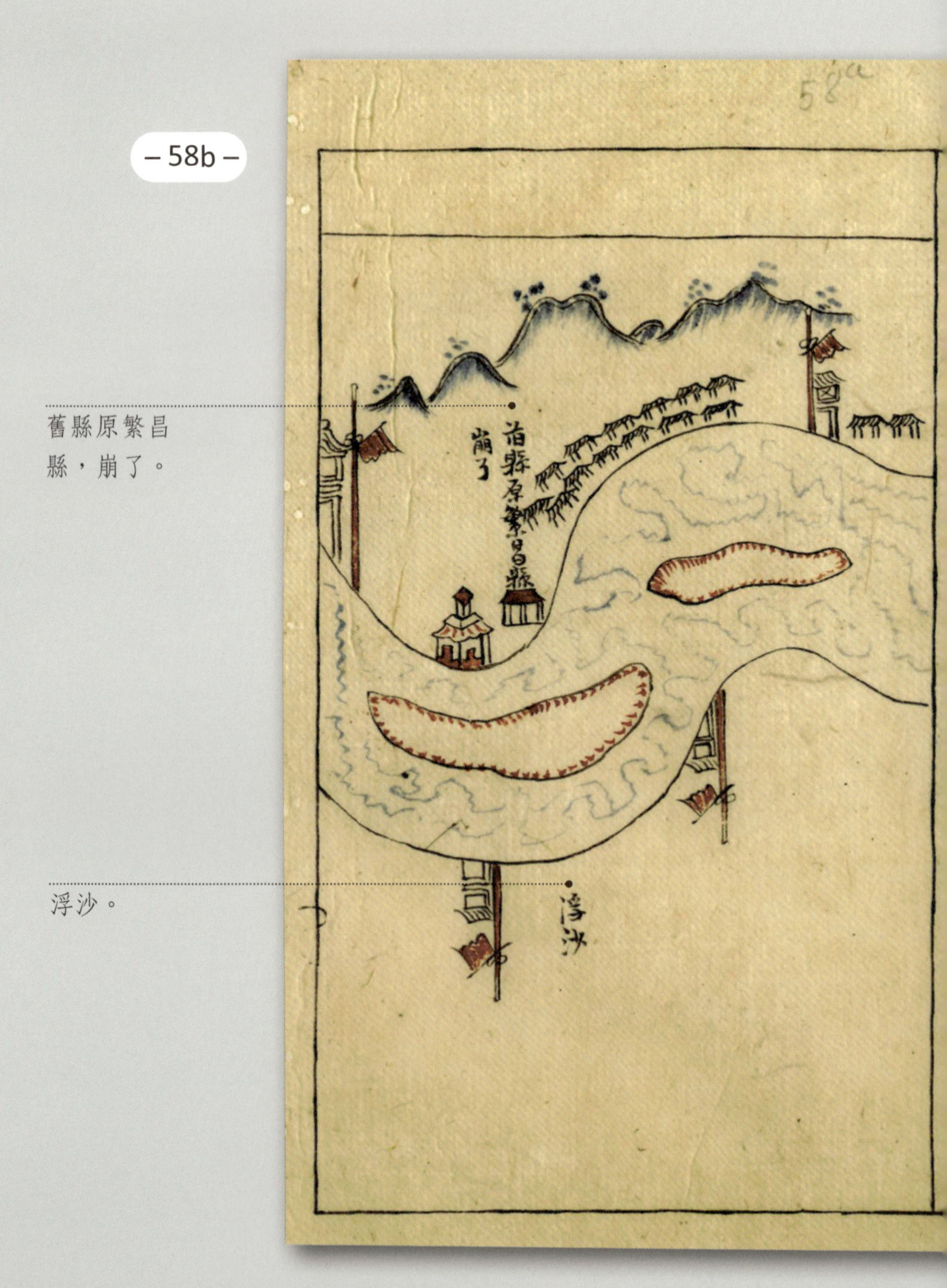

舊縣原繁昌縣，崩了。

浮沙。

– 58a –

荻港馹。有鋪舍。有廩糧。

子磯山。是當年明朝末貯銃縣有寶塔臺，原塔七層，於康熙四十九年倒〔壞？〕，于今只有一層。

– 59b –

巡官居。有贄見。其前門有二蓮池，一白花，一紅花。有鋪。

蕪湖縣城。駐塔汴。自銅陵一百八十里至。有贄見，有廪糧。有鋪賣各物，好花錦。

通流鄰玉府，衍州，下陸蘇州，松江，浙江，杭州等。

寡婦山。

白蓮池。

紅蓮池。

– 59a –

經過魯巷駉，好景，有鋪舍，多監生。

釣臺。

– 60b –

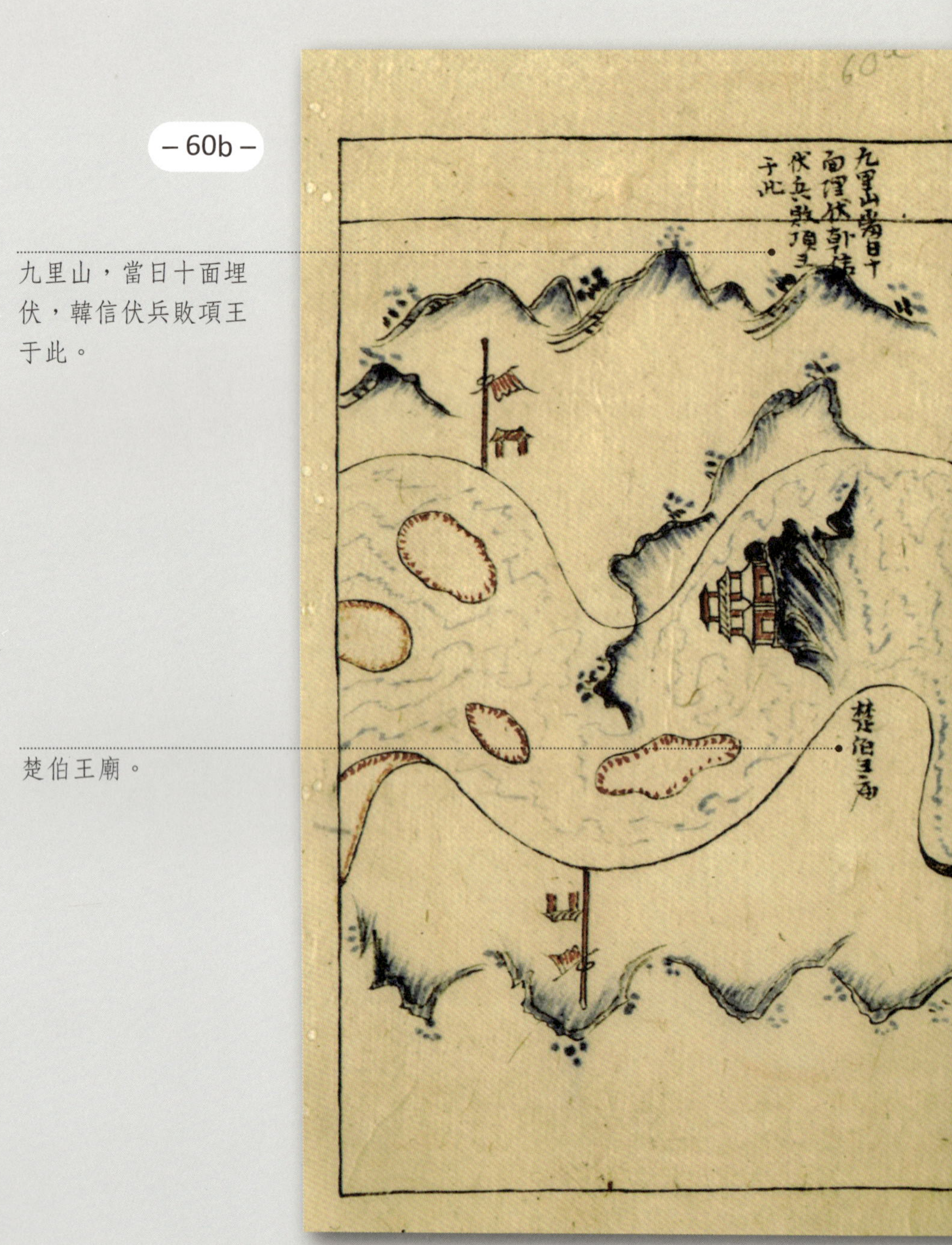

九里山，當日十面埋伏，韓信伏兵敗項王于此。

楚伯王廟。

– 60a –

經過太平府，當塗縣。例無贄見，廩糧。其城遠居不見，只見三塔。駐太陽河浮沙。

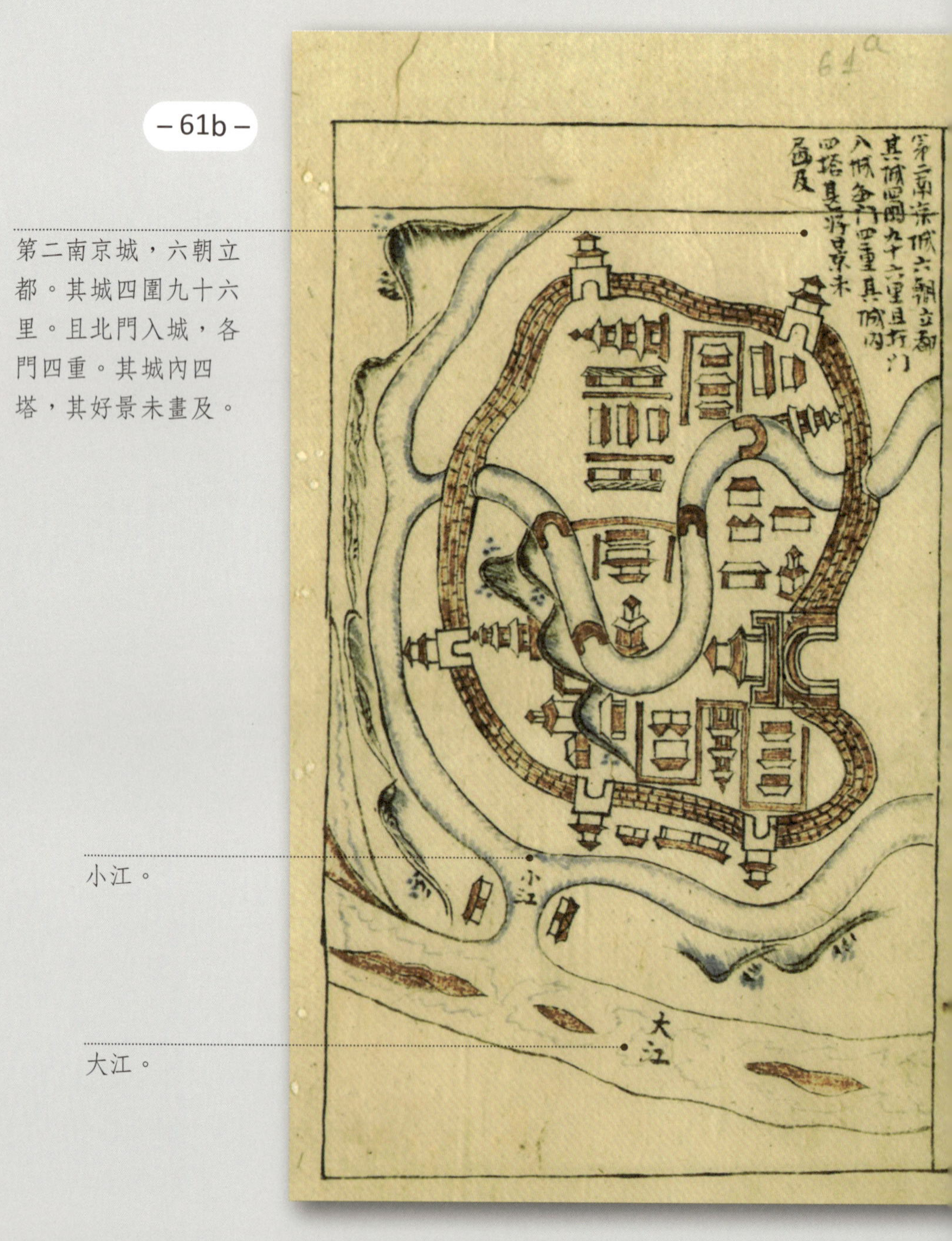

－61b－

第二南京城，六朝立都。其城四圍九十六里。且北門入城，各門四重。其城內四塔，其好景未畫及。

小江。

大江。

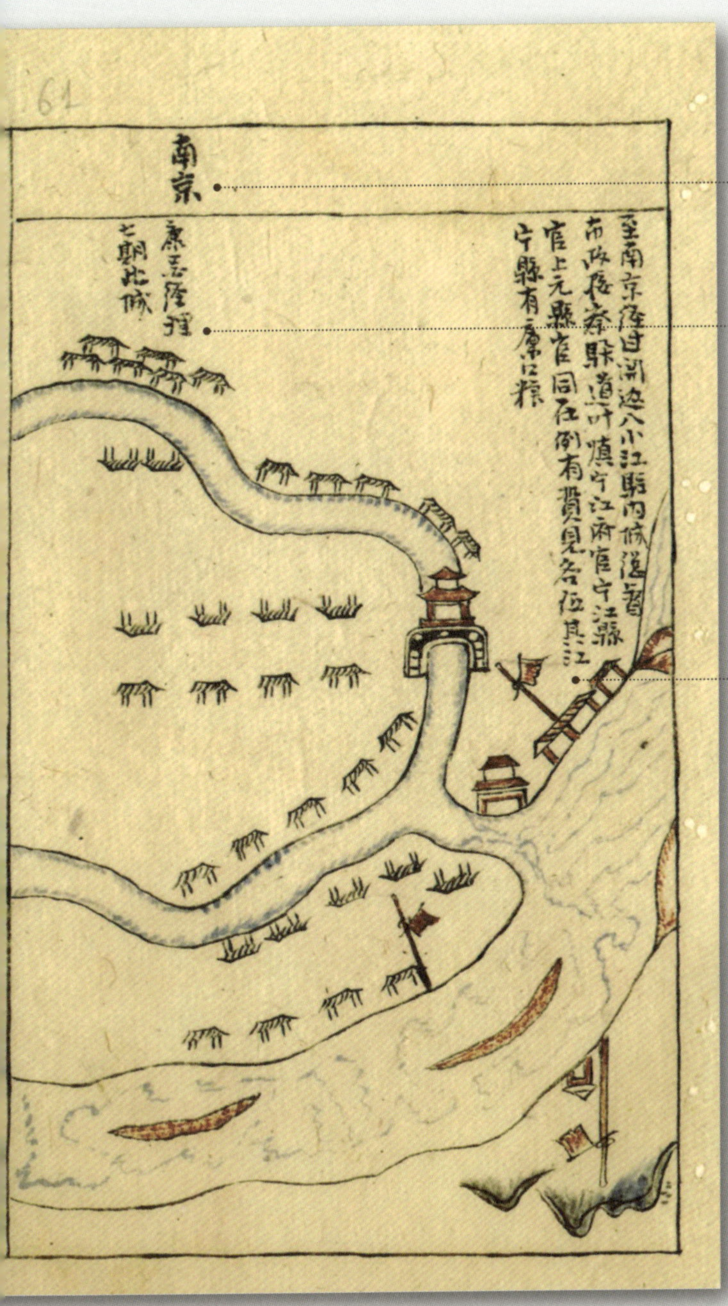

– 61a –

南京。

康熙經理七期此城。

至南京。經過關邊，入小江，駐內城。總督，布政，按察，驛道，協鎮，寧江府官，寧江縣官，上元縣官同在。例有贄見各位。其江寧縣有廩口糧。

－62b－

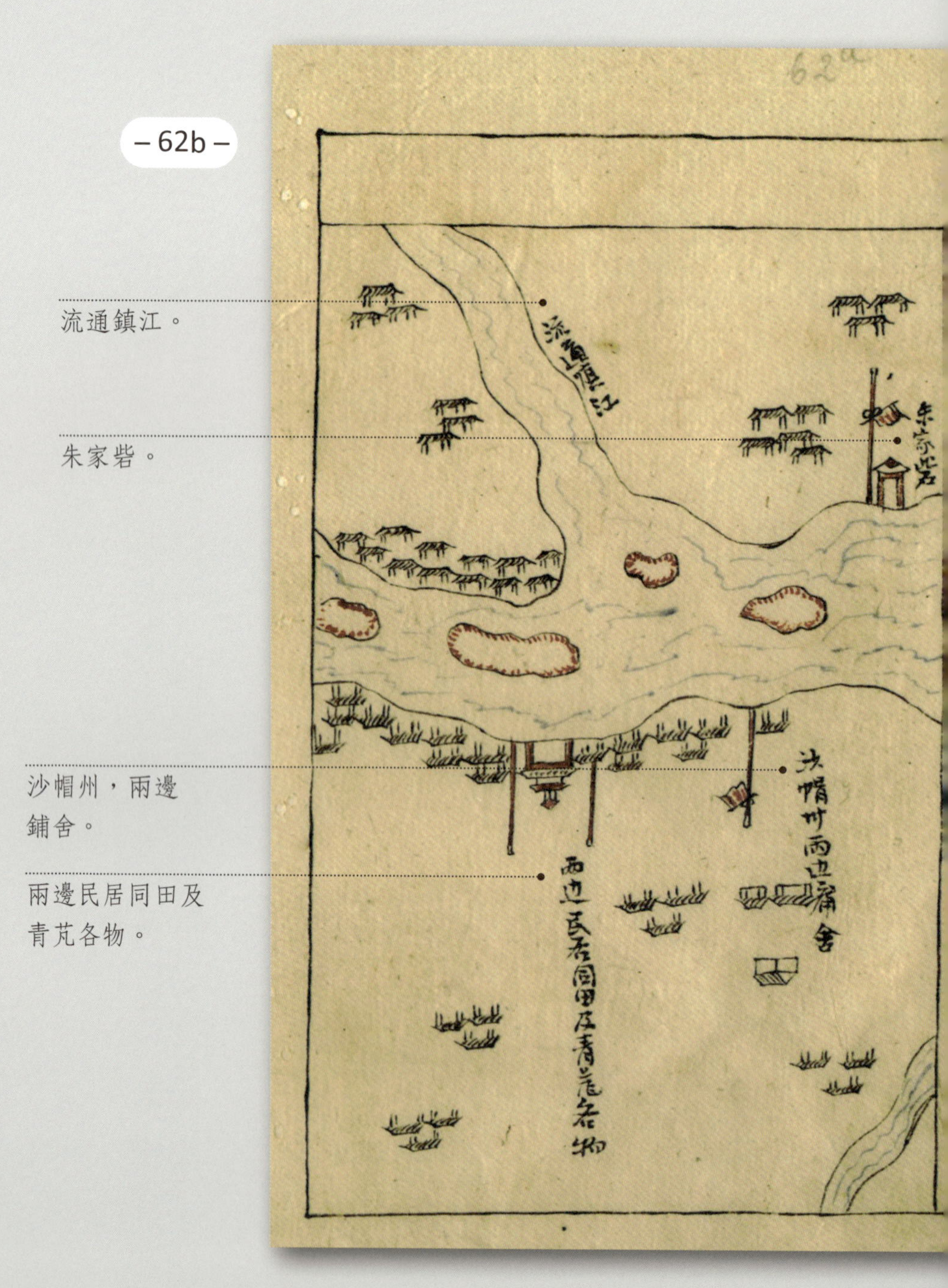

流通鎮江。

朱家砦。

沙帽州，兩邊鋪舍。

兩邊民居同田及青芃各物。

– 62a –

流通龍潭。

觀音寺。

– 63b –

堤路直口。

同田民居。

堤路直口。

軸水家以軸水。

軸水家。

民居同田。

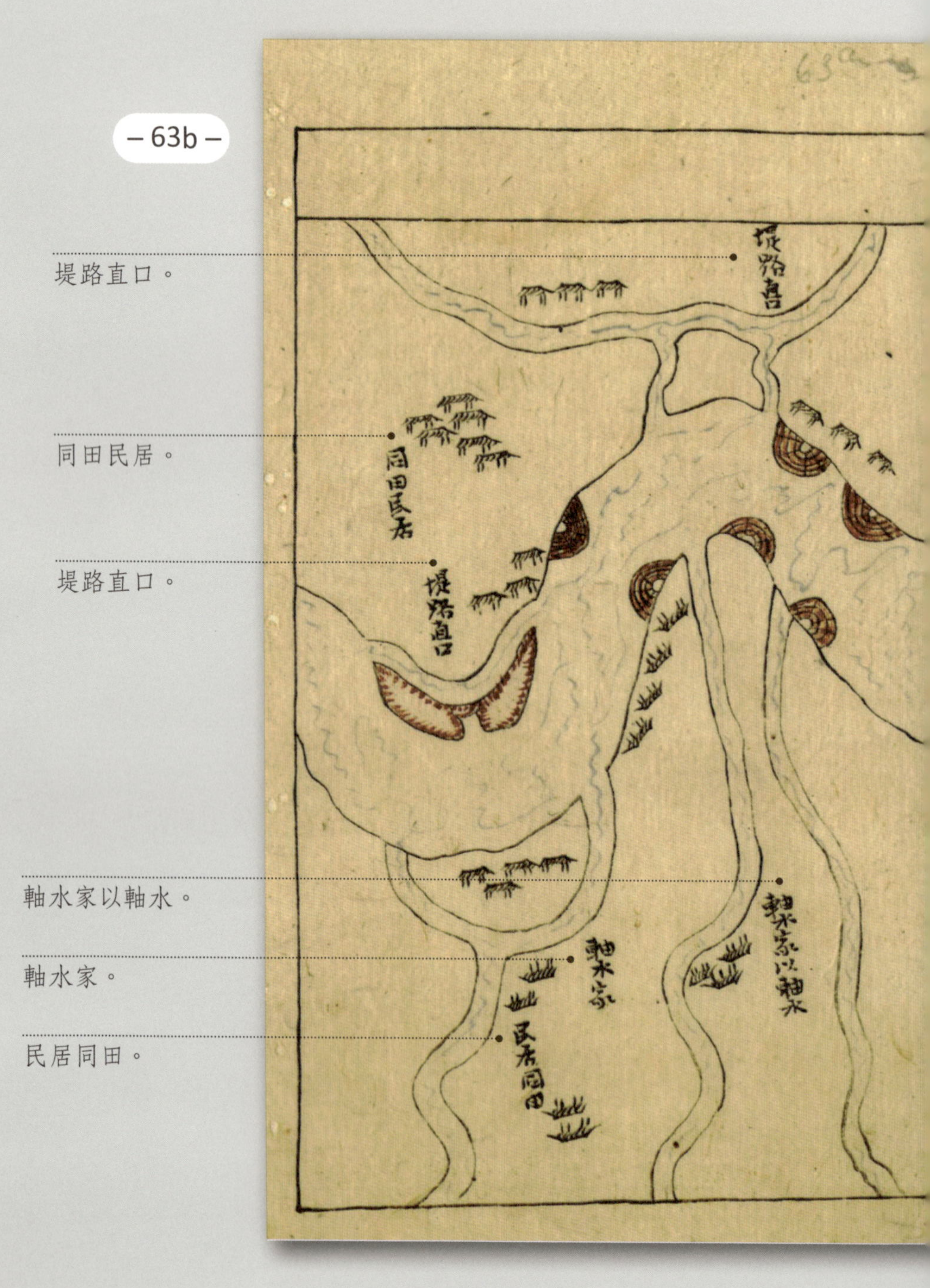

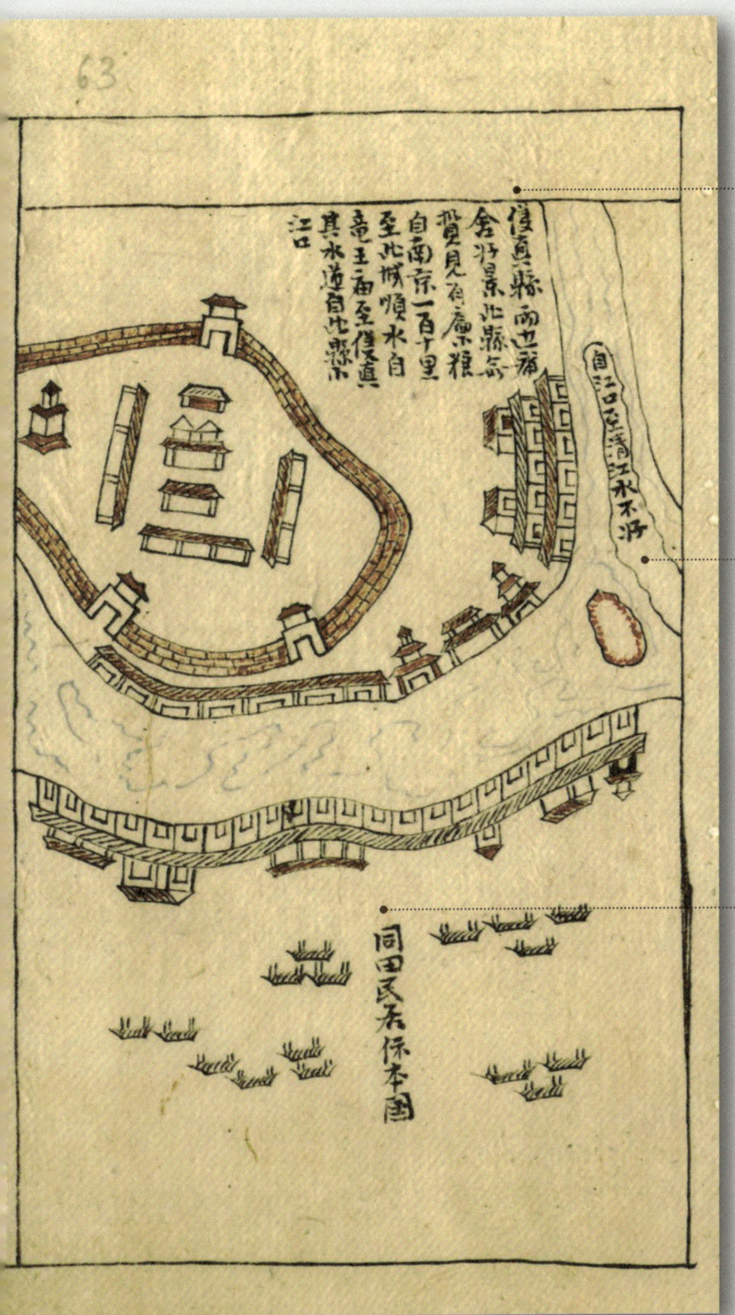

– 63a –

儀真縣。兩邊鋪舍好景。此縣無贄見，有廩糧。自南京一百十里至此城。順水自龍王廟至儀真。其水逆自此縣小江口。

自江口至清江水不好。

同田民居依本國。

– 64b –

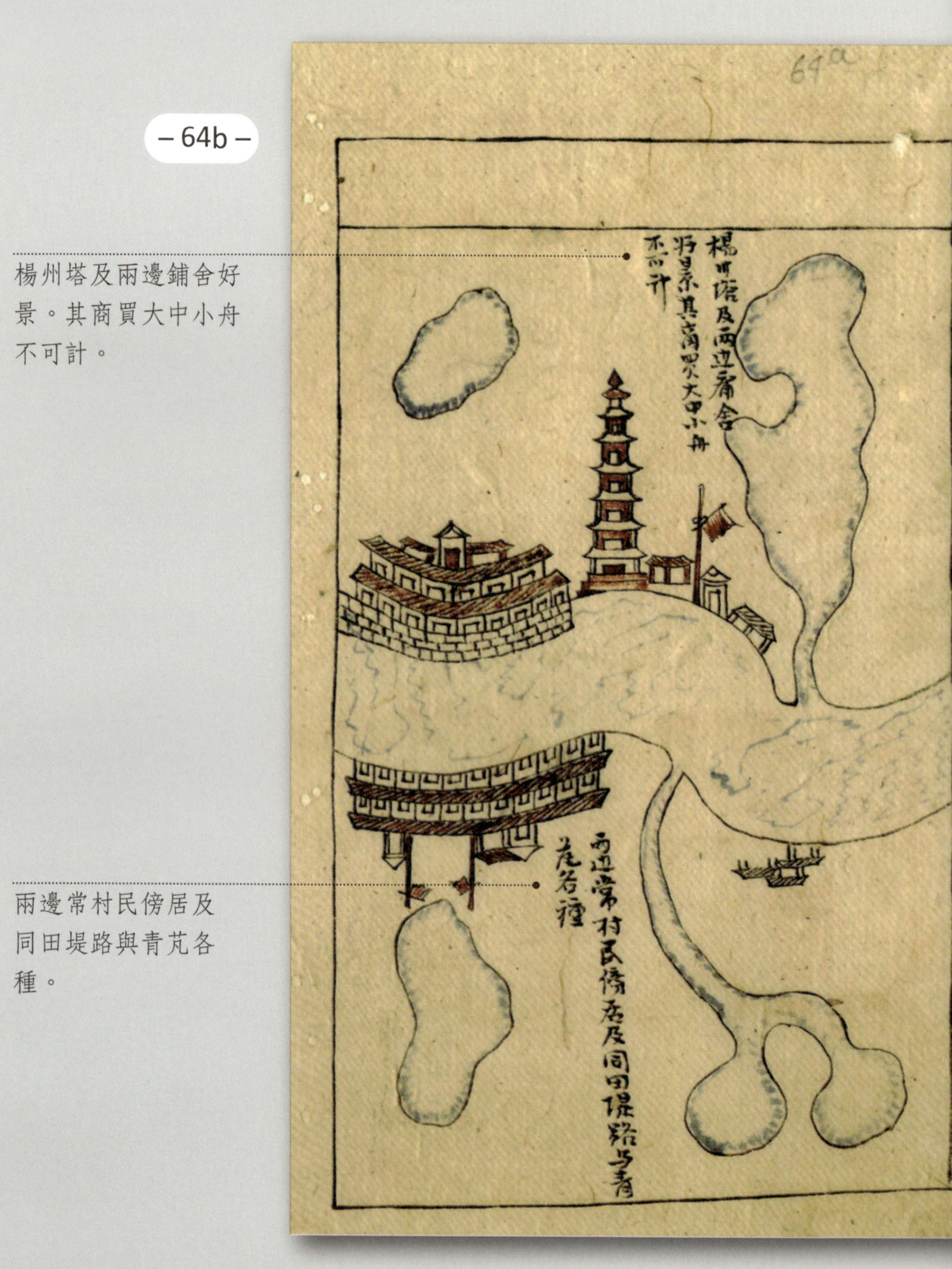

楊州塔及兩邊鋪舍好景。其商買大中小舟不可計。

兩邊常村民傍居及同田堤路與青芃各種。

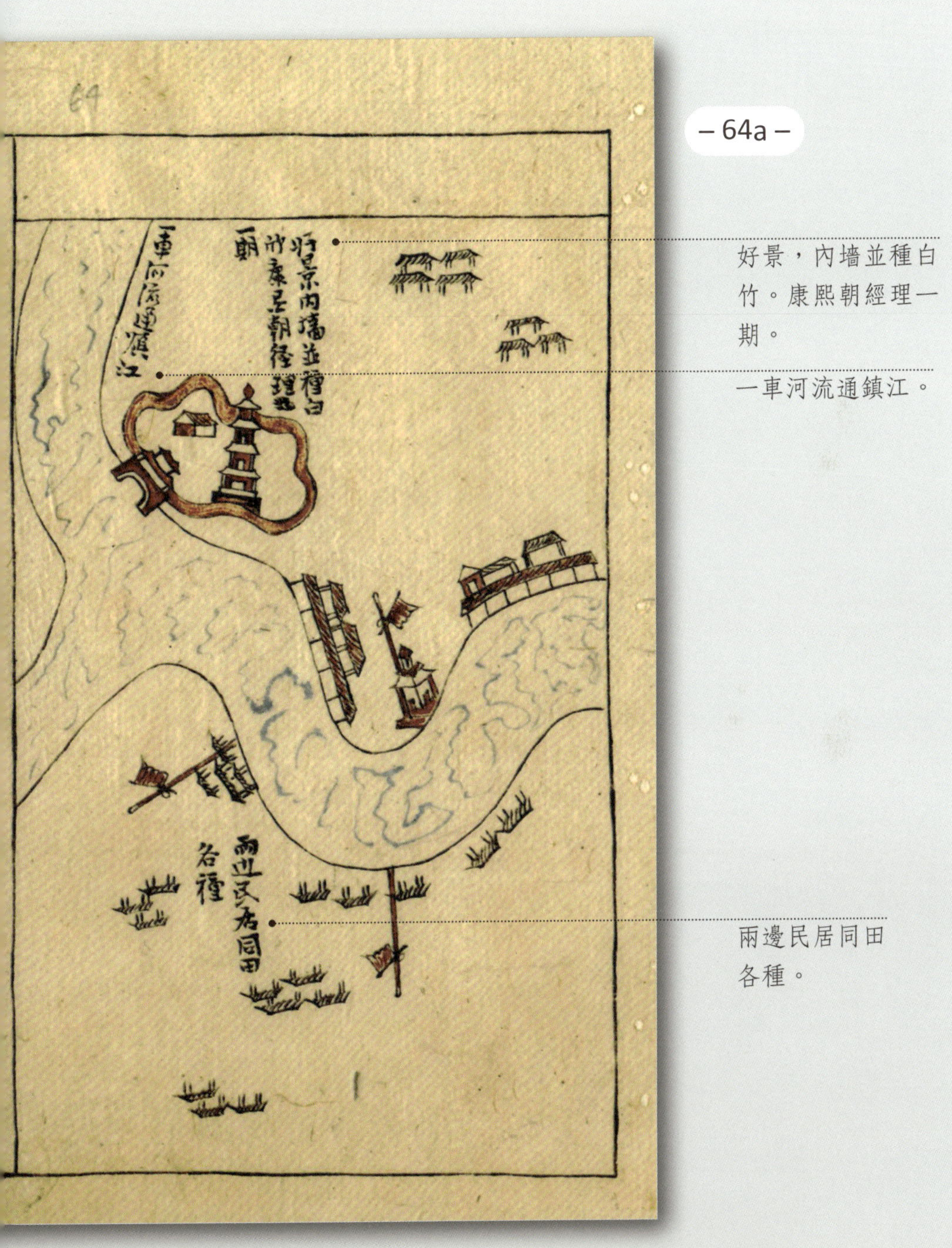

– 64a –

好景，內墻並種白竹。康熙朝經理一期。

一車河流通鎮江。

兩邊民居同田各種。

– 65b –

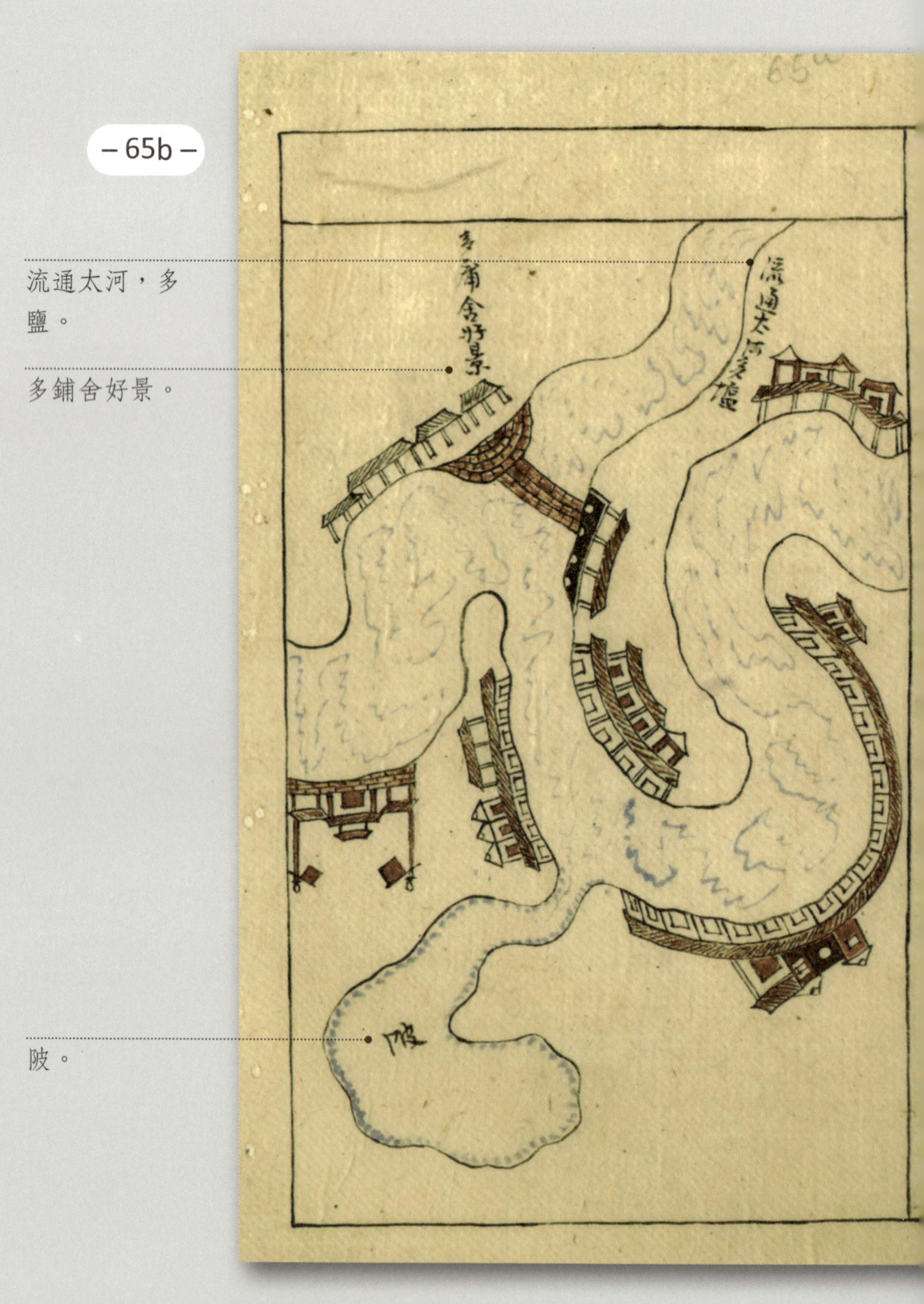

流通太河，多鹽。

多鋪舍好景。

陂。

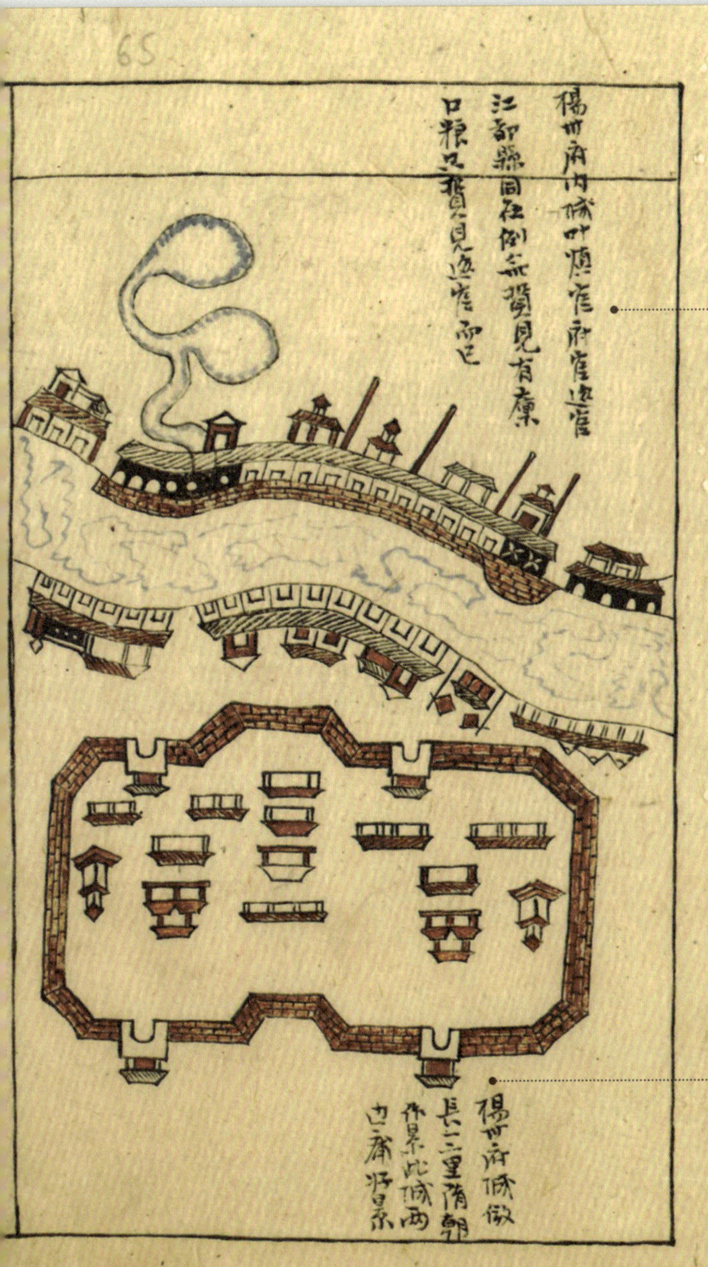

– 65a –

楊州府。內城協鎮官，府官，巡官，江都縣〔官〕同在。例無贄見，有廩口糧。只贄見巡官而已。

楊州府城，倣長一二里。隋朝作景。此城兩邊鋪好景。

– 66b –

塘。

廟。

廟。

寺。

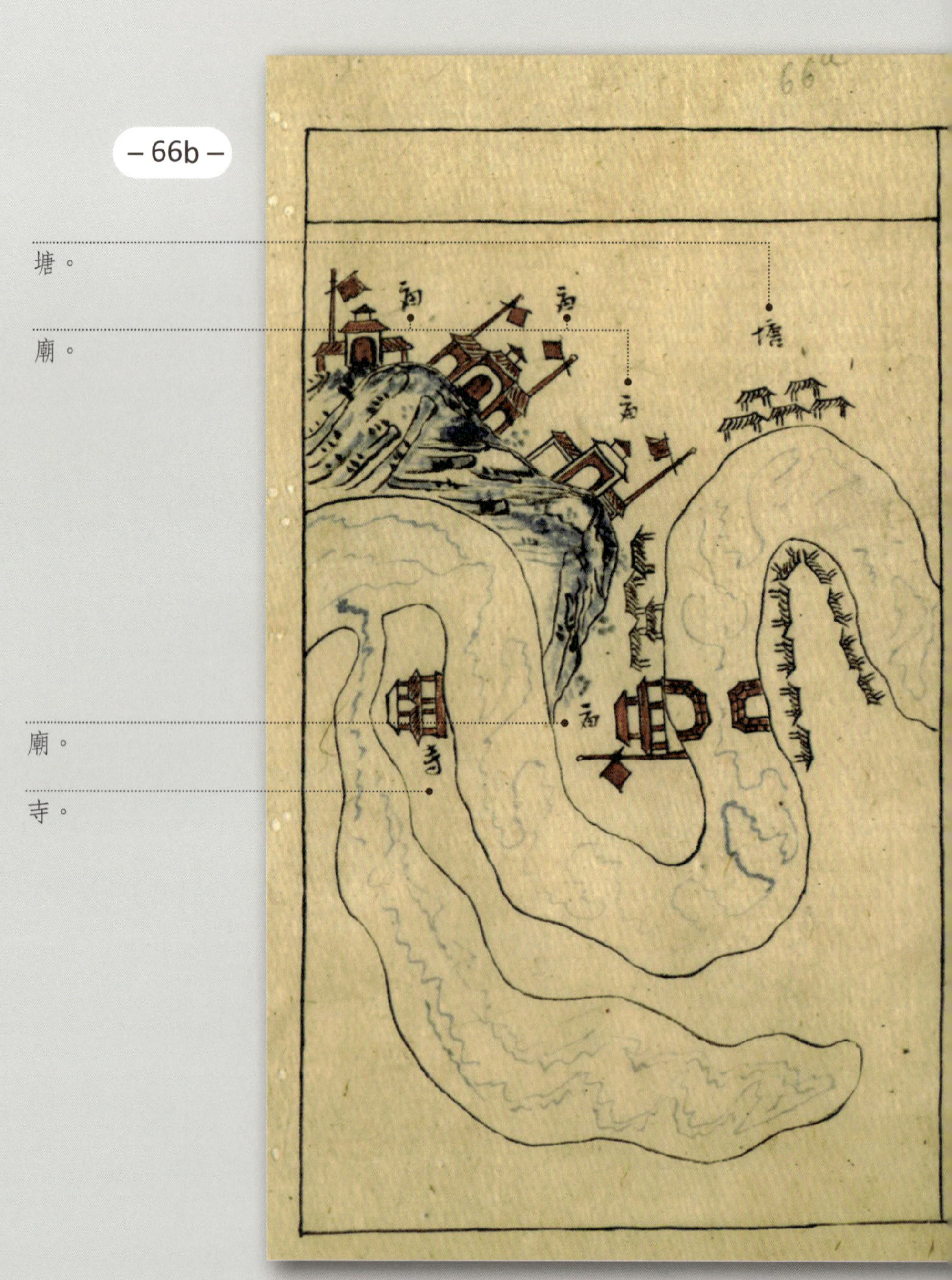

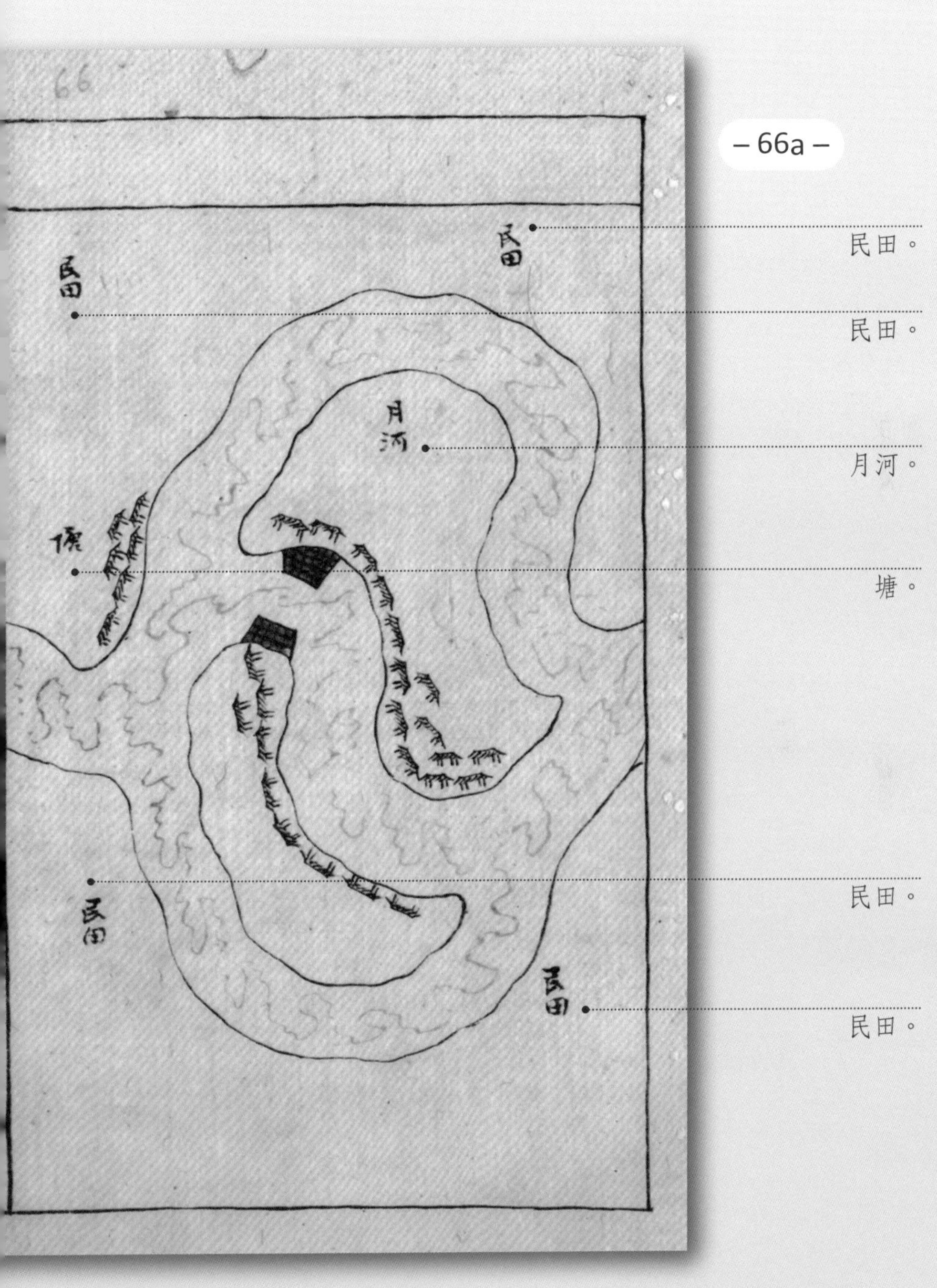

– 66a –

民田。

民田。

月河。

塘。

民田。

民田。

– 67b –

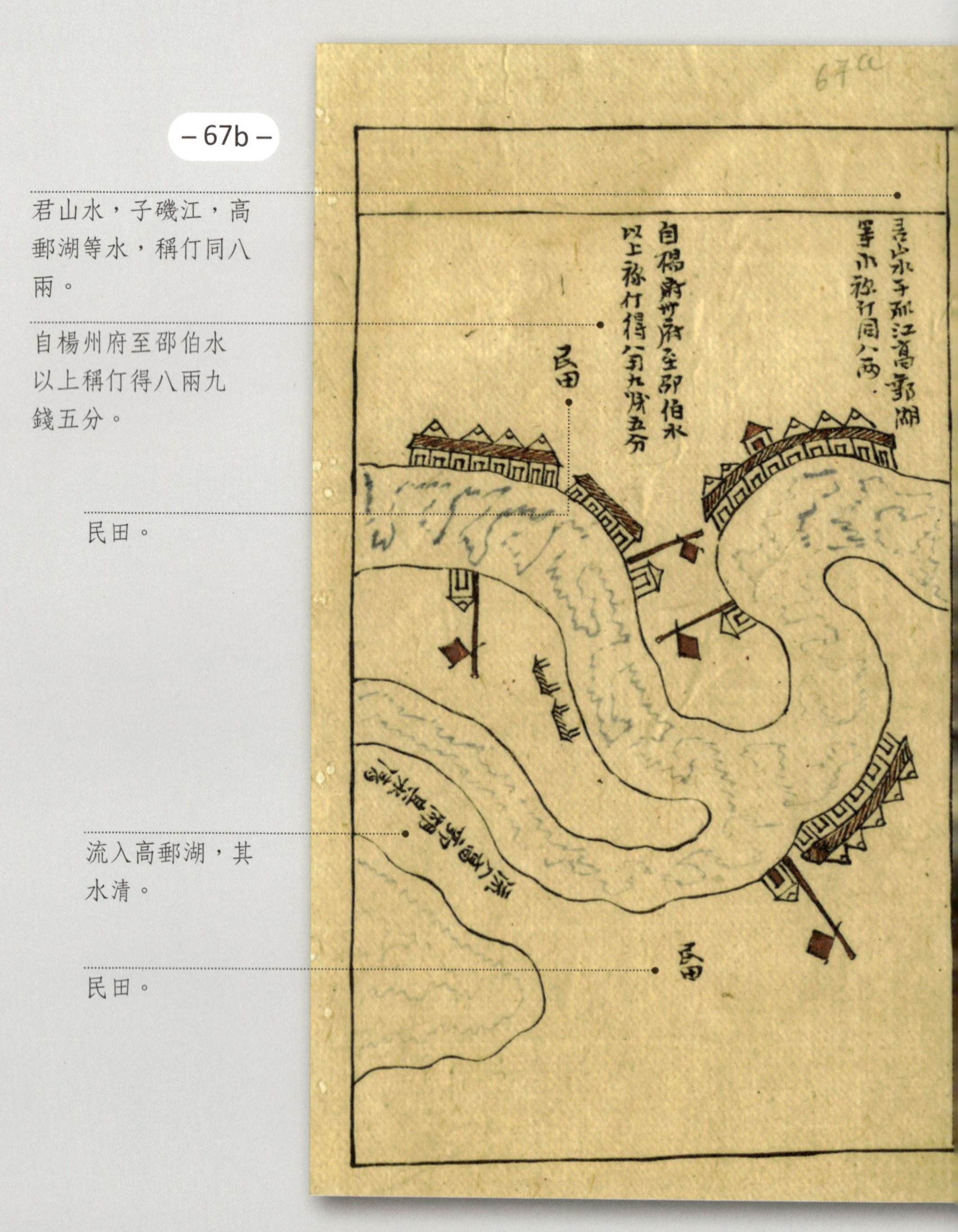

君山水，子磯江，高郵湖等水，稱竹同八兩。

自楊州府至邵伯水以上稱竹得八兩九錢五分。

民田。

流入高郵湖，其水清。

民田。

– 67a –

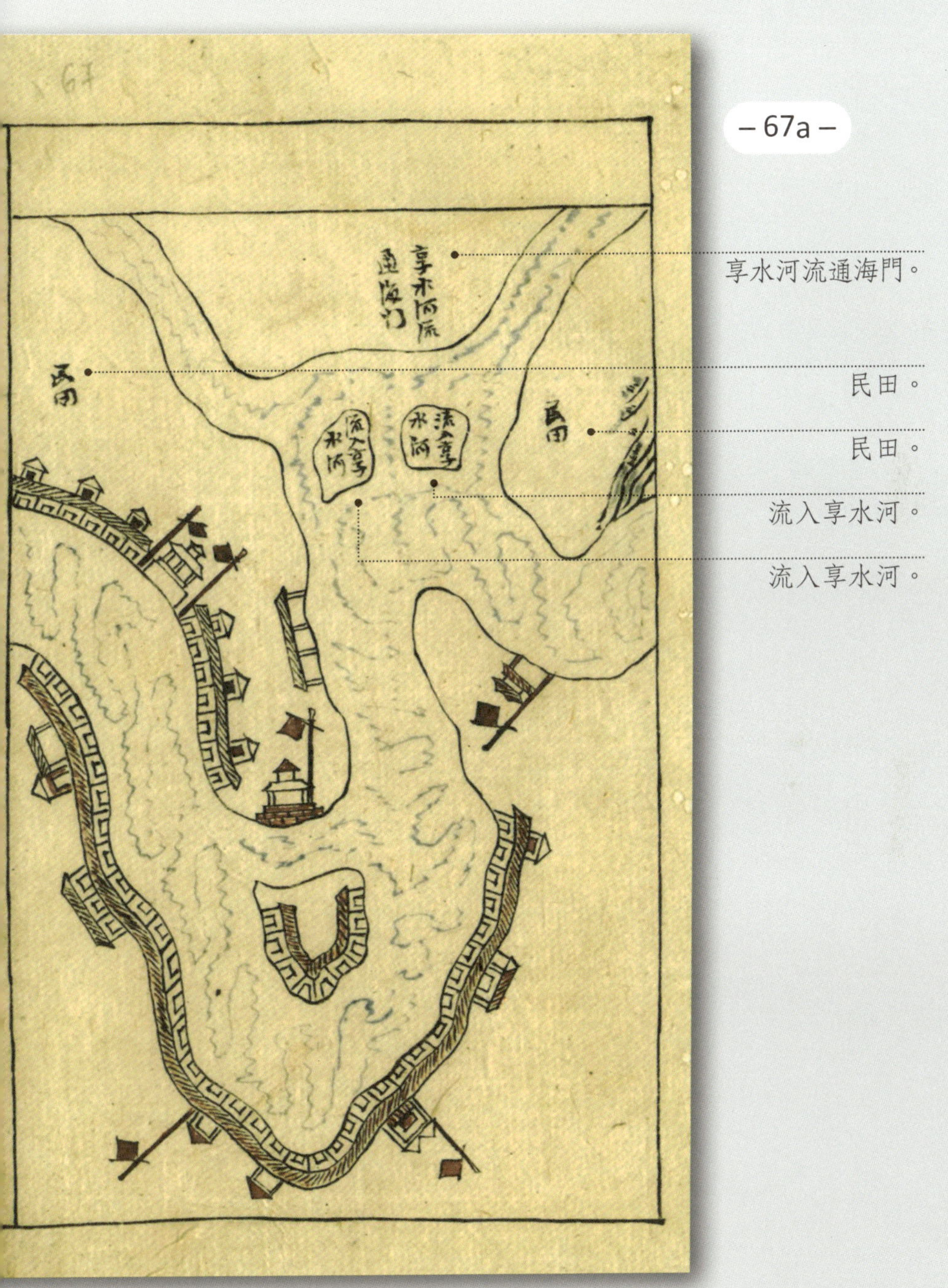

享水河流通海門。

民田。

民田。

流入享水河。

流入享水河。

– 68b –

陂。

土橋。

自北車至高郵十五里。

石堤。

– 68a –

陂。

北車路。自邵至北車五十里。

高郵湖地分。

– 69b –

清水潭。

湖清水地分。

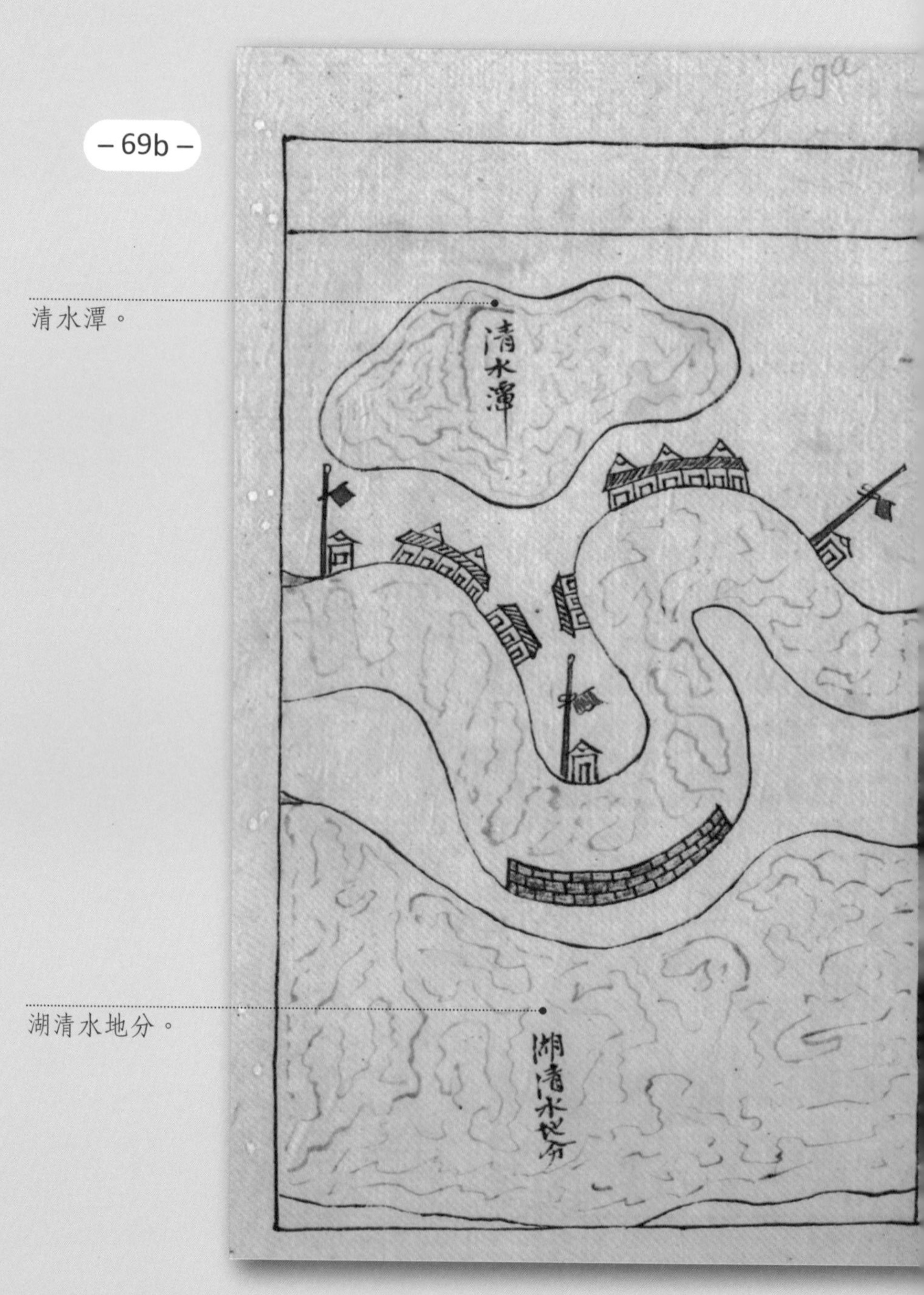

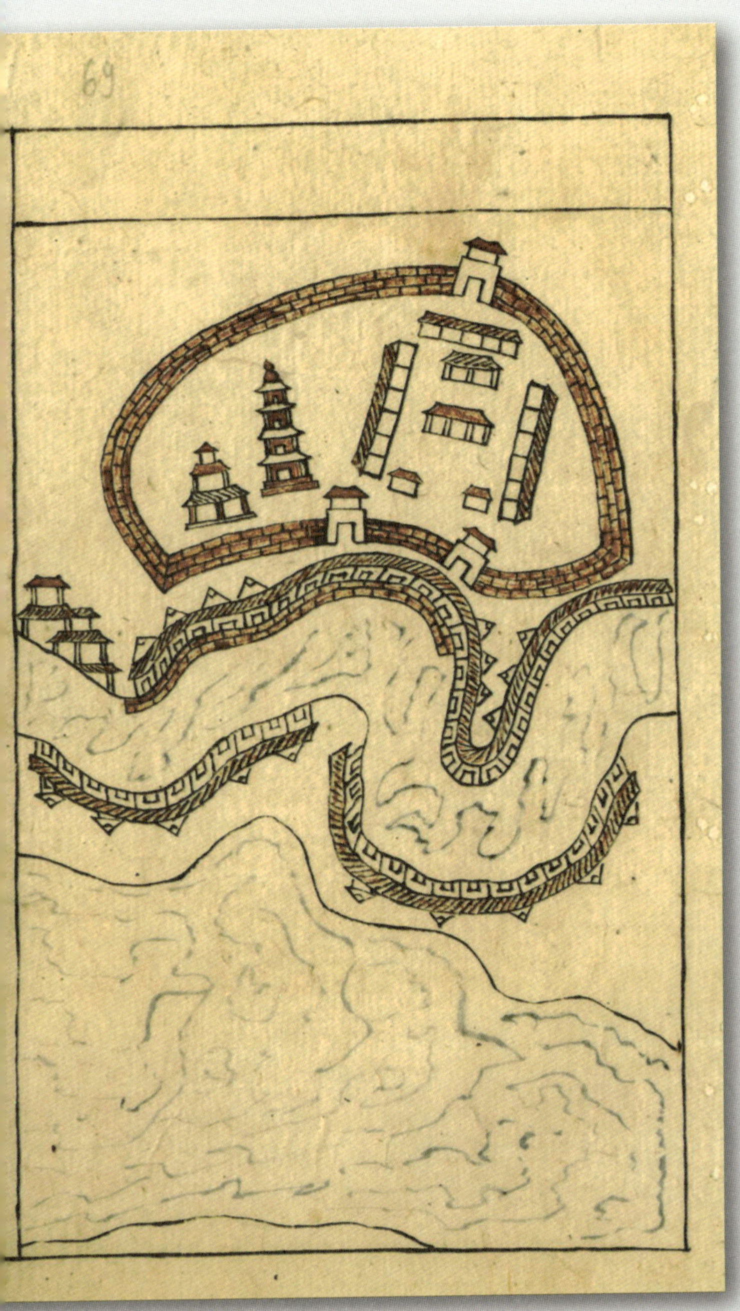

– 69a –

– 70b –

泛水。自高郵至泛水八十里。

陂。

民居同田。

此河有閘，已頹崩。

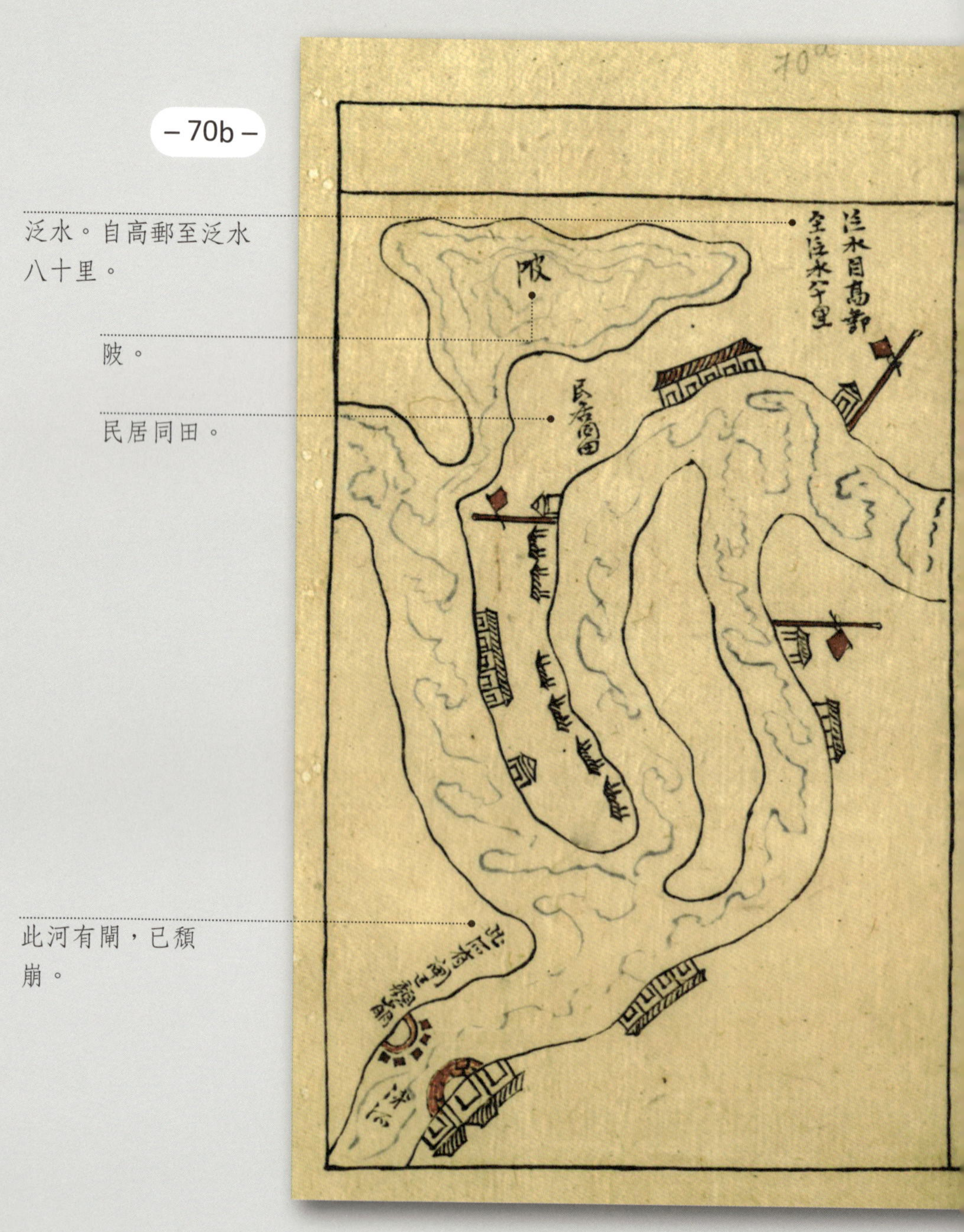

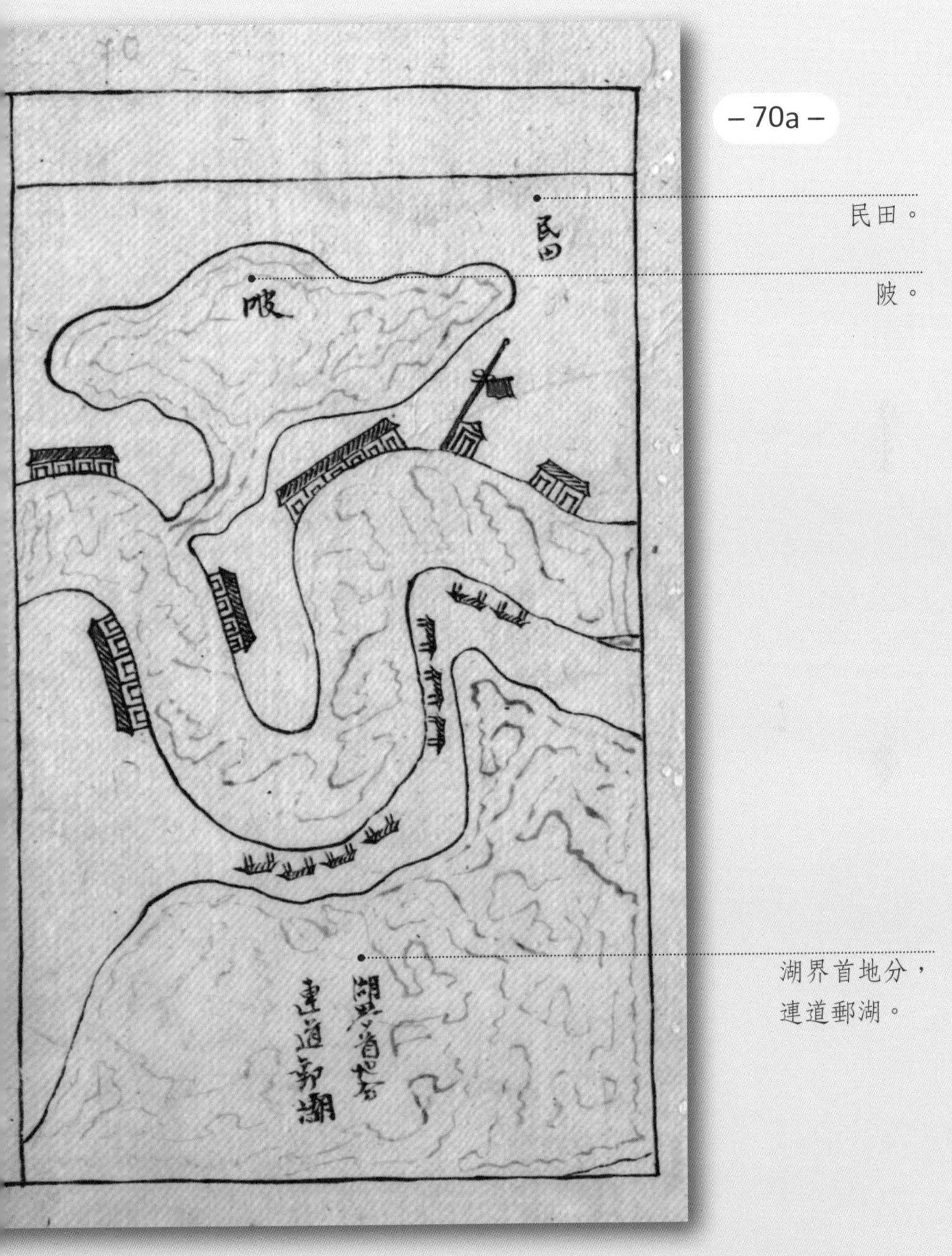

– 70a –

民田。

陂。

湖界首地分，
連道郵湖。

– 71b –

平河橋。自寶應至平河四十里。

陂。

民居同田。

湖連高郵湖。

其地分黃鋪經河。

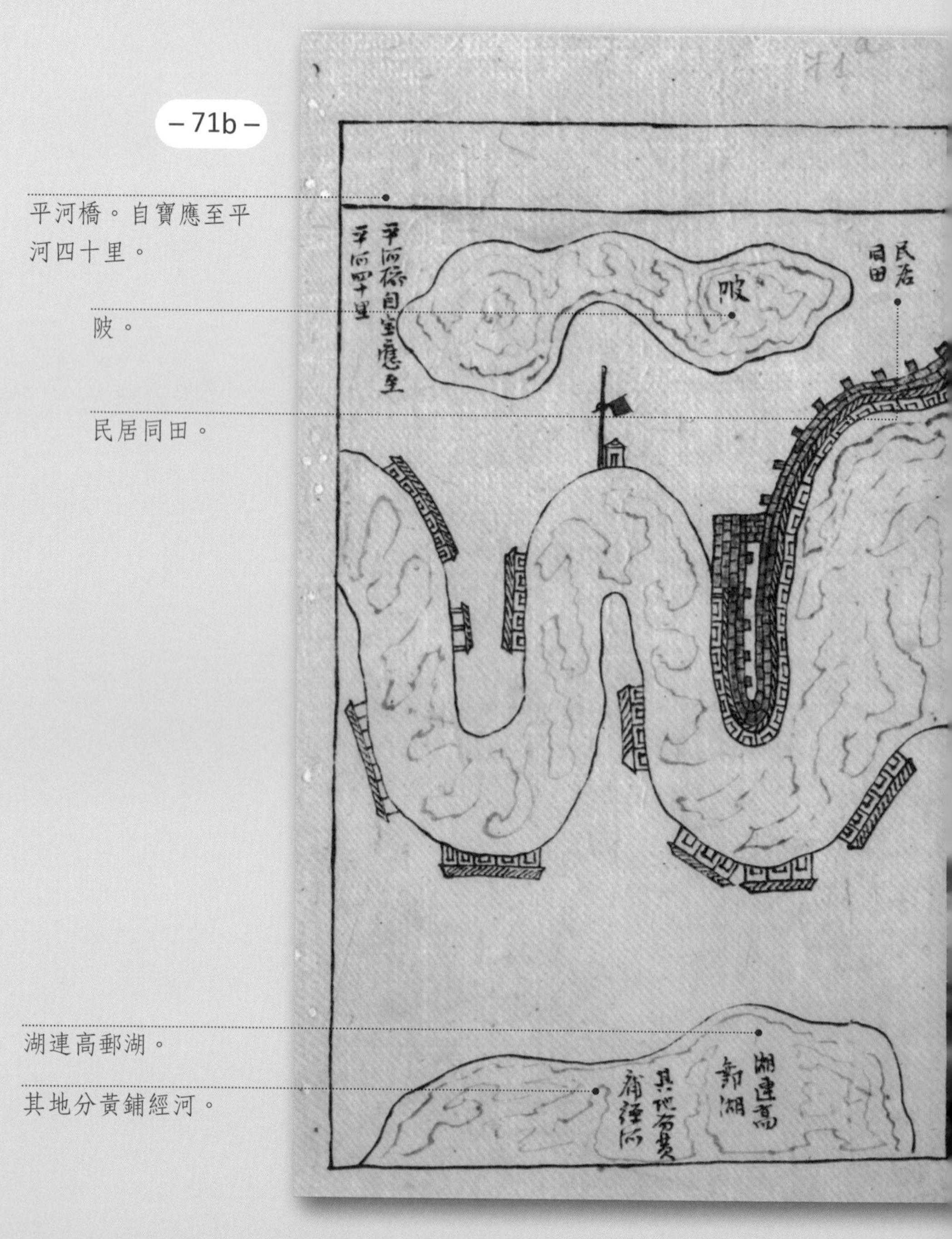

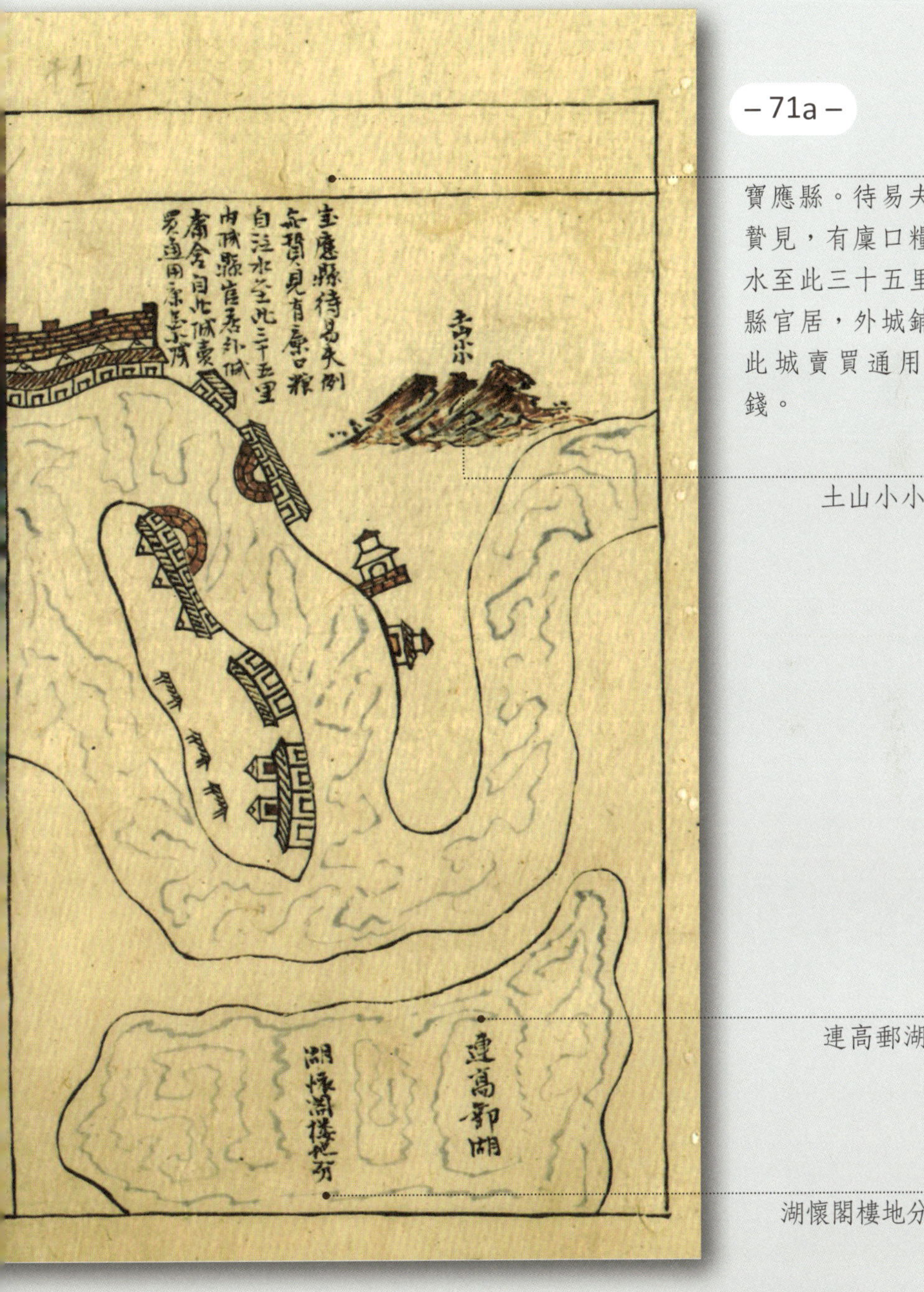

– 71a –

寶應縣。待易夫。例無贄見，有廩口糧。自泛水至此三十五里。內城縣官居，外城鋪舍。自此城賣買通用康熙小錢。

土山小小。

連高郵湖。

湖懷閣樓地分。

– 72b –

淮安府。城內總曹官，府官，協鎮官，山陽縣〔官〕同在。例有廩糧，無贄見，有役夫。自平河三十里。

淮安府號淮陽馹。此處文出甘羅，武出韓信，孝出王祥，悌出楊秋，俗謂四絕之地。

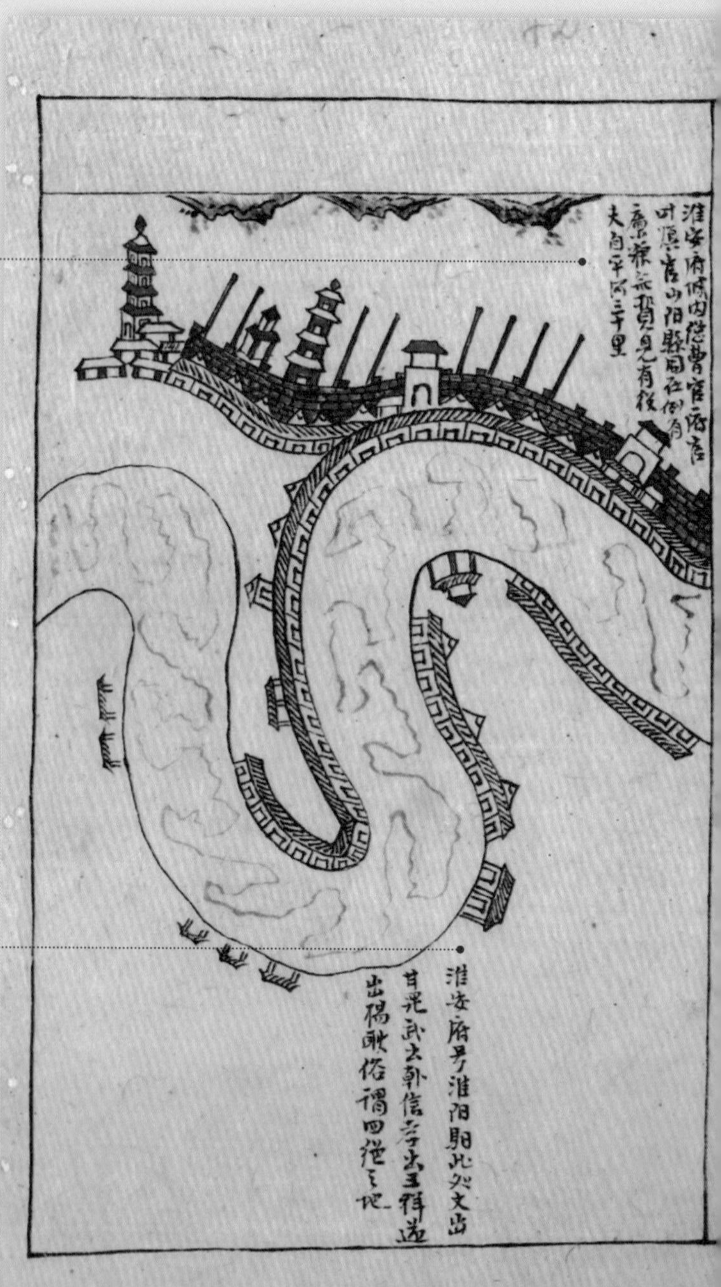

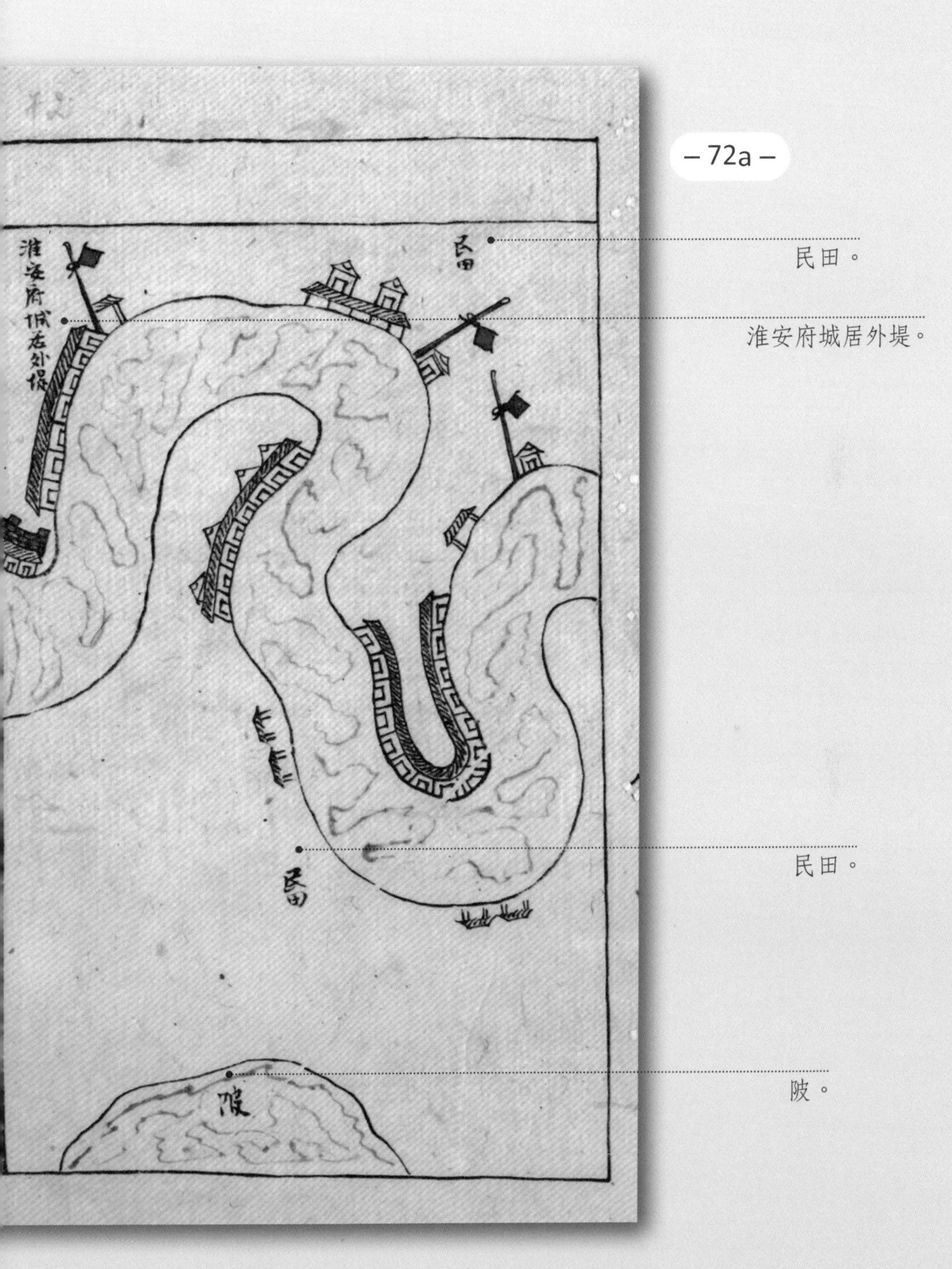

– 72a –

民田。

淮安府城居外堤。

民田。

陂。

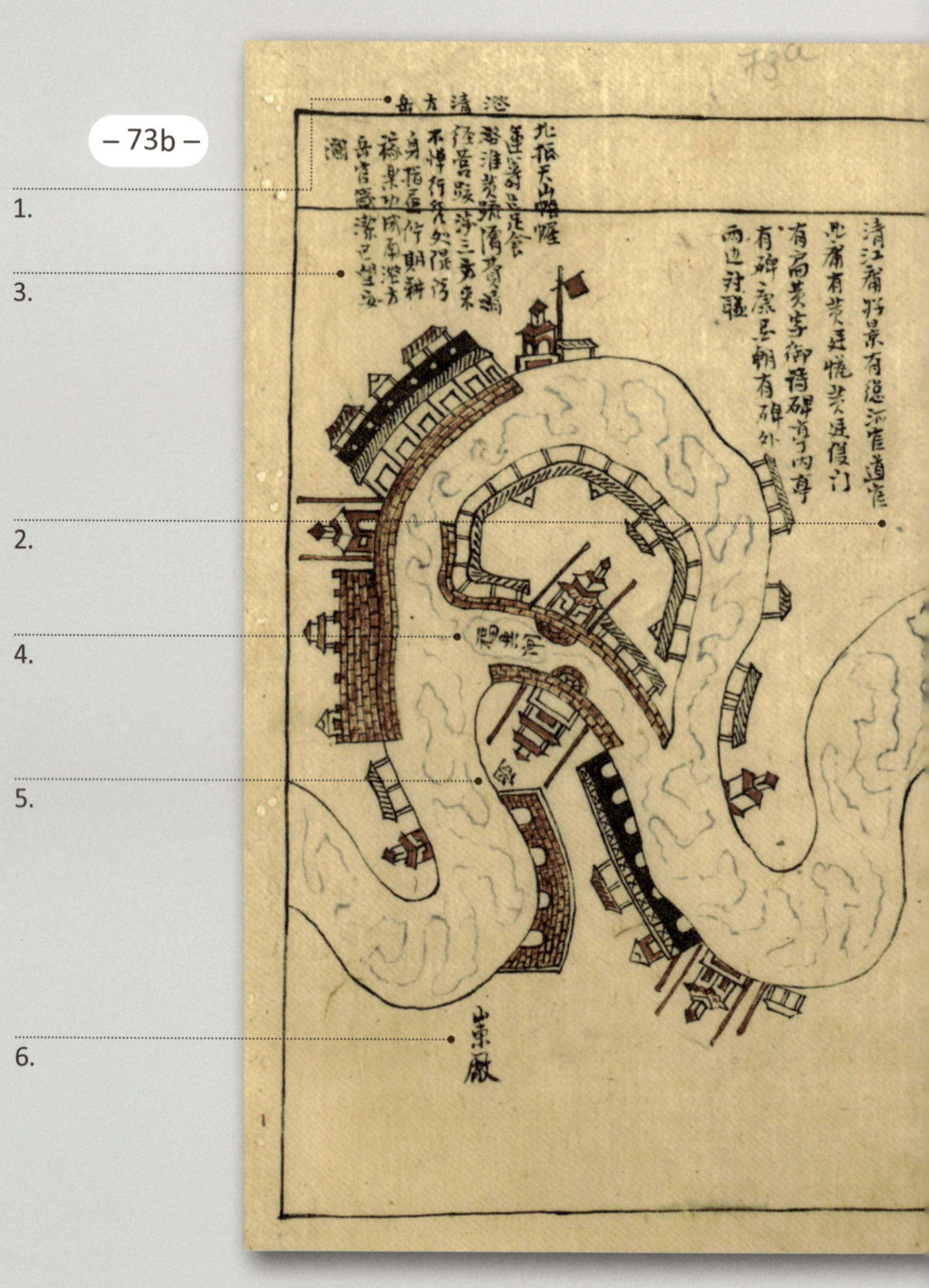
– 73b –
浛清方岳
1.
3.
2.
4.
5.
6.

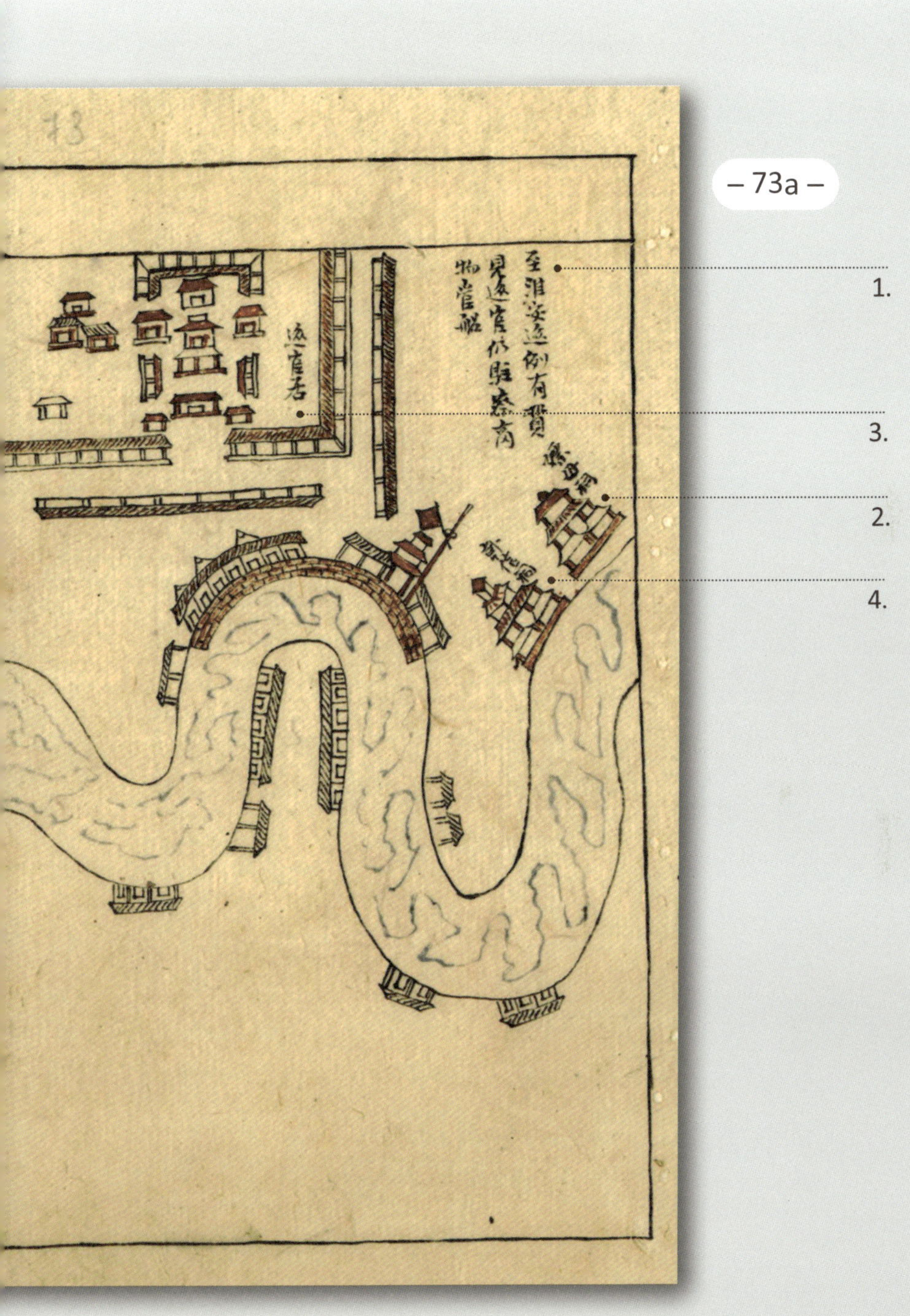

– 73a –

1.

3.

2.

4.

– 73a –

1. 至淮安巡。例有贄見巡官，仍駐察商物管船。
2. 嫖母祠。
3. 巡官居。
4. 韓信祠。

– 73b –

1. 澄清方岳。
2. 清江鋪好景。有總河官，道官。此鋪有黄廷□。黄廷儀門有扁黄字，御詩碑亭，內亭有碑。康熙朝有碑。外兩邊對聯。
3. 北抵天山。帷幄運籌能足食。淮黄□〔渭？〕費經營。跋涉三來不悼行。□處隄防身指畫。佇期耕稼樂功成。南澄方岳官箴潔。已望安閒。
4. 福興閘。
5. 閣。
6. 山東廠。

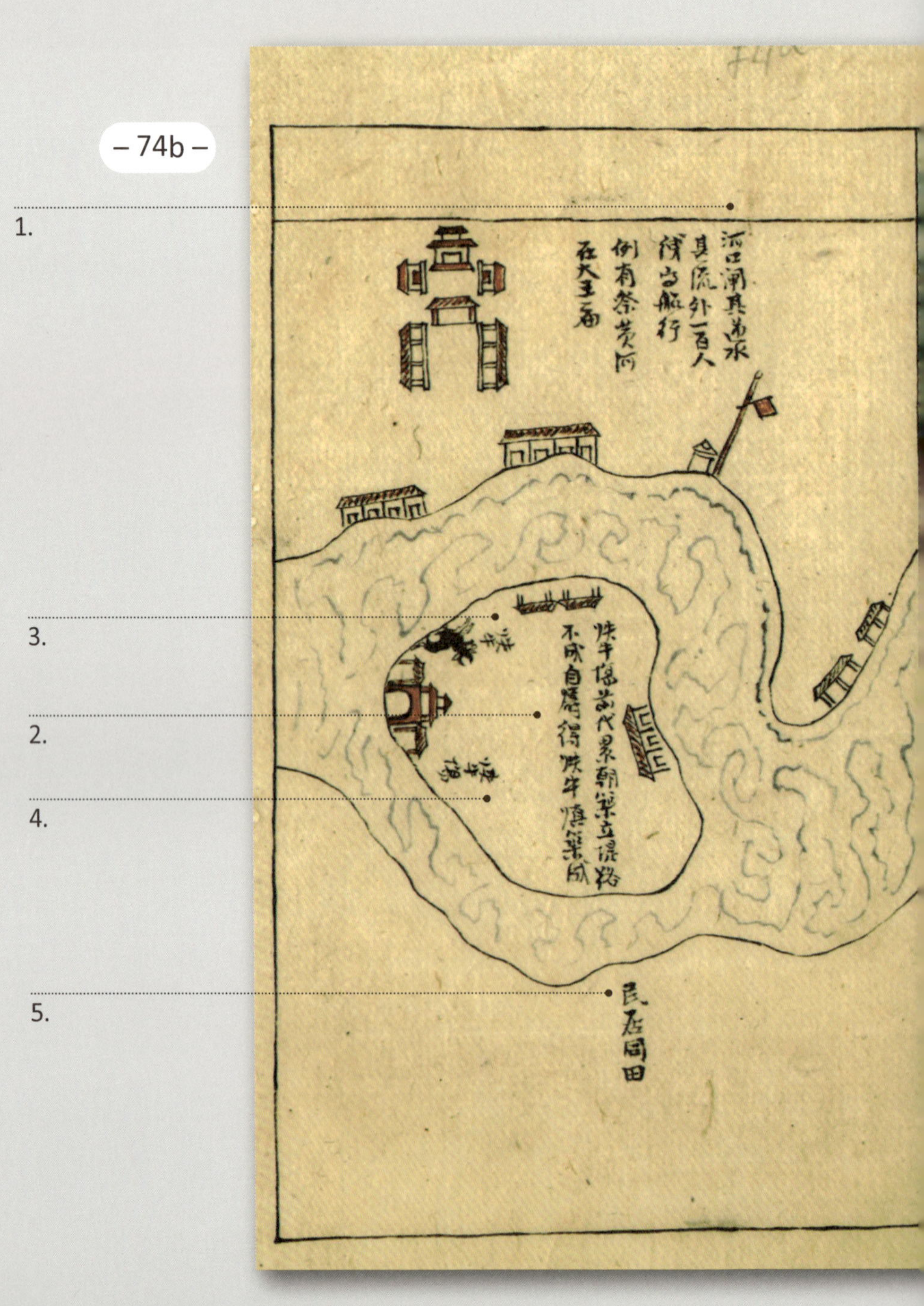
– 74b –
1.
3.
2.
4.
5.
河口閘其急水
其流外一百人
候當船行
例有祭黃河
在大王廟
鉄牛堤昔代累朝築立堤塔
不成自鑄得鉄牛填築成
鉄牛
鉄牛堤
民居同田

– 74a –
3.
2.
1.
4.
5.
6.
夏田
田
通濟閘

– 74a –

1. 田。
2. 夏田。
3. 通濟閘。逆水流船難〔綫？〕。
4. 廟。
5. 廟。
6. 民居同田及他魔[28]土阜。

28 「他魔」，喃字，越南語Tha ma，意為墳地。

– 74b –

1. 河口閘。其逆水甚流，外一百人〔綫事？〕船行。例有祭黃河在大王廟。
2. 鐵牛場。前代累朝築立堤路不成，自鑄得鐵牛鎮築成。
3. 鐵牛。
4. 鐵牛場。
5. 民居同田。

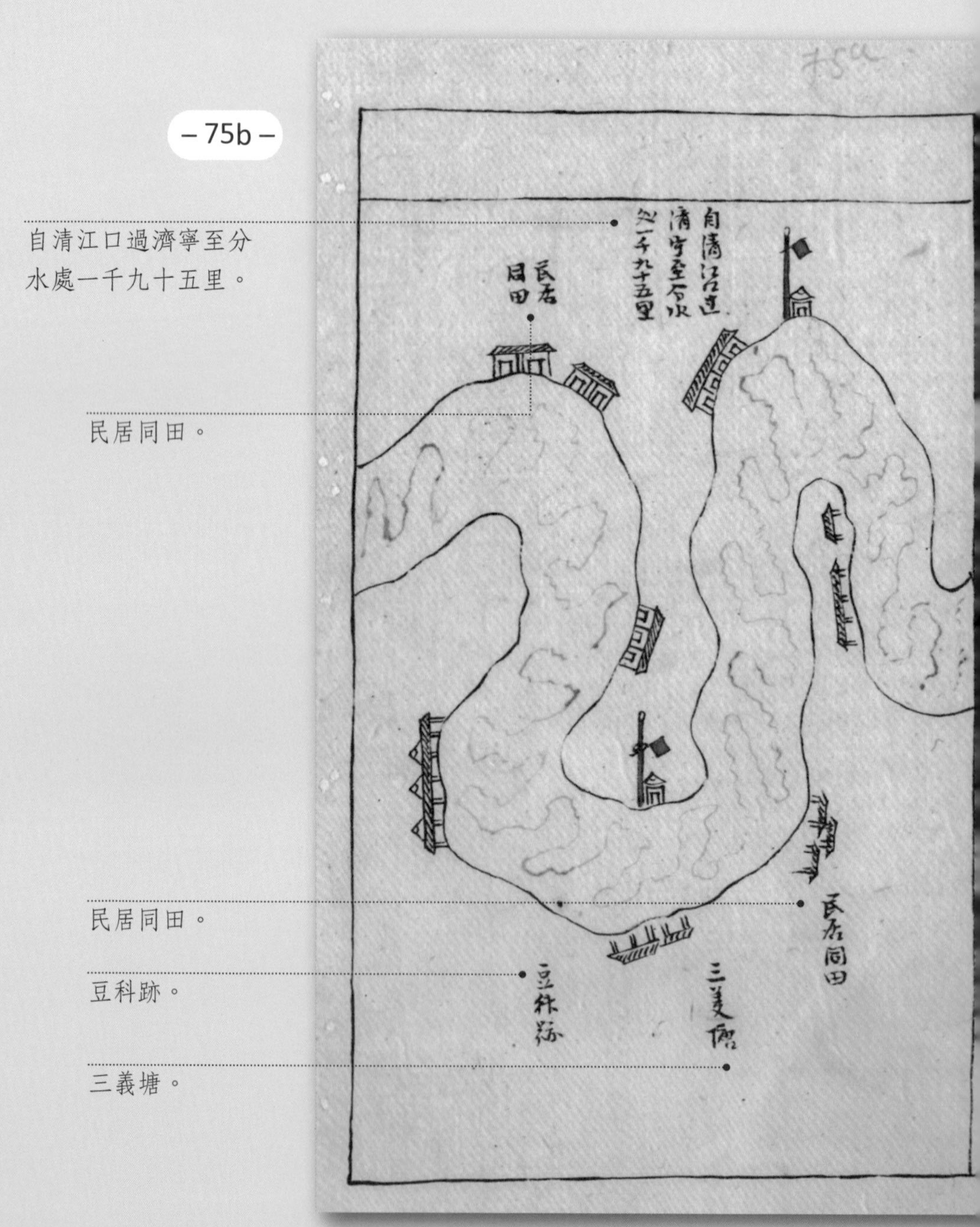
－75b－
自清江口過濟寧至分水處一千九十五里。
民居同田。
民居同田。
豆科跡。
三義塘。

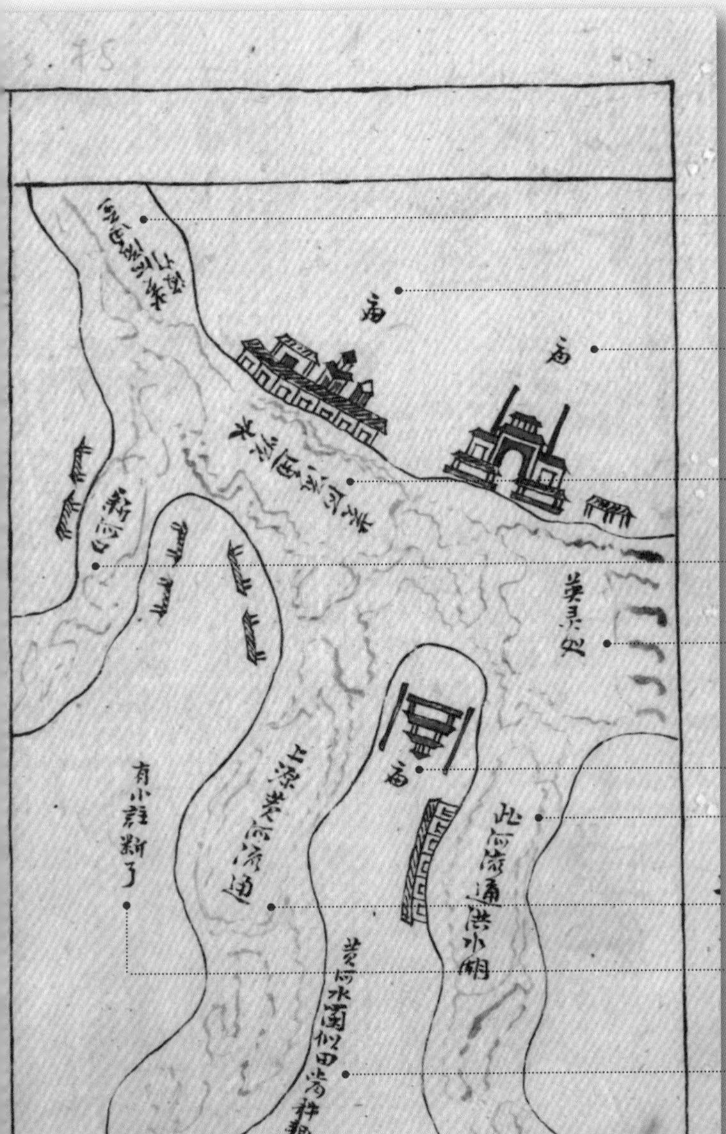

– 75a –

黃河流通至海門。

廟。

廟。

黃河流通順水。

新河口。

英靈處。

廟。

此河流通洪水湖。

上源黃河流通。

有小註斷了。

黃河水濁似田
當耕耡。

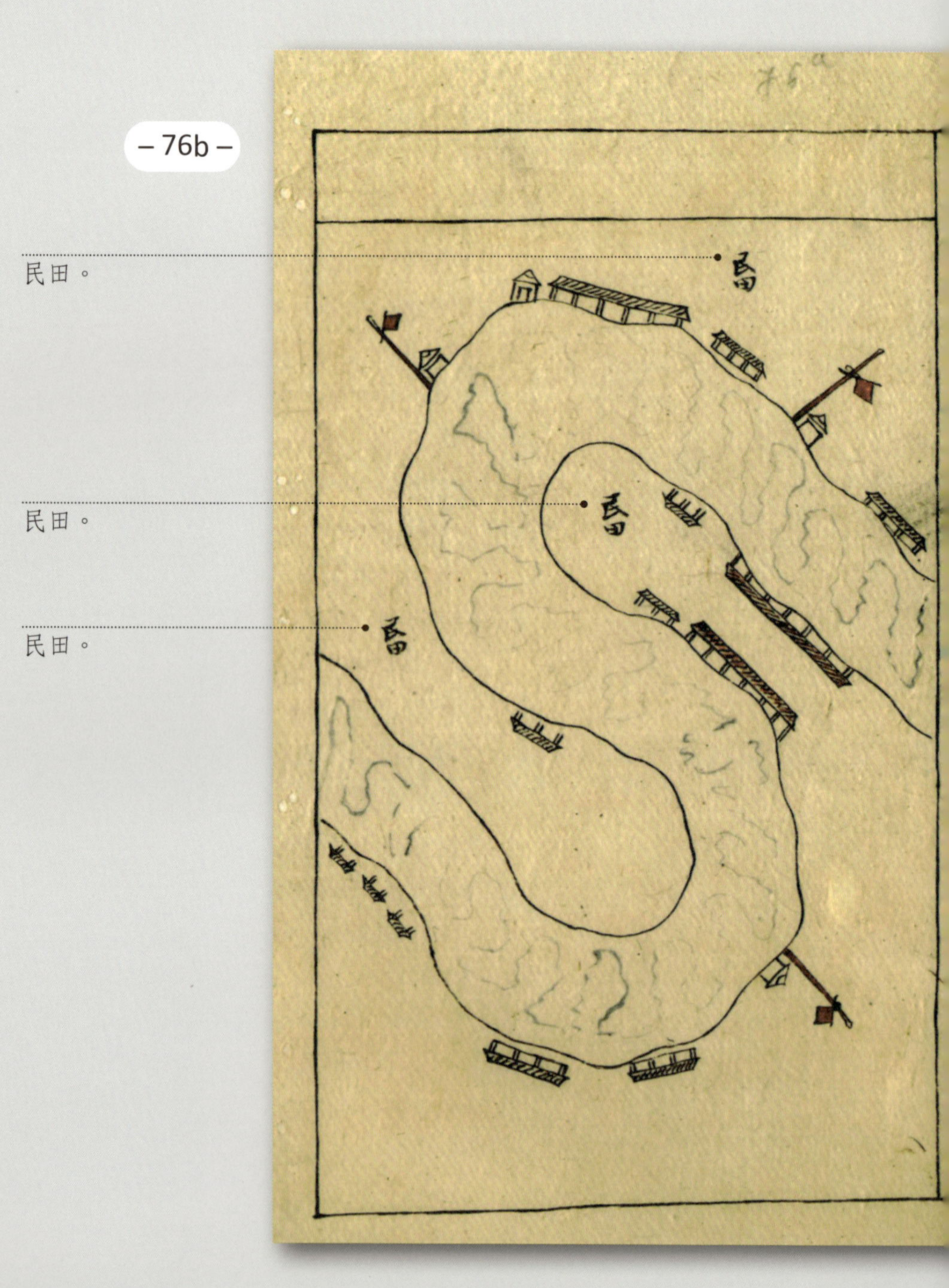
– 76b –
民田。
畓
民田。
畓
民田。
畓

– 76a –

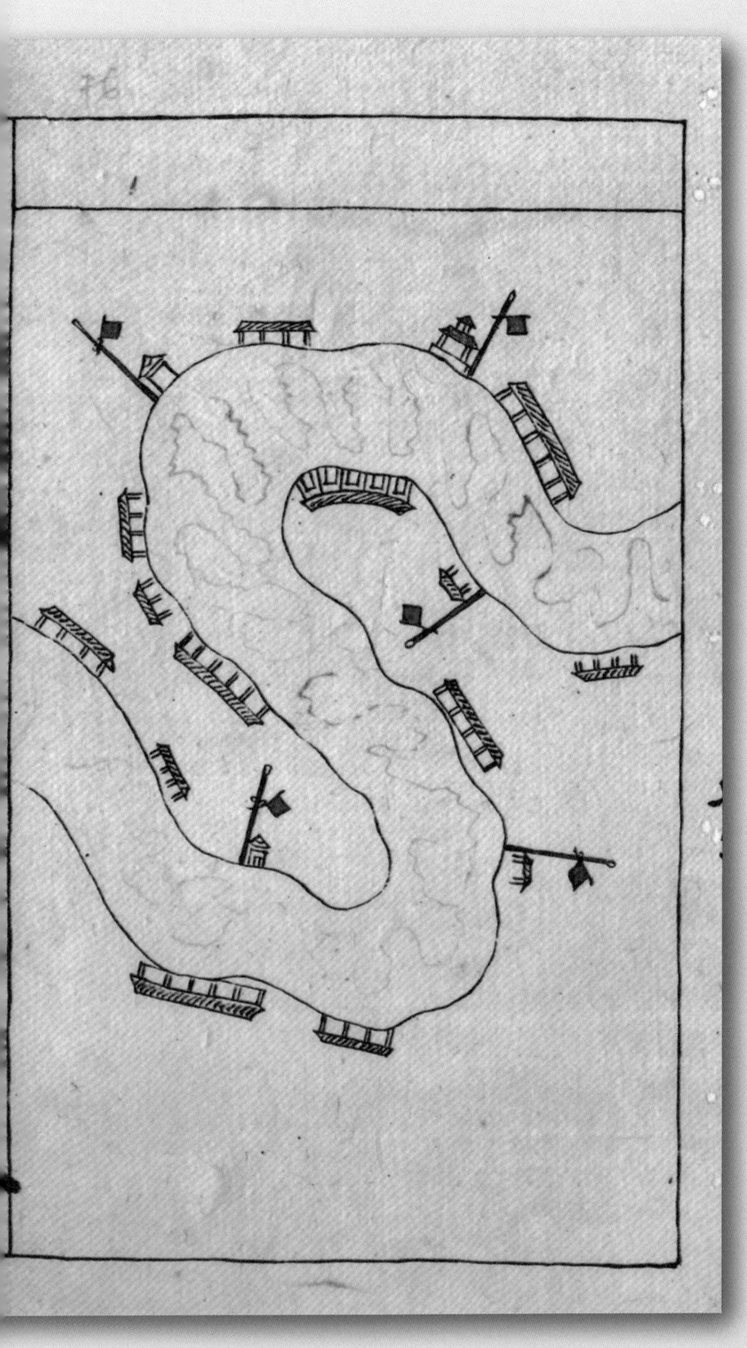

– 77b –

民田。

黄家庄。

民田。

楊家庄。

民田。

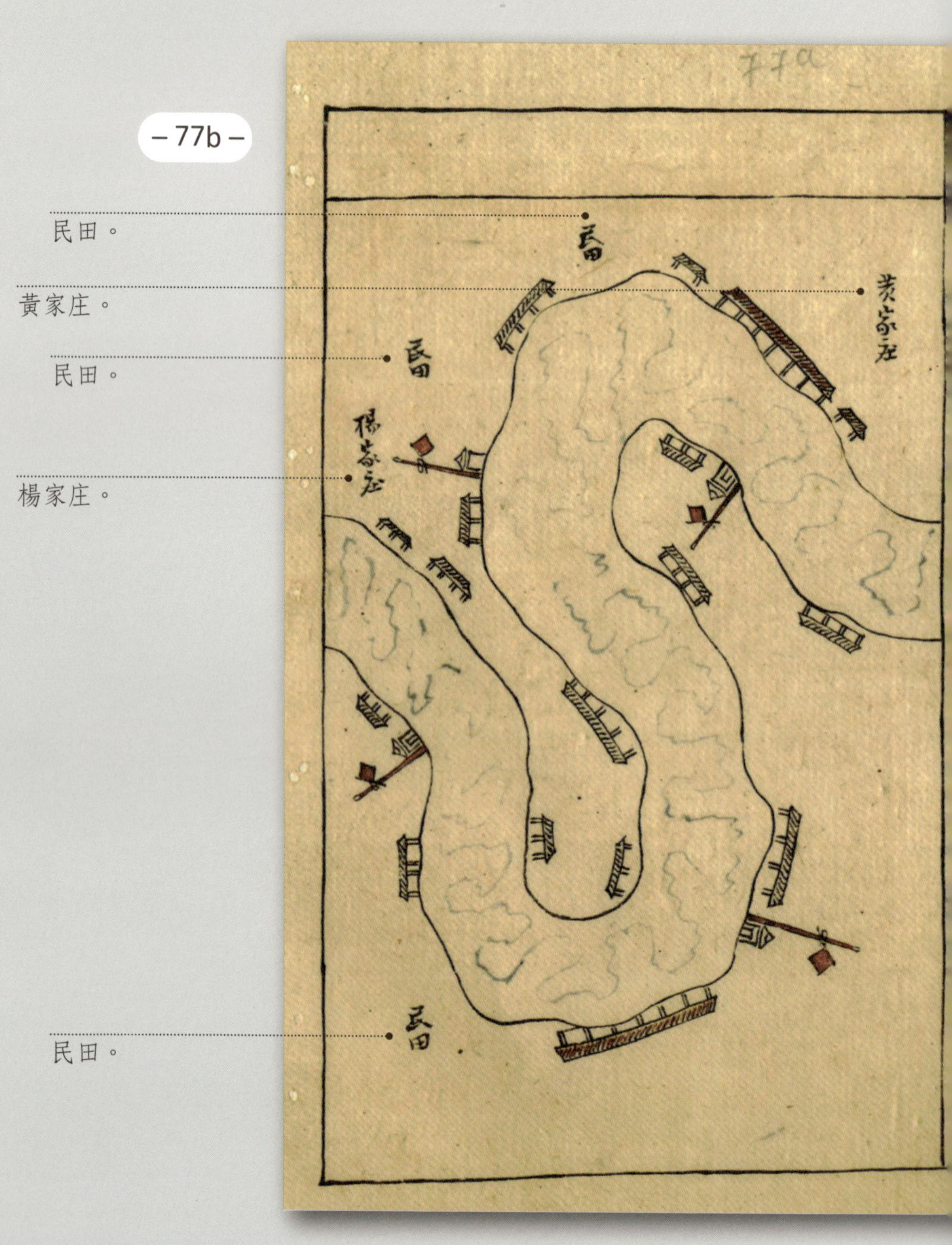

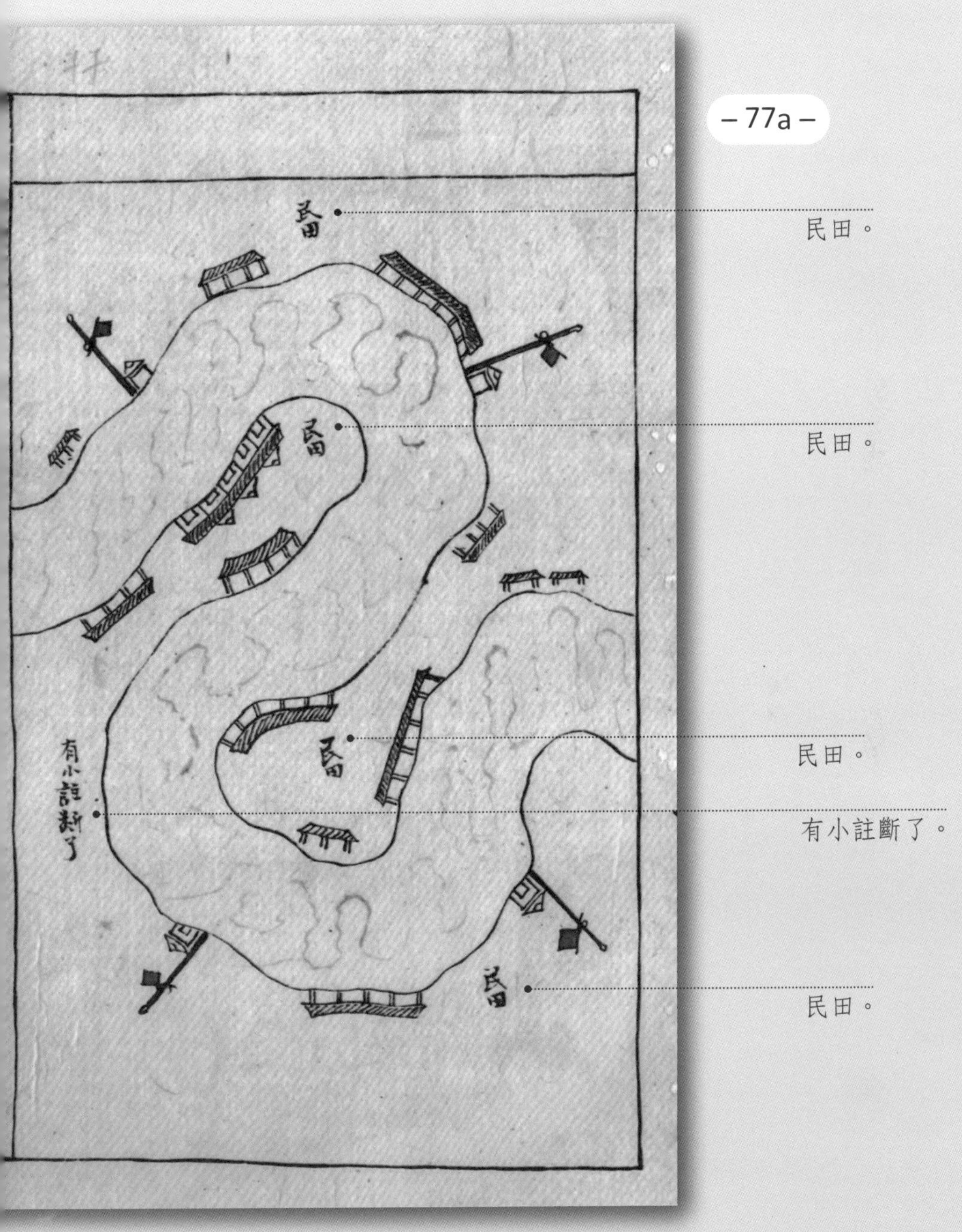

– 77a –

民田。

民田。

民田。

有小註斷了。

民田。

– 78b –

1.

2.

3.

4.

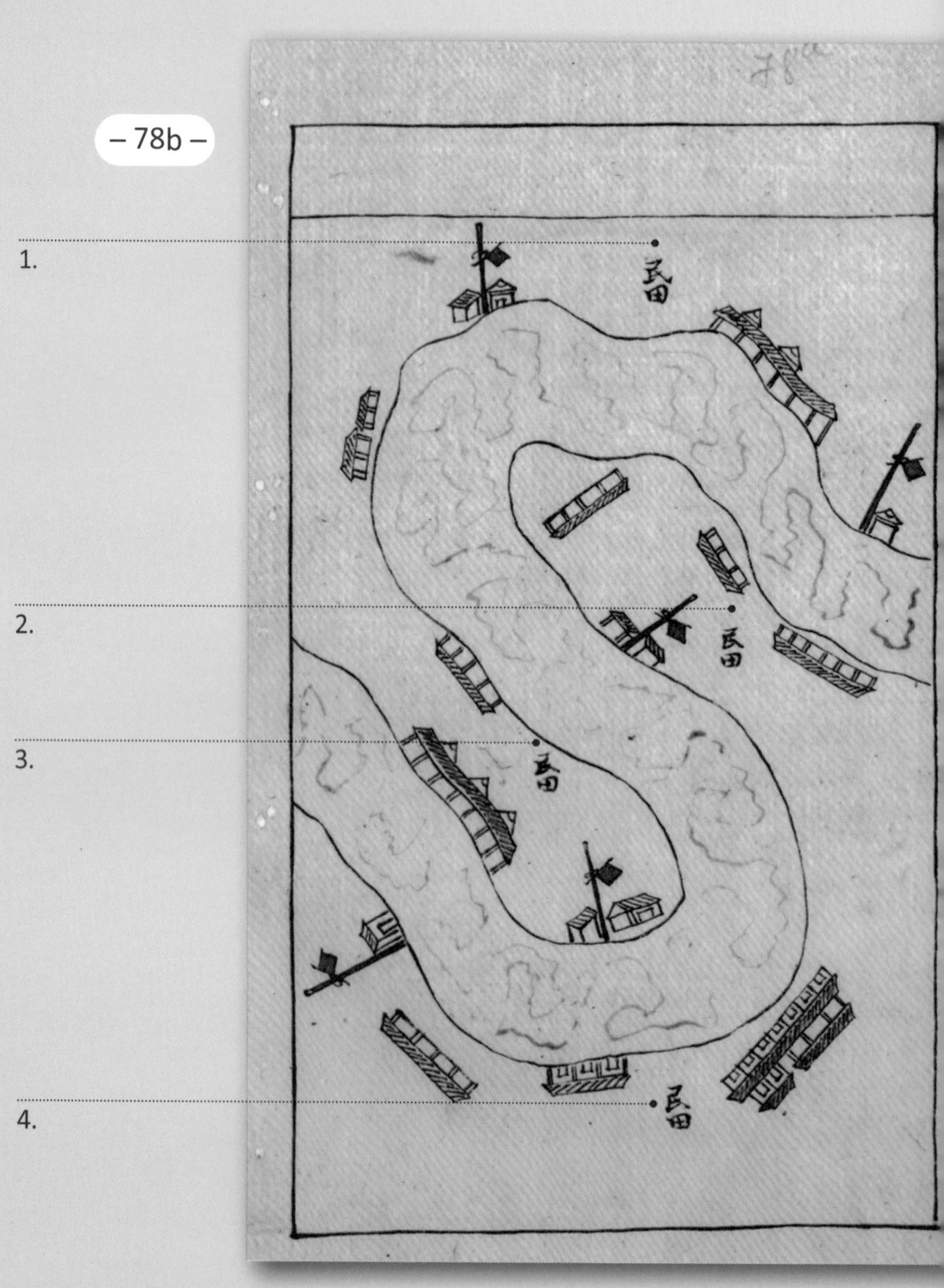

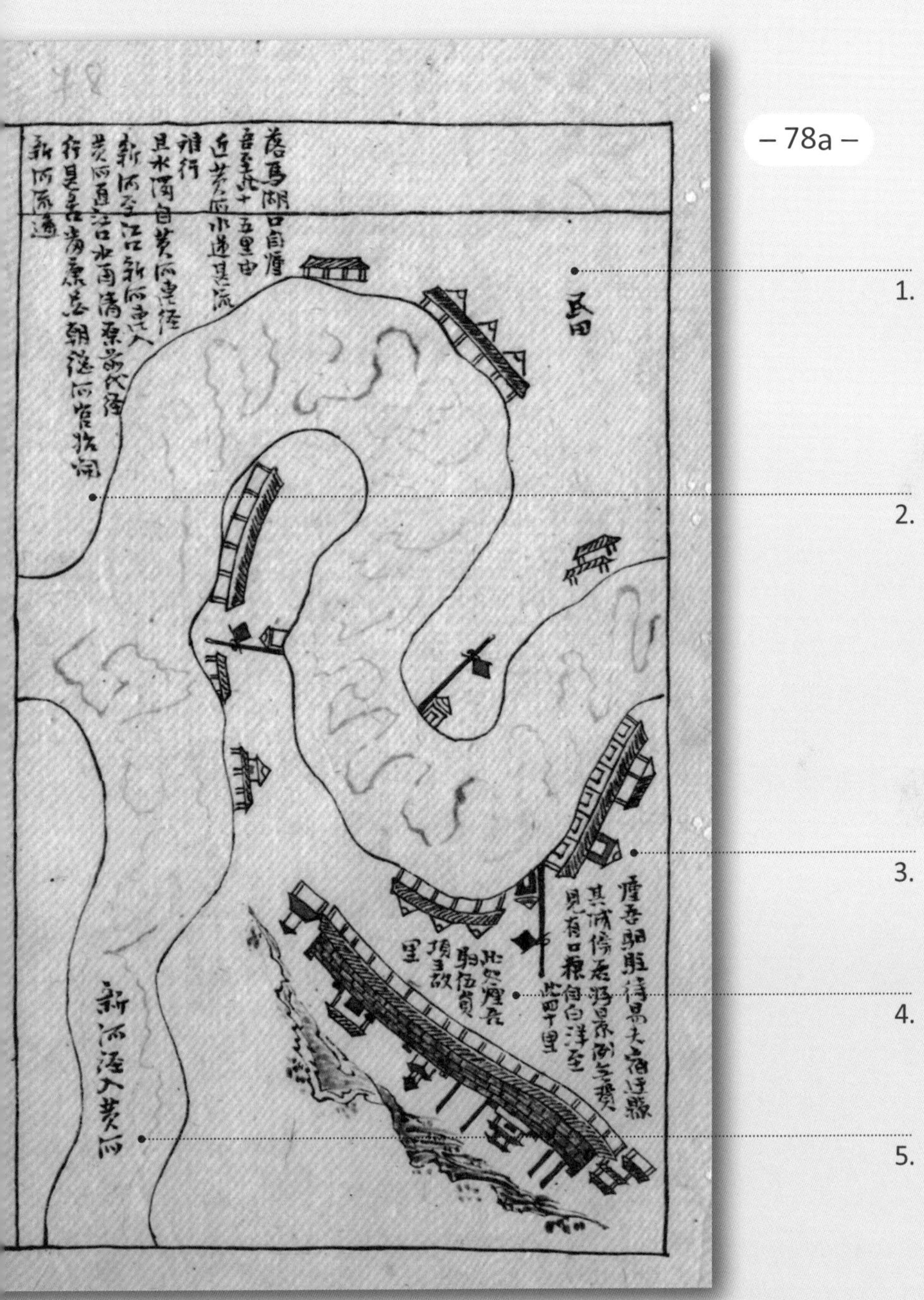
– 78a –
1.
2.
3.
4.
5.

– 78a –

1. 民田。
2. 落馬湖口。自鍾吾至此十五里。由近黃河水逆甚流難行，且水濁。自黃河連經新河至江口新河連入黃河直江口水再清。原前代經行甚苦，當康熙朝，總河官始開新河流通。
3. 鍾吾馹。駐待易夫。宿迁縣。其城傍居好景。例無贄見，有口糧。自白洋至此四十里。
4. 此處鍾吾馹伍員，項王故里。[29]
5. 新河經入黃河。

29 伍員（伍子胥）及項王（項羽）的故里。

– 78b –

1. 民田。
2. 民田。
3. 民田。
4. 民田。

– 79b –
星臥村。
民田。
民田。
十字河。
新河通入舊河。
此河通乂邳州。

– 79a –

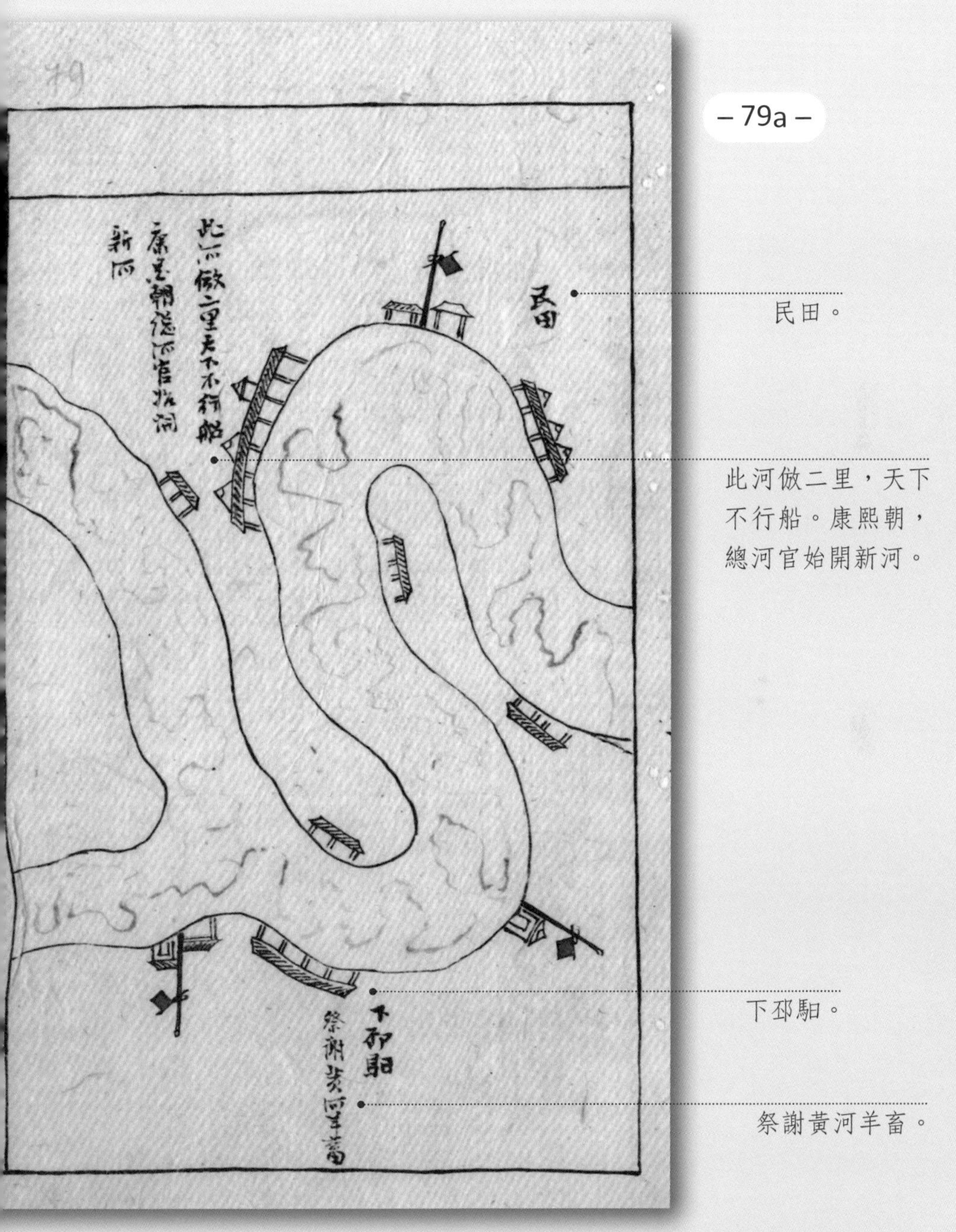

民田。

此河做二里，天下不行船。康熙朝，總河官始開新河。

下邳駟。

祭謝黃河羊畜。

– 80b –

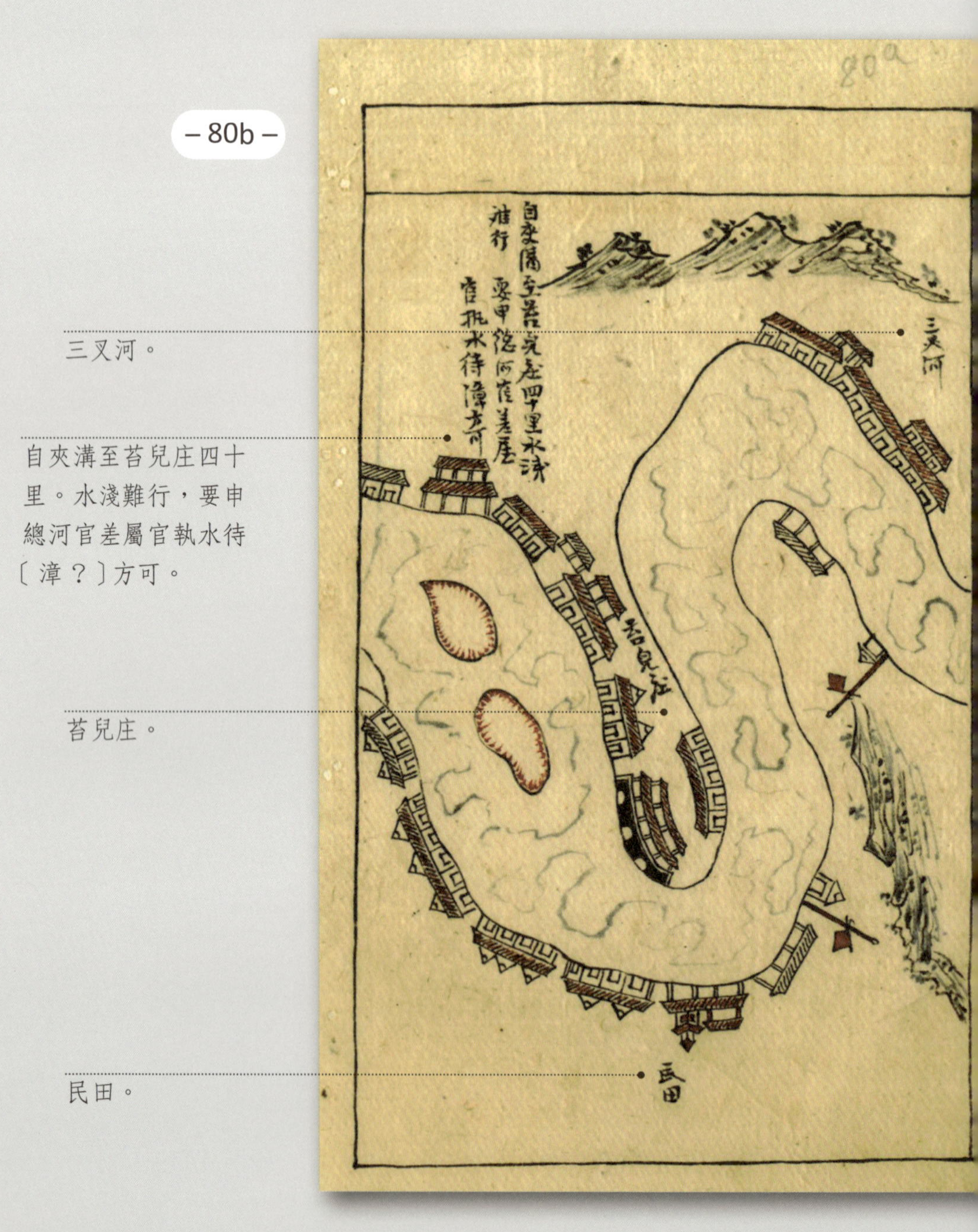

三叉河。

自夾溝至苔兒庄四十里。水淺難行，要申總河官差屬官執水待〔漳？〕方可。

苔兒庄。

民田。

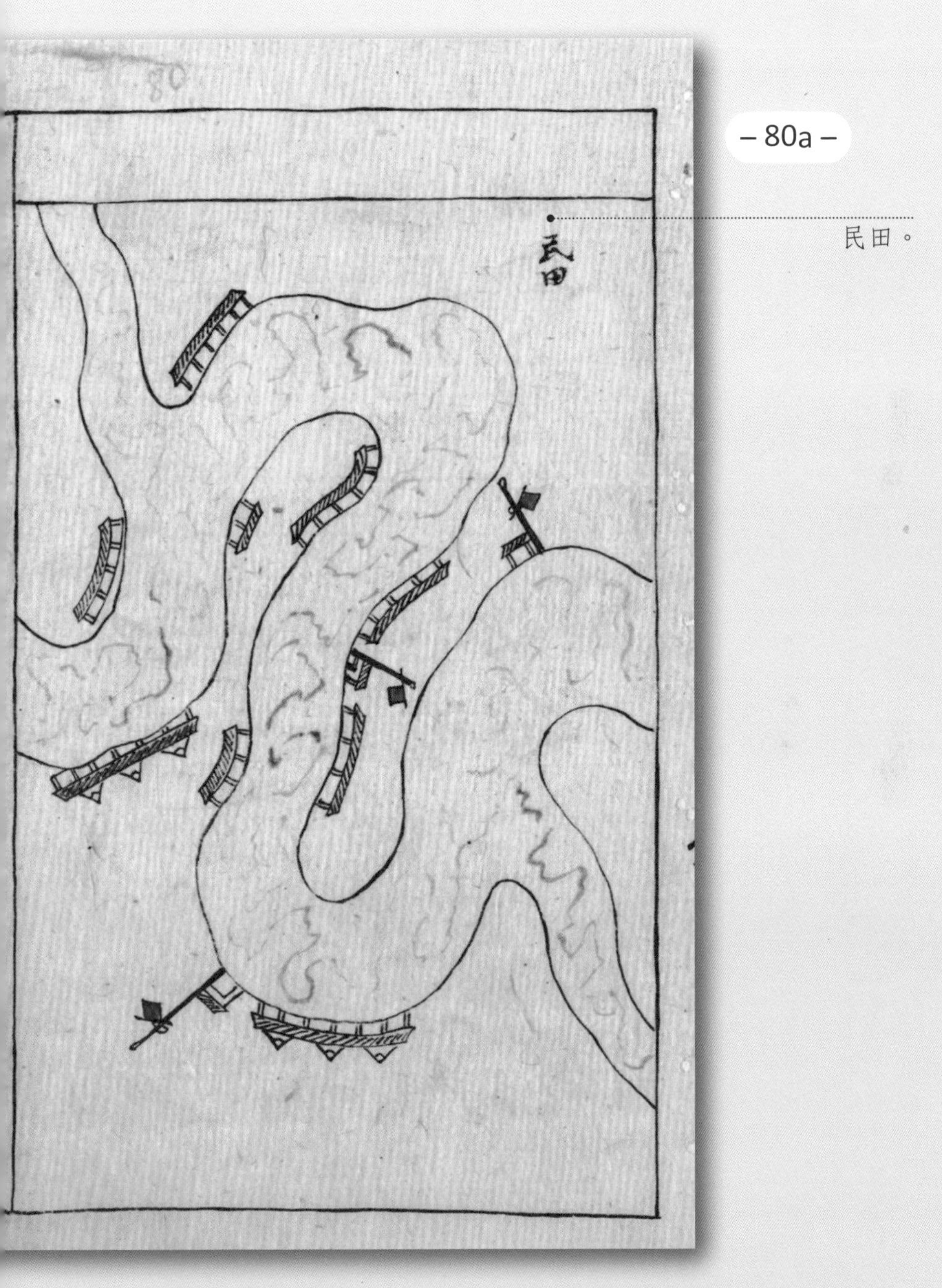

– 80a –

民田。

– 81b –

萬年閘。

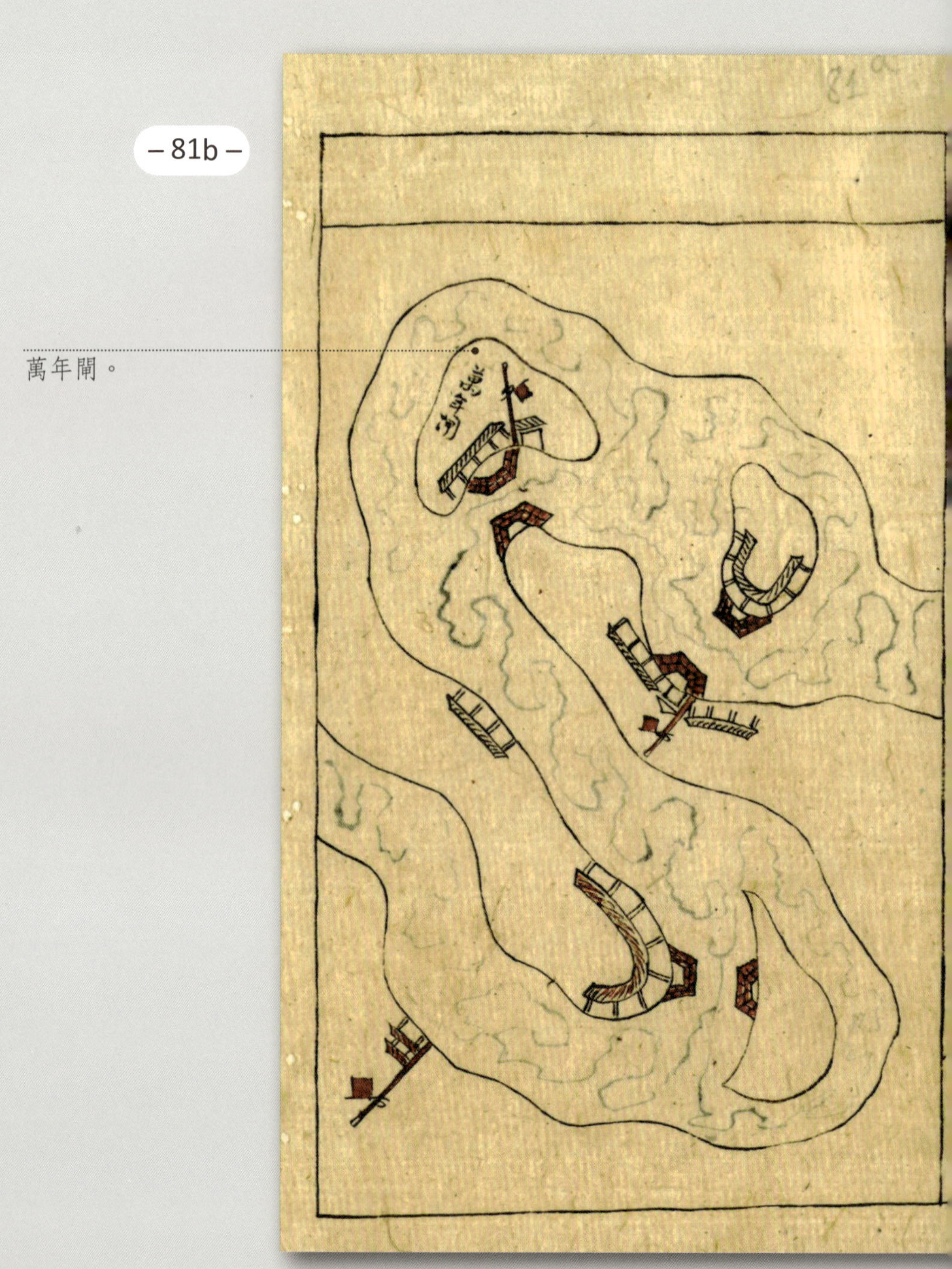

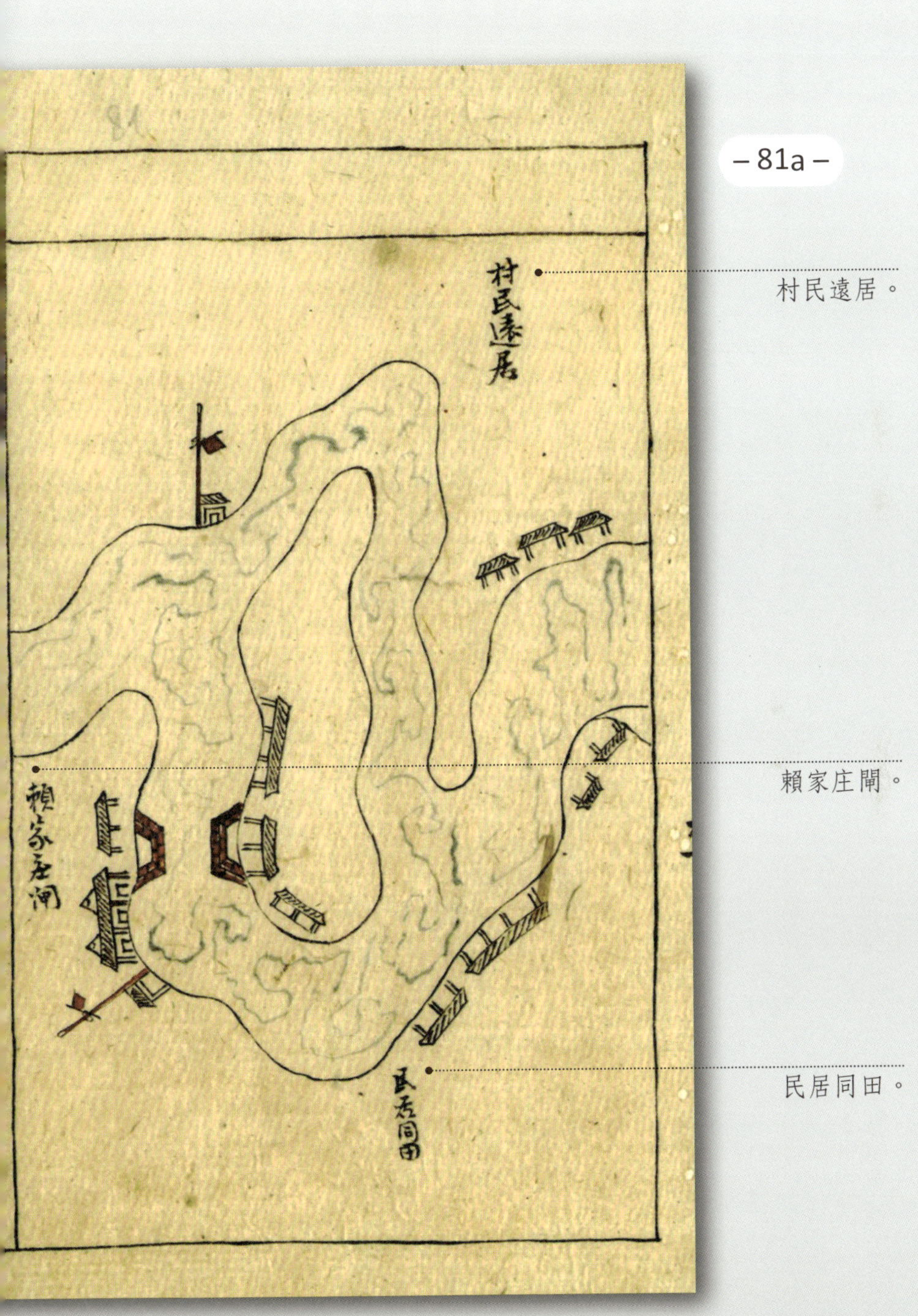

– 81a –

村民遠居。

賴家庄閘。

民居同田。

–82b–

自賴家〔庄〕至
新閒二十八里。

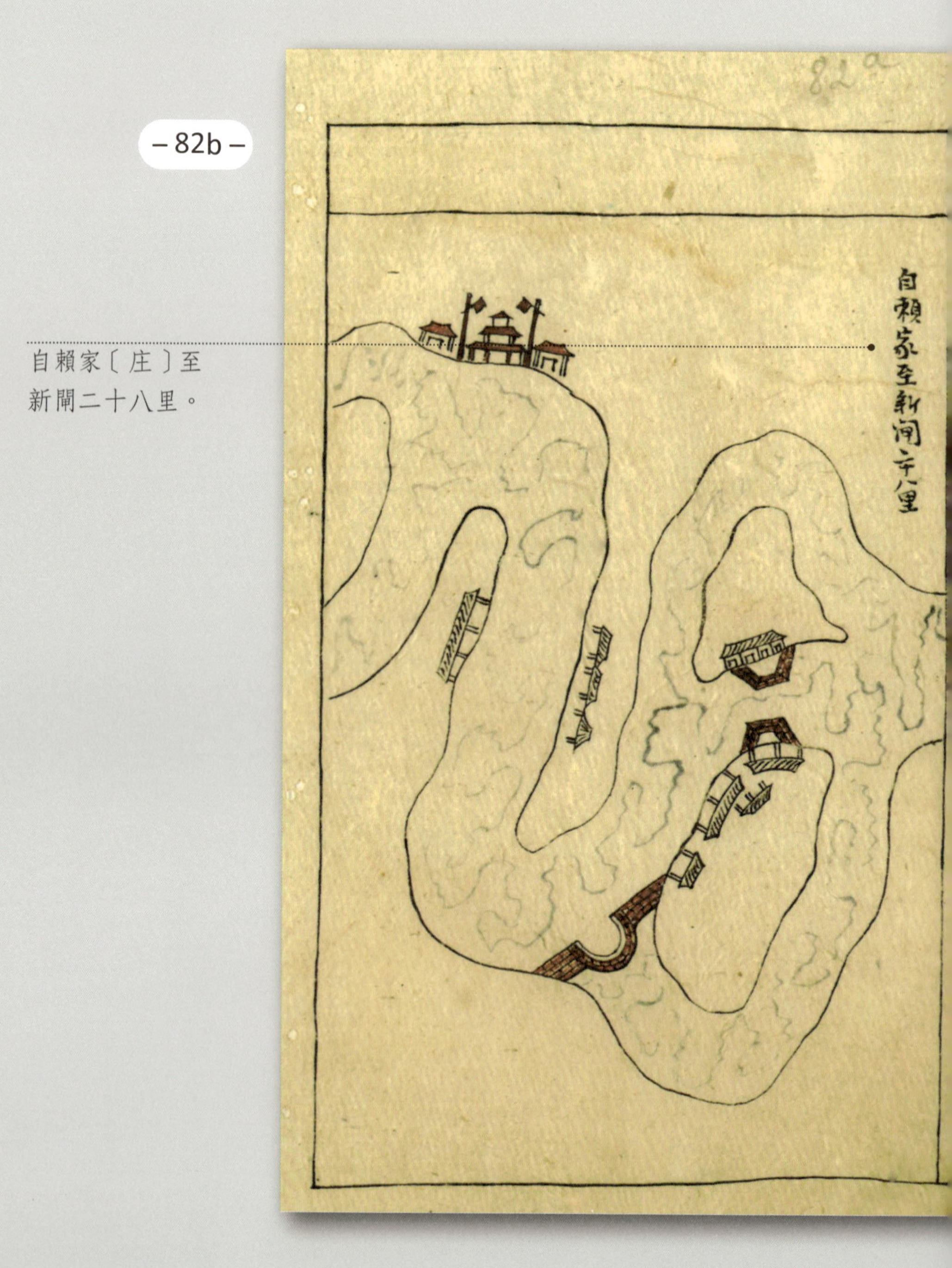

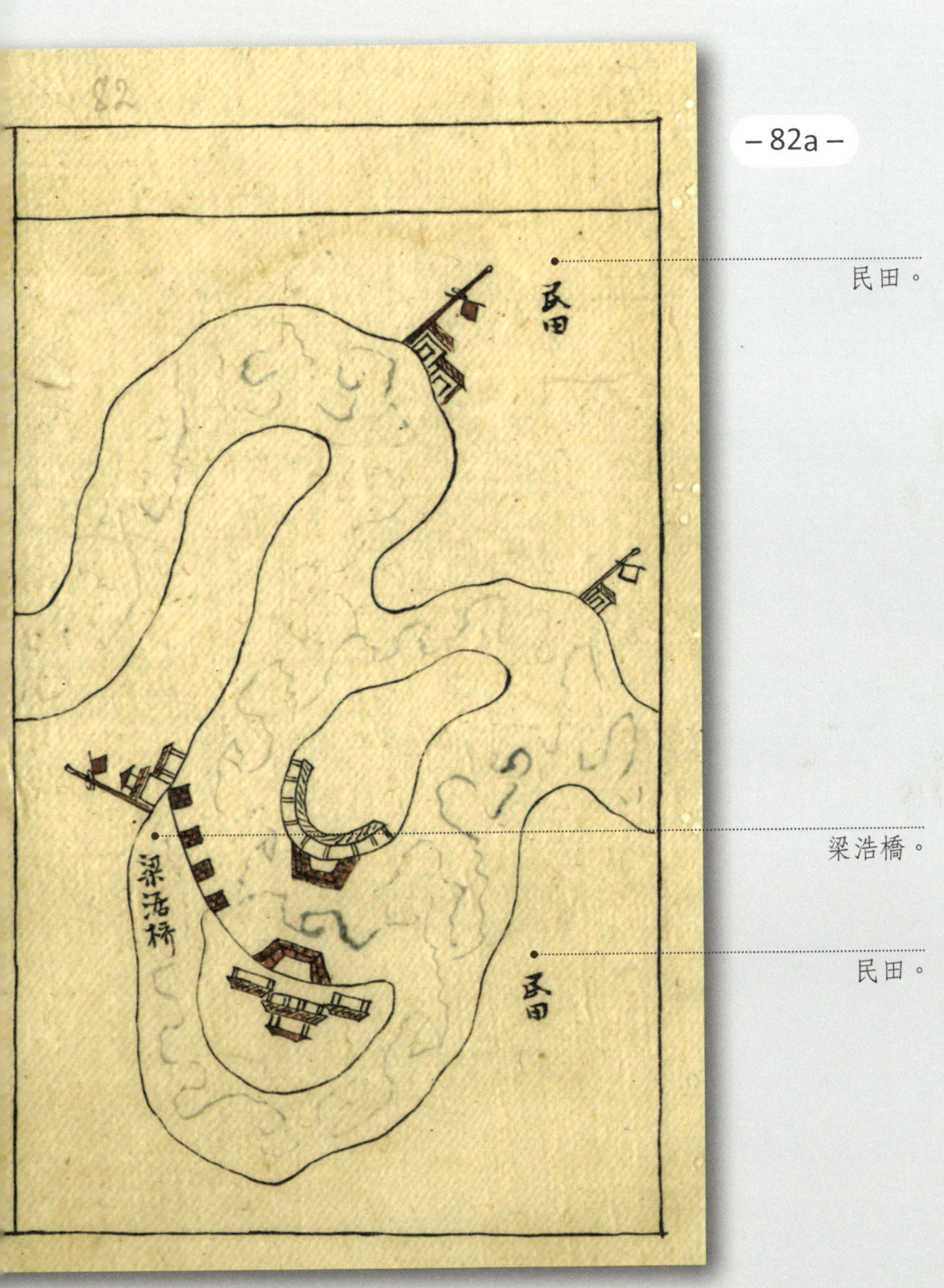

– 82a –

民田。

梁浩橋。

民田。

– 83b –

陂。

逢家口。

草把駐。

赤山湖。

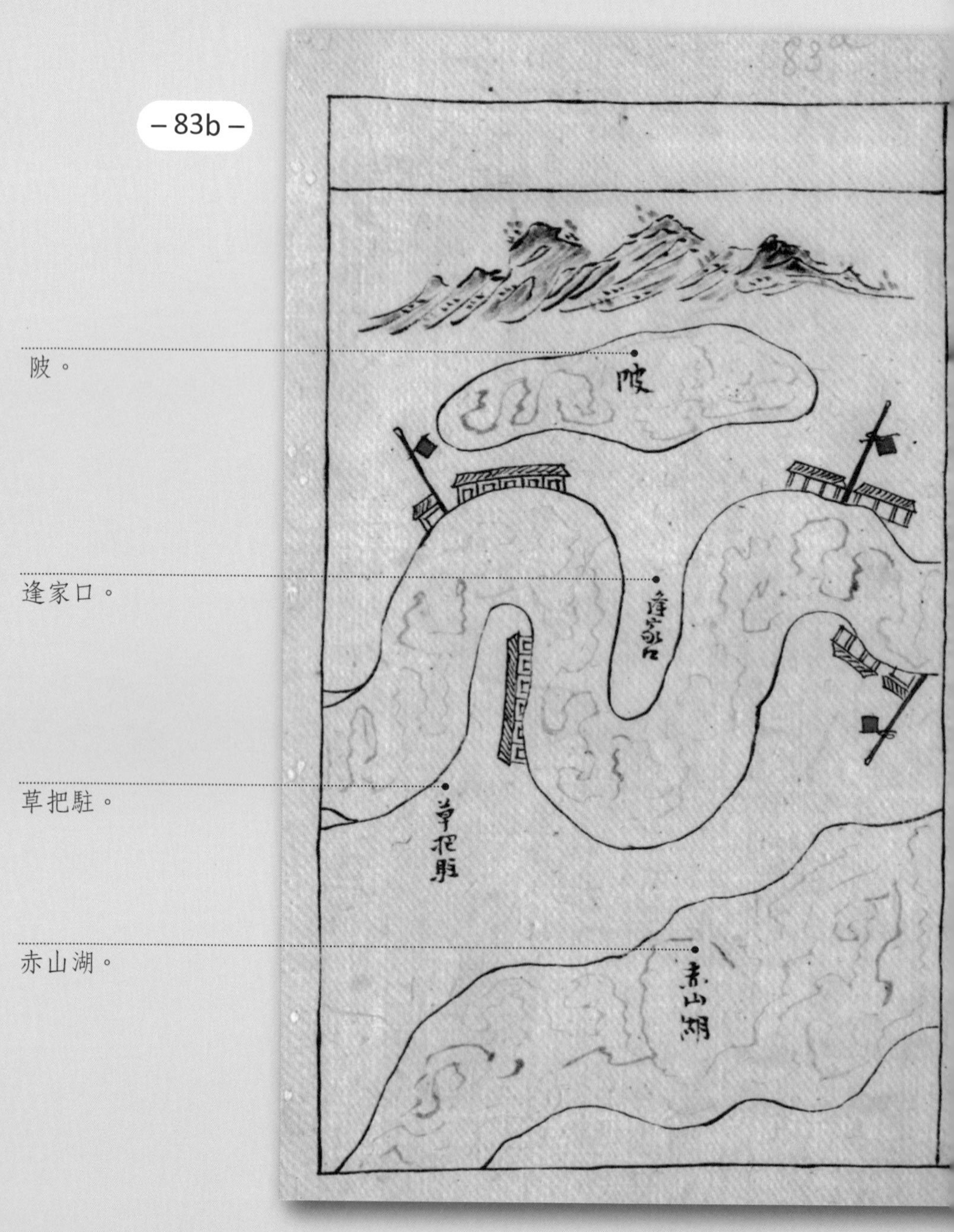

– 83a –

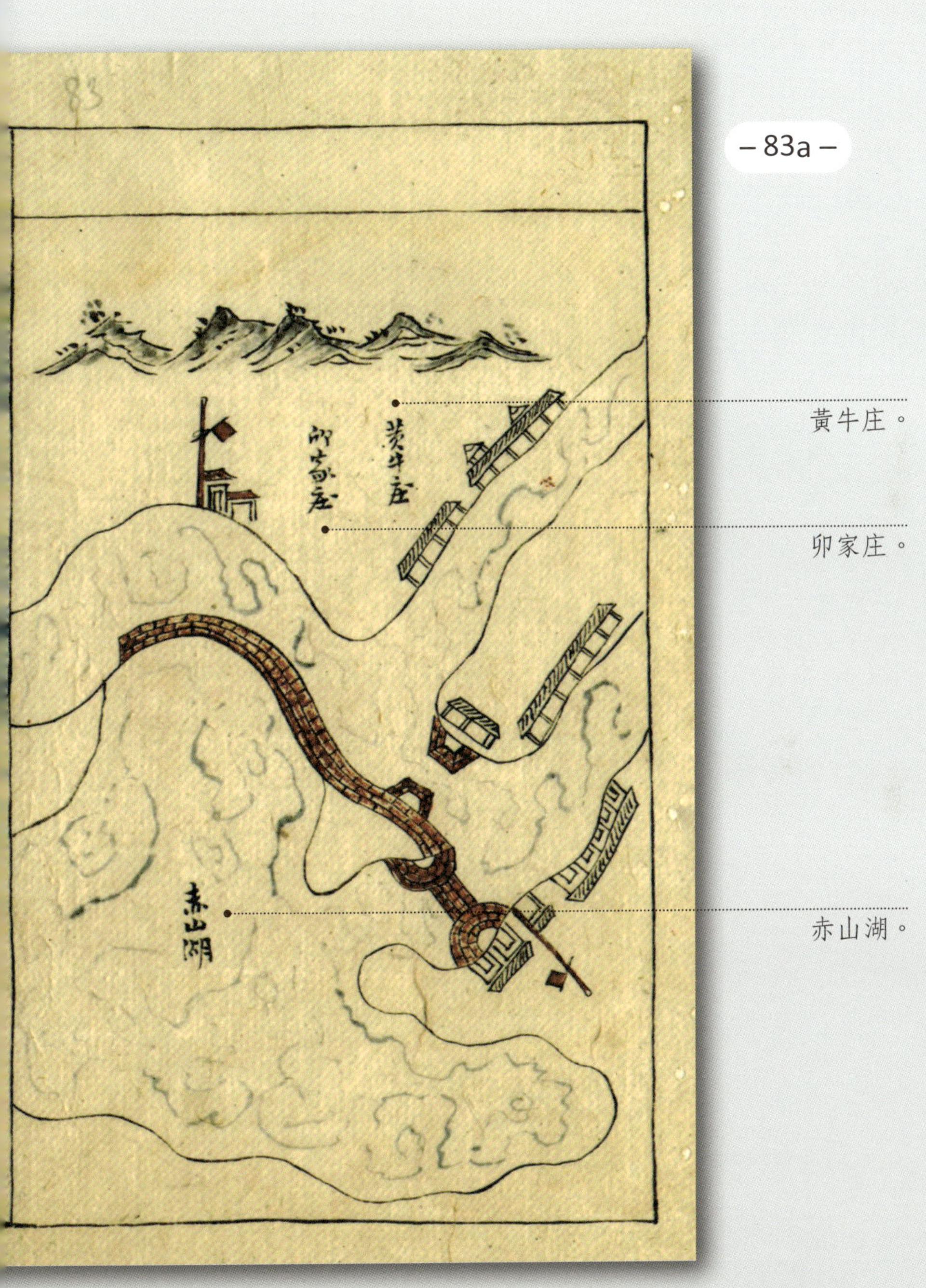

黄牛庄。

卯家庄。

赤山湖。

－84b－

大王廟。

鯉魚泉。

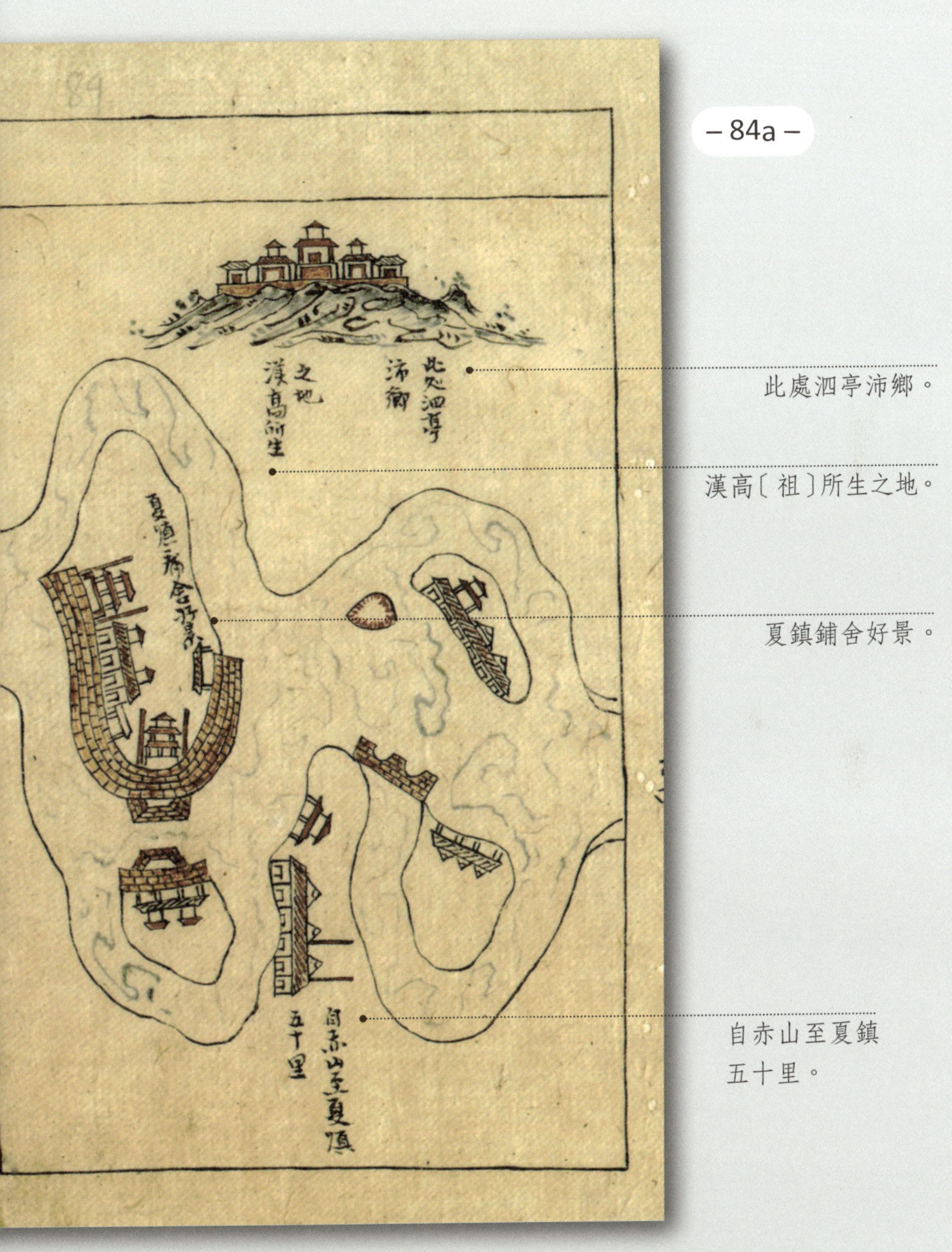

– 84a –

此處泗亭沛鄉。

漢高〔祖〕所生之地。

夏鎮鋪舍好景。

自赤山至夏鎮
五十里。

– 85b –

諸葛亮所生之地。

南陽湖。

召家庄。

民居同田。

丘家湖。

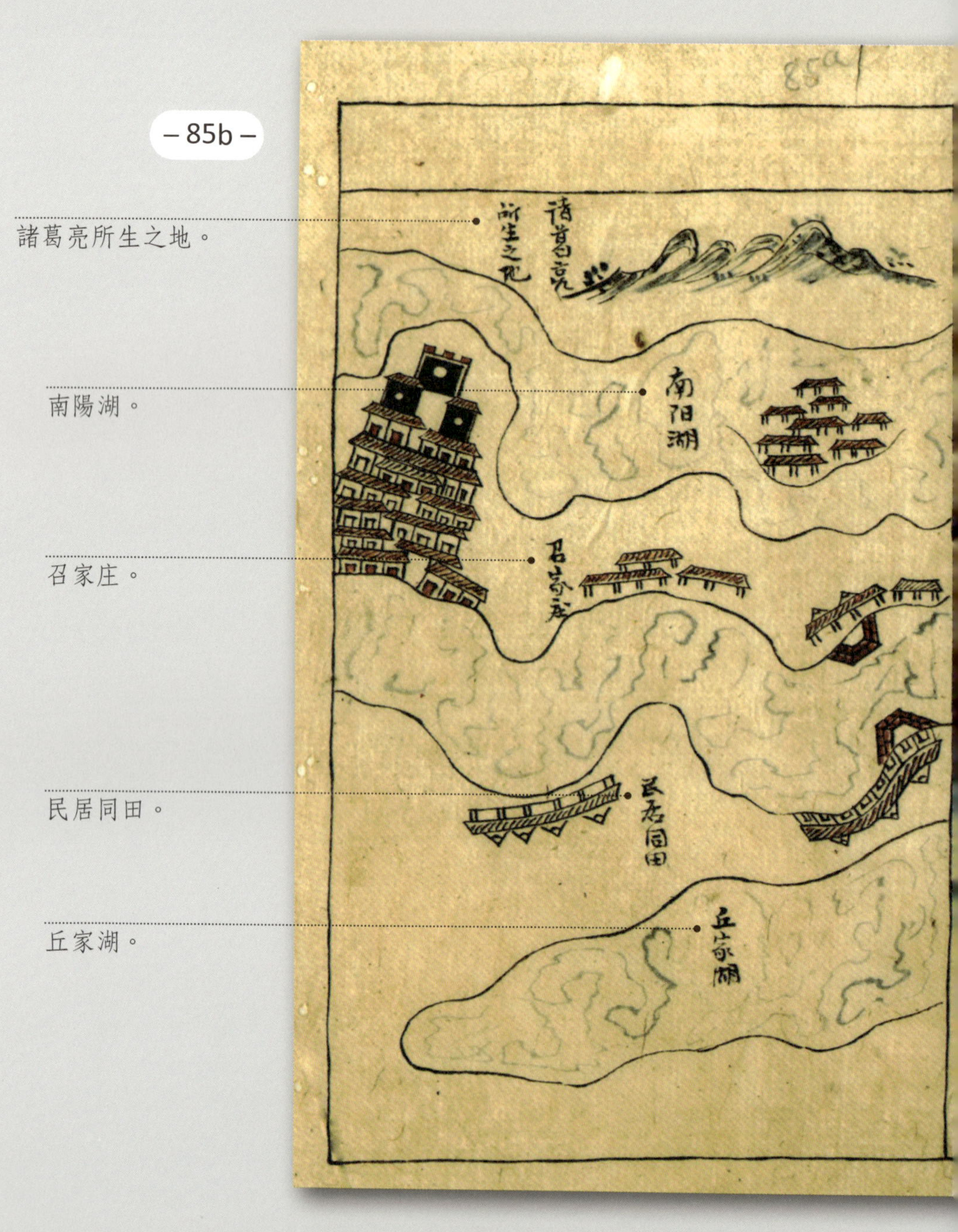

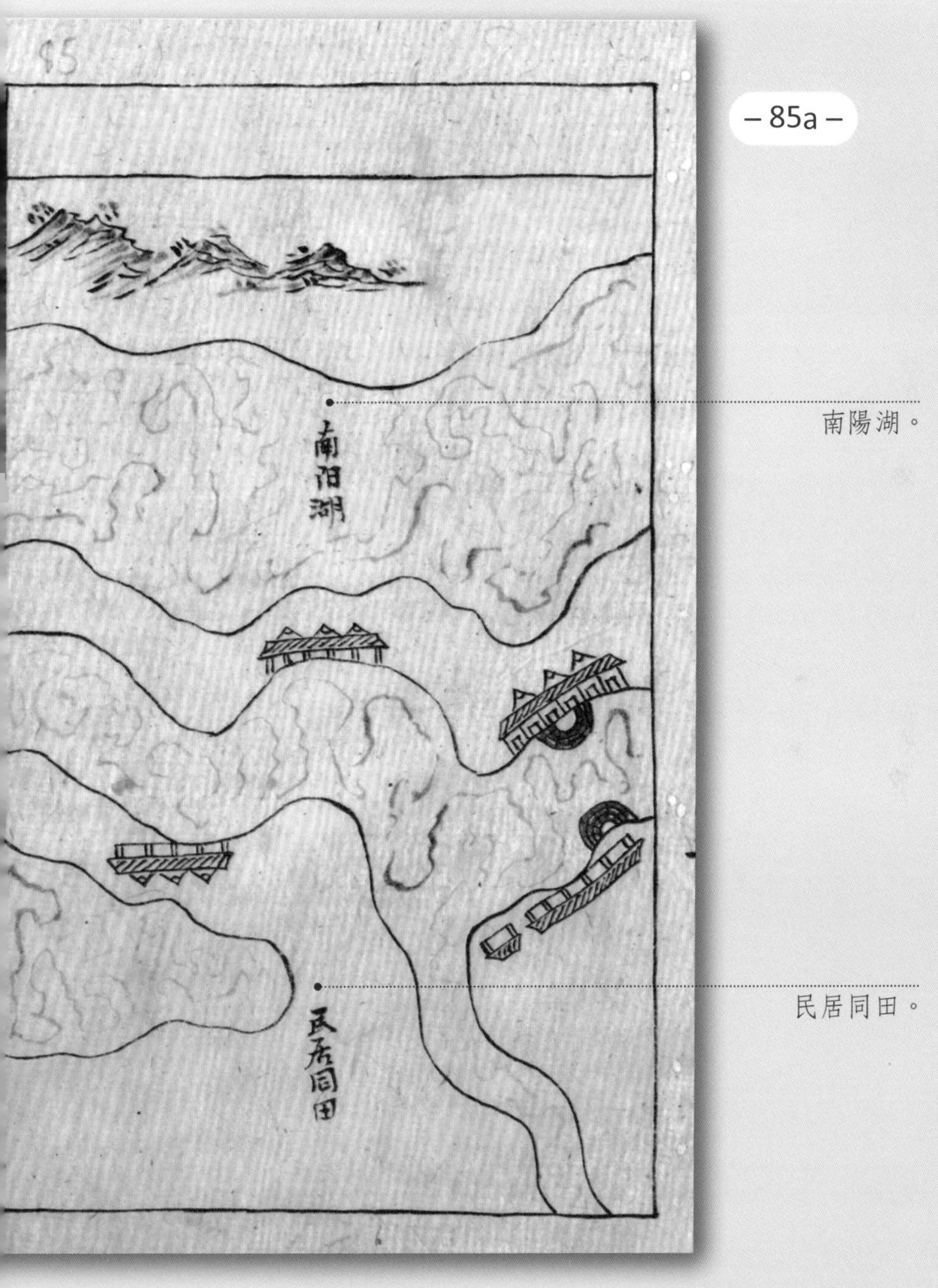

– 85a –

南陽湖。

民居同田。

－86b－

1.

4.

3.

2.

– 86a –

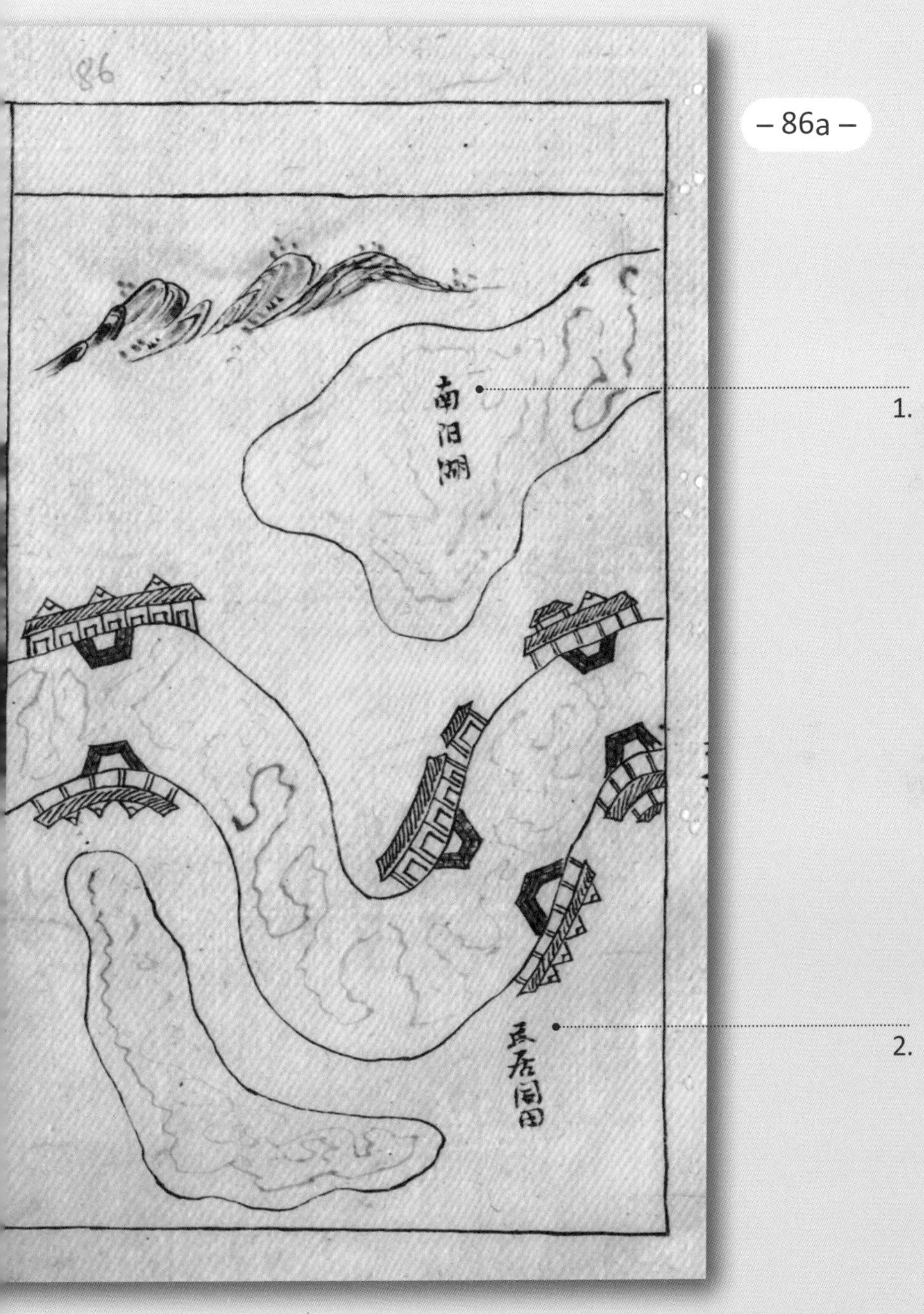

– 86a –

1. 南陽湖。
2. 民居同田。

– 86b –

1. 民田。
2. 魯橋馹，好景。孔子所生之地。
3. 子〔胥？〕[30] 廟。
4. 鄭家庄閘。村民有梁山伯英臺墓，又名師家庄。自夏鎮至此一百四十五里。

30　或為「思」之誤。

－87b－

陂。

新店閘。

石佛閘。

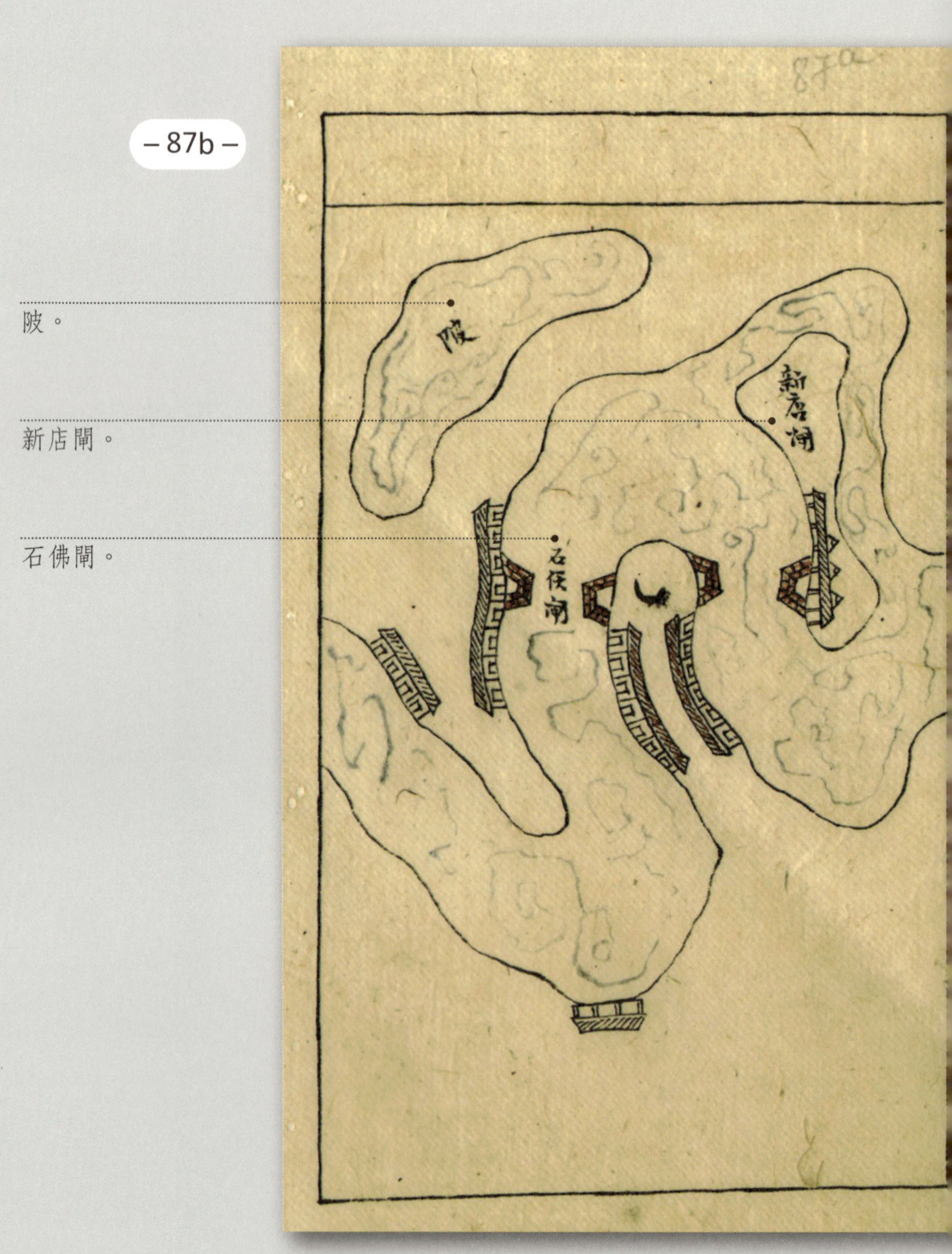

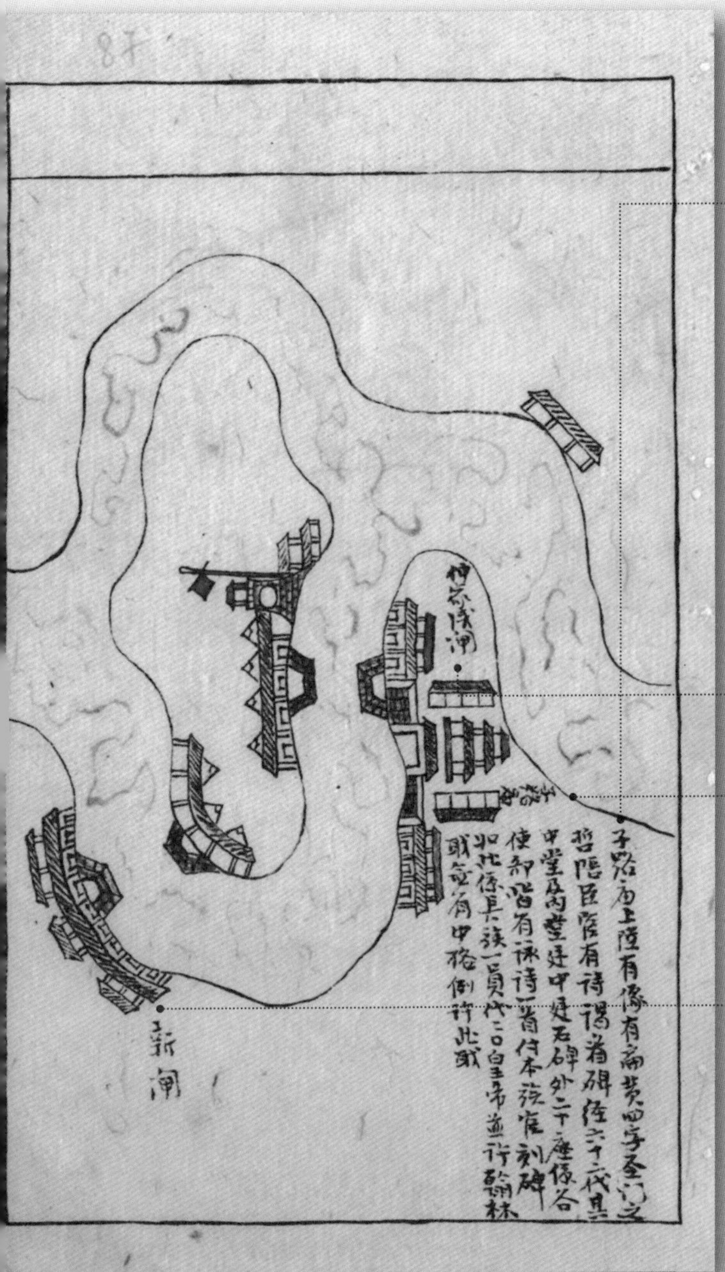

－87a－

子路廟上陸，有像，有扁黄四字「聖門之哲」，陪臣官有詩謁。看碑經六十二代。其中堂及内堂廷中廷石碑外二十座。係各使部皆有詠詩一首，付本族官刻碑如此。係長族一員代代皇帝並許翰林職。無有中格，例許此職。

仲家式閘。

子路廟。

新閘。

－88b－

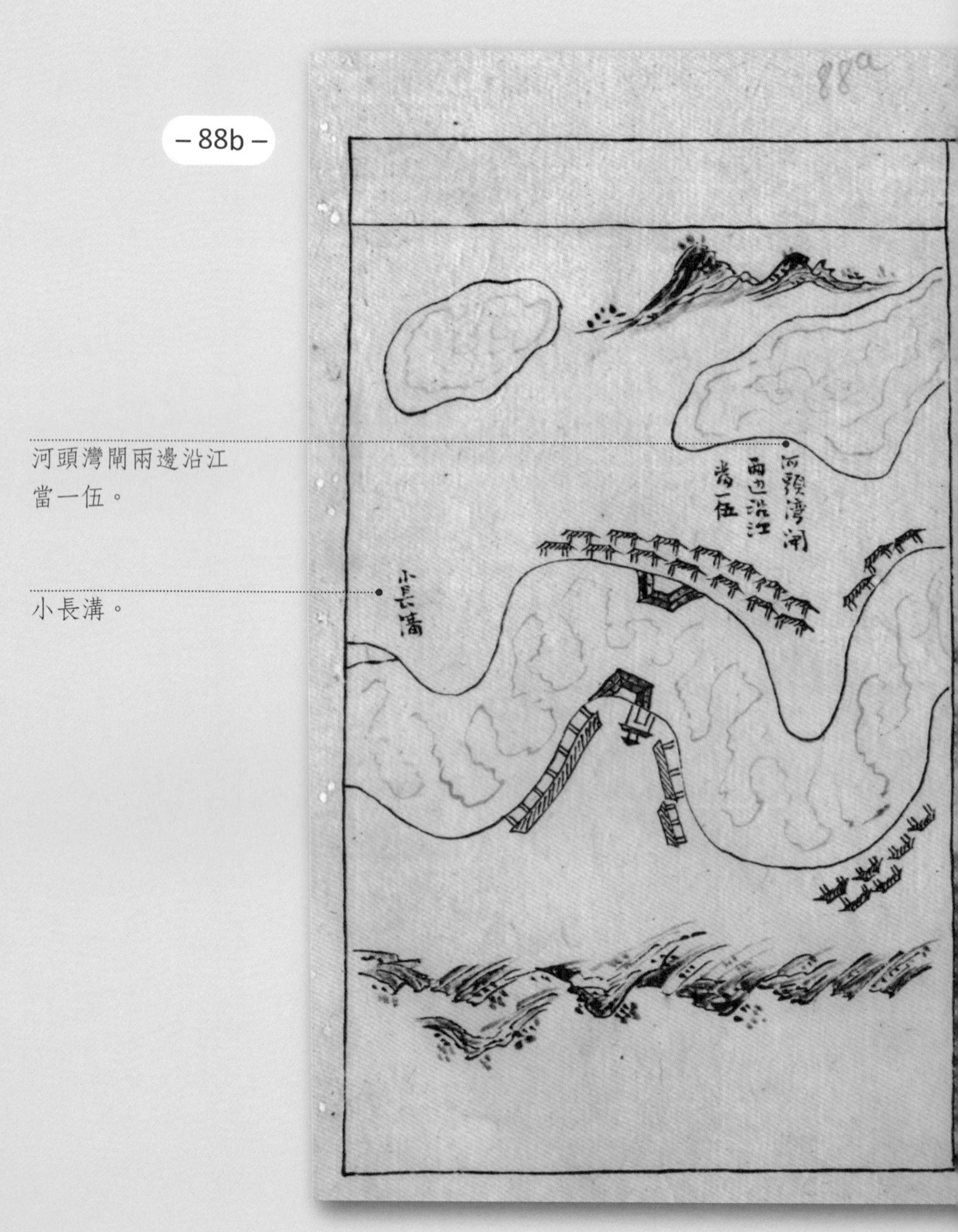

河頭灣閘兩邊沿江當一伍。

小長溝。

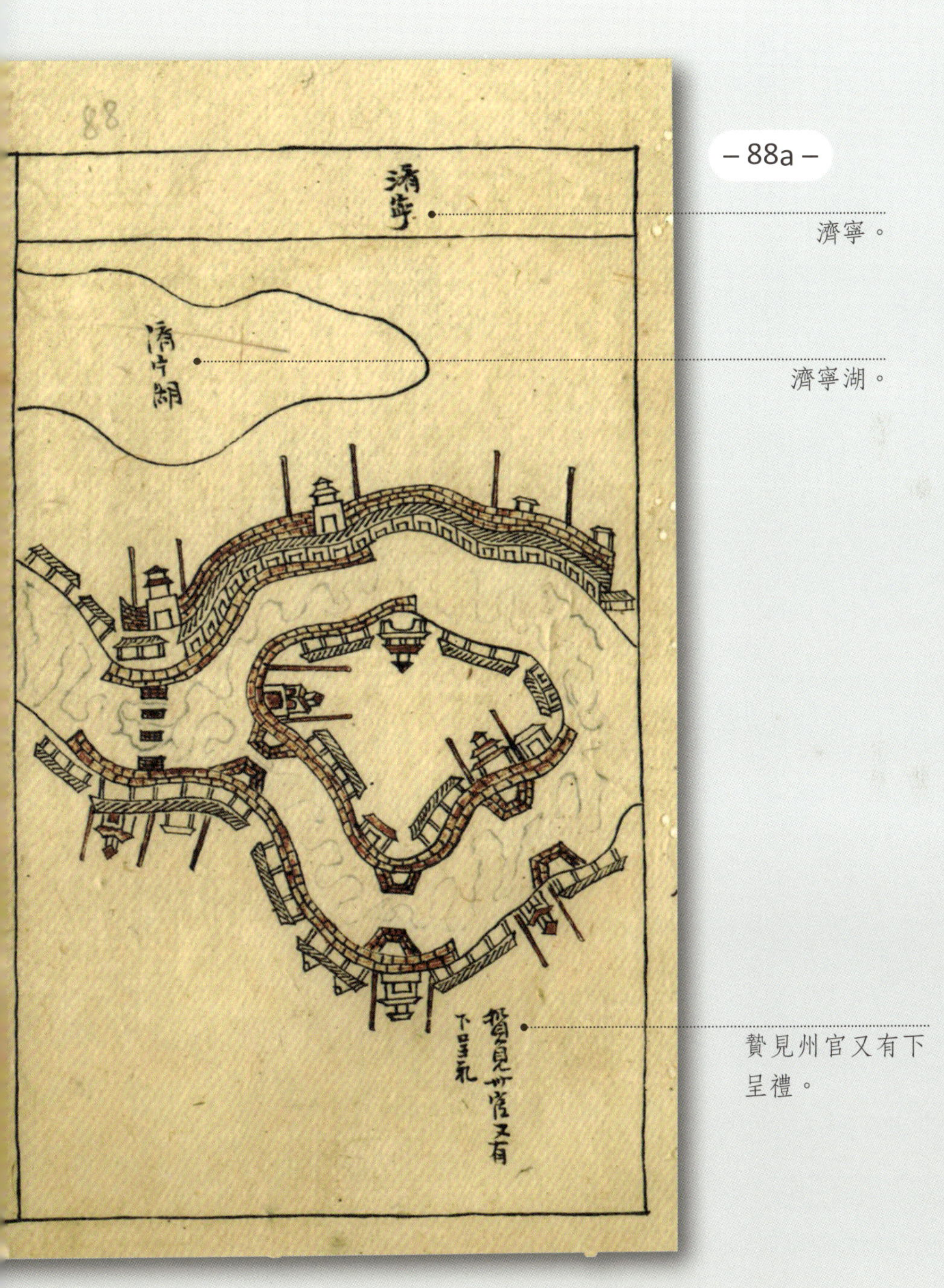

– 88a –

濟寧。

濟寧湖。

贄見州官又有下呈禮。

– 89b –

1.

2.

3.

6.

5.

4.

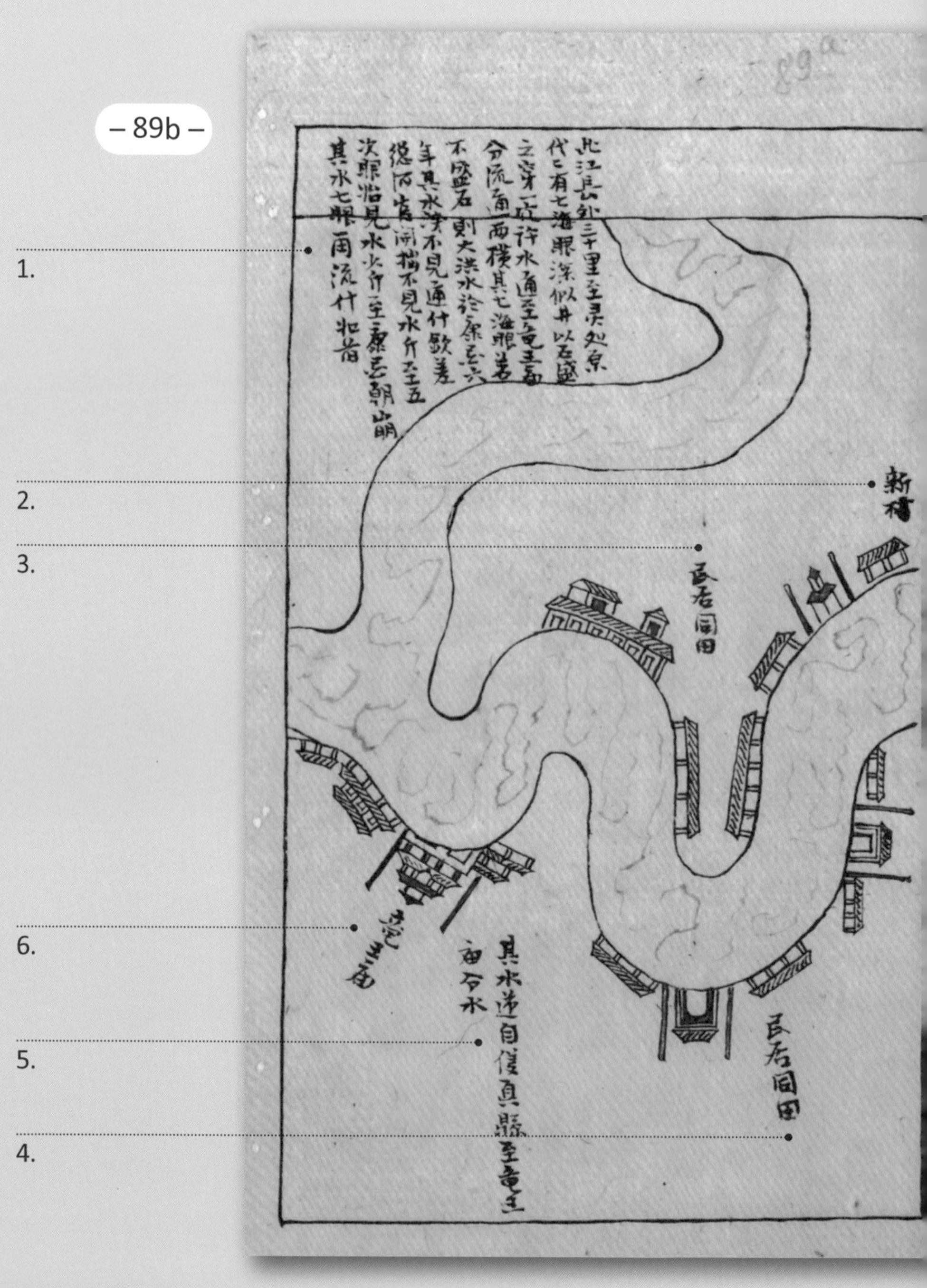

– 89a –

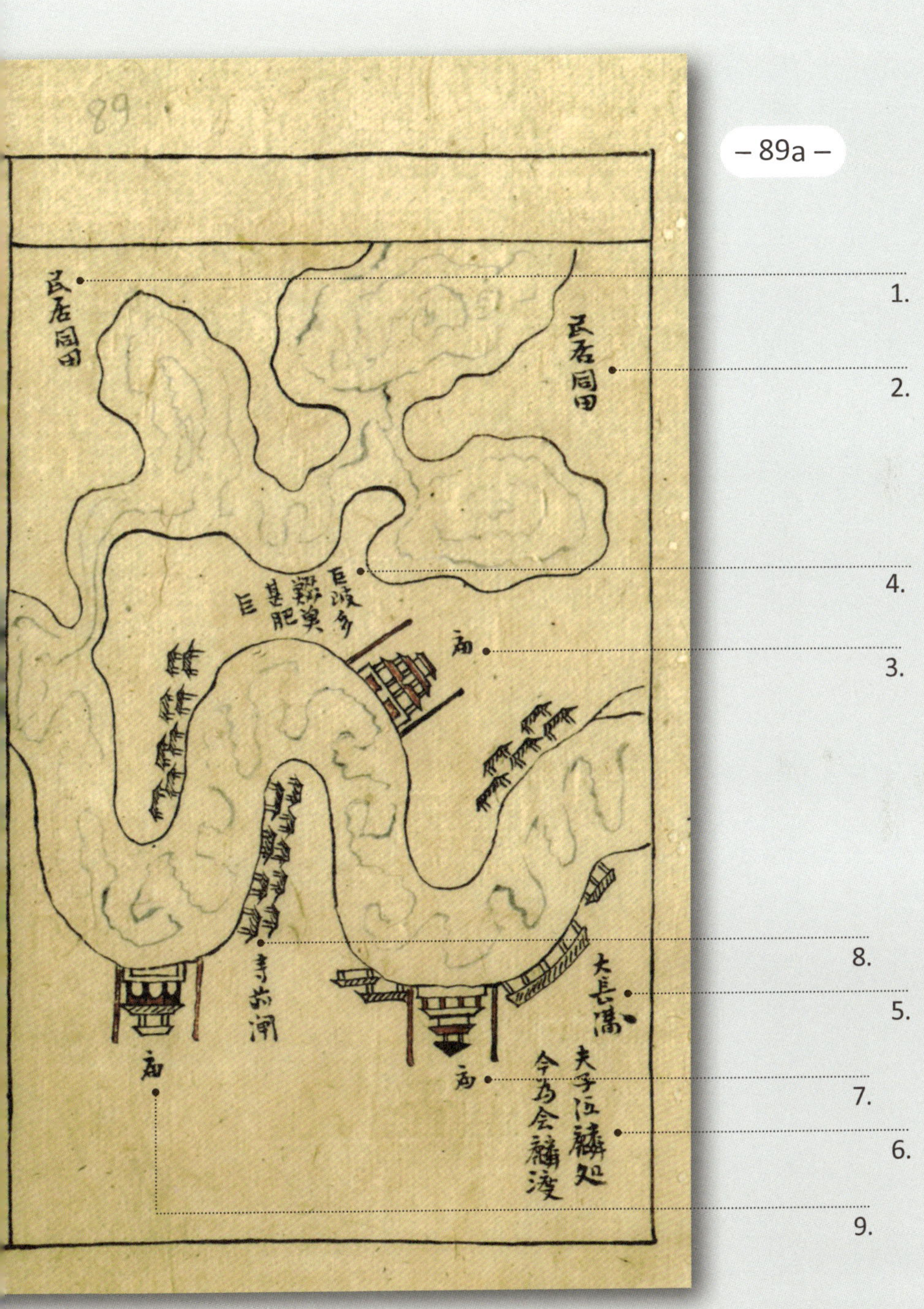

– 89a –

1. 民居同田。
2. 民居同田。
3. 廟。
4. 巨岐多鮍[31]魚甚肥巨。
5. 大長溝。
6. 夫子泣麟處，今為會麟渡。
7. 廟。
8. 寺前閘。
9. 廟。

31 「鮍」，喃字，越南語 Chuối，一種魚。

– 89b –

1. 此江長外三十里至靈處。原代代有七海眼深似井，以石盛之，穿一穴許水通至龍王廟，分流通兩横。其七海眼若不盛石則大洪水。於康熙六年，其水淺，不見通什。欽差總河官開拙不見水升，至五次眼始見水少升。至康熙朝崩，其水七眼再流什如舊。
2. 新楊。
3. 民居同田。
4. 民居同田。
5. 其水逆自儀真縣至龍王廟分水。
6. 龍王廟。

– 90b –

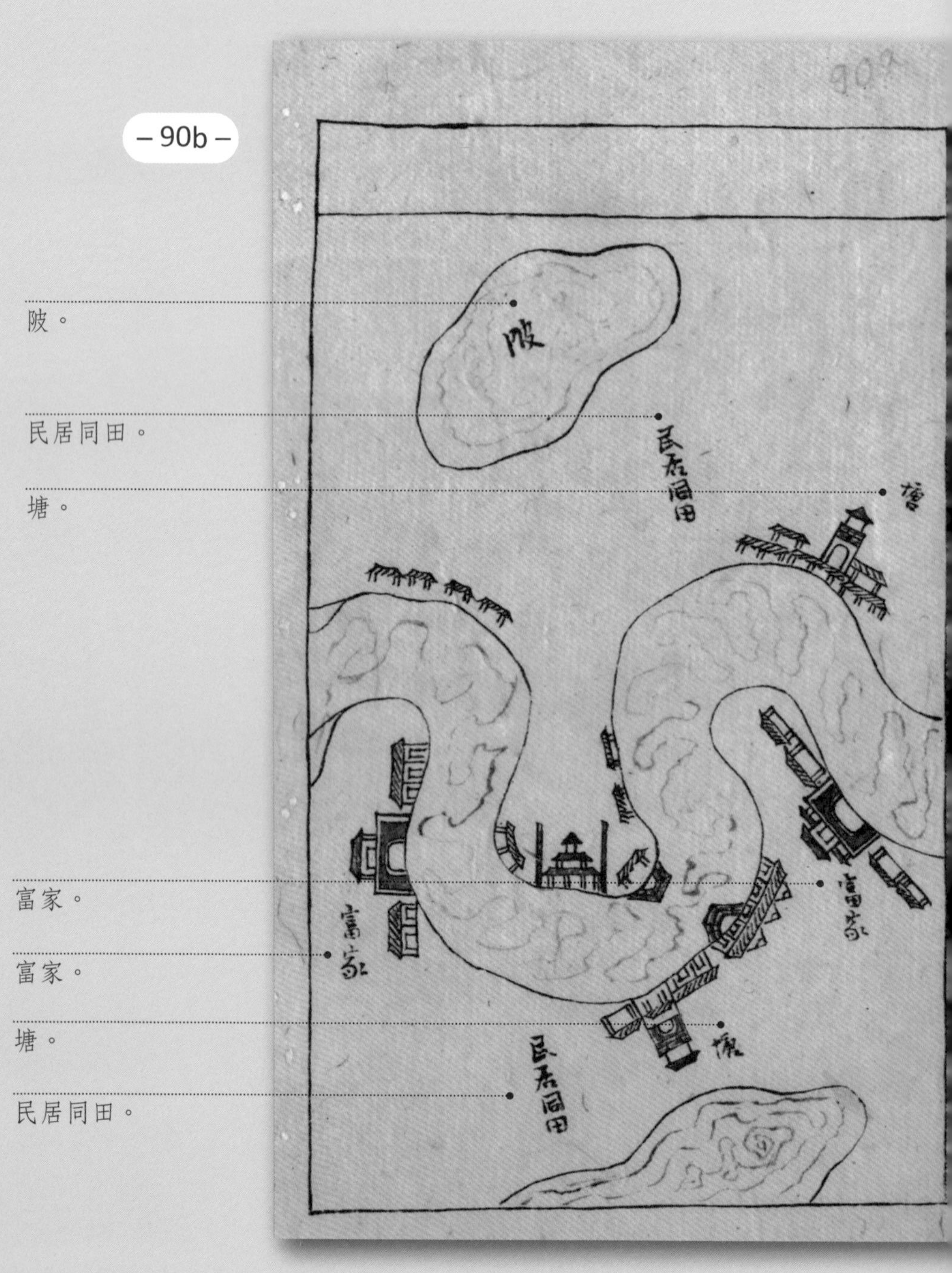

– 90a –

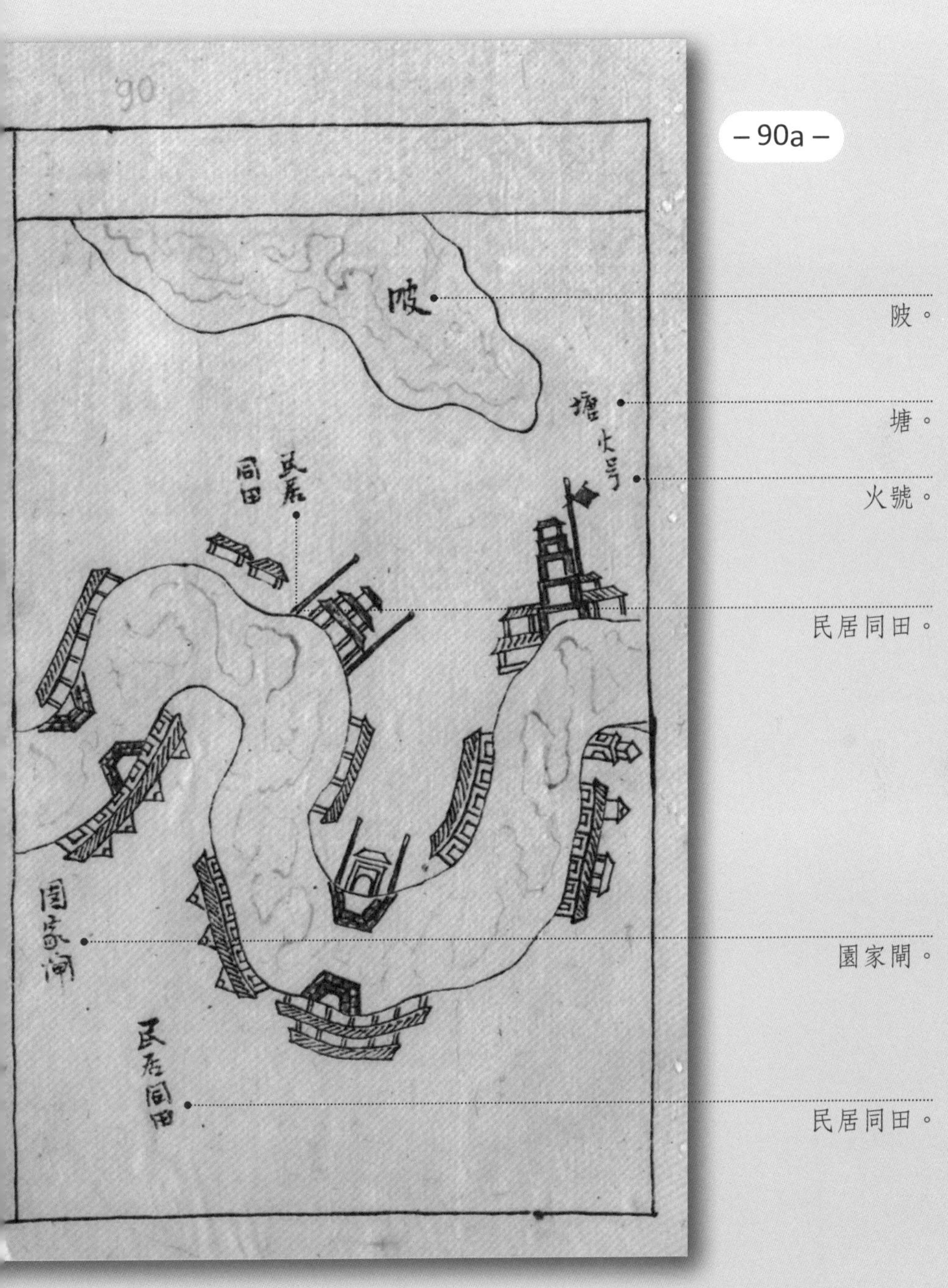

陂。

塘。

火號。

民居同田。

園家閘。

民居同田。

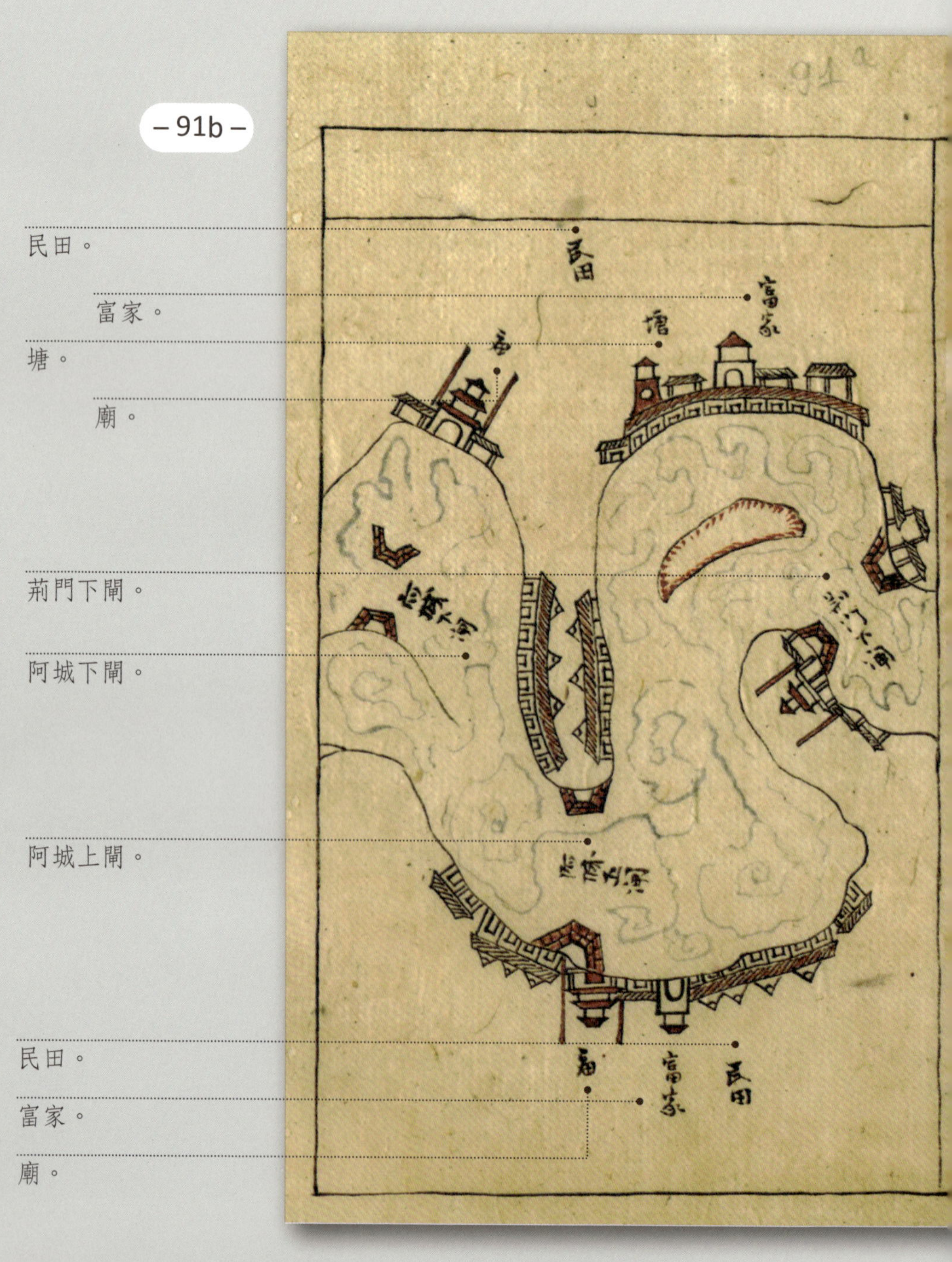
–91b–
民田。
富家。
塘。
廟。
荊門下閘。
阿城下閘。
阿城上閘。
民田。
富家。
廟。

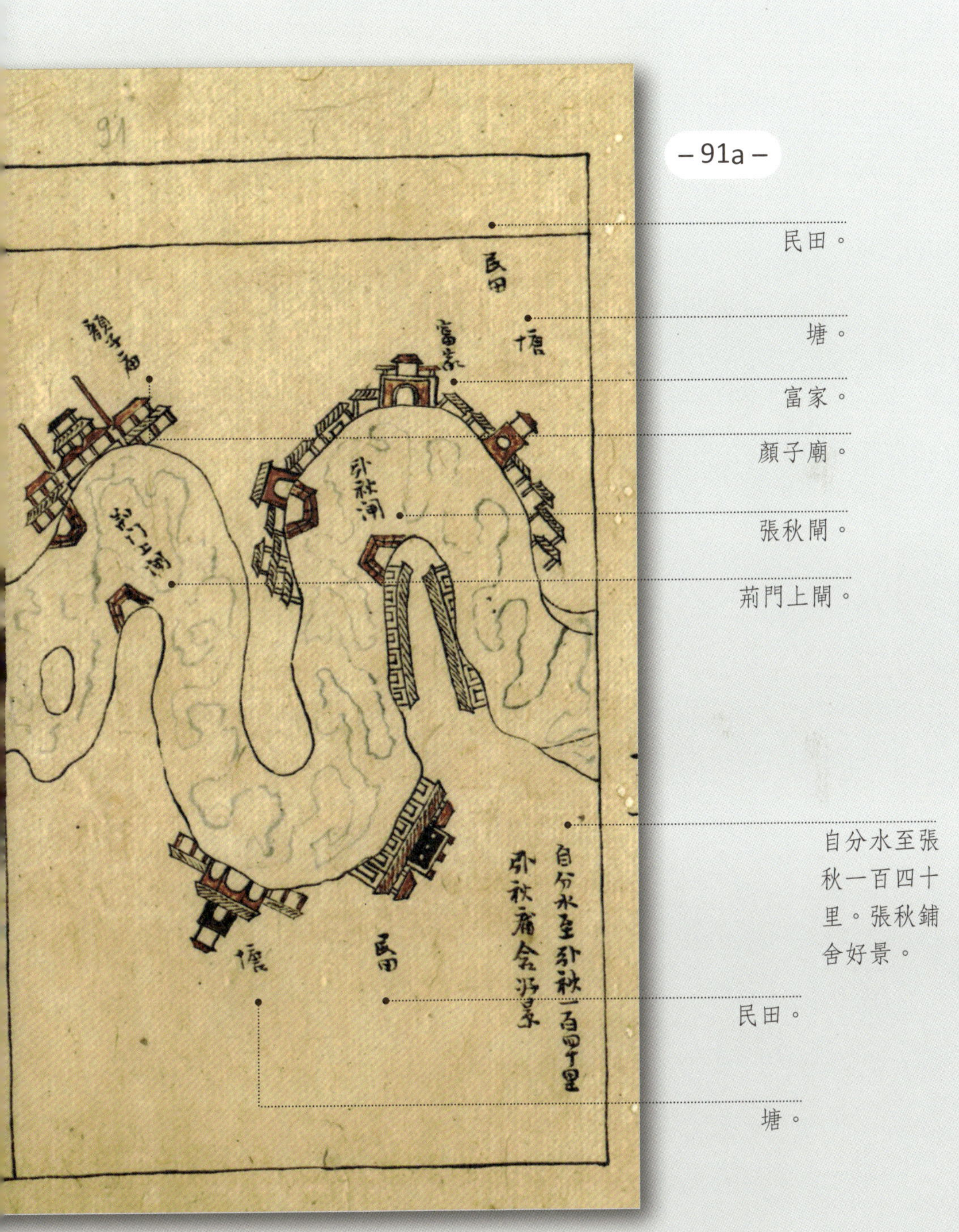
– 91a –
民田。
塘。
富家。
顏子廟。
張秋閘。
荊門上閘。
自分水至張秋一百四十里。張秋鋪舍好景。
民田。
塘。

– 92b –

民田。

廟。

民田。

周家廟店閘。

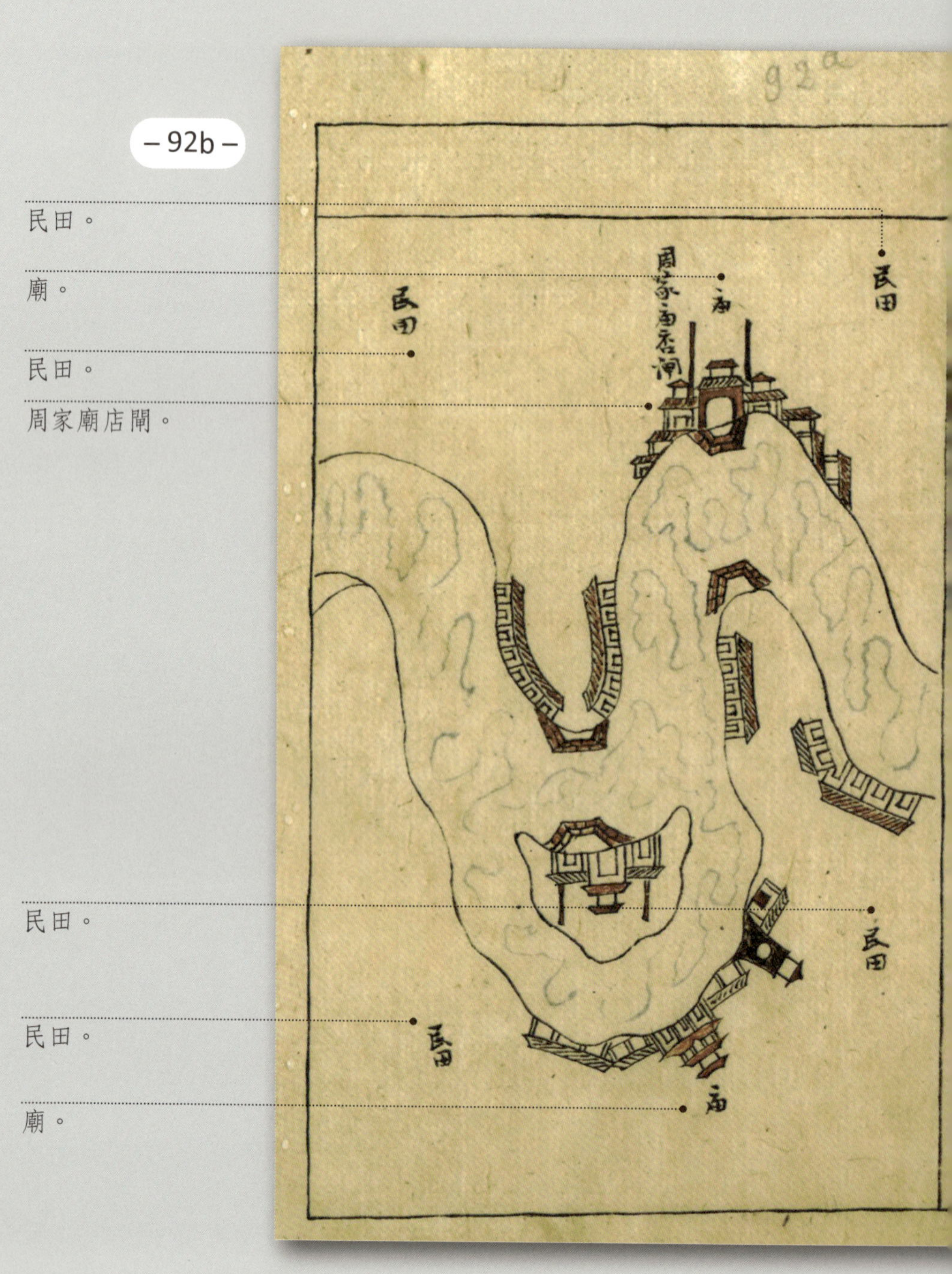

民田。

民田。

廟。

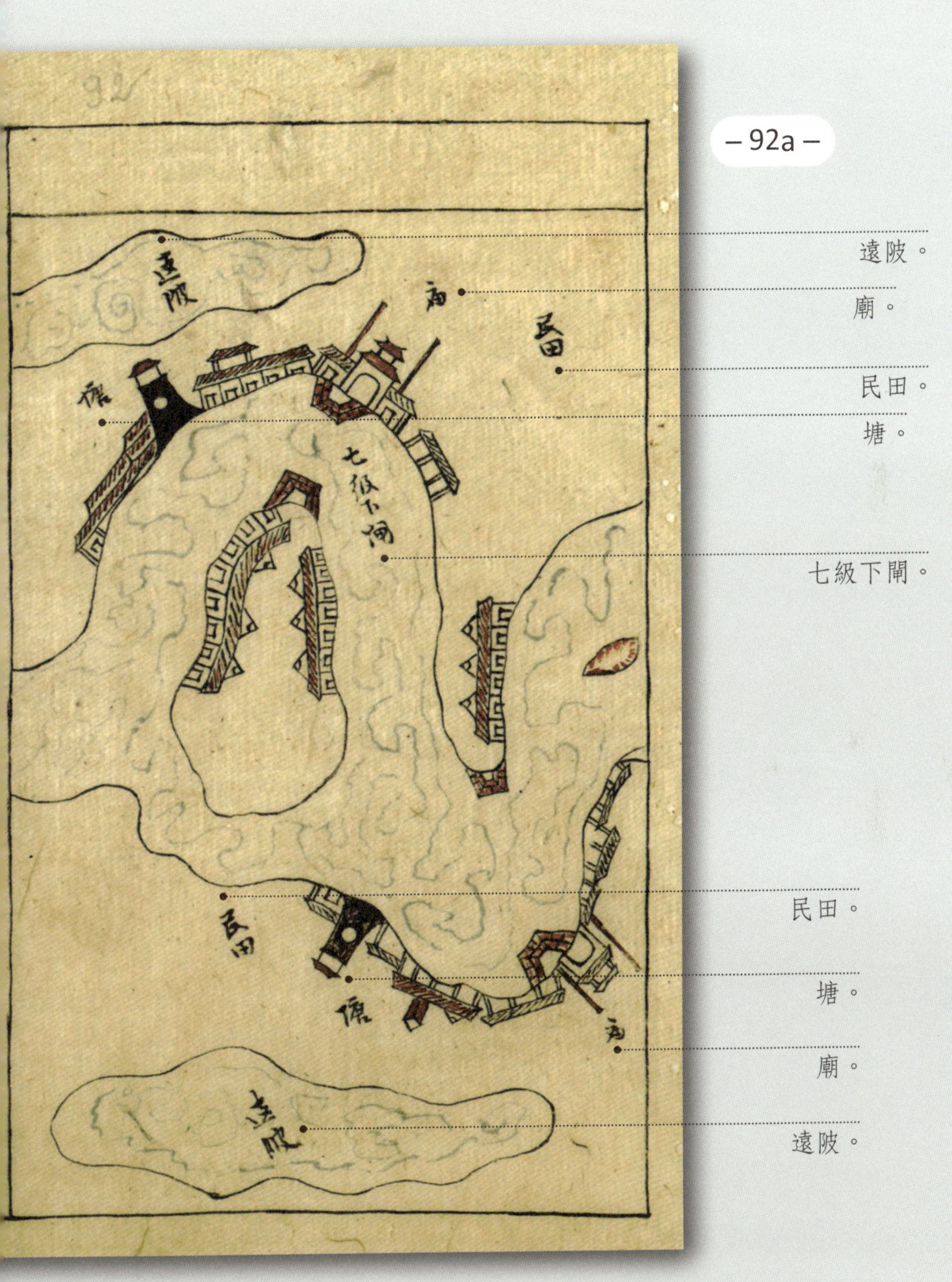

– 92a –

遠陂。
廟。
民田。
塘。
七級下閘。
民田。
塘。
廟。
遠陂。

– 93b –

前部：冰厚難行，仍差通事與伴送來就東昌府聊城縣乞給夫馬起行陸路。伊縣官差兵房吏房及馬牌將軍三十六輛檯表函及轎三十人，馬外三十四，其載貢箱車四輛，私裝車五輛，護貢官私裝車二輛，通醫私裝車三輛，隨人私裝共車二輛，其馬通醫士隨各一匹。護貢官兵役另給不併。

同田。

陸路。

– 93a –

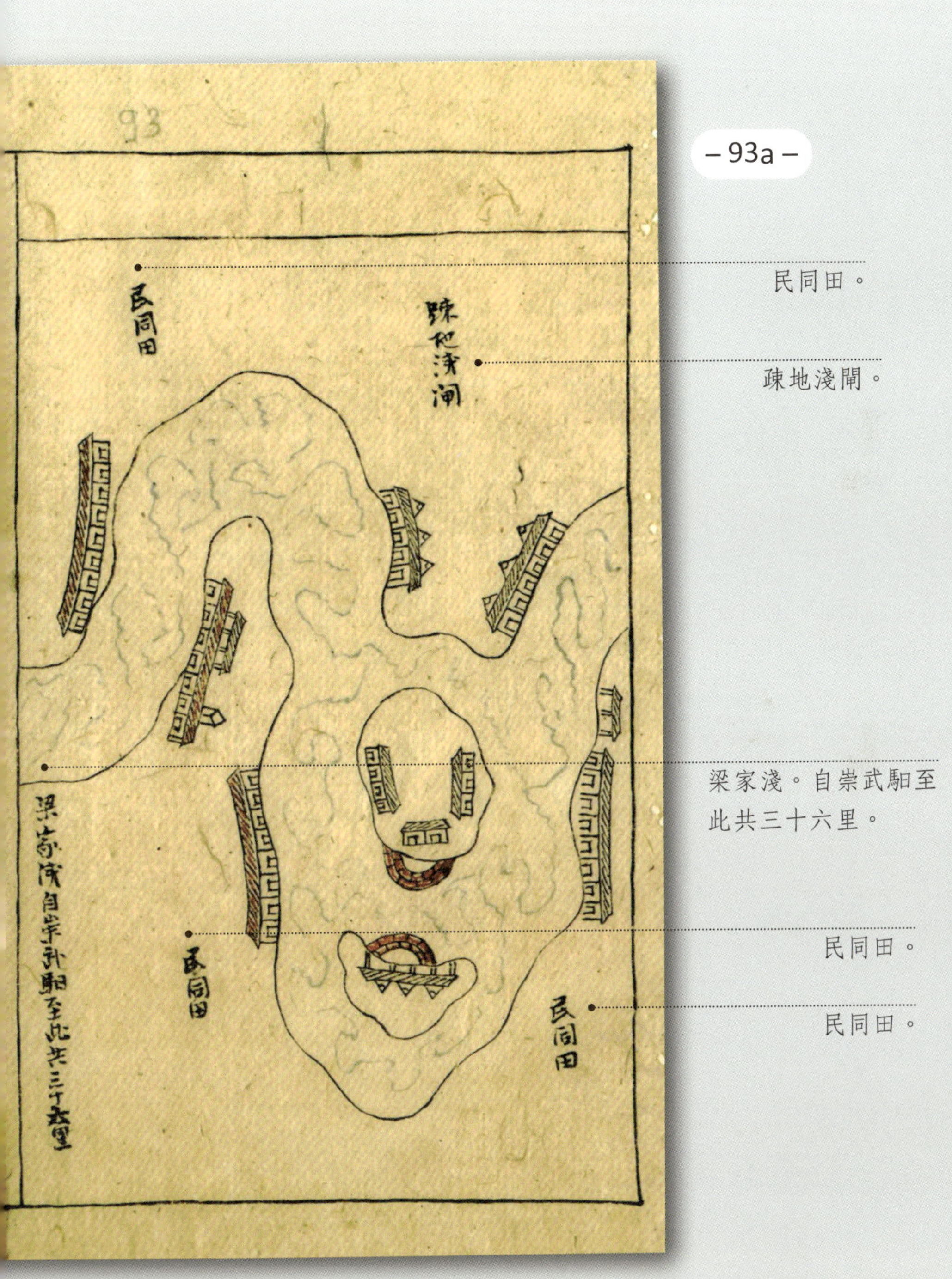

民同田。

疎地淺閘。

梁家淺。自崇武馹至此共三十六里。

民同田。

民同田。

－94b－

同田。

鋪舍。

同田。

同田。

同田。

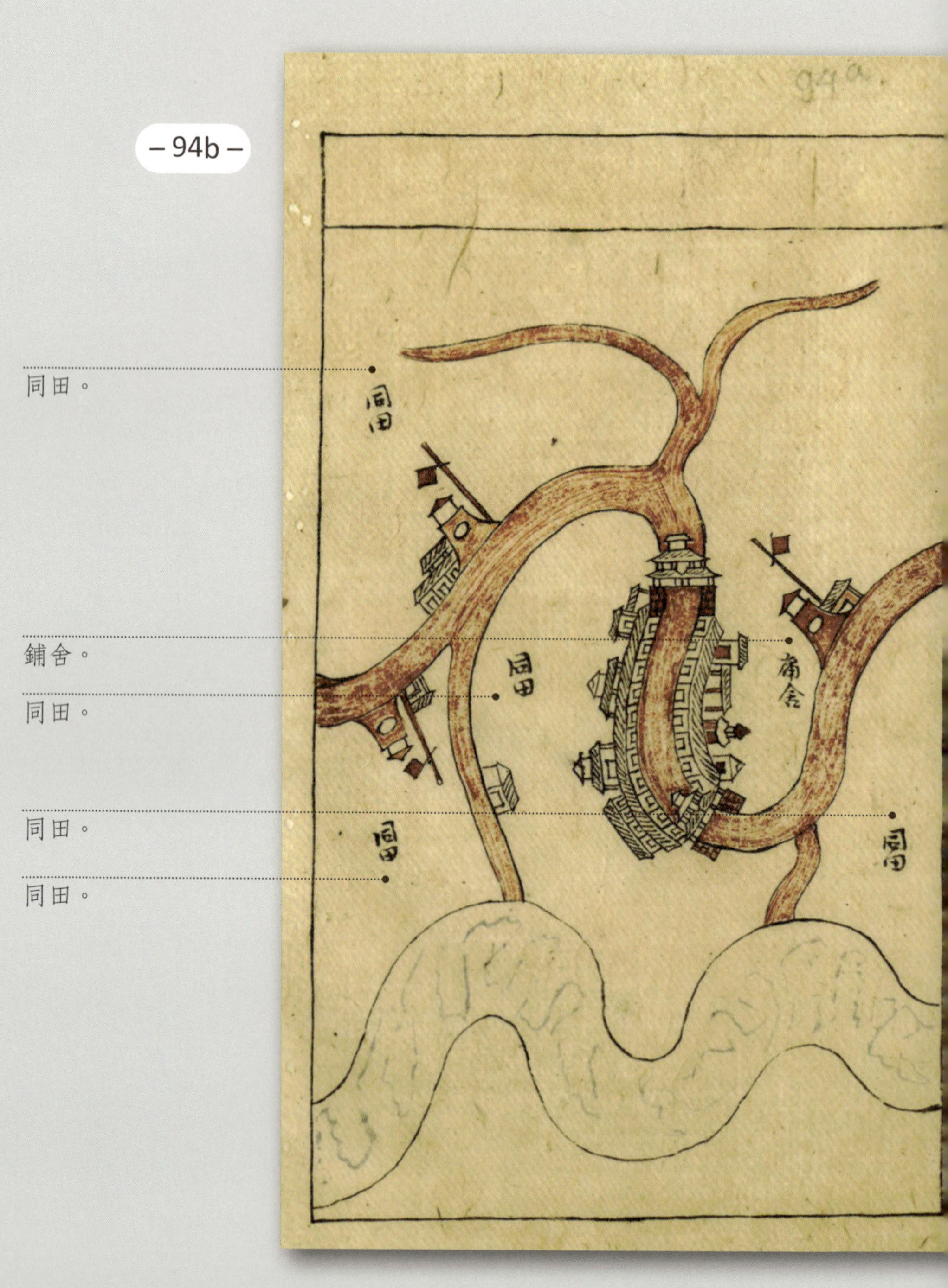

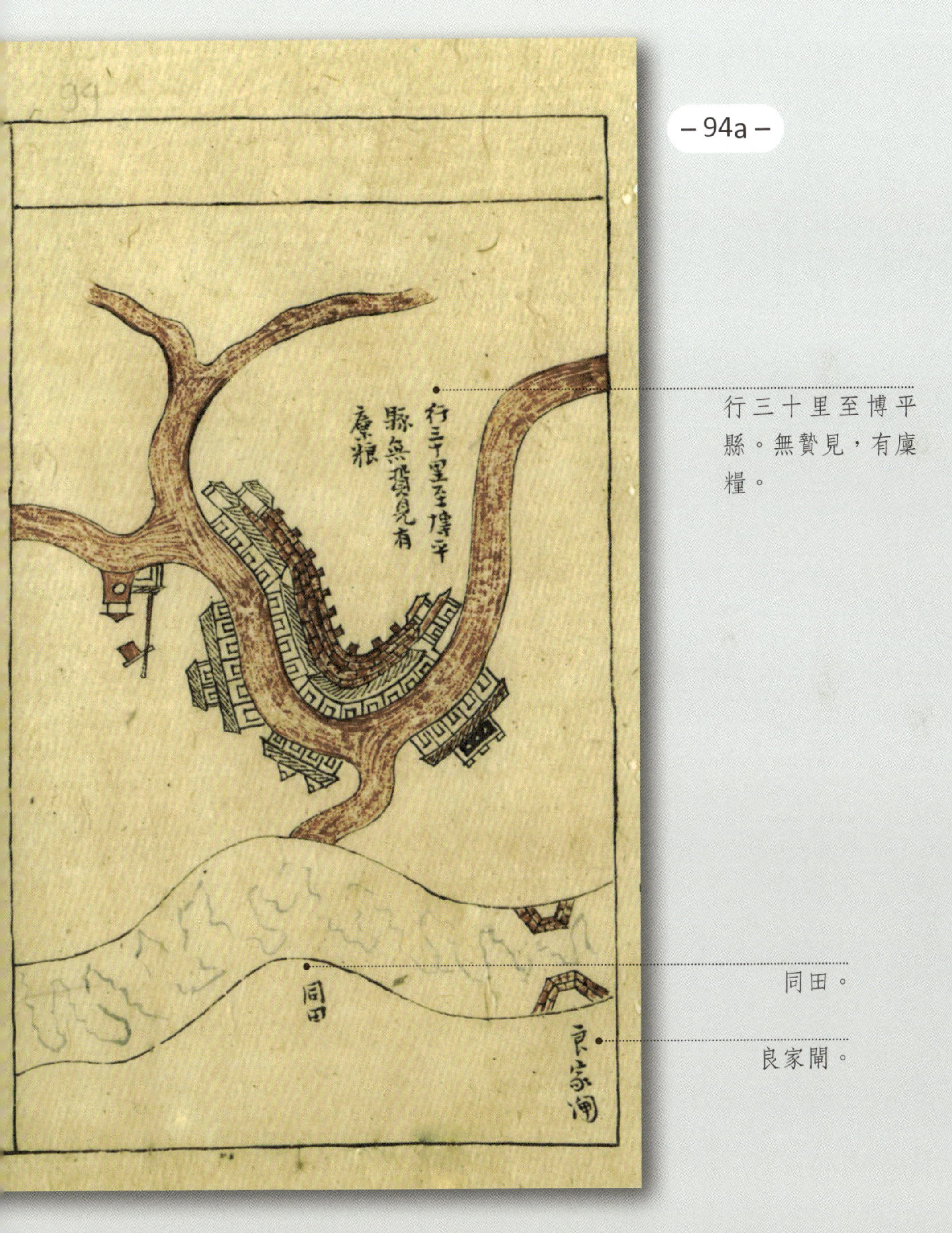

– 94a –

行三十里至博平縣。無贊見，有廩糧。

同田。

良家閘。

95a
– 95b –
同田。
同田。
民田。
塘。
塘。
塘。
民田。
民田。

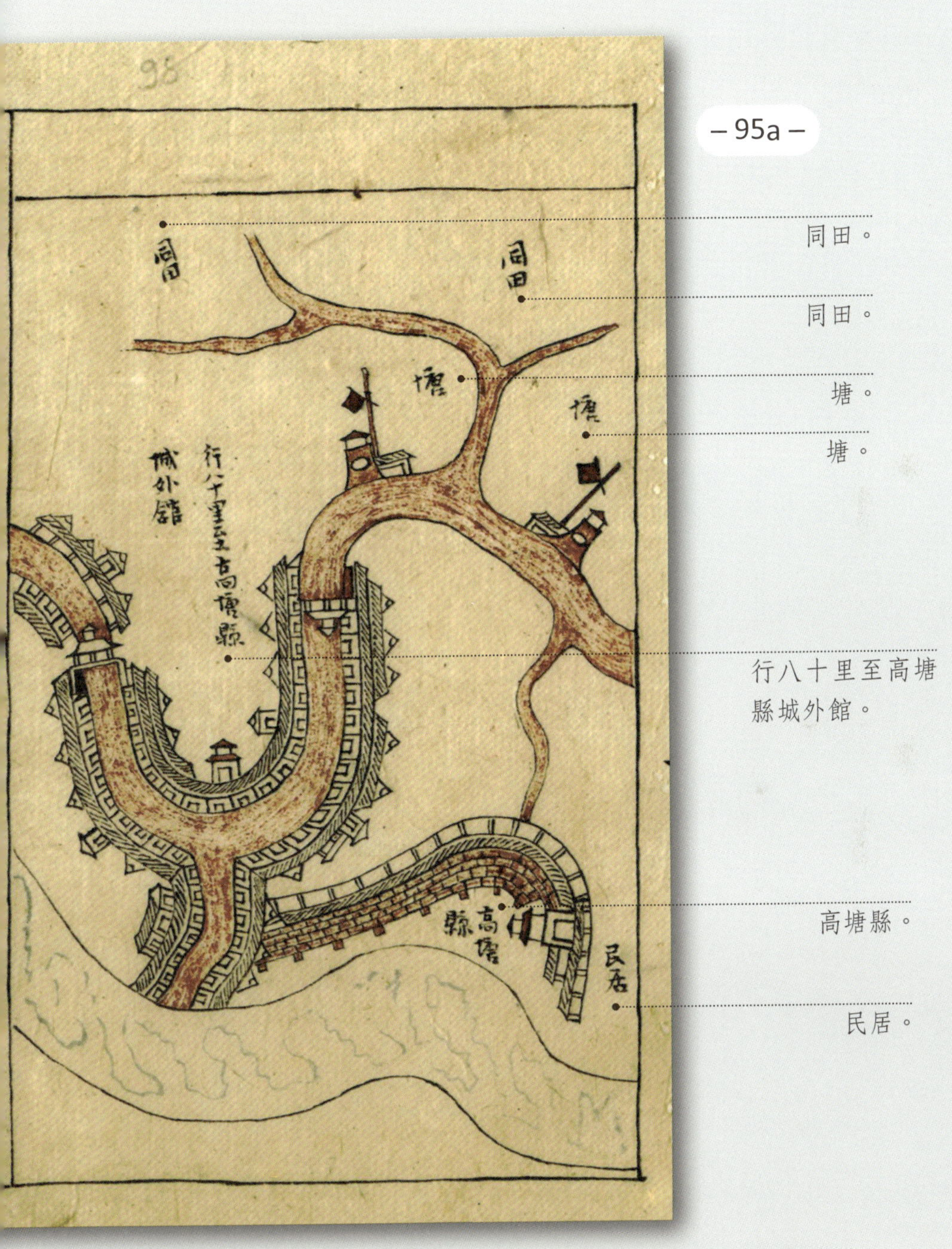

– 95a –

同田。

同田。

塘。

塘。

行八十里至高塘縣城外館。

高塘縣。

民居。

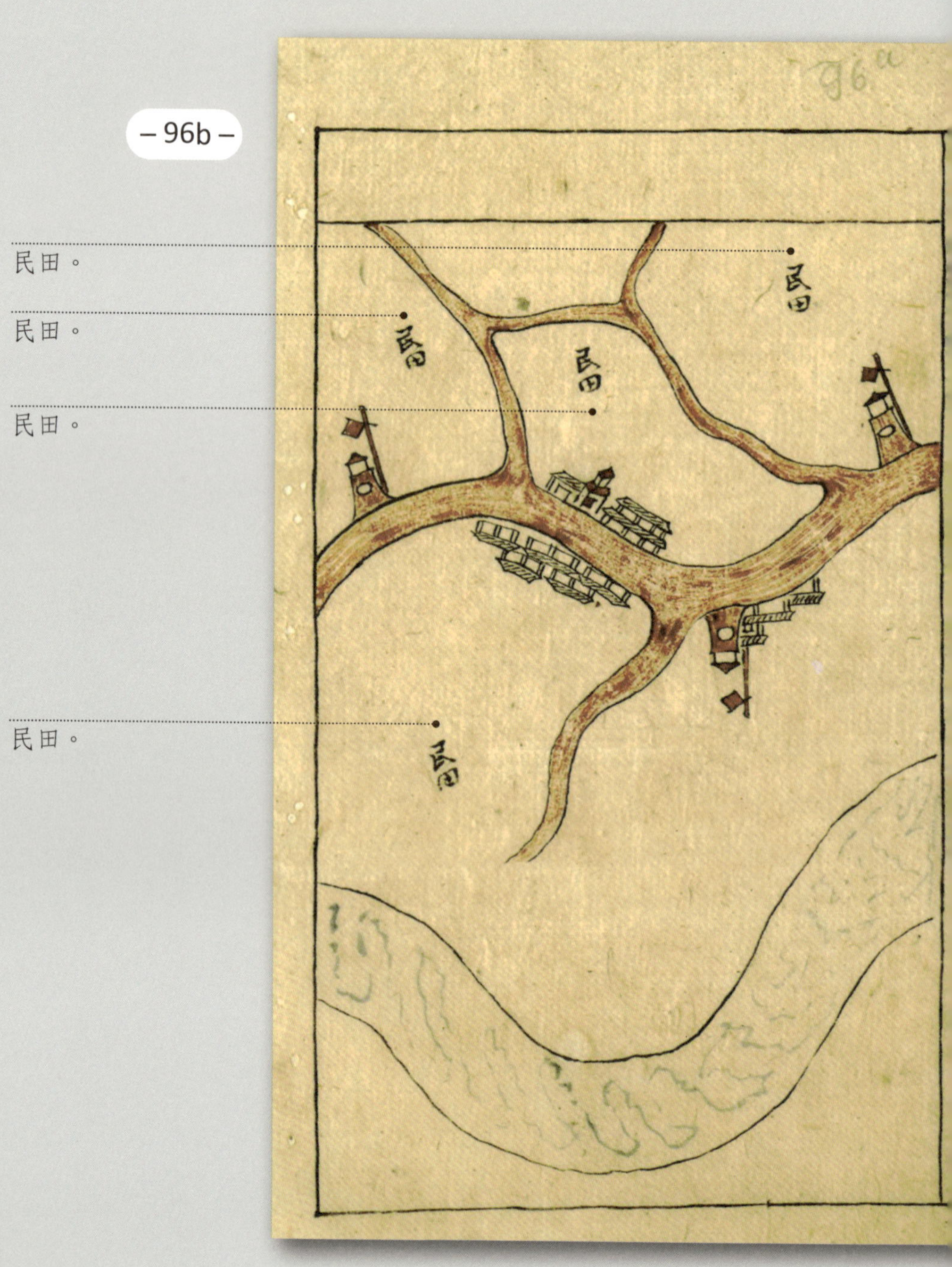
–96b–
民田。
民田。
民田。
民田。

– 96a –

– 97b –

此江水路有經過。

民田。

民田。

民田。

民田。

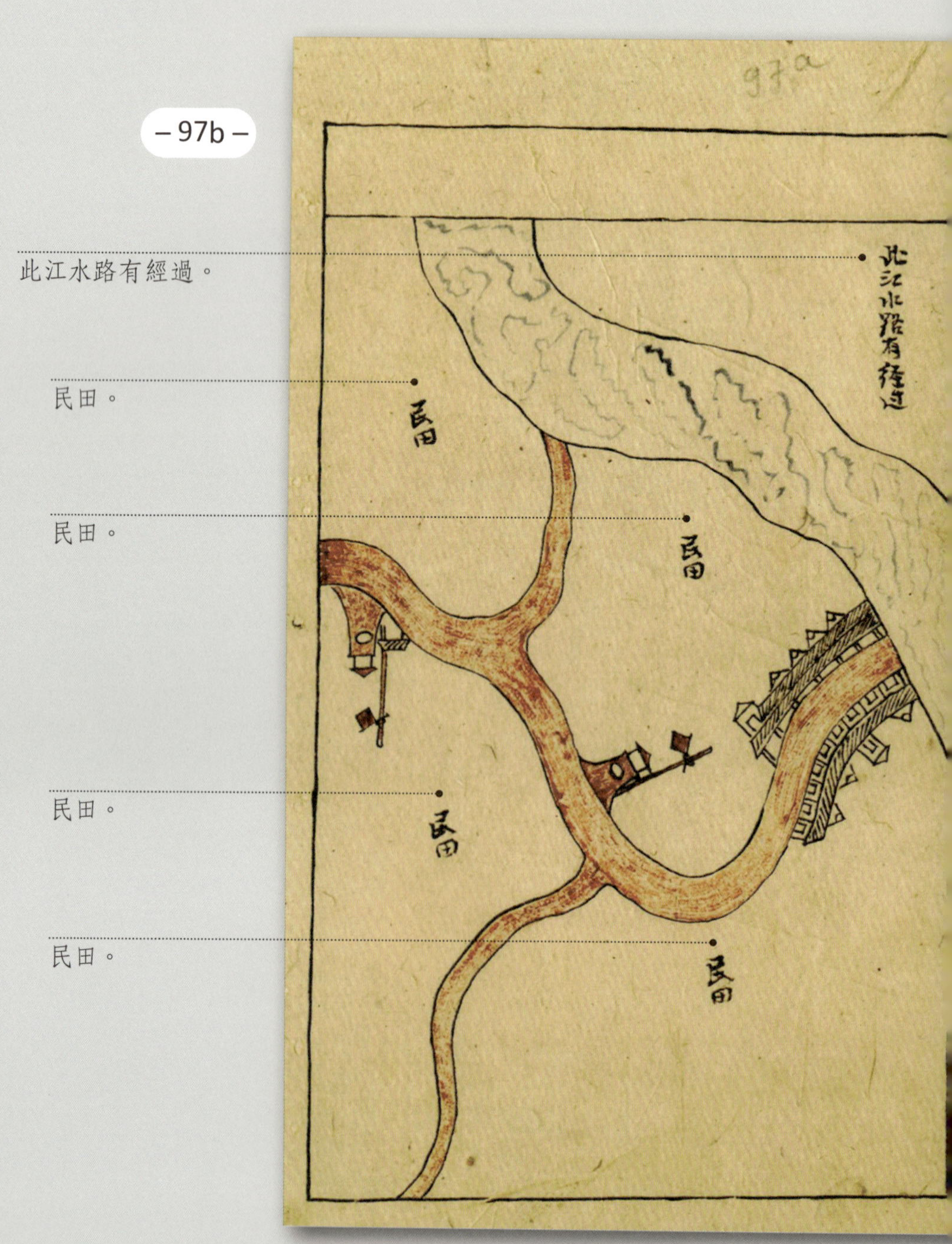

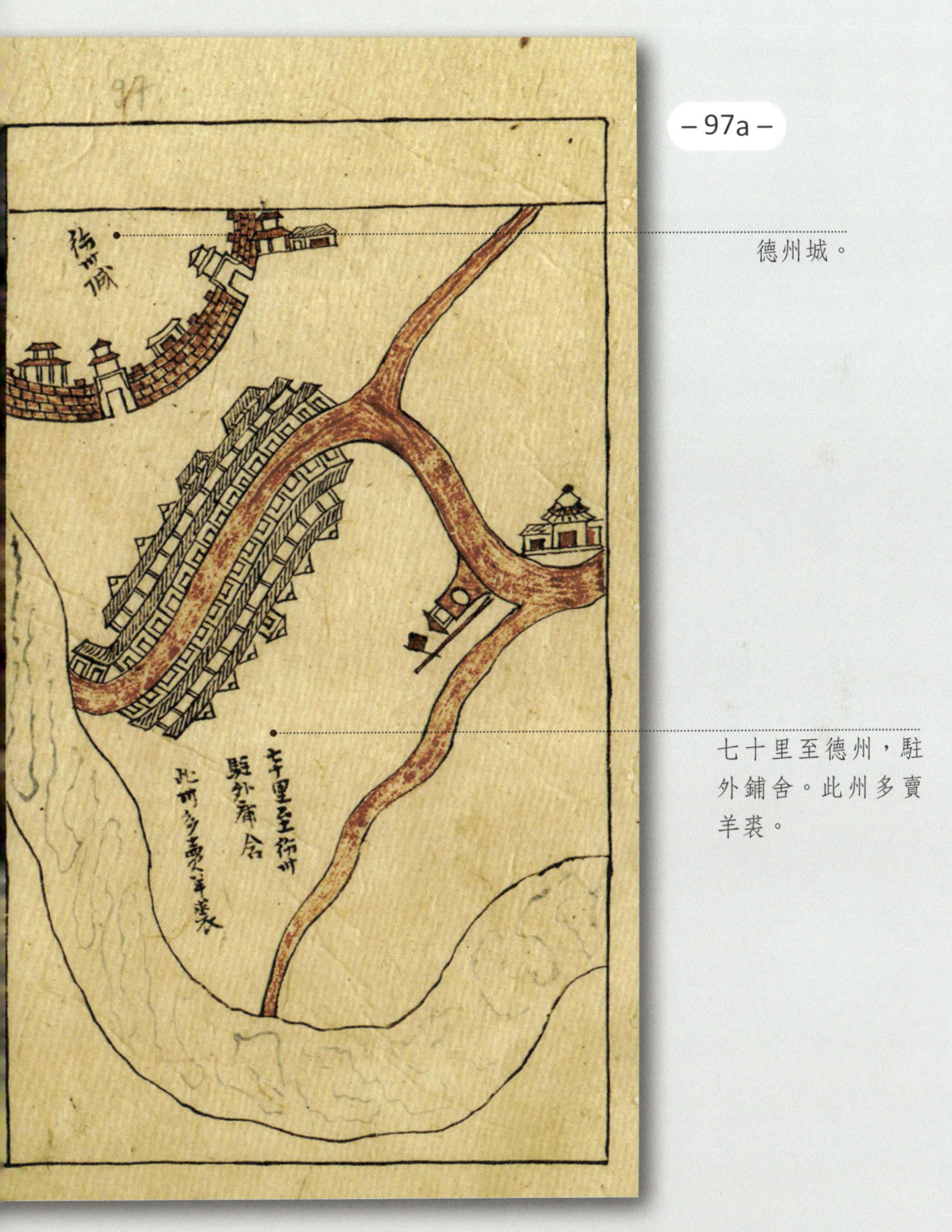

– 97a –

德州城。

七十里至德州，駐外鋪舍。此州多賣羊裘。

– 98b –

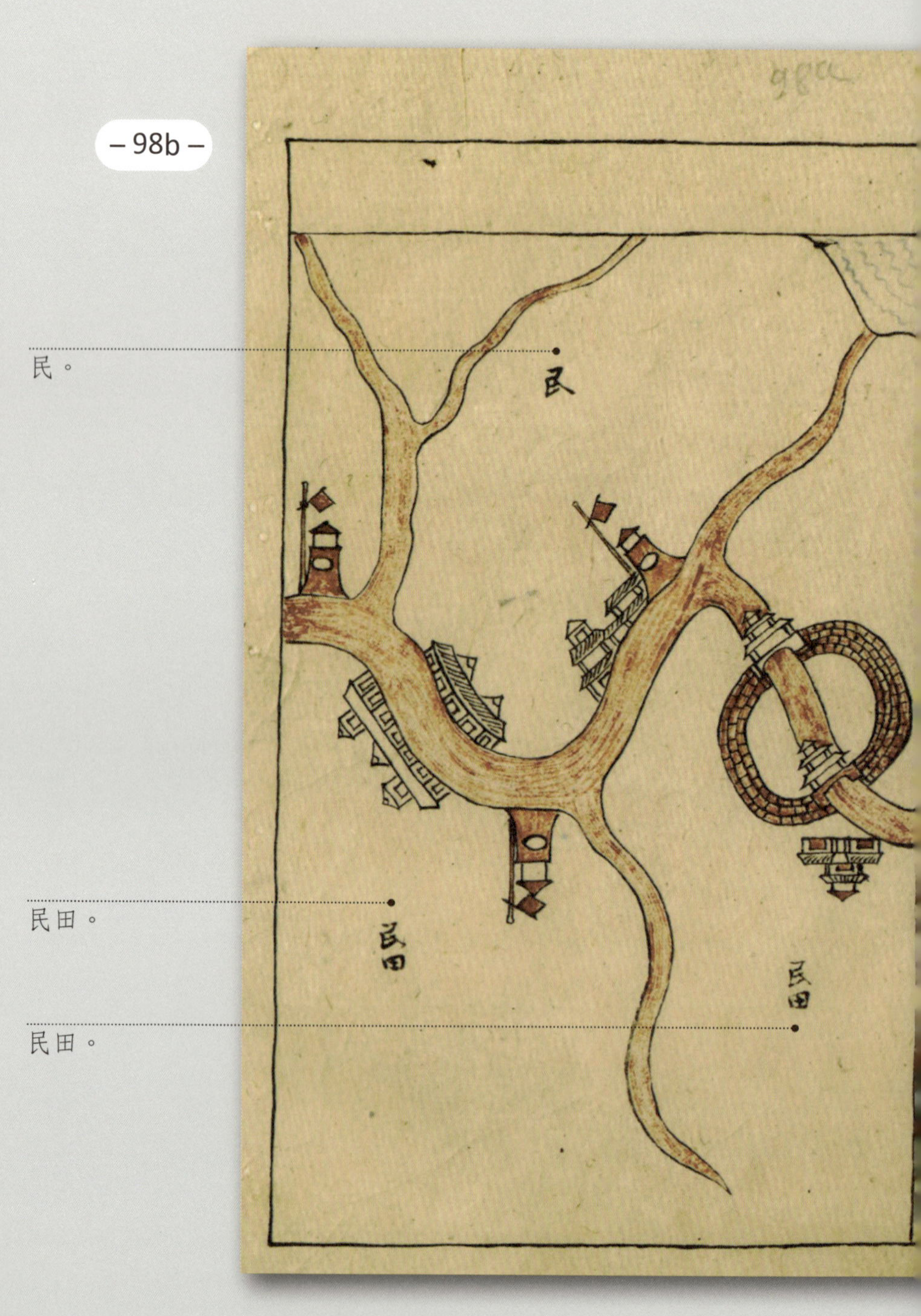

民。

民田。

民田。

– 98a –

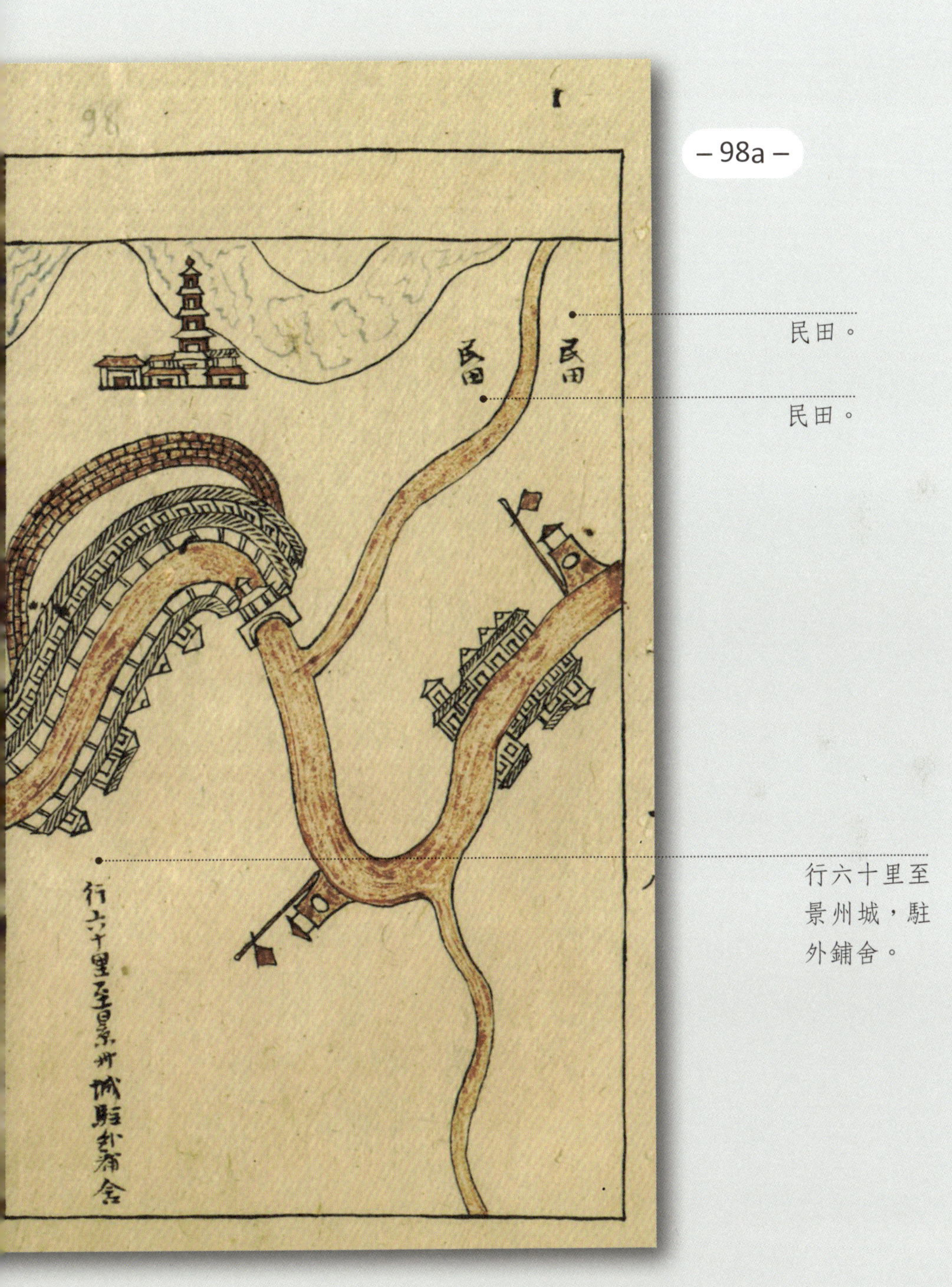

民田。

民田。

行六十里至景州城，駐外鋪舍。

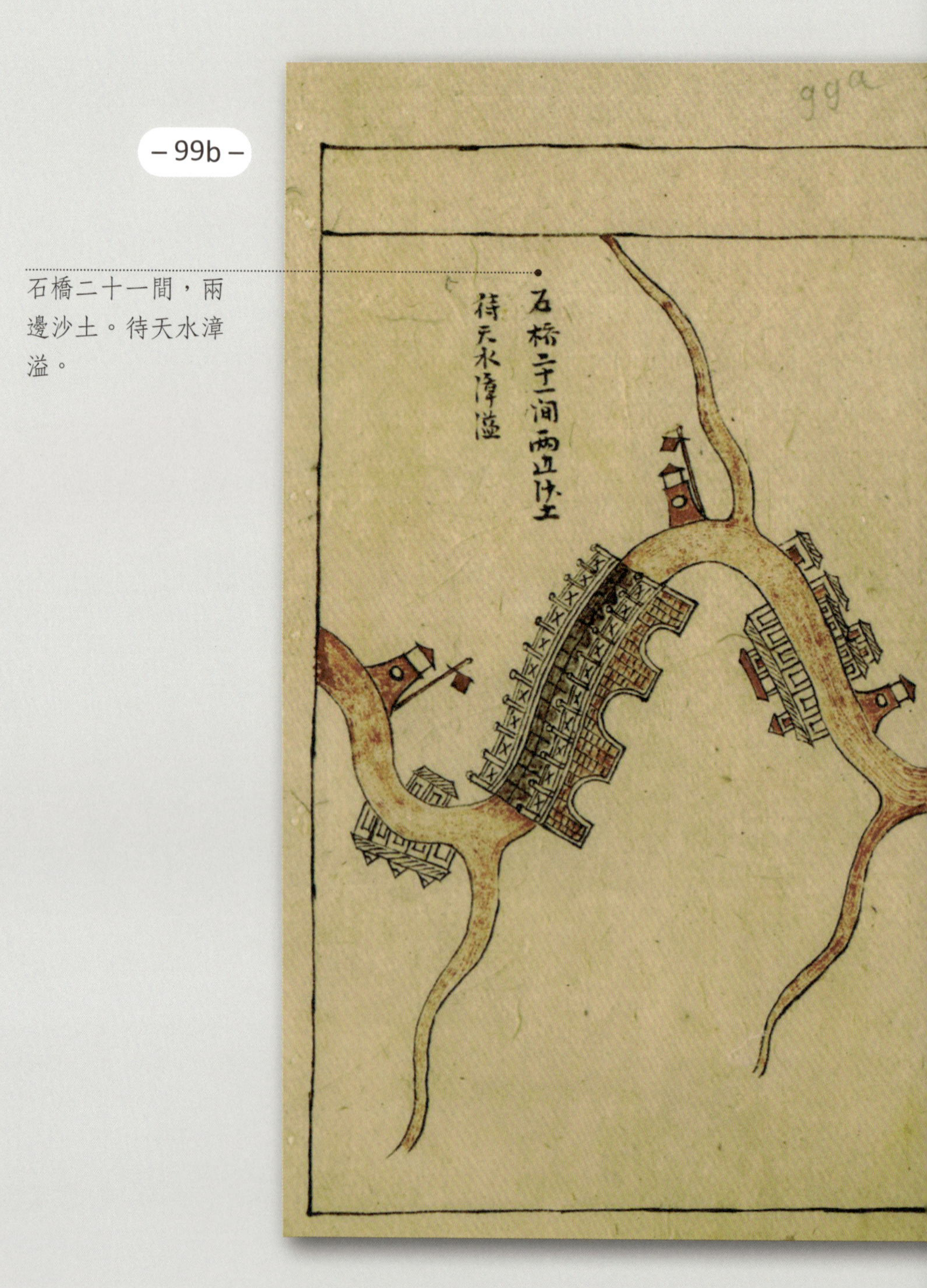

– 99b –

石橋二十一間，兩邊沙土。待天水漳溢。

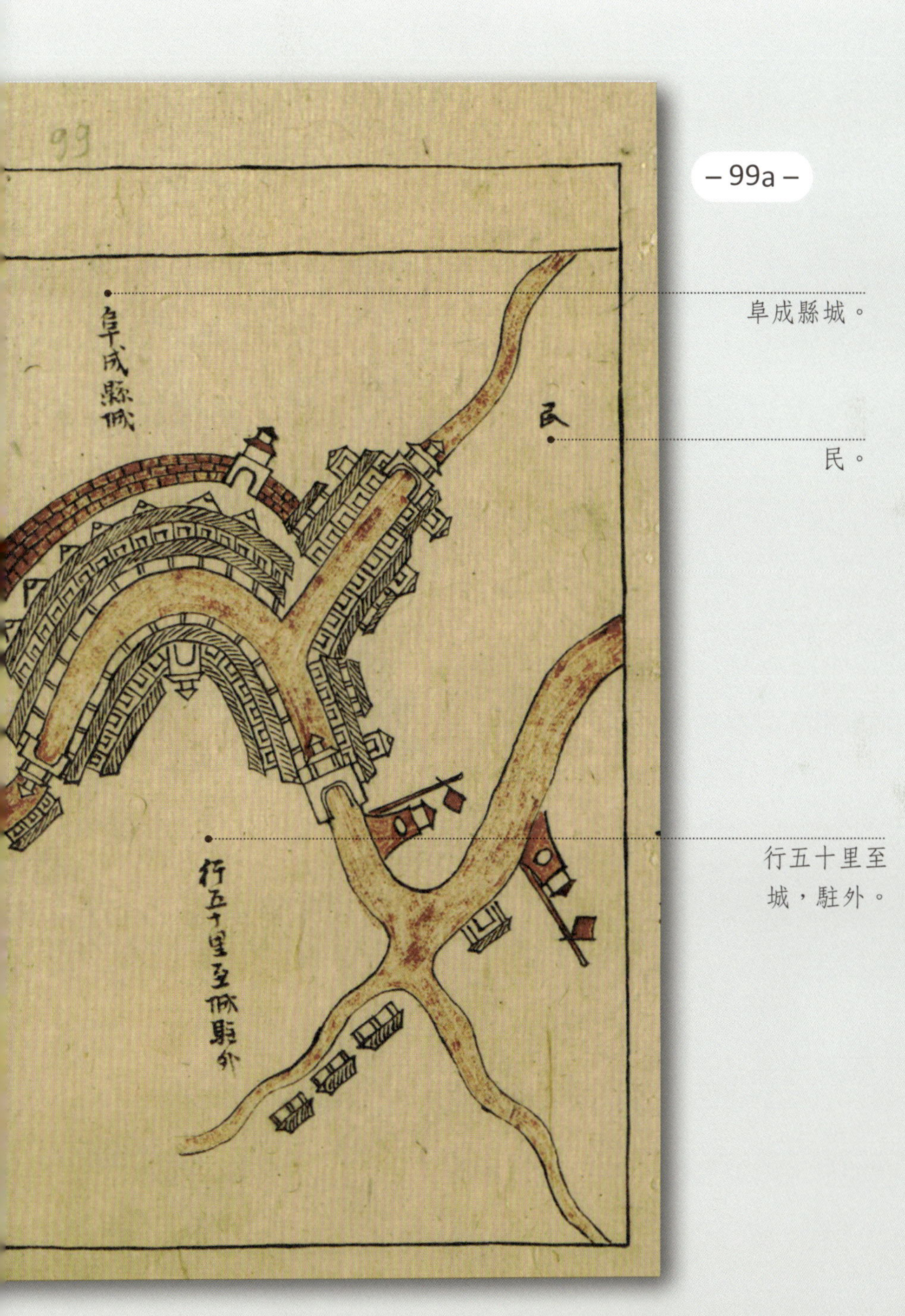
99
– 99a –
阜成縣城。
民。
行五十里至
城，駐外。

– 100b –

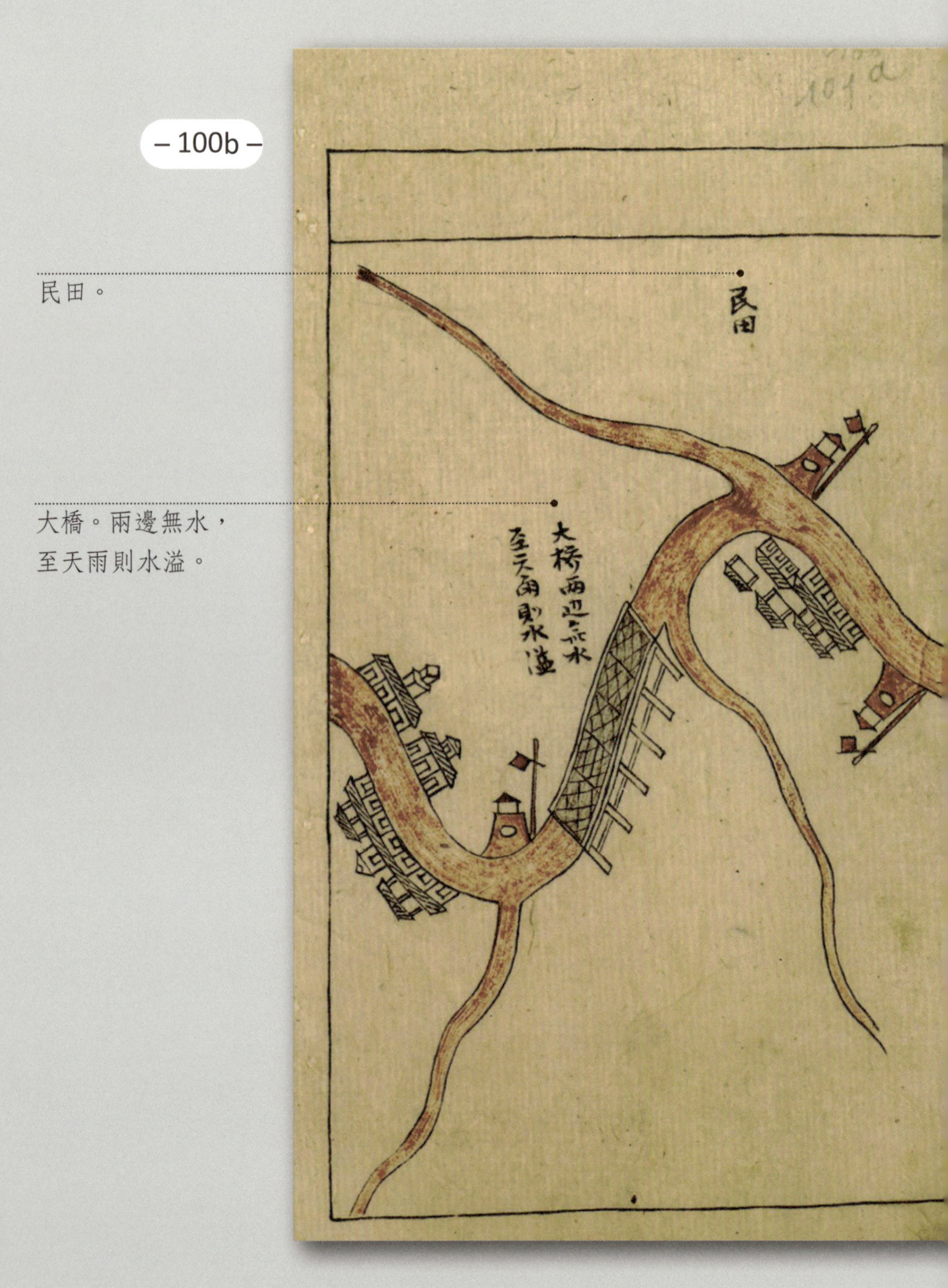

民田。

大橋。兩邊無水，至天雨則水溢。

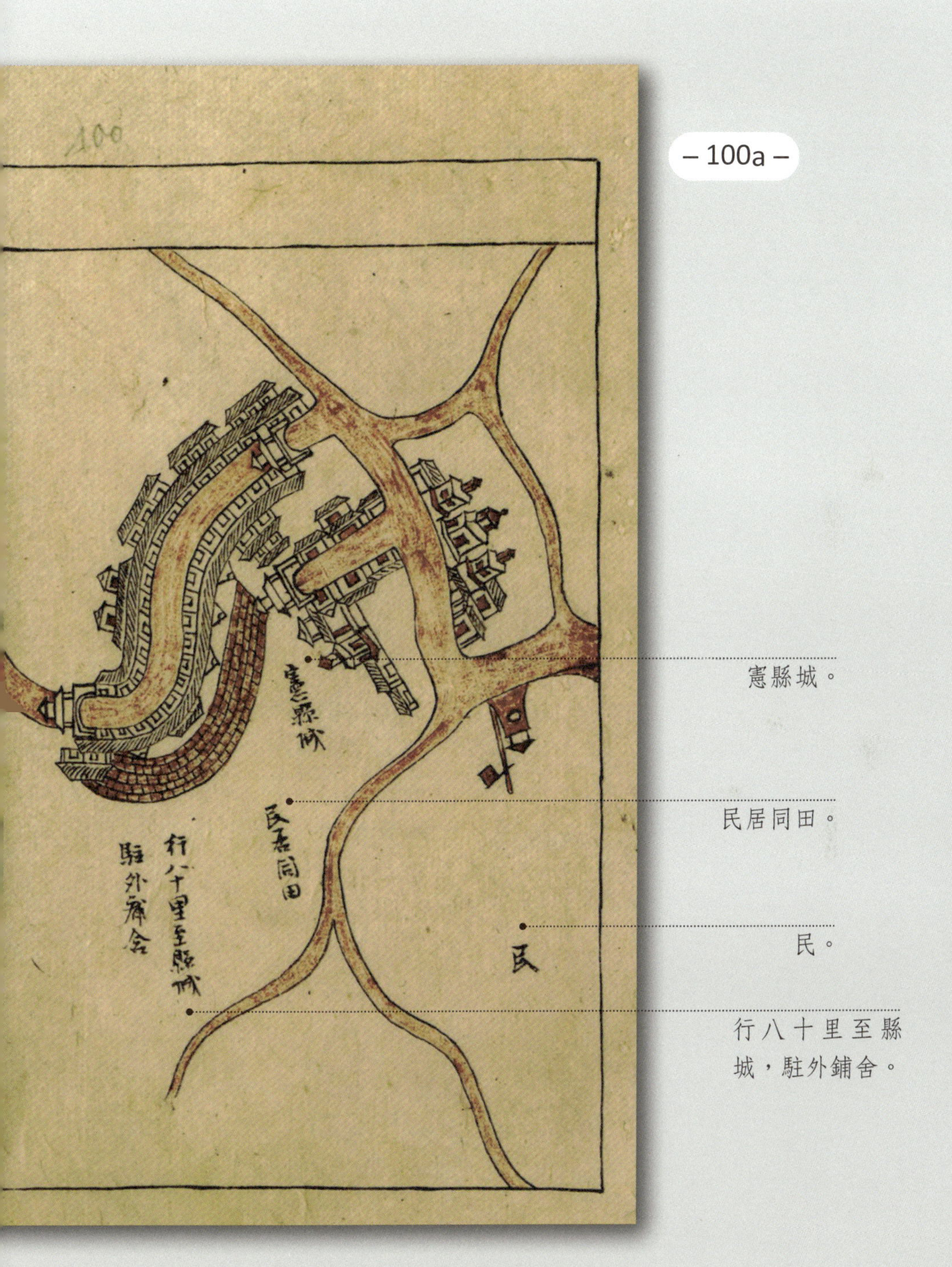
– 100a –
憲縣城。
民居同田。
民。
行八十里至縣城，駐外鋪舍。

– 101b –

– 101a –

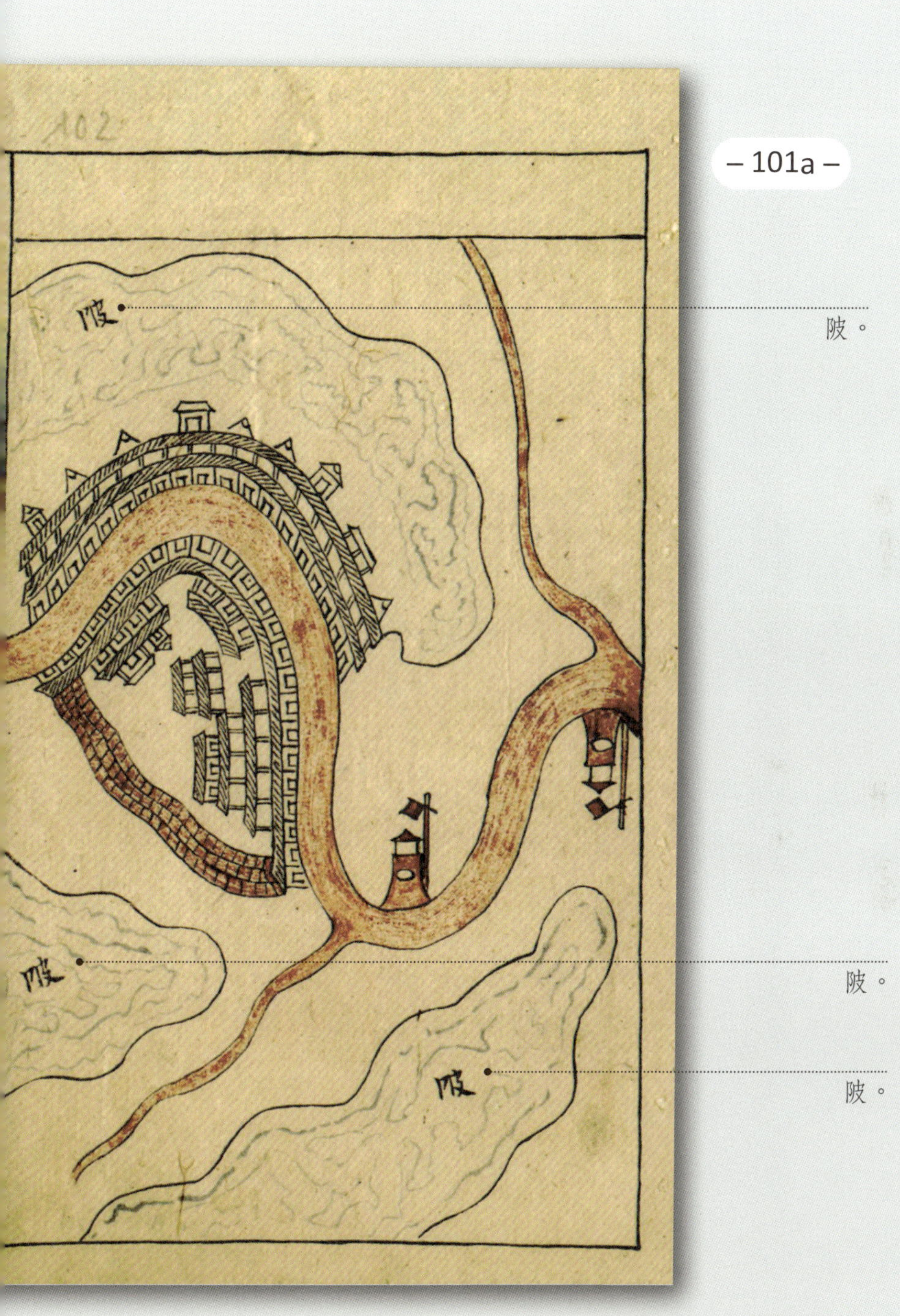

陂。

陂。

陂。

– 102b –

木橋以下。

民田。

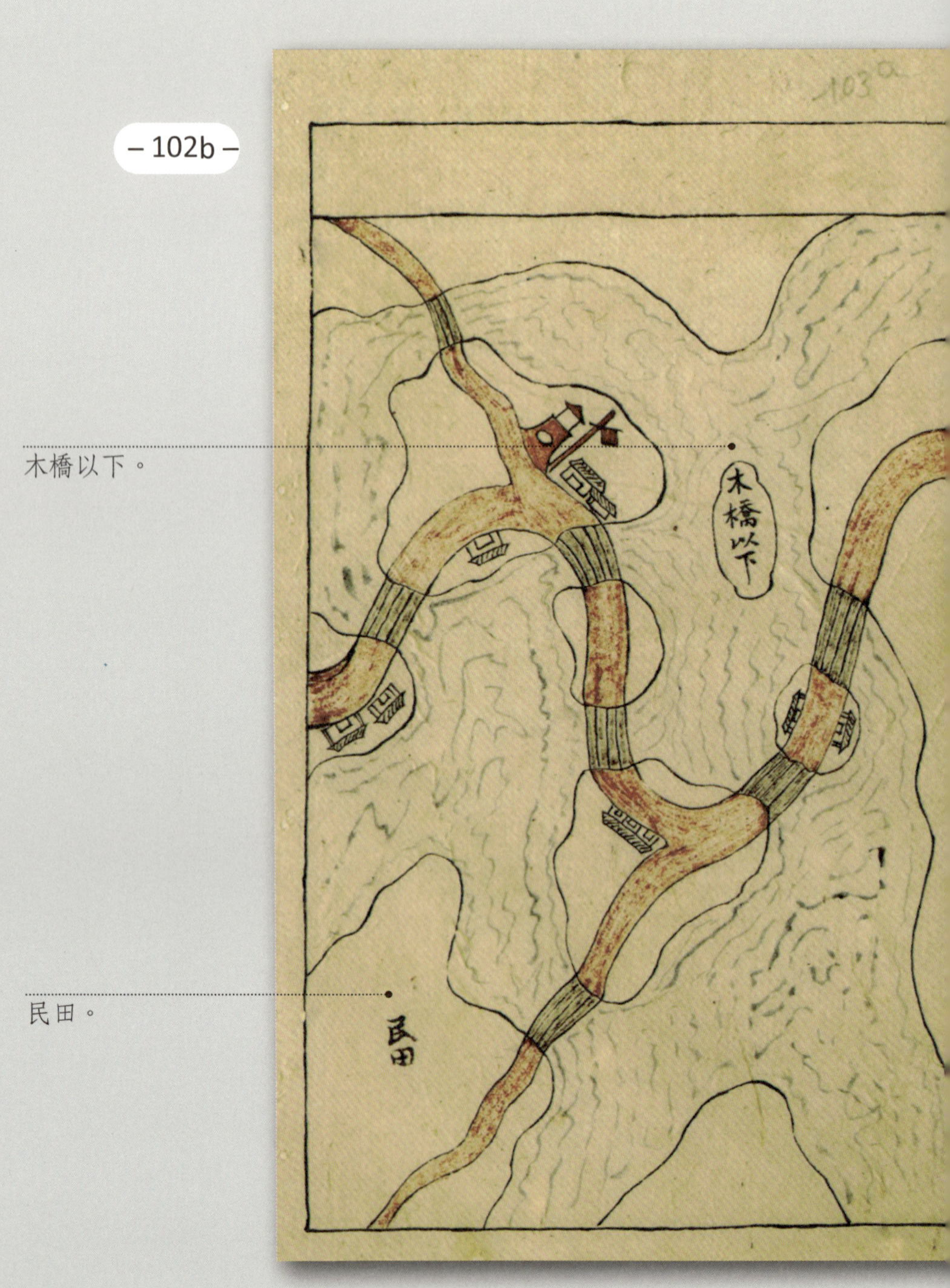

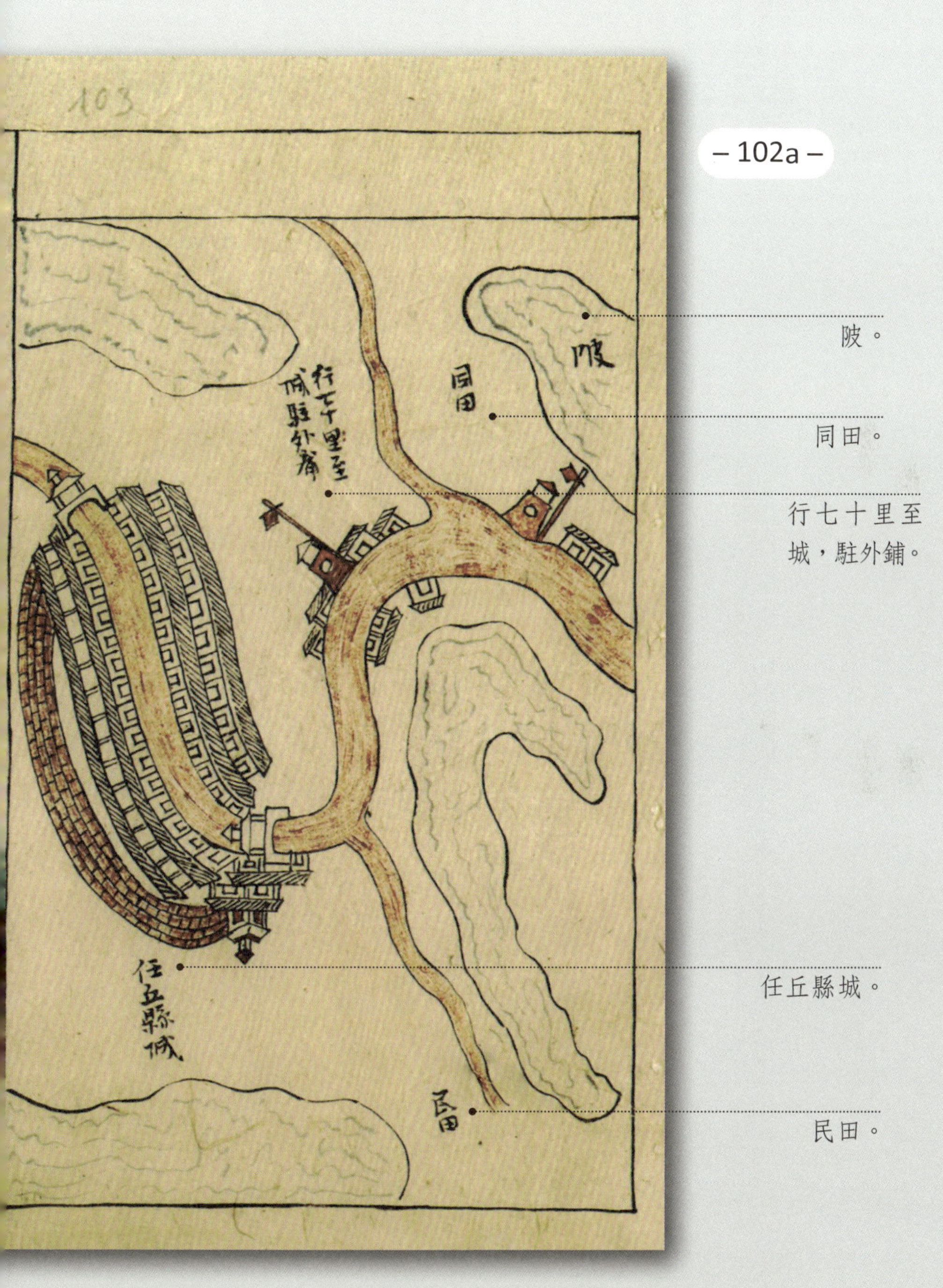

– 102a –

陂。

同田。

行七十里至城，駐外鋪。

任丘縣城。

民田。

– 103b –

民田。

民田。

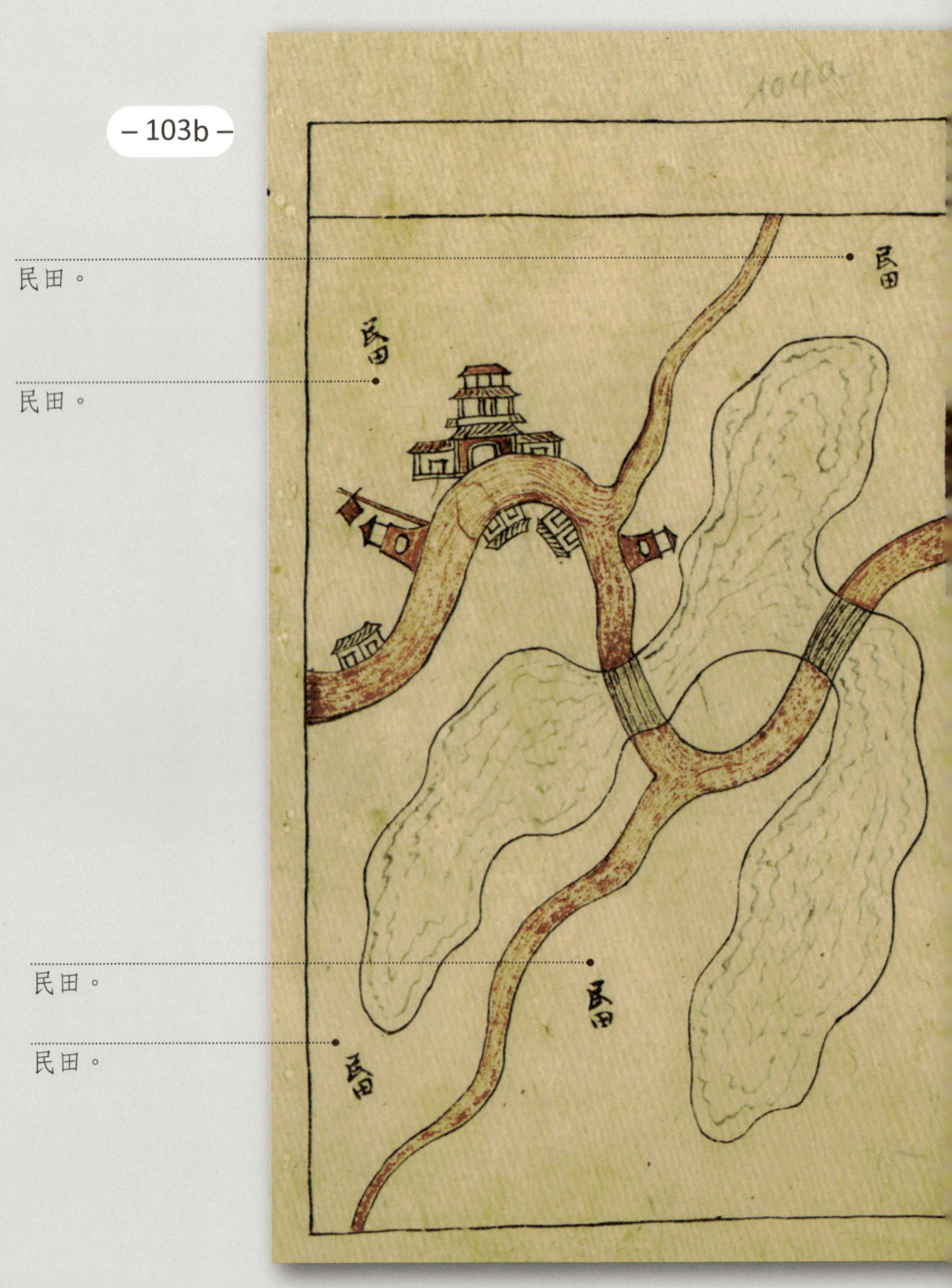

民田。

民田。

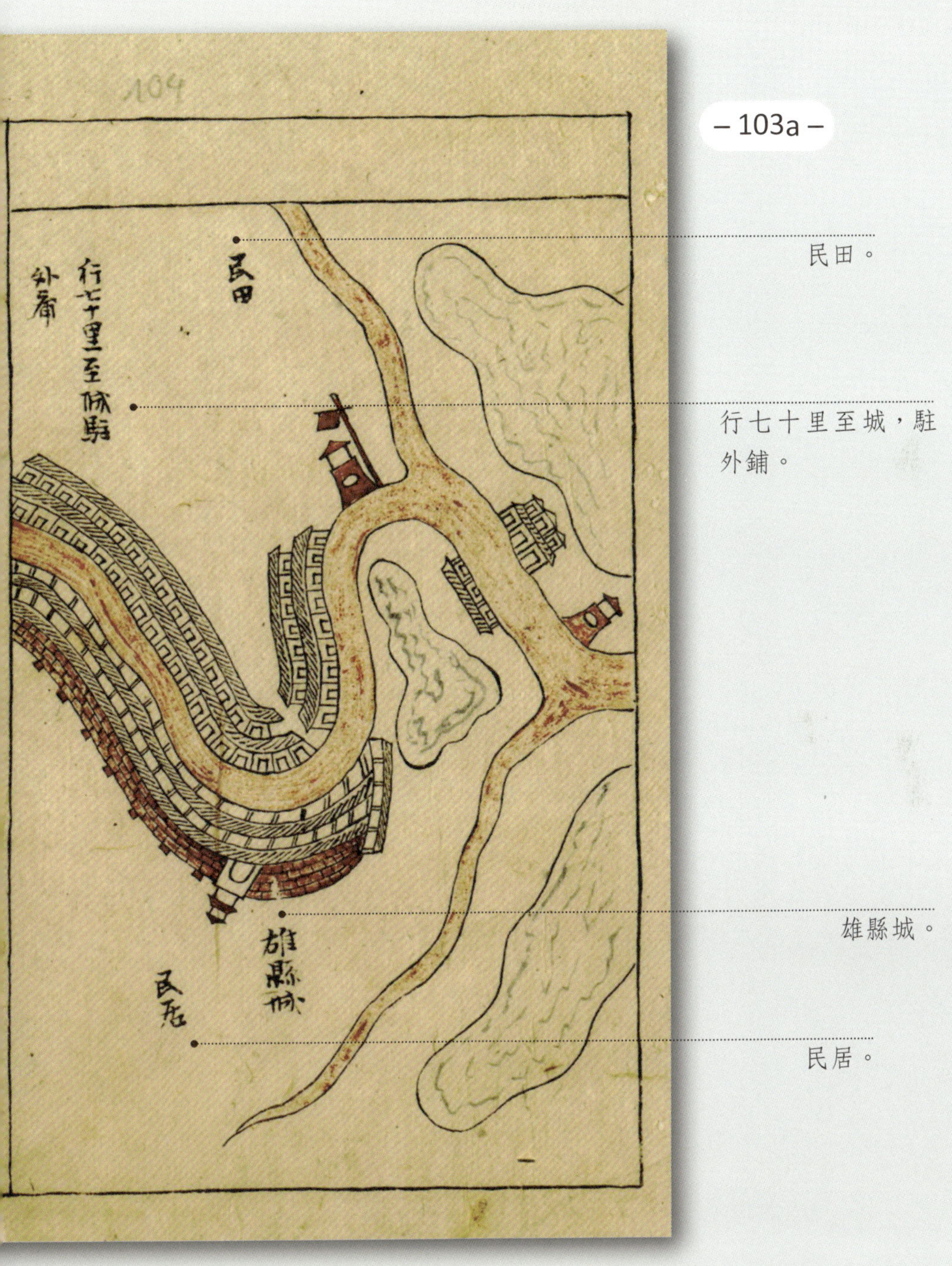

– 103a –

民田。

行七十里至城，駐外鋪。

雄縣城。

民居。

– 104b –

民居同田。

民居同田。

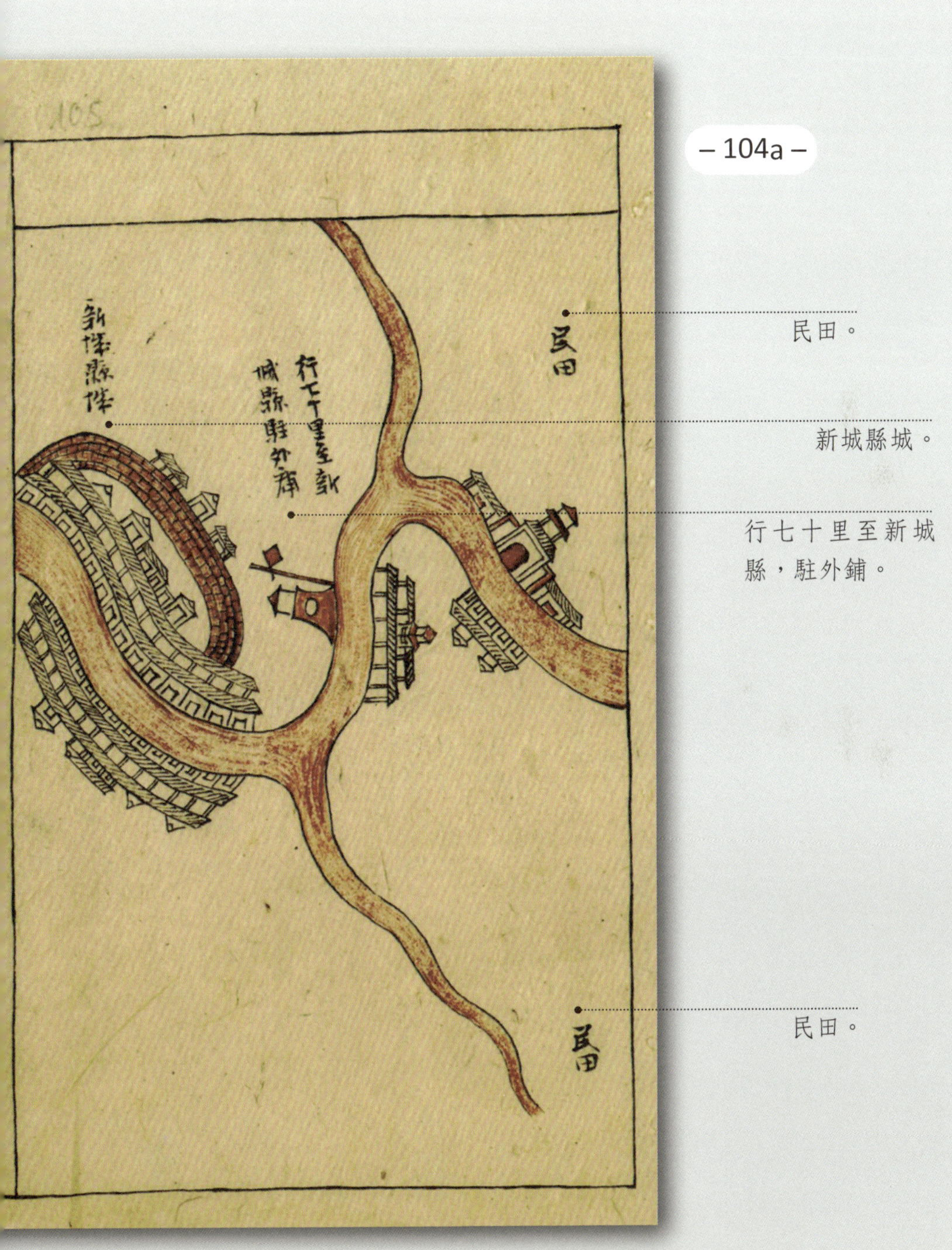

– 104a –

民田。

新城縣城。

行七十里至新城縣，駐外鋪。

民田。

– 105b –

本国自神京進行陸路

京北道馹路　嘉橋　嘉瑞　呂塊　安常　馮務　⿱取巾蔞　亭錦

詠橋　内裔　棣林　尉楮　尉梛　淬花　营棣　答棣　南岸（屬安越縣）

⿱取巾湾（屬安勇縣）　福林　戒罰　洪諒社　⿱取巾条　如砌　玉林　美棣　壽昌

東岸　館粘粮　⿱取巾磕　祖蹬　芹營　滝捻　岩孛　稿龕　八仸（宮羨）

滝化　諒山道馹路　同楱　浜爆（溫州支陵社）　晃门　⿱取巾床（光郎社）

滝哈　躂逨　域尾　⿱取巾屯　廊正（介里社）　同骨　窖那　窖棍　泮巍

岩楊

北使水陸路程里數　乙酉年輯續

陸路鎮南關　一百五十五里

鎮南關　二十五里　幕府营　三十里　憑祥土州　三十五里

– 105a –

– 105b –

本國自神京進行陸路

京北[32]道馹路：

嘉橘，[33]嘉瑞，呂塊，安常，[34]馮欉，[35]𢄂蔞，[36]亭錦，[37]詠橋，[38]內裔，棣林，[39]厨椿，[40]厨梛，[41]淬花，[42]營棣，答棣，南岸（屬安越縣），𢄂濘[43]（屬安勇縣），福林，我罸，[44]洪諒社，𢄂寨，[45]如砌，玉林，美棣，壽昌，東岩，舘糕粮，[46]𢄂碚，[47]祖

32 「京北」，《欽定越史通鑒綱目・正編》卷二十一〈黎聖宗光順十年〉：「京北四府：慈山府領東岸、安豐、仙遊、武江、桂陽五縣。順安府領嘉林、超類、文江、嘉定、良才五縣。北河府領金花、洽和、安越三縣。諒江府領鳳眼、右隴、安勇、保祿、安世、陸岸六縣。」潘清簡等編，《欽定越史通鑒綱目・正編》（臺北：國立中央圖書館，1969），卷二十一，頁2122–2129。《歷朝憲章類誌・輿地誌》：「京北南夾山南、海陽，北界太原，西連山西，東接諒山。山脈高峻連江縈迴，為我國之上游也。風景則北諒為盛文學則慈順為優。」潘輝注，《歷朝憲章類誌・輿地誌》（日本東洋文庫藏本）。

33 「嘉橘」，屬越南京北。《皇越一統輿地誌》卷四〈京北鎮驛路〉：「嘉橘公館，館之東官堤路。」黎光定纂修，《皇越一統輿地誌》，上冊，頁478。

34 「安常」，即安常橋，屬越南京北。《皇越一統輿地誌》卷四〈京北鎮驛路〉：「安常橋，橋長二十三尋。橋之江即天德江。」黎光定纂修，《皇越一統輿地誌》，上冊，頁478。

35 「馮欉」，喃字地名，即Mả Vông。

36 「𢄂蔞」，喃字地名，即Chợ Trầu。

37 「亭錦」，喃字地名，即Đình Gấm。

38 「詠橋」，即詠橋社店。《皇越一統輿地誌》卷四〈京北鎮驛路〉：「詠橋社店，俗名館詠店。」（〔阮朝〕黎光定纂修，《皇越一統輿地誌》，上冊，頁479。）

39 「棣林」，喃字地名，即Cầu Lâm。

40 「厨椿」，喃字名，即Chùa Thung。

41 「厨梛」，喃字名，即Chùa Na。

42 「淬花」，喃字地名，即Trọt Hoa。

43 「𢄂濘」，喃字地名，即Chợ Nênh。

44 「我罸」，喃字地名，即Ngã Tư。

45 「𢄂寨」，喃字地名，即Chợ Trại。

46 「舘糕粮」，喃字地名，即Quán Gạo Lương。

47 「𢄂碚」，喃字地名，即Chợ Vôi。

蜂，[48] 芹營，滝捻，[49] 岧孛，[50] 猧麗，[51] 八位（岧蹇[52]），滝化。[53]
諒山[54] 道駟路：
同〔鑾？〕，[55] 滀燶[56]（溫州支陵社），鬼門，幇昧[57]（光郎社），滀咍，[58] 𪑁霾，[59] 域瓦，[60] 幇屯，[61] 廊正[62]（氽里[63] 社）同骨，[64] 窖那，[65] 窖覎，[66] 汫甕，[67] 岧楊。[68]

北使水陸路程里數

乙酉年輯續。
陸路鎮南關（一百五十五里）：
鎮南關（二十五里）。幕府營（三十里）。憑祥土洲（三十五里）。

48 「祖蜂」，喃字地名，即 Tổ Rồng。
49 「滝捻」，喃字地名，即 Sông Nắm。
50 「岧孛」，喃字地名，即 Đèo Bụt。
51 「猧麗」，喃字地名，即 Voi Lệ。
52 「岧蹇」，喃字地名，即 Đèo Khiển。
53 「滝化」，喃字地名，即 Sông Hóa。
54 「諒山」，《欽定越史通鑒綱目・正編》卷二十一〈黎聖宗光順十年〉：「諒山一府：長慶府領祿平、文淵、脫朗、七泉、文蘭、安博、溫州七州。」潘清簡等編，《欽定越史通鑒綱目・正編》，卷二十一，頁 2122–2129。《歷朝憲章類誌・輿地誌》：「諒山，古貉龍地，秦為南海郡，漢屬交趾，唐改交州。陳時為諒江路，黎初因之。光順中置諒山承宣隸府一、州七。諒山南夾廣安，北夾隘關，京北接其西，高平連其東。」潘輝注，《歷朝憲章類誌・輿地誌》（日本東洋文庫藏本）。
55 「同〔鑾？〕」，喃字地名，即 Đồng Mán。
56 「滀燶」，喃字地名，即 Suối Nóng。
57 「幇昧」，喃字地名，即 Chợ Muội。
58 「滀咍」，喃字地名，即 Suối Hai。
59 「𪑁霾」，喃字地名，即 Dặm Mây。
60 「域瓦」，喃字地名，即 Vực Ngói。
61 「幇屯」，喃字地名，即 Chợ Đồn，即梅梢市。《皇越一統輿地誌》卷四〈京北鎮驛路〉：「梅梢市，俗號幇屯。店舍可住。市有一帶石山。凌層聯絡。」黎光定纂修，《皇越一統輿地誌》，上冊，頁 489。
62 「廊正」，喃字地名，即 Làng Chính。
63 「氽里」，喃字地名，即 Mấy Lí。
64 「同骨」，喃字地名，即 Đồng Cốt。
65 「窖那」，喃字地名，即 Khéo Na。
66 「窖覎」，喃字地名，即 Khéo Con。
67 「汫甕」，喃字地名，即 Giếng Ủng。
68 「岧楊」，喃字地名，即 Đèo Dương。

– 106b –

107a

湾望塘十五里潽沱小汛埧不小汛隘谷塘三十里隘谷古十里不小汛馱丁塘十五里叢背大汛那勤塘

十五里滑石小汛力村小汛隘通塘十五里大汛◎新寧州城列此地方首部言甚不勘定說二百八十五里

新寧州城十五里州青小汛爭常小汛新湾塘十五里美莲小汛成群小汛那寬塘二十里后村小汛

竜頭塘十里竜頭圩小汛鷄伕塘十五里鷄伕核小汛米長塘十五里米長小汛陸村小汛道村塘十五

里道村小汛那襟塘十五里上林村小汛莫映塘十里感丞村小汛不榣塘十里奧陀小汛榣尾塘

十里栳尾圻大汛白沙塘十里苿村小汛黃江塘十五里伏波大汛三江口駅十里崙榡塘十里奧驛小汛

伝礼塘十里老句塘十里紫子塘十里塔州小汛托州塘二十里石坪塘二十里

涷村塘十里上下路頭塘十里◎南寧府城三百三十五里南宁城十五里

下上下路頭塘十五里豹子頭塘十五里柳三㵝小汛思洛塘二十里尾窯塘十五里小汛

泠水塘二十里小汛剪刀塘二十里小汛溢潲塘十五里小汛八尺塘十五里伏汛

– 106a –

亞陽城 十五里 下石西州 二十里 𡺸寨營 三十里
水路寧明州 屬廣西太平府 二百七十五里 既村 三十里 珠山塘 二十里 派賴塘 二十五里
竜州江口塘 二十五里 陸村小灘 白沙小灘 花村塘 農村塘 二十五里 橫頭小灘 連界小灘 紵勤塘
二十里 那勤小灘 滑泉灘 白雪塘 二十里 洑中小灘 白魚泉灘 楊嗣塘 二十里 掛枕小灘 馱角塘 三十里 黑泉小灘 馱暴灘
盤馬塘 四十五里 盤馬峽口 盤馬大灘 ○太平府城 三百七十里 太平府城 三十里
雞失禁小灘 老虎岩灘 隴黃塘 十五里 松木大灘 白原灘 王棠塘 二十里 崩橋小灘 紫徽小灘 山崩坎塘 十里
狂布小灘 黑石小灘 冲灯塘 十里 狂布小灘 黑泉小灘 冲口塘 十里 冲口小灘 白椋小灘 馱朴塘 二十里 那木小灘 馱角小灘
馱尉塘 十里 滑石大灘 賴灘塘 二十里 白魚小灘 丹衣小灘 賴恩塘 二十里 咘程塘 十里 那林大灘 明月小灘
潯泊塘 十五里 滾村大灘 八帝塘 二十里 金烏泥尾大灘六里 馱思塘 十里 馱思小灘 馱月塘 十里
遂鹿塘 十五里 馱屬大灘 滑石大灘 馱盧塘 二十五里 屬左州 定塘 十里 凡泉灘 花梨塘 十里 村上小灘

– 106a –

受降城（十五里）。下石西州（二十里）。馗纛營（三十里）。
水路寧明州（屬廣西太平府）二百七十五里：
䢼村（三十里）。珠山塘（二十里）。派賴塘（二十五里）。龍州江口塘（二十五里。陳村小灘，白沙小灘）。花村塘，農村塘（二十五里。橫賴小灘，連刀小灘）。鄧勤塘（二十里。鄧勤小灘，滑石小灘）。白雪塘（二十里。沙中小灘，白面小灘）。楊額塘（二十里。掛舵小灘）。馱角塘（三十里。黑水小灘，馱思小灘）。盤馬塘（四十五里。盤馬峽出口，盤馬大灘）。
太平府城三百七十里：
太平府城（三十里。鎐夫村小灘，老虎巖小灘）。隴黄塘（十五里。松木大灘，白石小灘）。王巢塘（二十里。崩橋小灘，紫薇小灘）。崩坎塘（十里。托布小灘，黑石小灘）。冲燈塘（十里。托布小灘，黑石小灘）。冲口塘（十里。冲口小灘，白棟小灘）。馱樸塘（二十里。磯木小灘，馱角小灘）。馱厨塘（十里。滑石大灘）。賴灘塘（二十里。白魚小灘，岡衣小灘）。賴慮塘（二十里）。嘯程塘（十里。竹林大灘，陰月小灘）。潯泊塘（十五里。浪村大灘）。八索塘（二十里。金錢銀瓦大灘，六里）。馱思塘（十里。馱思小灘）。馱月塘（十里）。遂鹿塘（十五里。馱盧大灘，滑石大灘）。馱盧塘（二十五里。屬左州）。定塘（十里。亂石小灘）。花梨塘（十里。村上小灘）。

– 106b –

灣望塘（十五里。港泡小灘，垻不小灘）。隴谷塘（三十里。隴谷出口十里，小灘）。馱丁塘（十五里。靠背大灘）。那勤塘（十五里。滑石小灘，力村小灘）。隴通塘（十五里。大灘）。
新寧州城（到此地分，前部言勘不勘，空說）二百八十五里：
新寧州城（十五里。竹青小灘，平常小灘）。新灣塘（十五里。送王小灘，成群小灘）。那寛塘（二十里。后村小灘）。龍頭塘（十里。龍頭圩小灘）。雞佛塘（十五里。雞佛頼小灘）。米長塘（十五里。米長小灘，徑樸小灘）。逍村塘（十五里。逍村小灘）。那襟塘（十五里。上林村小灘）。魚映塘（十里。威聖村小灘）。下擺塘（十里。兒泡小灘）。楊尾塘（十里。楊尾圩大灘）。白沙塘（十里。梨村小灘）。黄江塘（十五里。伏波大灘）。三江口駉（十里）。崩橋塘（十里。魚鯉小灘）。儒禮塘（十里）。老句塘（十里）。柴子塘（十里。塔州小灘）。托州塘（二十里）。石埠塘（二十里）。凍村塘（十里）。上卜路頭塘（十里）。
南寧府城（三百三十五里）：
南寧城（十五里）。下上卜路頭塘（十五里）。豹子頭塘（十五里。柳三娘小灘）。思浴塘（二十里）。瓦窯塘（十五里。小灘）。冷水塘（二十里。小灘）。剪刀塘（二十里。小灘）。湴灘塘（十五里。小灘）。八尺塘（十五里。伏灘）。

– 107b –

108

尾塘十里尾塘小汛 大浦塘十里 上宗塘十里小村小汛 下宗塘十里小汛 陸村塘二十里小汛

○貴縣城 二百四十五里 貴縣城二十里 蒜灣塘十五里伏汛 東壘塘十五里

岑里塘十五里小汛 東汴塘十里 蛾眉塘二十里屬桂平縣小汛 大灣塘十五里大汛

石门塘十五里石大汛 白砂塘十五里小汛 秀江塘十五里 鷄公塘十五里大汛 伏子塘十里小汛

油灣塘二十里小汛 官江塘十五里小汛 福山塘十五里 侯村塘十五里小汛

○潯州府城 有巡司土屬桂平 一百五里 潯州城十五里大汛 黎沖塘十里

東爺扣十里小汛 石嘴塘十里小汛 江都塘十里大汛 大嶺塘十里小汛 大黃江塘

十里小汛 磐石塘十里小汛 相思塘十里屬平南縣大汛 古蘿塘十里大汛

○平南縣城 一百五十五里 五江塘十五里大汛 燕子塘十里 渡口塘十里

樟村塘十里小汛 丹竹塘十里 大嶺塘十里小汛 岐嶺塘十里小汛 右江武林塘十里

– 107a –

108

裒衣塘十五里小隘　留人洞塘十五里伏隘　鈞莫塘十五里伙隘　砧板塘十里小隘

大瀰塘十五里小隘　東介塘十里木沮小隘　長塘十里長傀隍小隘　高塘十里下栫小隘　门𩔗塘十五里

道座塘十五里　碌硿塘十里　白伏塘十五里小隘十里　通審江口十里

○永淳縣城一百八十五里　上下路十里　高村塘十五里小隘　江口塘二十里三圻大隘

衝同塘十里鄧寺小隘　尖角塘十五里摩心大隘　射鄉塘十五里十二京傘小隘　火烟塘十里大隘

彩竜塘十五里磨麵大隘　丁村塘十里平塘江口　陳埠塘十里亙阜小隘橫蒸小隘　米埠塘十里

三门小隘　三洲塘十里米埠連里橫卅長隘　西肆塘十里　○橫卅城二百二十五里　橫栰塘十里

曹村塘十五里　黎村塘十五里　茶亭塘十五里　周池塘十里呂郎大隘　米步塘十里

平伏塘十里　洲頸塘司十五里大隘　竜门塘十五里掛𢰞山口大隘　甜菜塘十里小隘

橫石塘十里橫石小隘　大嶺塘十里歷界大埠小隘　香江塘十里小埠小隘　坭濞塘十里全子小隘

– 107a –

簑衣塘（十五里。小灘）。留人洞塘（十五里。伏灘）。釣魚塘（十五里。伏灘）。砧板塘（十里。小灘）。大涌塘（十五里。小灘）。東瓜塘（十里。木陰小灘）。長塘（十里。長塘墟小灘）。高塘（十里。下楊小灘）。門頭塘（十五里）。道庄塘（十五里）。碌硜塘（十里）。白沙塘（十五里。小灘一里）。通番江口（十里）。

永淳縣城一百八十五里：

上卜路（十里）。高村塘（十五里。小灘）。江口塘（二十里。三州大灘）。動用塘（十里。動弄小灘）。尖角塘（十五里。〔 㾭·？〕心大灘）。射鄉塘（十五里。十二涼傘小灘）。火烟塘（十里。大灘）。飛龍塘（十五里。磨麵大灘）。丁村塘（十里。平塘江口）。陳埠塘（十里。巡阜小灘，橫茶小灘）。米埠塘（十里。三門小灘）。三洲塘（十里。米埠連至橫州長灘）。西肆塘（十里）。

橫州城二百二十五里：

橫州城（十里）。曹村塘（十五里）。黎村塘（十五里）。茶亭塘（十五里）。周池塘（十里。苔竹大灘）。米步塘（十里）。平佛塘（十里）。灘頭塘司（十五里。大灘）。龍門塘（十五里。掛舵出口，大灘）。甜菜塘（十里。小灘）。橫石塘（十里。橫石小灘）。大嶺塘（十里。屬貴縣，大婆小灘）。香江塘（十里。小婆小灘）。〔塊？〕灣塘（十里。金子小灘）。

– 107b –

瓦塘（十里。瓦鍋小灘）。大涌塘（十里）。上宋塘（十里。小村小灘）。下宋塘（十里。小灘）。陸村塘（二十里。小灘）。

貴縣城二百四十五里：

貴縣城（二十里）。茲灣塘（十五里。伏灘）。東壆塘（十五里）。岑里塘（十五里。小灘）。東津塘（十里）。畫眉塘（二十里。屬桂平縣，小灘）。大灣塘（十五里。大灘）。石門塘（十五里。石大灘）。白砂塘（十五里。小灘）。秀江塘（十五里）。雞公塘（十五里。大灘）。佛子塘（十里。小灘）。油灣塘（二十里。小灘）。官江塘（十五里。小灘）。福山塘（十五里）。錢村塘（十五里。小灘）。

潯州府城（有巡司，土產桂皮）一百五里：

潯州城（十五里。大灘）。黎冲塘（十里）。東爺扣（十里。小灘）。石嘴塘（十里。小灘）。江都塘（十里。大灘）。大嶺塘（十里。小灘）。大黃江塘（十里。小灘）。磐石塘（十里。小灘）。相思塘（十里。屬平南縣，大灘）。古雞塘（十里。大灘）。

平南縣城一百五十五里：

五江塘（十五里。大灘）。燕子塘（十里）。渡口塘（十里）。樟村塘（十里。小灘）。丹竹塘（十里）。大嶺塘（十里。小灘）。岐嶺塘（十里。小灘）。右江武林塘（十里）。

– 108b –

109a

竜门塘丅十里大洲長多暗石 㯨枝丅塘十里大石洲 白汱丅塘十里小洲 凉尾塘十里大洲此處多鶴

鵝捕魚右否塘丅二十里小洲 五將塘丅十里有老虎神洲此處產金有人淘取 深沖塘丅十里八公洲

下福塘丅十五里唐洲 上福塘丅十里小洲 唐洞塘丅十里七曲洲有炷船 ○昭平縣城一百九十五里

城底塘丅十里馬牙長五里 煉洲塘丅十里大馬小馬二洲最大有橋渡石宜心 平峽塘丅十里小洲 咸旗塘十里

松林洲黃公渡 桂花塘丅十里大洲 峯逆沖塘丅十里小洲 晋玉塘丅五里大洲 大奮塘丅十五里小洲

黃牛塘丅十五里屋平鳥轟 巴江塘十里大洲 奮蓮塘丅十里小洲 大結洲底五里小洲

大結塘丅十五里大洲有暗石 大灣塘丅二十里小洲 頭几塘丅二十里大洲 長洲塘二十里大洲

○平樂府城七十五里 平樂底塘十五里 李奥塘二十五里根古小洲黃牛小洲

晋公塘十五里清石白面福祿三小洲 狀滿渡口村二十里五形速大洲小稀鼎洲

○陽朔縣城一百六十里 邑水塘十五里 古祚塘十五里 暴布塘十五里

109

– 108a –

左江鳥塘五里小灘白馬塘五里小灘屬滕縣十二基五里石灘黃樓州塘十里小灘
火燒驛五里大灘思州塘五里小灘蒙江塘五里石灘草州塘五里小灘思禮塘
十里一路小灘谷州塘五里小灘下嵗塘十里小灘。藤縣城一百十里滕縣城十五里小灘
克先塘十五里一路小灘安平江塘十五里屬蒼梧界小灘埌阜嘴塘五里小灘榕樹塘十五里
石良塘十五里小灘戎圩塘十五里小灘長洲塘十五里小灘三合嘴塘一里自此沿稍逆水至交西省
◦蒼梧府蒼梧縣附郭設同鏡自交東來二百九十里蒼梧府城十里大雞塘十里
甘村塘十里潮水小灘野牛塘十里掛盧小灘平浪塘十里魚梁塘二十里小灘
倒水塘十里小灘右上下塘十里小灘竜江塘十里左道小灘黃灘塘十里大灘
烏竜塘十五里一将軍大灘覓音塘十里浪夜小灘下攬塘十里小灘上攬塘十里大灘
勒竹塘十里小灘攬水塘十里馬灘大具屬戎平界沙冲塘十里小灘馬江塘十里大灘

– 108a –

左江鴻塘（五里。小灘）。白馬塘（五里。小灘，屬滕縣）。十二墓（五里。石灘）。黃棲州塘（十里。小灘）。火燒驛（五里。大灘）。思州塘（五里。小灘）。蒙江口塘（五里。石灘）。草州塘（五里。小灘）。思石豊塘（十里。一路小灘）。登州塘（五里。小灘）。下嶺塘（十里。小灘）。
〔藤？〕[69]縣城一百十一里：
滕縣城（十五里。小灘）。克先塘（十五里。一路小灘）。安平江塘（十五里。屬蒼梧縣，小灘）。塊阜嘴塘（五里。小灘）。榕樹塘（十五里）。石良塘（十五里。小灘）。戎圩塘（十五里。小灘）。長洲塘（十五里。小灘）。三合嘴塘（一里。自此塘轉遞水至廣西省）。
蒼梧府蒼梧縣（好紗緞，目鏡，自廣東來）二百九十里：
蒼梧府城（十里）。大離塘（十里）。甘村塘（十里。潮水小灘）。野牛塘（十里。掛盧小灘）。平浪塘（十里）。魚梁塘（二十里。小灘）。倒水塘（十里。小灘）。右上下塘（十里。小灘）。龍江塘（十里。古道小灘）黃灘塘（十里。大灘）。烏龍塘（十五里。將軍大灘）。觀音塘（十里。浪拔小灘）。下攬塘（十里。小灘）。上攬塘（十里。大灘）。勒竹塘（十里。小灘）。攬水塘（十里。馬灘大長，屬昭平縣）。沙冲塘（十里。小灘）。馬江塘（十里。大灘）。

69　或為「滕」之誤。

– 108b –

龍門塘（十里。大灘長，多暗石）。檢校塘（十里。大石灘）。臼沙塘（十里。小灘）。涼風塘（十里。大灘，此處多養鸕鶿捕魚）。右否塘（二十里。小灘）。五將塘（十里。〔而？〕龍虎神灘，此處產金，有人淘取）。深冲塘（十里。八公灘）。下福塘（十里。五虎灘）。上福塘（十里。小灘）。唐調塘（十里。七曲灘，有炮胎）。

昭平縣城一百九十五里：

城底塘（十里。馬牙長五里）。煉灘塘（十里。大馬小馬二灘，最大有猪婆石，宜小心）。平峽塘（十里。小灘）。威鎮塘（十里。松林灘，黃公渡）。桂花塘（十里。大灘）。蓬冲塘（十里。小灘）。晉玉塘（五里。大灘）。大廣塘（十五里。小灘）。黃牛塘（十五里。屬平樂縣）。巴江塘（十里。大灘）。廣運塘（十里。小灘）。大結灘底（五里。小灘）。大結塘（十五里。大灘，有暗石）。大灣塘（二十里。小灘）。頭几塘（二十里。大灘）。長灘塘（二十里。大灘）。

平樂府城七十五里：

平樂底塘（十五里）。季魚塘（二十五里。根古小灘，黃牛小灘）。晉公塘（十五里。滑石，白面，福祿三小灘）。狀荔渡口村（二十里。五打連大灘，小橋靠灘）。

陽朔縣城一百六十里：

包水塘（十五里）。右祚塘（十五里）。暴布塘（十五里）。

– 109b –

廟頭塘十五里 上廠塘五里屬廣西界 下廠塘十五里屬湖廣界 淥阜塘頭十五里

白灘驛十五里 大江口十五里 石期市十五里 其寶盤寺塘十五里 岑村汛十五里

老長塘十五里 ○永州府城 屬湖廣有湘口關 使船至此 治湘兩合二水流 有謝礼 一百三十里

永州府城十里 蔡家阜十里 木瓜阜十里 冷水灘十里有小廟 黑狗灘十里

高溪司十里 豹鴛灘十里 顏家灣十里 黃陽司十里有小廟 哲迴司十里

紅石山塘十里 老水灣十里 ○祁陽縣三百五十里 汚葛布可買

祁陽縣城十里出葛布 祁陽塘十里 利枝塘十里 覌音寺塘十五里

橫驛塘十五里 牛肆塘十里三水路 何阜汛十里 見細灘十里 黃泥塘十里

為陽塘十里出將針 上山塘十五里 大阜塘十五里 伍家園十五里

河洲汛十五里有小廟 良船阜五里屬祁陽縣界 管山塘十五里 長輪河塘十五里

– 109a –

沿室塘十五里水陸沿室弃岸转化四小洲 萬阜塘十五里 大桑塘十里 洋滌塘十里

射岩水塘十里 南亭水驛十里 三排塘十里 大墟塘五里 横山塘五里

竜门塘十里 斜家塘十五里 ○廣西省桂林府城六十里有柰棠有甘橘以上等物

臨桂縣城十里有巡司 鵝鵜塘十里 白石塘十里 双滌塘十里

富垍塘渡十里 倒尾塘十里 ○灵州縣城十里 西门岸十里 遥頭廠十里

大阜塘十里 大碓塘十里水石 狼子廟十里 社公塘十里 花朱塘十里 馬鞍山十里

三里斗塘十里共三十六斗 ○興安縣城石水白竜ヨ面㕟水七十二湾 一百十五里 唐家司十五里

界首塘十五里 後塘十五里 建安司二十里 小江口十五里 平山渡十五里

紫阜卵二十里 ○全州府城城外至湘山寺三里有七世見里寺伏涅槃真身尚在其寺庭白紫藤 二百三十五里

全州府城二十五里 篆衣渡十五里 細尾塞十五里 陶家阜二十里 黄沙河二十里

– 109a –

沿寶塘（十五里。水洛，沿寶，升平，嘯化四小灘）。黃阜塘（十五里）。大桑塘（十里）。羊蹄塘（十里）。冠岩水塘（十里）。南亭水驛（十里）。三灘塘（十里）。大墟塘（五里）。橫山塘（五里）。龍門塘（十里）。〔魏？〕家塘（十五里）。

廣西省，桂林府城六十里（有芙葉，有甘橘，以上有等物）：

臨桂縣城（十里。有巡司）。鸕鷥塘（十里）。白石塘（十里）。雙潭塘（十里）。富垳塘渡（十里）。臨風塘（十里）。

靈州縣城（十里）。西門錢（十里）。遙頭灘（十里）。大阜塘（十里）。大碓塘（十里。水分）。娘娘廟（十里）。杜公塘（十里）。花米塘（十里）。馬頭山（十里）。三里斗塘（十里。共三十六斗）。

興安縣城（分水自龍王廟，順水七十二灣）一百十五里：

唐家司（十五里）。界首塘（十五里）。後塘（十五里）。建安司（二十里）。小江口（十五里）。平山渡（十五里）。茅阜駟（二十里）。

全州府城（城外至湘山寺三里，有無量壽佛涅槃真身尚存。其寺連百架餘）二百三十五里：

全州府城（二十五里）。簑衣渡（十五里）。細瓦窯（十五里）。陶家阜（二十里）。黃沙河（二十里）。

– 109b –

廟頭塘（十五里）。上廠塘（五里。屬廣西界）。下廠塘（十五里。屬湖廣界）。淥阜頭（十五里）。白灘駙（十五里）。大江口（十五里。分水）。石期市（十五里）。臺盤寺塘（十五里）。岑村汛（十五里）。老長塘（十五里）。

永州府城（屬湖廣，有湘口關，茫湘廟，合二水流。使船至此有謝禮）一百三十里：

永州府城（十里）。蔡家阜（十里）。木瓜阜（十里）。冷水灘（十里。有小鋪）。黑狗灘（十里）。高溪司（十里）。豹灣灘（十里）。顧家灣（十里）。黄陽司（十里。有小鋪）。哲〔迴？〕司（十里）。紅石山塘（十里）。老水灣（十里）。

祈陽縣三百五十五里（好葛布可買）：

祈陽縣城（十里。出葛布）。祈陽塘（十里）。利枝塘（十里）。觀音寺塘（十五里）。横駙塘（十五里）。牛肆塘（十里。三水路）。何阜汛（十里）。見細灘（十里）。黄泥塘（十里）。歸陽塘（十里。出好針）。上山塘（十五里）。大阜塘（十五里）。伍家園（十五里）。河洲汛（十五里。有小鋪）。良船阜（五界。祈陽縣界）。管山塘（十五里）。長輪河塘（十五里）。

– 110b –

包爺廟十五里 枯樹望十里 ○湖南省長沙府城 一百八十里

長沙府城十五里 新河浦十五里 竜州浦十五里 下瑳浦十五里 金子湾十五里

清巻浦十五里有小庵 淨巻進十五里 潮口浦十五里 清扣望十五里 引扣巻十五里

湾涇口十五里 蓼粗浦十五里 ○湘陰縣 行永同湖主湖去人知之 二百四十里

湘陰縣城二十里入湖口 湘陰縣浦二十里 芦林潭二十里大口岸 雲田六十里

磊石驛三十里過湖邊 中廟三十里為十湖 鹿角驛三十里 扁山三十里老鳥嘴

湖中有君山一頂產茶具茶甚佳味因有茶路讚云覺中伏地宇內大魚之名松鶴立林木浩渺中有古寺至列崇巍朝岑彩渡鉄笛喧傳山孫翠列土產香名採

橋想舟冬宋清絶鶴影銀盤香雲四結際音竜憑障澥頌悠然笑到屋全尾生兩

腋君山曉道人餘讚

○岳州府 私謝主湖去人知之 二百六十里 經湖四門內城上有岳阳樓又上有仙人足洞賓像一座陈生集又有讚云樓觀岳阳尽川迥洞庭湖雅引悠

心去山啼野月来 岳州府城二十里 城陵矶三十里 道人矶三十里 畏山五十里有小庵

111

– 110a –

鯉魚塘十五里 白方塘十五里 大一灣十五里 招夾口十五里 月州洋十五里
新頸站十五里 雲有洋十五里 車江塘十五里 黃兒塘十五里 黄朝塘十五里
○衡州府一百四十里 衡州府城五里 廖阳河二十五里 樟木寺十五里
七里灘十五里 大阜洋十里 堵家洋十里 川州塘十五里 霞流塘十五里
斗米伍十五里 雷家阜塘十五里 ○衡山縣二百六十五里
衡山縣城二十里 石灣塘十五里 盤田洋十五里 由馬店十五里
王十萬十五里 灣州塘十五里 居家洋十五里有小滿 竜船江十五里 金田塘十五里
交林洋十五里 三门塘十五里 渌口塘十五里 着日寺十五里 朱洲洋十里
上下灣十五里 大古決十五里 小古決十五里 ○湘潭縣八十五里、
湘潭縣城十里 文昌閣十里 昴公石十里 東洋巷十五里 招西洋十五里大口岸

– 110a –

鯉魚塘（十五里）。白方塘（十五里）。大一灣（十五里）。招夾口（十五里）。月州汛（十五里）。新頭站（十五里）。雲齊汛（十五里）。車江塘（十五里）。苗兒塘（十五里）。黃朝塘（十五里）。

衡州府一百四十里：

衡州府城（五里）。屢陽河（二十五里）。樟木寺（十五里）。七里灘（十五里）。大阜汛（十里）。堵家汛（十里）。川州塘（十五里）。霞流塘（十五里）。斗米坵（十五里）。雷家阜塘（十五里）。

衡山縣二百六十五里：

衡山縣城（二十里）。石灣塘（十五里）。盤田汛（十五里）。由馬店（十五里）。王十萬[70]（十五里）。灣州塘（十五里）。居家汛（十五里。有小鋪）。龍船江（十五里）。金田塘（十五里）。交林汛（十五里）。三門塘（十五里）。淥口塘（十五里）。著日寺（十五里）。朱州汛（十里）。上下灣（十五里）。大古沙（十五里）。小古沙（十五里）。

湘潭縣八十五里：

湘潭縣城（十里）。文昌閣（十里）。張公石（十里）。東洋巷（十五里）。招山汛（十五里。大口岸）。

70 「萬」，喃字，意為漁村。

– 110b –

包爺廟（十五里）。枯樹望（十里）。

湖南省，長沙府城一百八十里：

長沙府城（十五里）。新河汛（十五里）。龍州汛（十五里）。下楚汛（十五里）。金子灣（十五里）。清巷汛（十五里。有小鋪）。淨巷汛（十五里）。潮口汛（十五里）。清如望（十五里）。張如巷（十五里）。灣河口（十五里）。鸞粗汛（十五里）。

湘陰縣（行禮洞湖，過湖出入如之）二百四十里：

湘陰縣城（二十里。入湖口）。湘陰縣汛（二十里）。蘆林潭（二十里。大口岸）。雲田（六十里）。磊石駟（三十里。過湖邊）。中廟（三十里。萬十湖）。鹿角駟（三十里）。扁山（三十里。九馬嘴）。湖中有（君山一頂，產茶。其茶甚佳味。因有茶銘讚云：「鏡中佛地。宇內大觀。喬松能立。林木浩繁。中有古寺。聖列崇嚴。朗吟飛渡。鐵笛喧傳。山環翠列。土產崔舌。採橘超句。氣味清絕。鶴飛銀盤。香雲四結。除昏魔障。解煩腦熱。〔尖？〕到盧仝。風生兩腋」。君山曉道人銘讚）。

岳州府（禮謝過湖，出入如之）二百六十里（終湖四門，內城上有岳陽樓，樓上有仙人足，〔同？〕[71]賓像一座，鐵生隻。又有讚云：「樓觀岳陽盡。川迴洞廷開。雁引愁心去。山啣好月來」）。[72]

岳州府城（二十里）。城陵磯（三十里）。道人磯（三十里）。羅山（五十里。有小鋪）。

71　或為「洞」之誤。

72　「樓觀岳陽盡……山啣好月來」，出自李白〈與夏十二登岳陽樓〉詩句：「樓觀岳陽盡，川迴洞庭開。雁引愁心去，山銜好月來。雲間連下榻，天上接行杯。醉後涼風起，吹人舞袖回。」

– 111b –

112

樯息富十里 蟠塘二十里 沙頭口十里 郭家大十五里 竟平駅十里

新渦口三十里有小庯 猪婆料二十里 渦解夾五里

○九江府城居江西北有茅山仙所往多北餘磁器 有巡司二百里 一把石矶十里 湖口縣二十里內鄱陽湖

彭澤縣十里 胭脂港二十里 猪魚嘴二十里 小姑山十里此出大江水流四面 馬當山二十里

此处王勃舟遇神人助以順風即此 磨盤卅十里 花園鎮四十里有小庯 ○東流縣八十五里

東流縣城四十里 吉阳湖十五里 横石矶二十里 ○安慶府居江角九十里

安慶府城六十里 李阳河三十里 ○貴池縣一百二十里 貴池縣城十里

烏沙峽二十五里有小庯 池口駅三十里 老龟池十里 老洲頭十五里 大通鎮三十里有巡司

○銅陵縣一百六十里 銅陵縣城二十里 丁家洲二十里 紫沙洲三十里

荻港司五十里屬繁昌縣 三山峽三十里 增港十里 ○蕪湖縣一百五十里

112

– 111a –

清堤十里右岸　茅埠三十里洋子江　石頭口三十里江南有赤壁周瑜鏖兵山上有廟孔明祭風臺

六溪口二十里有小廟　簰家洲四十里　○嘉魚縣二百四十里　嘉魚縣城二十里

小洲頭壩二十里　蔦洲塘三十里　八鋪洲三十里大江口　牛角夾二十里　東江腦四十里

金口司三十里　南木廟十里　峰口三十里　○武昌府将皮衣　一百九十里

武昌府城十里丢湖北　漢口二十五里水通京河　馬公洲五里　五通口十五里有巡司水通廣陵孝感三縣

沙口十里　對江五里　八溪南十里阻風驛　抽分廠二十里有衆在此抽分　双流夾三十里對江白湖鎮巡司

楊柳鋪二十里　團風驛三十里　○黃州府　三百四十五里　黃州府城十里

武昌縣三十里對岸黃州　巴河十里有小廟　三江口二十里　蘭溪驛二十里　四尾砚十里

黃石港十里　散花料十五里有小廟　道士洑十里有守備官　毛山港十里　魚陽口二十里

掛口十里　蘄州二十里大白文有廟舍釣魚臺　刹人港十里　馬口十里　田家鎮十里有小廟

– 111a –

清堤（十里。大口岸）。茅埠（三十里。洋子江）。石頭口（三十里。江南有赤壁，周瑜鏖兵。山上有廟，孔明祭風臺）。六溪口（二十里。有小鋪）。幾家州（四十里）。

嘉魚縣二百四十里：

嘉魚縣城（二十里）。小洲頭塘（二十里）。蒿州塘（三十里）。簰洲（三十里。大江口）。牛角尖（三十里）。東江腦（四十里）。金口司（三十里）。南木廟（十里）。串口（三十里）。

武昌府（好皮衣）一百九十里：

武昌府城（十里。屬湖北）。漢口（二十五里。水通袞河）。馬公州（五里）。五通口（十五里。有巡司，水通廣陵，孝感，三樂）。沙口（十里）。對江（五里）。八溪鋪（十里。陽羅馹）。抽分廠（二十里。有卯木在此抽分）。雙流夾（三十里。對江白湖鎮巡司）。矮柳鋪（三十里）。團風馹（三十里）。

黃州府三百四十五里：

黃州府城（十里）。武昌縣（三十里。對岸黃州）。巴河（十里。有小鋪）。三江口（二十里）。蘭溪馹（二十里）。回風磯（十里）。黃石港（十里）。散花料（十五里。有小鋪）。道士狀（十里。有守備官）。毛山港（十里）。魚陽口（二十里）。掛口（十里）。蘄州（二十里。少白艾，有鋪舍，釣魚臺）。剎人港（十里）。馬口（十里）。田家鎮（十里。有小鋪）。

－111b－

櫓息窯（十里）。蟠塘（二十里）。沙頭口（十里）。鄔家穴（十五里）。龍平駎（十里）。新開口（三十里。有小鋪）。猪婆料（二十里）。闞牌夾（五里）。
九江府城（屬江西。此有茅山，仙所往。多北鉢皿器），有巡司。二百里：
一站石磯（十里）。湖口縣（六十里。內鄱陽湖）。彭澤縣（十里）。胭脂港（二十里）。鱘魚嘴（二十里）。小姑山（十里。此山大江，水流四面）。馬當山（二十里。此處王勃舟遇神人助以順風即此）。磨盤州（十里）。花園鎮（四十里。有小鋪）。
東流縣八十五里：
東流縣城（四十里）。吉陽湖（十五里）。横石磯（三十里）。
安慶府（屬江南）九十里：
安慶府城（六十里）。李陽河（三十里）。
貴池縣一百二十里：
貴池縣城（十里）。烏沙峽（二十五里。有小鋪）。池口駎（三十里）。老龍池（十里）。老洲頭（十五里）。大通鎮（三十里。有巡司）。
銅陵縣一百六十里：
銅陵縣城（二十里）。丁家洲（二十里）。紫沙洲（三十里）。荻巷司（五十里。屬繁昌縣）。三山峽（三十里）。增港（十里）。
蕪湖縣一百五十里：

– 112b –

腰鋪十里 邵伯湖口五里有閘通湖西 露筋烈女廟十里 南車路十里
北車路十五里 ○高郵州 一百二十里 湖橋墩五里 孟城驛二十里
清水潭十里 孙家塢五里 六漫營十里 看花洞十里 界首驛十里
杠橋十里 氾水五里 瓦甸閘五里 刘家堡五里 標角樓十五里 龍王廟十里
○寶應縣 九十里 寶應閘五里 安平驛十五里 黃鋪口十里有閘通東海
涇河十里 平河橋十里 三鋪十里 二鋪營洋十里 頭鋪十里 楊家廟十里
○淮安府城 有監司買 八十里 淮陰驛十里 西湖嘴十里
板閘 巡司十里 欽奉准關取稅 移風下閘十五里 清江浦閘十里有舍長 三里
福興閘十里 新莊閘十五里閘上天妃廟也有甘羅城有龍王廟尾船往來 循牛徐出口即清河也兩百餘里尾逆不宜渡
○清河縣 至海塘 七十五里 清口驛十五里 鎣門閘 十五里出黃河口

– 112a –

蕪湖縣城 三十里有巡司 戶部鈔關抽稅 蔡山磯 三十里 東梁山西梁山 三十里 獻下 三十里

采石磯 二十里 尖巢嘴 十里 對江人頭磯 項馬山 和尚港 十里 ○當塗縣 八十里

當塗縣城 十里 烈山 二十里 江陵鎮 四十里 上新河 十里

○南京省城 江寧府上元縣 一百十里 城門 外十八 內十三 儀鳳 定淮 三山 石城 通濟 朝陽 金川 清涼 小東 聚寶

洪武 太平 神策 儀鳳門外龍江關 二十里 觀音山 三十里 衣阜 十里有巡司

攝山 十里 龍潭驛 二十里 青山 二十里 ○儀真縣 將近 七十五里

儀真縣城 五里 東關 十里 新城 二十里 朴樹灣 十里 東石人頭 五里

西石人頭 五里 凍青鋪 十里 三叉河 左通蘇杭 古通湖廣 楊子橋 十里

○楊州府 好木樓閣 一百十里 廣陵驛 十里 凡船過鈔關要稅 行李不眼稅 黃金壩 十里

灣頭 五里有閘通泰州 出鹽河 高廟 十五里 東西灣 十里 邵伯驛 十里 三溝 十里有閘 安樂房

– 112a –

蕪湖縣城（三十里。有巡司，戶部督官報稅）。郝山磯（三十里）。東梁山，西梁山（三十里）。獻下（二十里）。采石磯（二十里）。尖魚嘴（十里。對江，人頭磯，頂馬山）。和尚港（十里）。
當塗縣八十里：
當塗縣城（十里）。列山（二十里）。江陵鎮（四十里）。上新河（十里）。
南京省城（江寧府，上元縣）一百十里：
城門（外十八：儀鳳，定准，三山，石城。內十三：通濟，朝陽，金川，清涼，小東，聚寶，洪武，太平，神策）。儀鳳門外龍江關（二十里）。觀音山（三十里）。爪阜（十里。有巡司）。攀山（十里）。龍潭馹（二十里）。青山（二十里）。
儀真縣（好皿）七十五里：
儀真縣城（五里）。東關（十里）。新城（二十里）。樸樹灣（十里）。東石人頭（五里）。西石人頭（五里）。凍青鋪（十里。三叉河，左通蘇杭，右通湖廣）。楊子橋（十里）。
楊州府（好水醬）一百十里：
廣陵馹（十里。凡船過鈔關要稅，行李不報稅）。黃金垻（十里）。灣頭（五里。有閘通泰州出鹽河）。高廟（十五里）。東西灣（十里）。邵伯馹（十里）。三溝閘（十里。有營房）。

–112b–

腰鋪（十里）。邵伯湖口（五里。有閘通湖西）。露筋烈女廟（十里）。南車路（十里）。北車路（十五里）。

高郵州一百二十里：

湖橋塘（五里）。孟城馹（二十里）。清水潭（十里）。張家溝（五里）。六漫營（十里）。看花洞（十里）。界首馹（十里）。扛橋（十里）。范水（五里）。瓦甸閘（五里）。劉家堡（五里）。懷角樓（十五里）。龍王廟（十里）。

寶應縣九十里：

寶應閘（五里）。安平馹（十五里）。黃鋪口（十里。有閘通東海）。涇河（十里）。平河橋（十里）。三鋪（十里）。二鋪營汛（十里）。頭鋪（十里）。楊家廟（十里）。

淮安府城（好鑒可買）八十里：

淮陰馹（十里）。西湖嘴（十里）。板閘（巡司。十里。欽奉准關取稅）。移風下閘（十五里）。清江鋪閘（十里。鋪舍長三里）。福興閘（十里）。新庄閘（十五里。閘上天妃廟邊有甘羅城，有龍王廟。凡船往來猪牛祭，出口即清河也。南百餘里凡逆不宜渡）。

清河縣（多海〔蜡？〕[73]）七十五里：

清口馹（十五里）。鑒門閘（十五里。出黃河口）。

73　或為「蝦」之誤。

– 113b –

114a

夏鎮閘 十里屬滕縣有一小路通徐州有户工二部主事在此管閘 ○夏鎮 一百七十八里
楊庄閘四里 薛河垻十里 大王廟二十里 宋家閘八里亦珠梅閘 新庄橋四里
徐家口四里 荘家口八里 馬家口四里 孟家口四里 石家口八里
橋頭集 十二里亦名刹家閘 利建閘 十八里亦名黃家口 南阳公署閘 十五里至此為沽河垻口有新河此處魚鷄俱賤
棗林閘五里 魯橋閘五里 人家大有分司有孝思廟 師家庄閘 十里子路至夜閘上有梁山伯墓臺墓
仲家淺 八里子路三杖上有卞院 新閘八里 新店閘十里 石佛閘八里 趙庄閘五里
○濟寧州城 狗皮衣褐可買 二百二十四里 屬兖州府城上有太白酒樓洗硯池可照鏡見火胭脂可買東去四十里
曲阜県孔子闕里 南城驛 二里在城閘北閘百留一日閘有常因魚臺濟寧一帶乃洙泗沂三水合流高易涸漕路要害故此常閉
天井閘二里 草橋閘六里 十里鋪十里 居安廟 二十里去錦花
河頭灣 十二里亦通濟閘 小長溝三里 大長溝 十二里有会麟陵昔夫子泣麟処

114

– 113a –

東湖城西湖城 五里 晏家營十里 三大路口十里 新泗口十里

黃家嘴 十里 ○桃源縣城 一百三十五里 桃源縣驛 十里 滿家灣 二十里

崔鎮 十里 上河頭 十里 下家渡 十里 古城 二十里有驛今改 白洋河 十五里

陸家村 十里人家散処鄉兵僂賊 小河口 二十里此泗乃睢水也 ○宿遷縣城 三百十里

鍾吾驛 十里在泗邊有巡司稅閘斋景佛寺里許其地伍子胥楚項王数里按覆熏祀項王生處廿下相低恐非是 竹竜壩 十里

九竜廟 十里 駱馬湖 二十里 皂河 二十里 牛頭灣 十里 貓兒窩 十里

二郎廟 二十里 河清閘 三十里 河定閘 十里 徐磨口 二十里 夾滿驛 十五里

此处乃入閘之始每閘俱設水大則開水淺則閉此閘至南旺閘共二十二閘俱上水 梁王河城閘 十五里 臺兒閘 十里

猴山閘 十里 御家座閘 八里 丁家廟驛 通閘 十二里 萬年店閘 十里

巨梁橋閘 十二里 新閘 十二里 直河水淺 郝座閘 二十里有不淺地与大河連 三十里

– 113a –

東湖城，西湖城（五里）。羅家營（十里）。三叉路口（十里）。新河口（十里）。黃家嘴（十里）。

桃源縣城一百三十五里：

桃源縣駟（十里）。滿家灣（三十里）。崔鎮（十里）。上河頭（十里）。卜家渡（十里）。古城（二十里。有駟，今改）。白洋河（十五里）。陸家村（十里。人家散處，雞魚價賤）。小河口（二十里。此河乃睢水也）。

宿遷縣城三百十里：

鍾吾駟（十里。在河邊有巡司稅關，屬縣城半里許。其地伍子胥，楚項王故里。按《廣輿記》項王生邳州，下相城。恐非是）。竹龍垻（十里）。九龍廟（十里）。駱馬湖（二十里）。皂河（三十里）。牛頭灣（十里）。猫兒窩（十里）。二郎廟（二十里）。河清閘（三十里）。河定閘（十里）。徐塘口（二十里）。夾溝駟（十五里。此處乃入閘之始每閘俱設，水大則開，水淺則閉。此閘至南旺閘共二十二閘，俱上水）。梁王河城閘（十五里）。臺兒閘（十八里）。猴山閘（十里）。鄧家庄閘（八里）。丁家廟駟遞閘（十二里）。萬年店閘（十里）。巨梁橋閘（十二里）。新閘（十二里）直河水淺。韓庄閘（三十里。有一小港與大河通，三十里）。

– 113b –

夏鎮閘（十里。屬沛縣，有一小路通徐州，有戶工二部主事在此管閘）。

夏鎮一百七十八里：

楊庄閘（四里）。薛河埧（十里）。大王廟（二十里）。宋家閘（八里。即珠梅閘）。新庄橋（四里）。徐家口（四里）。范家口（八里）。馬家口（四里）。孟家口（四里）。石家口（八里）。橋頭集（十二里。即荊家閘）。利建閘（十八里。即黃家口）。南陽公署閘（十五里。至此為舊河埧口，有新河。此處魚雞俱賤）。棘林閘（五里）。魯橋閘（五里。人家大有分司，有子思廟）。師家庄閘（十里。子張之後。閘上有梁山伯英臺墓）。仲家津（八里。子路之後。上有書院）。新閘（八里）。新店閘（十里）。石佛閘（八里）。趙庄閘（五里）。濟寧州城（好皮衣褐可買）二百二十四里（屬交州府城。上有太白酒樓，洗硯池，可登覽。出胭脂可買。東去四十里曲阜縣，孔子闕里）：

南城驛（二里。在城閘。此閘一日開，一日閉。有常因觀音亭前一水，乃洙泗沂三水合流，高易涸，漕路要害。故此常閉）。天井閘（二里）。草橋閘（六里）。十里鋪（十里）。居安廟（二十里。出錦花）。河頭灣（十二里。即通濟閘）。小長溝（三里）。大長溝（十二里。有會麟渡，昔夫子泣麟處）。

– 114b –

双浅鋪十五里 ○臨清府州馬頭廠楼下 有巡司北地方去聚 一百二十里

三江水 清源駅州舊畢作船隻相直至西洋徳衛之境之行去客貨便赴戶部折號 夜貨物皆于鍋市發賣粮船往達工部領粘一票赴那宗湾又納船過新閘

出衛河 南板閘 清源縣一里 見音嘴二里此处名天井牐 上下閘七里 西河橋十里

下河橋二十里 平満店十里 夏津廠十里 油房坊二十里 渡口駅二十里

火房二十里 ○武城縣 子游為宰處有弦歌臺 自此西上河灣曲無閘 一百四十五里 武城縣城四十五里

竹竿屯二十五里 甲馬營駅十五里 宋太祖所生之地 鴻公流十里 尾窑五里 大南边小南边

步河二十五里 鄭家口十里 青州廠十里 下柳棧十五里 八里屯二十里

○故城縣五十五里 縣在河左屬北直河間府景州駅 在河右屬山東濟南府徳州 梁莊駅十里 大尾窑十五里

四柳樹十八里 十二里口六里 龍王廟六里 ○徳州一百九十里 安徳縣二十里

百草窪三十里 上下老君堂三十里 桑家園十里巡司 良店駅二十里

– 114a –

柳林閘五里即南旺閘小稱　南旺上閘五里此处有大禹廟竜王廟宋尚書上禾廟汶
舍湖長二十里　水至此分流南流在沛北流臨清恭宗七十
二泉自此至臨清七
十二閘啣水　南旺下閘十二里即北閘　開河驛閘十五里　袁家口閘十二里有兵房
靳家口閘九里　李家舍五里　黃堌口五里　郭白粮口十五里一作郭家舍　安山驛閘二十五里
梁山伯五里宋江眾美处　戴家廟閘十五里有兵房　南沙灣五里　北沙灣十里　郭秋鎮荊門驛
九十五里今改安平鎮名曰東魯鎮俱屬兗州府阳穀県有工部郎中在此管河去稻貢鎮
南有李孔掛劍臺表吳季札云以掛地德秀之在泗州徐城者為是然墓傍掛劍臺
亦表發也草形似劍　荊門驛十里　荊門上下二閘十二里有　阿城上下二閘八里去阿縣　聊東閘十二里
而療心疾　貌子廟
七級上下二閘五里　崔疃口十三里　周家店閘十五里　李海務閘二十里
○東昌府城　將軍所買　一百二十里外城有魯仲連射書處石碑城中有光岳樓高後夫府
李有三花碑　王玉非記竟怀美字王廷均書其偏額
北有徐子廟城商封徐子於此故遼宗又城西北有高阳氏陵
又城東南有萬文墓　崇武驛五里　永通閘許二十里
疏池淺七里　柳家淵三里　梁家閘十五里　土橋閘十二里　趙家灣閘八里去旬

– 114a –

柳林閘（五里。即南旺閘，小鋪舍，湖長二十里）。南旺上閘（五里。此處有大禹廟，龍王廟，宋尚書廟。汶水至此分流，南流在沛，北流臨清。泰山下七十二泉。自此至臨清七十二閘，順水）。南旺下閘（十二里。即北閘）。開河驛閘（十五里）。袁家口閘（十二里。有兵房）。靳家口閘（九里）。李家庄（五里）。黃鍾口（九里）。張白糧口（十五里。一作劉家庄）。安山駈閘（二十五里）。梁山〔伯？〕[74]（五里。宋江聚義處）。戴家廟閘（十五里。有兵房）。南沙灣（五里）。北沙灣（十里）。張秋鎮，荊門驛九十五里（今改安平駈，名曰東魯駈，鎮屬兗州府，陽穀縣。有工部郎中在此管河出氈貨。鎮南有季札掛劍臺。《廣輿記》云：以括地誌考之，在泗洲徐城者為是。然墓傍掛劍草，亦無跡也。草形似劍，可療心疾）。荊門驛（十里）。荊門上下二閘（十二里。有顏子廟）。阿城上下二閘（八里。出阿膠）。聊東閘（十二里）。七汲上下二閘（五里）。官瑤口（十三里）。周家店閘（十五里）。李海務閘（二十里）。

東昌府城（好氈可買）一百二十里（外城有魯仲連射書處石碑。城中有光岳樓高數丈。府學有三絕碑，王去非記，黨懷英篆，王廷均書。又城東北有微子□城。〔商？〕[75]封微子於此，後遷宋。又城西北有高陽氏陵。又城東南有巢父墓）：

崇武驛（五里）。永通閘（二十里）。踐地淺（七里）。柳家鄉（三里）。梁家閘（十五里）。土橋閘（十二里）。張家灣閘（八里。巡司）。

---

74 或為「泊」之誤。
75 或為「周」之誤。

– 114b –

雙淺鋪（十五里）。
臨清府州馬頭廠樓下（有巡司，此地分出梨）一百二十里：
三江水（清源馹，州離里。許船隻雜直至西洋橋，漸漸坎坎行去。客貨俱赴戶部報曉稅。貨物皆于鍋市發賣。糧船經過工部領粘一票，赴張家灣又納船。過新閘，南板閘，出衛河）。清源驛（一里）。觀音嘴（二里。此處可買什物）。上下閘（七里）。西河橋（十里）。下河橋（二十里）。平溝店（十里）。夏津廠（十里）。油坊（二十里）。渡口驛（二十里）。火房（二十里）。
武城縣（子游為宰處。有絃歌臺。自此而上，河灣曲無閘）一百四十五里：
武城縣城（十五里）。竹竿屯（二十五里）。夾馬營馹（十五里。宋太祖所生之地）。鷚公流（十里）。瓦窯（五里。大南邊，小南邊）。步河（二十五里）。鄭家口（十里）。青州廠（十里）。下枋棧（十五里）。八里屯（二十里）。
故城縣五十五里（縣在河左，屬北。直河間府景州馹在河右，屬山東，濟南府，德州）：
梁莊馹（十里）。大瓦窯（十五里）。四柳樹（十八里）。十二里口（六里）。龍王廟（六里）。
德州一百九十里：
安德驛（二十里）。百草窯（三十里）。上下老君堂（三十里）。桑家園（十里。巡司）。良店驛（三十里）。

– 115b –

沿河驛五十里楊青三十里天津衛城左右二衛有河泉衛门塩法道暫僧司衙门又有鈔關北岸玉御神佐城要入京 天津 楊青驛 十三里

楊家沽 三里　車營 十五里　桃花口 十里　蒲溝兒灣 十里　下老米庄 二十里

楊村驛 十五里屬順天府　梨廠 十五里 西司　南北蔡庄 十里　磚廠 十里　黃家甫 十里

蒙村 十里　白廟兒 十里　河西務 五里　王家罢渡口 十里　魯家務 五里

紅廟 十五里　靳家庄 十五里　拔魯口 十五里　谷家村 十五里　和合驛 二十里

楊家庄 十里　漷縣馬頭 十里　火燒屯 七里　公鷄店 七里　沙孤堆 六里

保運兒 十里　張家灣 十五里 和合驛 ○ 通州城 潞河驛各省粮船運至此換小船運至大通橋起車 四十里

通州城 十里　大王廟 十里　張兒店 十里一作食米店　大通橋 十里

京城崇文门

以上自鎮南關至京城崇文门共九千八百三十八里

– 115a –

安陵二十里　黃家園河口二十里　連窩驛十五里　大龍灣十五里

○東光縣　屬河間府景州　一百四十里　附記東光縣早路至滄州一百二十里走三十里泊頭二十里薛家窩先過淺三十里磚河二十里滄州先過淺兩次俱官渡極早路宜城得

滄州三十五里　十里花園十里　安頂寨十五里

○興濟縣　屬河間府　四十里　乾寧驛　十里今改　周官屯三十里

○清縣　一百五里　屬河間府三大河通直沽達定濟沽河北如河凍辰可起早由固安等處去三百里到京師亦便

清縣城二十里　蔡家庄十里　流河驛十里北如硝戮牙爐賊南來可畏　諸店屯十里

韓官屯十五里　流鈞臺十里　長屯十五里　双塘十五里　○靜海縣　一百里

奉新驛　十五里屬河間府　營兒裏十五里　獨流大黃庄二十里　新口二十里

楊青驛五里　蔣家庄五里　馬家庄五里　謝家庄五里　曹家庄五里

卞家庄五里　○天津府　三百二十里　土名直沽　附記韓店屯早路至天津衛一百三十里五十里靜海縣店

– 115a –

安陵（二十里）。黃家園河口（二十里）。連窩驛（十五里）。大龍灣（十五里）。
東光縣（屬河同府，景州）一百四十里（附記東光□旱路至滄州一百二十里。遠三十里泊頭，二十里薛家窩，先過渡，三十里磚河，二十里滄州，先過渡。兩次俱官渡。極旱路穿城得）。
滄州三十五里（十里）。花園（十里）。安項寨（十五里）。
興濟縣（屬河間府）四十里。乾寧驛（十里。今改）。周官兒屯（三十里）。
清縣一百五里（屬河間府，三叉河通直寶定，滹沱河。此處河凍時可起旱由，固安等處去三日可到京師亦便）。
清縣城（二十里）。蔡家庄（十里）。流河驛（十里。此處硝賤，牙鹽賤，南來可買）。諸官屯（十里）。譚官屯（十五里）。流釣臺（十里）。長屯（十五里）。雙塘（十五里）。
靜海縣一百里：
奉新驛（十五里。屬河間府）。營兒裏（十五里）。瀆流大黃庄（二十里）。新口（二十里）。揚青駵（五里）。蔣家庄（五里）。馬家庄（五里）。謝家庄（五里）。曹家庄（五里）。卞家庄（五里）。
天津府三百二十里（土名直沽。附記譚官屯旱路至六津衛一百三十里五十里。靜海縣店，

– 115b –

好可駐，五十里。揚青三十里。六津衛城左右二衛有總兵衙門，鹽法道督漕諸衙門，又有督官。此處多鄉紳。海味俱賤，可買入京）：

天津揚青馹（十二里）。楊家沽（三里）。車營（十五里）。桃花口（十里）。滿溝兒灣（十里）。下老米庄（二十里）。楊村馹（十五里。屬順天府）。柴廠（十五里。巡司）。南北蔡庄（十里）。磚廠（十里）。黃家鋪（十里）。蒙村（十里）。白廟兒（十里）。河西務（五里）。王家罷渡口（十里）。魯家務（五里）。紅廟（十五里）。靳家庄（十五里）。校魯口（十五里）。芒家村（二十里）。和合驛（二十里）。楊家庄（十里）。漷縣馬頭（十里）。火燒屯（七里）。公雞店（七里）。沙孤堆（六里）。保運觀（十里）。張家灣（十五里。和合馹）。通州城（潞河馹。各省糧船運至此，換小船運至大通橋，起車）四十里：

通州城（十里）。大王廟（十里）。張兒店（十里。一作食米店）。大通橋（十里）。

京城崇文門。

以上自鎮南關至京城崇文門，共九千八百三十八里。

– 116b –

太和门 在太和殿南正中前有金水桥 昭徳门 在太和门左 貞度门 在太和门右
叶和门 在太和门東廡 雍和门 在太和门西廡 文花殿 在叶和门東稍北為上御経筵東宮講書之所
武英殿 在雍和门西稍北 乾清宫 在大朝三殿之後為宸居正寢 坤宁宫 在乾清宮後中宮所居
交泰殿 在乾清坤宁两宮之门 乾清门 在乾清宮前上御此聽政 慈宁宫 在武英殿後以奉太皇太后
寧壽宮 在慈宁宮北奉皇太后 惇本殿 在文花殿北 毓慶宮 在惇本殿後
祥旭门 在惇本殿南以上為皇太子宫 午门 在太和门金水桥南中三门翼以两見门見闕有樓上 左腋门 午门左 右腋门 午门右
已上俱紫禁城门 闕左门 午门左稍南又有神廚门内為太廟 闕右门 午门右稍南有又社左门為社稷壇
端门 午门正南门有樓東有太廟门街西有社稷门街 天安门 端门正南门有樓南有石橋五座 已上各门在紫禁城外皇城内
大清门 天安门正南中両馳道東西長廊各有歩廊折而左右 長安左门 大清门内稍北折而東 長安右门 大清门内稍北折而西
東安门 東花门東南 西安门 西花门西北 地安门 神武门北 以上俱皇城内门

– 116a –

京城明永樂七年拓元故城周四十里內九门正南曰正阳俗呼前门南之東曰
崇文俗呼海岱门南之西曰宣武俗呼順城门北之東曰安定北之西德勝東
之北曰東直東之南曰朝阳俗呼齊化门西之北曰西直西之南曰阜成俗呼
平則门　外七门正南曰永定南之東曰左安南之西曰右安北之東曰東
便门北之西曰西便门　正東曰廣渠俗呼沙鍋门正西曰廣寧俗呼彰美门

北京紫禁城天子深宮　東長门 禁城正東门　西長门 禁城正西门　東花门　西花门

后宰门 禁城五门　五鳳樓 近宮殿　午门 正子午门　金水橋 禁城门外　乾清门　大清门

天朝宮殿規制　太和殿 大朝正殿　中和殿 在太和殿後　保和殿 在中和殿後

中左门 在太和殿左　中右门 在太和殿右　後左门 在保和殿左　後右门 在保和殿右

体仁閣 在太和殿丹墀之東　弘美閣 在太和殿丹墀之西　左翼门 在体仁閣北　右翼门 在弘美閣北

– 116a –

京城明永樂七年，拓元故城，周四十里。內九門：正南曰正陽，俗呼前門。南之東曰崇文，俗呼海岱門。南之西曰宣武，俗呼順城門。北之東曰安定。北之西〔曰〕德勝。東之北曰東直。東之南曰朝陽，俗呼宥化門。西之北曰西直。西之南曰阜成，俗呼曰平側門。外七門：正南曰永定。南之東曰左安。南之西曰右安。北之東曰東便門。北之西曰西便門。正東曰廣渠，俗呼沙鍋門。正西曰廣寧，俗呼彰義門。

北京紫禁城，天子深宮。東長門[76]（禁城正東門）。西長門[77]（禁城正西門）。東花[78]門，西花[79]門。后宰門（禁城五門）。五鳳樓（近宮殿）。午門（正子午門），金水橋（禁城門外）。乾清門，大清門。

天朝宮殿規制：太和殿（大朝正殿）。中和殿（在太和殿後）。保和殿（在中和殿後）。中左門（在太和殿左）。中右門（在太和殿右）。後左門（在保和殿左）。後右門（在保和殿右）。體仁閣（在太和殿丹墀之東）。弘義閣（在太和殿丹墀之西）。左翼門（在體仁閣北）。右翼門（在弘義閣北）。

76 「東長門」，紫禁城無此門。推記載有誤。

77 「西長門」，紫禁城無此門。推記載有誤。

78 「花」、「華」通假。

79 「花」、「華」通假。

–116b–

太和門（在太和殿南正中，前有金水橋）。昭德門（在太和門左）。貞度門（在太和門右）。協和門（在太和門東廡）。雍和門（在太和門西廡）。文花[80]殿（在協和門東稍北，為上御經筵，東宮講學之所）。武英殿（在雍和門西稍北）。乾清宮（在大朝三殿之後，為宸居正寢）。坤寧宮（在乾清宮後。中宮所居）。交泰殿（在乾清坤寧兩宮之門）。乾清門（在乾清宮前，上御此德政）。慈寧宮（在武英殿後，以奉太皇太后）。寧壽宮（在慈寧宮北，奉皇太后）。惇本殿（在文花殿北）。毓慶宮（在惇本殿後）。祥旭門（在惇本殿南，以上為皇太子宮）。午門（在太和門，金水橋南中之門，翼以兩觀門觀閣，有樓上）。左腋門（午門左）。右腋門（午門右）。

（已以[81]俱紫禁城門）

闕左門（午門左稍南，又有神廚門，內為太廟）。闕右門（午門右稍南，有又社左門，為社稷壇）。端門（午門正南，門有樓，東有太廟門街，西有社稷門街）。天安門（端門正南，門有樓，南有石橋五座）。

（已[82]上各門在紫禁城外，皇城內）

大清門（天安門正南，中河馳道，東西長廊各千步，廊折而左右）。長安左門（大清門內稍北，折而東）。長安右門（大清門內稍北，折而西）。東安門（東花門東南）。西安門（西花門西北）。地安門（神武門北）。

以上俱皇城門。

80 「花」、「華」通假。
81 或為「以上」之誤。
82 「已」、「以」通假。

– 117b –

建端门八年重建太和殿乾清宮十八年建皇太子宮正殿曰惇
本殿又之後曰毓慶宮前曰祥旭门二十一年改建咸安宮為寧
壽宮二十年建文花殿凡內廷營建順治十六年覆准建造宮
殿一應工程該衙门先期上請勅下工部會同科道估計以督月破

国初建宫殿　盛京（詳見盛京工部　順治元年作）　太內宮殿於燕京正殿曰太和殿
御以受朝朝賀殿之左曰中左门殿之右曰中右门兩廡之间左曰体仁阁
右曰弘義阁体仁阁曰左翼门弘義阁之北曰右翼门太和殿之後曰
中和殿中和殿之後曰保和殿又之左曰后左门右曰後右门　太和殿
之南正中曰太和门外兩廡之左曰叶和门右曰雍和门　四年建闕门曰
午门宫翼以兩観三门東西為左右掖门八年建承天门工成改為
天安门　十年建慈寧宫重建乾清宫又之後曰坤宁宫乾清
坤宁兩宫之间曰交泰殿乾清宫之前曰乾清门坤宁宫之前曰坤
宁门乾清门外兩廡之间左曰景運右曰隆宗门坤宁之東曰景仁
宫承乾宫鍾粹宫西曰永壽宫翊坤宫儲秀信　康熙六年

– 117a –

國初建宮殿。

盛京（詳見盛京，工部順治元年作）太內宮殿於燕京正殿曰太和殿，御以受朝，朝賀。殿之左曰中左門。殿之右曰中右門。兩廡之間左曰體仁閣，右曰弘義閣。體仁閣〔之北〕曰左翼門，弘義閣之北曰右翼門。太和殿之後曰中和殿。中和殿之後曰保和殿。殿之左曰後左門，右曰後右門。太和殿之南正中曰太和門。外兩廡之左曰協和門，右曰雍和門。四年建闕門曰午門。宮翼以兩觀三門東西為左右腋門。八年建承天門，工成改為天安門。十年建慈寧宮，重建乾清宮。宮之後曰坤寧宮。乾清坤寧兩宮之間曰交泰殿。乾清宮之前曰乾清門。坤寧宮之前曰坤寧門。乾清門外兩廡之間左曰景運〔門〕，右曰隆宗門。坤寧之東曰景仁宮，承乾宮，鐘粹宮；西曰永壽宮，翊坤宮，儲秀宮。康熙六年，

– 117b –

建端門。八年，重建太和殿，乾清宮。十八年，建皇太子宮，正殿曰惇本殿。殿之後曰毓慶宮，前曰祥旭門。二十一年，改建咸安宮為寧壽宮。二十年建文花殿。凡內延營建。順治十六年，覆准建造宮殿，一應二程。該衙門先期上請敕下工部會同科道估計（以防日月破）。

– 118a –

119

科途而擢斛元宦途而奉北使當朝峻譽也我
高祖阮相公黎朝景興戊辰廷元探花乙酉奉命北使江山到處
題咏詩歌名曰使程總歌刻版家傳生下者皆得親見間有取
前部甲辰戊辰奉使程圖親手校正輯續明白併與歌本兩相考驗
第圖本未及刊刻未公傳下孫 生其後聞父師所 言先公使
程歌圖兩本此圖本未曾目擊博求廣訪經二十年未得其正
歲丁亥春二月廿四日渊侄叔堂子瓊書軒 子瓊將先公使程圖
本會着曰昨借于他未及抄寫耳詳見先公筆跡註釋存焉
自念心求是書經已有年不與子瓊謀而子瓊得之公于同志何
幸如也遂借原本親力抄寫廿日完卷已幸生其後目是書勿爲

– 118a –

科途而擢魁元，宦途而奉北使，當朝峻譽也。我高祖阮相公，黎朝景興戊辰廷元探花。[83]乙酉奉命北使。江山到處，題詠詩歌，名曰《使程總歌》，[84]刻版家傳，生下者皆得親見。間有取前部甲辰戊辰《奉使程圖》，親手校正輯續明白，併與歌本兩相考驗。第圖本未及刊刻，未公傳下。瑑[85]生其後，聞父師所言先公使程歌圖兩本，此圖本未曾目擊。博求廣訪，經二十年，未得其正。歲丁亥[86]春二月廿四日，閑往叔堂子瓊書軒。子瓊將先公使程圖本會看，曰：「昨借于他，未及抄寫耳。」詳見先公筆跡註釋存焉。自念心求是書，經已有年，不與子瓊謀而子瓊得之。公于同志，何幸如也。遂借原本，親力抄寫，廿日完卷。幸生其後，目是書勿為☒

83 「黎朝景興戊辰廷元探花」，即阮輝僜。根據《鼎鍥大越登科錄》〈黎顯宗景興九年戊辰科（1748）〉記載：「阮輝僜，羅山萊石人。三十六中。奉使，仕至左吏，致仕。起復陞都御史。阮侗之兄，兄弟同朝。」《鼎鍥大越登科錄》（法國遠東學院圖書館藏本，微卷編號 MFII.9(A.2752)）。

84 《使程總歌》，即《奉使燕臺總歌》，今藏於越南國家圖書館，編號 R1375。

85 「瑑」，即阮輝瑑（1852–1909），抄錄此書者。

86 「丁亥」，越南阮景宗同慶二年，清光緒十三年，西曆 1887 年。

附錄一

阮輝儝使程地圖

一、去程

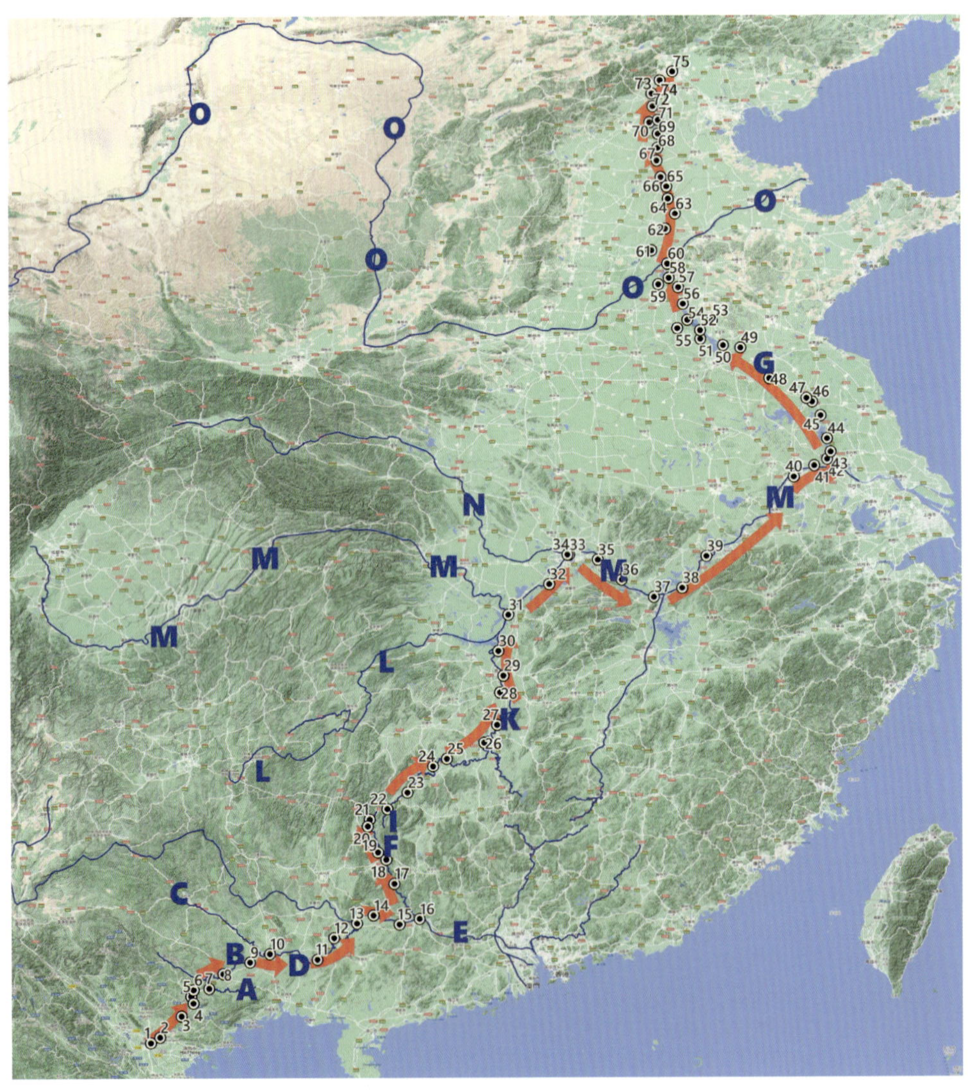

A：明江　D：邕江　I：灕江　M：長江（揚子江）　G：兩河

B：左江　E：西江　K：湘江　N：漢水

C：右江　F：桂江　L：沅江　O：黃河

1. 愛慕村：今河內市嘉林縣安園社愛慕村
2. 橋營：即市橋營，今北寧省北寧市市橋坊
3. 鬼門關：即支稜關，今諒山省支稜縣
4. 團城：即諒山城，今諒山省諒山市
5. 鎮南關：黎朝時越華邊境關口之一
6. 憑祥州：今中國廣西崇左地級市憑祥市
7. 寧明城（古稱思明）：今中國廣西崇左市寧明縣
8. 太平府：今屬中國廣西崇左市
9. 新寧城：今中國廣西崇左市扶綏縣新寧鎮
10. 南寧城府：今中國廣西南寧市
11. 橫州：今中國廣西南寧市橫縣
12. 貴縣：今中國廣西貴港市
13. 潯州：今中國廣西貴港市桂平市
14. 平南城：今中國廣西貴港市平南鎮
15. 藤縣：今中國廣西貴港市藤縣
16. 梧州城：今中國廣西梧州市
17. 昭平城：今中國廣西賀州市昭平縣
18. 平樂府：今中國廣西桂林市平樂縣
19. 陽朔城：今中國廣西桂林市陽朔縣
20. 桂林城府：今中國廣西桂林市
21. 靈川縣：今中國廣西桂林市靈川縣
22. 興安縣靈渠：今屬中國廣西桂林市興安縣
23. 全州城：今中國廣西桂林市全州縣
24. 永州城：今中國湖南永州市
25. 祁陽城：今中國湖南永州市祁陽縣
26. 衡陽城：今中國湖南衡陽市衡陽縣
27. 衡山城：今中國湖南衡陽市衡山縣

28. 湘潭城：今中國湖南湘潭市
29. 長沙城府：今中國湖南省首府長沙市
30. 湘陰城：今中國湖南岳陽市湘陰縣
31. 岳陽樓：今中國湖南岳陽市
32. 嘉魚縣：今中國湖北咸寧市嘉魚縣
33. 武昌城：今中國湖北武漢市武昌區
34. 漢陽省市：今中國湖北武漢市漢陽區
35. 黃州城府：今中國湖北黃岡市
36. 蘄州：今中國湖北黃岡市蘄州鎮
37. 潯陽：今中國江西九江市潯陽區
38. 彭澤縣：今中國江西九江市彭澤縣
39. 安慶：今中國安徽安慶市
40. 南京：今中國江蘇南京市
41. 儀征縣：今中國江蘇揚州市儀征市
42. 揚州：今中國江蘇揚州市
43. 邵伯鎮：今中國江蘇揚州市江都縣邵伯鎮
44. 高郵縣（古稱秦郵）：今中國江蘇揚州市高郵市
45. 寶應縣：今中國江蘇揚州市寶應縣
46. 淮安府：今中國江蘇淮安市
47. 清河縣：今中國江蘇淮安市清河區
48. 宿遷縣：今中國江蘇宿遷市
49. 臺兒莊：今中國山東棗莊市臺兒莊區
50. 韓莊：今中國山東濟寧市微山縣韓莊鎮
51. 沛縣：今中國江蘇徐州市沛縣
52. 新莊：今中國徐州市沛縣新莊鎮
53. 滕縣：今中國山東棗莊市滕州市
54. 南陽站：今中國山東濟寧市微山縣南陽北一村

55. 魚台縣：今中國山東濟寧市魚台縣
56. 濟寧城：今中國山東濟寧市
57. 汶上縣：今中國山東濟寧市汶上縣
58. 東平州：今中國山東泰安市東平縣
59. 梁山泊：今中國山東濟寧市梁山縣山區
60. 東阿縣：今中國山東聊城市東阿縣
61. 東昌府：今中國山東聊城市東昌府區
62. 高唐府：今中國聊城市高唐縣
63. 平原縣：今中國德州市平原縣
64. 德州：今中國山東德州市
65. 景州：今中國河北衡水市景縣
66. 阜城縣：今中國河北衡水市阜城縣
67. 獻縣：今中國河北滄州市獻縣
68. 河間府：今中國河北滄州市河間市
69. 任丘縣：今中國河北滄州市任丘市
70. 安新縣：今中國河北保定市安新縣
71. 雄縣：今中國河北保定市雄縣
72. 新城縣：今中國河北保定市高碑店縣新城鎮
73. 涿州：今中國河北保定市涿州市
74. 良鄉縣：今中國北京房山區良鄉地區
75. 燕京：今中國北京首都

二、回程

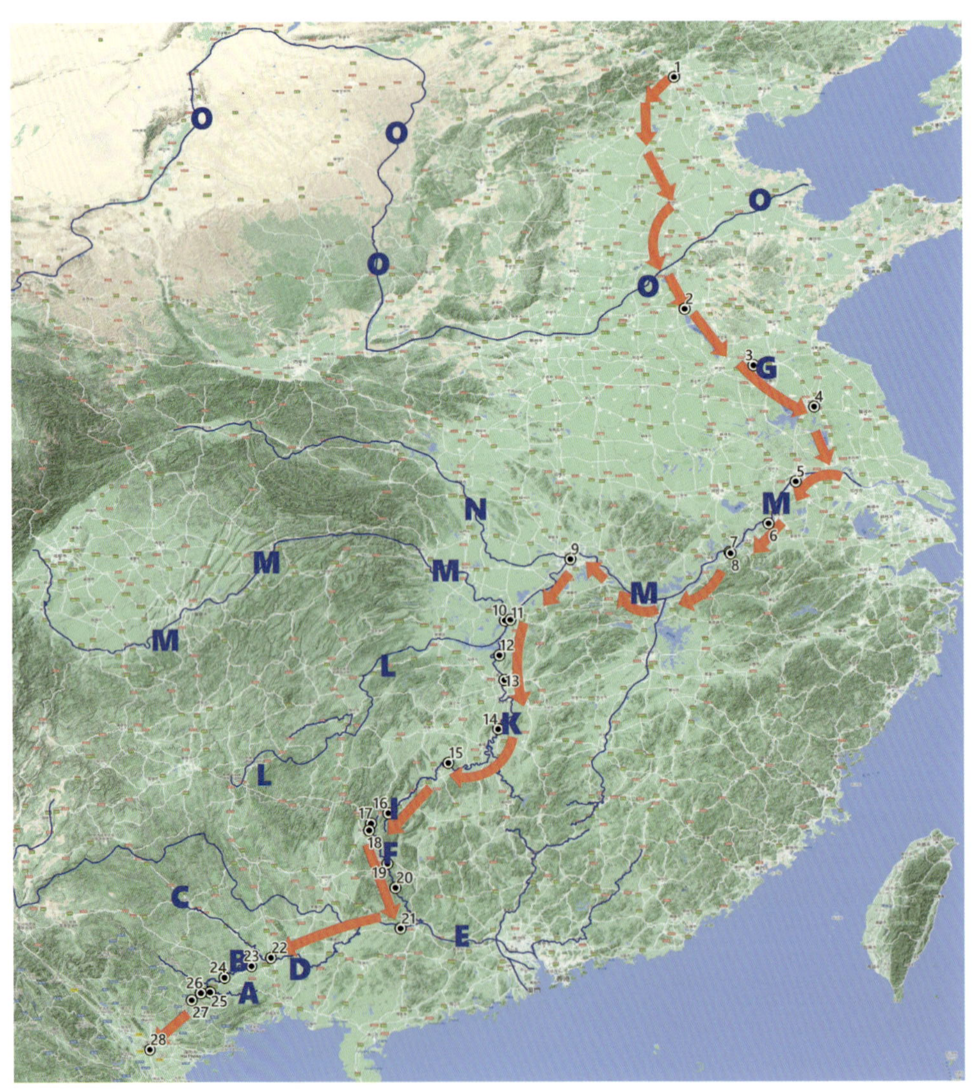

A：明江　D：邕江　I：灘江　M：長江（揚子江）　G：兩河

B：左江　E：西江　K：湘江　N：漢水

C：右江　F：桂江　L：沅江　O：黃河

1. 燕京：今中國北京首都
2. 濟寧城：今中國山東濟寧市
3. 兩河：今中國連接山東濟寧市和江蘇揚州市的河流，流入揚子江
4. 淮安府：今中國江蘇淮安市
5. 南京：今中國江蘇南京市
6. 三山浦：今中國安徽蕪湖市三山區
7. 池口：今中國安徽池州市貴池縣池口村
8. 貴縣：今中國安徽池州市貴池區
9. 武昌城：今中國湖北武漢市武昌區
10. 君山：今中國湖南岳陽市君山區
11. 岳州：今中國湖南岳陽市
12. 湘陰：今中國湖南岳陽市湘陰縣
13. 長沙城府：今中國湖南長沙市
14. 衡山：今中國湖南衡陽市衡山縣
15. 祁：今中國湖南永州市祁陽縣
16. 興安：今中國廣西桂林市興安縣
17. 靈川縣：今中國廣西桂林市靈川縣
18. 桂林：今中國廣西桂林市
19. 平樂府：今中國廣西桂林市平樂縣
20. 昭平城：今中國廣西夏州市昭平縣
21. 藤縣：今中國廣西貴港市藤縣
22. 南寧府：今中國廣西南寧市
23. 新寧：今中國廣西崇左市扶綏縣新寧鎮
24. 太平城：今中國廣西崇左市
25. 寧明州（古稱思明）：今中國廣西崇左市寧明縣
26. 受降城：今中國廣西崇左市夏石鎮
27. 南關：黎代越華邊境關口之一。舊址位於今中國境內，距離越中

邊界同登站約四公里

28. 京城：今越南河內

以上去回程經過地點，考證自阮輝僅《奉使燕臺總歌》（越南國家圖書館藏，編號R1375）。

附錄二

奉使燕臺總歌

馬維騏轡如絲　周道倭遲我出我車

驪駒聲鬧行歌　朝渡珥河駐雯慕村

體臣遥仰洪恩　丁寧數語溫存一章

十二日奉敬全部詩一首

勤勞臣節莫辭難周道倭遲歧路難萬里闊河平似砥寸懷鐵石炳如丹鄉鄰聳起敬推鸞鳳國勢增光奠泰磐早々言從吾事濟一堂魚水慶均歡

孟春二四題

十五日再奉私頌詩一首紀以白傔内差兵番枝壽時候奉遥

獅駒塘滂豎寬台公義台皮院奇台戔王康々宣鼎陛王臘梅滂々祝亭梅念忠愛停驂騰揮君親撼碾糈急倦覺歸輅功時院名蒼貴强翔雀雲臺

孟春二四題

趨程什襲行囊　拺營晚泊壽昌曉行

奉使燕臺總歌

乙酉部正使探花郎阮輝𠐓　撰
男阮輝似　書

景興二十五年甲申十二月十三日閣命使䖏二十六年三月旬脩文投遞左江道内言職貢儀物並進候本年秋仲起程四月奉計遞工番照給民祿田祿五月旬左江道咨報已為轉遞題達二十九日奉○旨回家治裝八月旬兩廣總督有照會公文投遞准部咨奉旨依許起程入貢十月初七日赴京十二月初旬兩廣總督投報以來年正月二十九日啟關二十七年正月初八日奉召見仍左堂面傳陞職二次拜九日坤府出行江亭在行夜漏朝臣會餞

正月　景興二十七年　歲逢丙戌日躔陬訾

次朝列位上司　鳴鑼放砲一時齊来
南關鎖鑰洞開　詣昭德臺賷進表章
幣銀頒自東廂　行隨取次查詳姓名
俾分夫馬發行　戌時到幕府營定房

南關兩邊倚長山爲城因山脚石中通一條路砌關門屋其上外扁題鎮南關內扁題篆依南服此處有塘汛安名問隘前立三大墩下至幕府二十里幕府新造於乾隆十九年前有大榕奇扁題恩覃九有瓦屋三間使臣分駐并新水灯燭一一給辦

二天一路晴光　憑祥中伙受降駐旌

三十日曉發行三十里至憑祥州治官廳狹小庸舍低窄言語衣服一如諒山丘驛又三十里到受降城瓦屋六間堂內扁一路福

數天甫到芹營
山樓八位橋橫化江
鬼門關廟進香
𡑝夫復到枕椰暫停
靠連母子總經
越山直底團城駐軍

二十三日越母子嶺留詠一首

危峯起狙越重関江漢分支地勢寬梟自坤吟成老骨象由民峙出童山雲煙路上人言叐鳥鵲莫边客去還送子停驂頻寓目家鄉認是白雲间

二十八日侵晨
進来仰德照循囍覲

附詠望夫山

危岩骨骼玉為神造化長留久視身積兩动晴雲鬟髻見含山半吐月胥新寫畫塞外傳芳信江村波中織錦文勁節巖巖誰比並我心匪石有忠臣

穩從東北順流　過三江口直趨太平

初六日開船徑瓜村塘江有一峯壁立石面有人馬形似畫出相傳是黃巢兵馬数里至三江口此處有一道小河從本国高平共諒山城江同流至此一路岸山岩叉洞民屋竪兼歪嵬不駐青々殆者有趣初九日到太平府城城曰麗江有崇善縣官分駐舜之放驩兜者在此又有麗江書院制極華艷俗傳有鄉來鐘自本国恩糧冊鄉到

二天已到新寧　青抽萬仞風輕一帆

掠舟燕語呢喃　瘴隨雨洗山含月來

十二日開船經瀨水灘岸有泉水数丈彩瀑声如鳴雷號曰響湖因紀其事

朝發馱灘同太程長空影淨一鷗平木綿花向山腰吐石脊灘於渡口橫竹隱半雲娘子廟霧侵四壁汛塘兵舟頭劈破

是大門扁內外同仆受降之名昔因
偶尓一用至今不改

二月

仲春朔旦平明　歷楢蠹至寧城登舟

初一日進行二十里徑白馬塘又十里到楢蠹營有都國府
又十五里到松林塘又十五里到寧明城城舊名思明近因
忌其意姜改名寧明地多土山有摩天嶺馬跑泉伏波銅
柱卅官預於岸次備木馬船十四隻船製首尾低中嶶高
蓬上架竹棧兩旁架木板通行馬跑泉在土山傍一名太子井
去舟泊處南三里使臣汲此水以入太平明江登舟因紀

越高度險歷張墉俠到明江水路通人亦家鄉浮石庯景如
山水畫圖中蘐堤古木蟠根厚媚客桄榔上穎紅一路天心多
默相瞳瞳旭日又南風　解纜紀事
唱罷征鐃戒水軍使旗迢遞出江津春將翠幞遮山骨日弛黃
金縷水紋鼓角聲從鸖徑度塘鐃響自寶岩聞卽今預數歸
軺日應在來秋九月旬

3a

十七日到南寧府城有左江道南寧府正堂宣化縣官分駐
商貨盈積無所不有江獅潯江水源从我国來多有孔雀旨
蟒涎滙宜以礬若澄之或以貫衆鎮水庶方可飲多禁午驪城
東有逍山山上聞鼓声郎年豐土人以此卜歲又有崑崙山馬
浥泉此老狄青征智高駐師遺跡又有陽明書院扁徑綸參贊
是文成公苗礴李㠯處又有三界廟扁恩遍邕南城隍廟扁
覡咱儼然製裘壯麗对岸有伏波廟扁何必雲甚堂城西有竜
涎井水色頗佳使臣多所取汲城中紹慶酒尤佳有南宁即景作

崑崙峻嶺馬浥泉欽將勳名自昔傳宣長〻花風連岸皺團〻明
月拖沙圖逍山桑根人間瑞漁浦灯開水底天棻鎮礬若澄吾有
術不妨拖雞酌竜涎

定渌泛帆　　倣古長篇作

泥〻征帆入太平招〻舟子行又行日映層梯圖畫色風搖排脊
弦桶声例垂塘汧流中影障尽平原石岸屏去年餘閏春風
早曙色匀〻河畔草連絡脩眉隔暮雲高低岡巒𢑥多秫稻荅
鋪翠懸滑山橋棉織紅梢明古道響湖遊春少磧迷輪囷

46

寒煙色湖響敲々入耳清　又復副使阮恬軒韻
南吹匝々鬧來程鷗着沙汀烏篆平捺淨浮煙螺髻見敲殘
翠岸竹梢橫逢因滴雨招舟子座爲驅風點酒兵點會皇天
儇遠介故將一路瘴崖清
十四日到新寧州城州屬南寧府閘門上刻含暉大字灣舟上有觀
音庵扁水月慈宮真武廟扁玉虛金闕去城十五里有龍頭
大山石昔有房姓者卜居今子孫八十餘口州有逍遙村李春調以
順治己亥年生今壽一百八歲當門存四箇皮如斑竹聲音清亮
奉旨旌表大建門閭扁昇平人瑞
四字復其家二十八口

南寧三十六街
錦堆雲罽廣紗
人湊集屋蟬聯

香分酒店涼同梵家
行商居賈山車水船
貨爲兩粵一天馬頭

4a

順流過永淳城 度龍毋磧泊横州津

三程到永淳城其地民俗淳淌趂墟田作皆婦女為之城中有遺愛廟掛儒林山斗企扁城外有武聖廟扁道本麟経隔江是文聖廟四圍紅墻第一重門內闸半月池上架白石橋兩角横門題礼門義路第二重門左祠名宦右祠郷賢内有東西字正中是大成殿上掛。御扁萬世師表字牌位書至聖先師孔子附四配十哲後是崇聖殿奉祀聖人五代右是明倫堂學官講習於此其各省府縣規制殆同徑南郷塘对山岸是竜毋廟廟下是竜毋磧江中突出長洲舟行頗難又三日到横州城城亦都会人重廉耻尚文學蒼頡樵薪於山女婢貿米於市服飾亦同京師城有藥王廟扁神州赤保義學堂扁古訓是式又有孔子行教像郡守刻石置學中俗傳吴道子所畫城西五里有蘇摩橋相傳仙人董奉賣藥於此又有月林灣相傳有鐵船沉于水底漢馬援開灘所用遇大風雨或浮于水面有題藥王廟詩

横剪璚峯孱金鱗擲浪翻荇錢玉蘿拈香帯嶺泥山色巳
隨逕子遠鳥声故作主人啼崎嶮耶来還寂寞煙波徑用何
秀錯峽牽長徑下有無鷗浴明沚自彩耀御閑晴望白雲间
客路晚依红樹泊此情此景又誰知咨詢咨度是男兒遠甚貴
提皇帝節戚旄彩烜老萊衣過湖漸有揚帆興到燕思在幾冬期
風波今日依山轉星漢通宵當水見越市人爭渡口舟賣並新兒
走長堤遍暮葛朝裘效〻更獐崑蚕雨時〻变寒灘何處咽
鳴泉红葉枉工綴晚煙暫住南寧俟幾日巳於梅嶺數务年京
信捧来先事月曾共
南風奏管弦

桂珠登辨行需　壺分紹酒籠收藥材

三月

公同脩。啟遞回　季春初五船閘長行

三月初三日守隘家人黄志礼引倆子来仍付。啟并。禀遞回
奉進陪臣各有私書及寄督鎮書一封内言煩特封筒付遞

経鳳凰山到大灘司民居稠密多植柿木岸上是大灘迷廟
廟民〻父母岸左是土山上有伏波廟廟銅柱髙勲左右建
鍾鼓楼門外有二石覩人来祭畢搗出以石塊打之声如石
磬是大好事俗傳一覩嘗一時誤打即不鳴廟前首名五險
灘曰竜門立壁虎跳轉罨掛舵嘉靖中王貞吉改為契敬灘
乱石嶙峋障浪湍奔濤声振撼只有一路通舟有題伏波廟詩
江頭湍急撼茫屏山谷爭如聚米成銅柱天边仍紀績鉄船
水底尚聞名威灵豈藉椒房重勲業寧差薏苡軽赫〻崇
祠千古在雲臺久共漢朝更
又捷江穏泛用五言排律
風景岙良難平生有此覌舟行天上座魚躍鏡中看幽洞波
紋疊羞崗杏蔚影間峯擂神女髻花妬太真顔訝石藤枝
密留雲洞口寒〻鹿蔚経香在草鷗浴水寬瀾地為燒畲黑雷
因燠尾冊鳩巢接老幹鵲渡接層弯斜嵌青〻倲低覃〻
杆緑蘿晴後翠紅桑雨來斑徑扶樵办晩湍流鳥過狠岸
風敲吪叭春瑀弄潺湲紅日新闹匣崇祠前搗鞍人家深塢

續淅分來第一支好懸奄腦建崇祠南山峭竖菖蒲劍紫水平
鬧艾葉旗地骨泉清凉几案天门月朗照畢恩使君遠至詢
胡蕎董奉摩橋可預知
又有剪刀晚泊廻文一首呈二副堂

東河珥筆索吟聯　細〻声來兩鄉音川
風皺水紋波點琨　月篩銀影樹生煙
紅花岸色春抒錦　遠浦漁歌鳥奏絃
中國泛槎星斗近　鴻番爪跡客開船
半儒風皺水紋　擺荇鬧蘋趁大灘司

自卅行五十里経半仙洞洞門扁袁源佳景洞口即武当行
宮次奉佛殿扁別有㣲天從左轉一級為文武二帝廟臨眺
長江羣山蒼翠平畦青録總萃目前最上奉觀音佚亦名月嚴
因晋頭石壁一首
山到𪜀奇任自猜或云鷲嶺或天台黄鸛嘆醒非〻想筆硯
人從月殿來

6a

潯州嵐擁府城　有宮慶祝有亭迎暉
臨流下設巡司　通商裕國布旗大書
青峰綠水相於　山樵穿徑蛋漁艤船

三月二十一日到城城有叶鎮官府官桂平縣官同在城下臨江設巡司嚴鎮揭裕国通商府有八景曰白石洞天西山晚望羅叢岩石月東塔廻瀾南津古渡銅鼓秋濤金蓮夜雨北岸漁樵岸有迎暉亭扁澄清双江又扁潯陽楼胡南著有詩刻石於此府有蛋人世々以舟為宅惟捕漁供食取魚者曰漁蛋取蠔者曰蠔蛋南門内大衢東有慶祝宮祝厘盛典留侯於此去城九十里有紫荊山出桂昔趙武帝常以献漢文者使舡到此地方官方考武藝未能贊見因有潯卅午泊作

到處為家未是家潯州山岸次豸星槎清風度嶺㢠雲軸素練横空織鳥拔地隅西橋通市遠山留半壁抱城斜𤅢源最可

處數跡乱叢間琹韻弹脩竹眉痕叠遠山迸塘村渡閙哺
子雀声歓黄犢放青草漁舸俯碧湾往来多少客心逐片帆還

崇祠肅展敬儀
仰憑一棹安瀾

綏一晏時過五險灘
直浮貴縣波乾浪平

自横州到此三日縣山水最佳前紀云貴縣四山全只因東井
穿東井若不穿三科中一元昔沉將軍引石鎮壓今猶水沉
民尚素朴士多志學雖貧亦延師教子以故科名獨盛城有
三界廟扁化育惠南十五里有東山山巔有二石如人並立傳
是何擾何光懐亢仙化比軌治平日久塘兵或一人更守他方
荷貴田間見使船經過即卸担回來索纙迎接因紀其事

福山曉行和副堂元韵

觧纜移舟趂曉霞鳴榔軋軋鬧行歌遂流烏慣窺漁網荷
畚人忙討汗鑼淡靄光浮明蓼渚寒雲遏重隱蒹葭水天繪
出晴嵐景揮日何勞更援戈

問閬石思岩
那裏山

飽風藤縣幾過
戎墟那裡浮槎藪江

此皆兩廣地方
轉輸穀粟客商通同

三月二十五日到藤縣城江面潛石暗露蕪帶上磯江岐二派
城有関帝廟扁立忠義極大雄寶殿扁西方聖人外氏宗祠
扁仁孝可風有藤江春汛作
回汀障合影生花時掠雲征燕子斜峭壁清幽圖水墨晴天
燦爛織煙霞山縫水摺步無路石嚶波明又一砂半挽午涼
春睡足此身閒勝在家多

去城十五里是戎墟津江次多泊竹槎中建一房方似一間大上
盖以茅係廣東人來賣買粟子墟上家居千餘商販粟米
雜芼卷雜物津次架筏
為家有數十座

擡高曳日影金礫翡翠花　又題迎暉亭
潯江一帶撼雲根遠嬌乳浮水欲吞竿子撈星波上客鷄物
語月岸前村櫓声轉近人通市燭影微寒白吶门繫纜晃易撩原
湿異漫將趙札續南藩

平南一派清漣　祠留白馬跡傳梁爺

一日到平南縣城民俗淳朴独慕文儒昔陶侃生於此拜平南將
軍因以名縣公祖墓在牛眠山由白馬汛橫入可到楊太真亦
生于旁邑縣南四十里有思岩石相傳常見異人逹憩于此又有
潤石山梁狀元讀書之所石基石凳猶存城有烏江合流江
口有烏王廟扁三江一柱城下有武成書院扁學海霓瀾又有
振南寺扁永任祥雲行五十里至白馬塘庙中有梁狀元百神
像幞頭朝服左右侍立文像扁譯洞變林查慶夢慈是五代
時梁嵩者有平南即事詩

天到平南地勢寬潯江兩過水痕殘趁墟村婦乘車穩晒網蛋
人倚棹閒牛嶺雲遮陶侃跡鳳城花倩太真顏征夫每向船頭

8a

上城内有蒼梧書院扁鄜周棲梧城頭有古岩書院扁雙桂

堂有蒼梧紀勝一律

道通兩粤是蒼梧無限風光萃一壺雲嶺鶴崗朝暮景龜

册鰱沼水天圖桂江春泥金牛渡氷井泉香火焰珠眼裡詩

多名勝跡詩囊收拾付奚奴　又舟中漫作初夏

不任青々夾道隨粤山桂水宦途兒恋春暮鳥歌紅杏踈夏

新蟬曳綠枝對月吟詩声帶冷研硏點易飾来遲家鄉萬里

牵情遠一日思親十二時

萬工整了檣帆　琚流上遡青岩夾隨

夏雲初擁黃枝　蟬凋錦瑟月垂銀鉤

花明石噴灘頭　逕流怕急客舟嫌遲

泪魚筏載鸕鷀　米憑溪棹水隨車翻

江頭路析西東　使船爾日上從梧州
風光別占一壺　嵐晴雲嶺月鋪鱷池
火山氷井交輝　桂江有渡準提有庵

自戎墟二十五里到三合嘴塘上有三界廟下結樣屋為號遞
廠是處江分兩岐一岐順流去廣東是舊使路江心有鷄竜
山山上雞尾文昌閣馬援云仰視鳶跕跕水中即此江也一岐左
轉泝流經五頭廟上通廣西今使路所由者右岸是梧州
城山川湊會城郭寬廣有叶鎮諶府官蒼梧縣官同
住城二面枕山一面臨河南門大書兩粵咽喉古是交州地
士王生於此界內有九嶷山即舜南巡崩處跡又鹿邑公遇仙処
別名綠秀山有會仙山上建準提庵風景殊勝佑傳呂洞
賓遇仙橋即此州有八景曰桂江春泛龍州砥峙金牛仙渡火
井泉香火山夕焰舊有夜火出夜作明珠鶴崗夕照鱷池漾月雲嶺晴嵐

一碑三烈留名 義高五指氣橫雙江

飽經窖屋村鄉 洲浮二結灘藏五牛

二十一日經壬峯磯濡衣引纜到昭平縣城城門題天高尺五
有天后宮扁波流遐迩伏波廟扁廟貌維新对河上流有三烈
墓乃明朝正德辛巳间有刘時举者母行過此被劫夹室
張氏妾郭氏子刘氏予犀投江嘉靖间立碑旌表城有小
江从山嶺中流來合江水如彩前治後有五指山其中深廣入檪
一傑可容一人有題三烈廟祠詩

逸瞰正氣賦山河完璞合貞矢靡他勁節孤寒鴦山石嶺月清心長
对荔江波一門高誼村翁補百載殘碑过客磨瑒草年々往潵
雪不隨榔槃落人家

經猫兒灘猪港灘大结灘小结灘大结村有盤古廟扁保錫長
寧經長灘塘呈夘有五牛石沿嶼中舟行宜謹其高山即名紫嶺有
路平遠浙一律

嫦合雲封首砲基土月山取次鵲頭開古

106.

砲臺影入長川　雷徑菴磴人傳董公

自三月二十七日到此打發船戶整理櫓帆為遡流具共銀三兩四月初三日開船一路多有虎狼江之兩岸土山連亘淨青堆綠水流漣漪舟人努力撐篙呼嘿振岸人家多以大石磨麵架以沙作終日牽曳不勞人力或者不用磨碓以長木雷內實穀穗三人對舂旬日成精米如本國蠻民所謂刻碓者又有積泥穴地作臼以決水舂米漁人多養鸕鶿或至放十多隻每放使捕魚汨入水中人乘竹槎從之大小悉得江岸有宋楊文廣砲臺四面砌磚如小城然沿岸砌石為路是廣西分守驛塩道董延祚指循因有探江紀見作

遠泝蒼梧達桂林欲看岸隴拂秋針汨魚鸕鶿見棲槎傍磨
麵乍疲牧豎蔭陰栗帶穗舂知省事米碾水磐讒擬心筆鋒
描出江行曲譜入姚卢辭塩某

蔽流磯出王峯　昭平傍門岸中築城

初五日遇雨仍駐有旅次端陽作呈二副堂

載贊初春我出疆匆匆旅次已端陽昭江水㴠茶甌淡紫嶺風分客袖凉隐几聞琴声覺近对花安字句留香御前今日特〻酒浅酌浮斟取次嘗

乘風解纜移舟　斑鳩早唱鷓鴣晚啼

千重五岡雲梯　洸彬詩句留題琨蓮

初六日过晋公塘山壁上有呂仙以毛画人形項烏帽面南立又里許翎孫岩岩上有砲基臺岩後有石犬面向上一路兩岸石山峯莠斗峻吞吐雲雨犟踞鳳獅村杏射澂門江花吐氣景色可人巴水塘瘦口有琨蓮峯唐洸彬詩刻石在焉又荔思村有古塔高七層有江蒿舟行一律

幾过刘村問水師分明仙昼掛朝曦灘高水急舟行慢川淨氷平烏去遲樵径花鑪雲洞古砲基臺煙鎖石屛范村灯漁火天边月㙟影交扶上翠微

人碑視今人備岸上華香座上来猫浦汐明鸥作隊菇灘水逗浪成堆松琴每向南風鼓洮接當年奏阜財

倏来平梟地頸　舳横水面邛浮河中

可堪行色匆、　途間遠客正逢端陽

茶甌分酌昭江　書龍有兩繫囊有符

五月初四日到平梟府城城之下流有浮開江心横列舳艫三十六艘面上架木左梁兩边引以鉄索兩頭紮以石柱使舟剩此請開迷官升堂鳴鑼開舳放过府前三岐處有印山一座宛在江中前有八角亭扁茲韵漁歌又粤東会現扁光分省月北門内有鳳凰山上建北帝祠扁道陽北極有詠印山作化工陶鑄渾然上体成圓下体方石紐拖煙堪入手花茵襯水欲浮光汐分鳥篆行、密日鏤蟲文點、黃意者巨靈秘粤海長留待客任平章

到吾鄉伴信湖
十一日經螺子洞峯如螺髻洞有僧居住至昼山㐂范志能記
云桂林千峯皆旁無延緣自平地時立玉筍瑤簪旁列
無門時洪水初平水痕如抹因有
漓江紀勝一律
彩泉漱白掛朝曦破衲山僧倚洞門笔架嵯峩侵瑤漢花堤
迤運静平原媚人高嶺旋螺髻剪岸斜拖漲水痕影入蟾宮
分一半清光邀落到柳樽

鬭鷄象鼻終經　横江巳是廣城舳艫

十六日經龙花灘河边屹立两山俯瞰江心頸势盻睞似两鷄相
鬭因名鬭鷄山右山之腰有通天窟左山之腰有石如人頭口鼻
耳目悉具左岸上半里是刘仙岩扁松濤雲岫從洞門上三層
庙過魚梁亭猥級登岑照閣扁牽日蓬萊王皇宫之右石刻
刘仙岩大字首記宋嘉祐中刘仲遠先生隱于此壽一百八
十一歲洞中石刻養氣方

維舟陽朔城邊　山腰古廟名傳令公
一橋雙月邀風　斜暉鐘響來從鑑山
摩空峭壁嶙峋　彩泉掛白螺鬟擁青

初七日到阳朔縣城城有太阴太阳山一名父母山山麓有店祀
楊令公見存鉄笠一頂二層上層圓下層八角刻八卦象周
二尺許城北有双月桥扁双影邀風太阴山左有鑑山寺扁
遺教南華有詠阴阳山詩一首

荔水津旁古朔城阴阳对峙旨聞名月環螺髻岩扃邃花
従雲根石岦明𡘋挹風嬈鶯語滑江通鴈使鵲桥横施承
黙寓生〻意蕭桂叠鱗泉長成

初九日経蓼峽灘灘岸有一道彩泉漱白因紀

白玉誰將串一條鏗鍧珂佩響山腰若非織女猱雲繭定是姣人
㬥緒綃清奪銀河呑月鏡涼分蓼峽浸虹桥歸來應作南濵浪時

12a

岩蘚合簇花鈿斑鳩声自蘿叢出偕衲人從古道穿自是祀
連詩力健故移景色到征船

湛恩亭下維舟　翠分獨秀嵐浮漓江

十八日放閘移船至湛恩亭馬家驛那亭一面臨江凡迎
接詔書及官府迎送皆就此地撫揚錫紱手題湛恩亭三
字字徑一尺筆法遒勁內扁瞻雲就日亭左即伏波岩在漓
江边高千丈下有洞洞旁懸石如柱去地一綫俗傳伏波試劍
石山腰有三清殿環級而登上有挹翠亭又有玉皇閣閣旁
有洞攀緣可上望見城中官居民舍江中天水交輝岸備相
映真秀勝既轉左半里是風洞山外題疊綵奇觀門右石刻
云江山会景處門扁溪山一覽從大雄寶殿入石洞後有覌音
殿扁小潮音城中有越王甚臺故址尚存今已為省試之所扁
書大開文運省試後是独秀峯高可千丈峯上因勢設真
亭覌從右環級而登过平有蟲門拱辰門朝天門從轍上曰是
真武廟扁天門真文轉左皆連玩亭涉目四望繪畫不足及

大附子　炙甘草　雄黃

三味每鹽服一大錢閒之仲遠曰服此終身可無疾病有詠閩鷄山詩

形分鷄卵不知年江紫蔥雙棲望欽然石獅斜衛如作梟花冠峭

紫欲當前樹挺羽色鋪晴渚泉引鳴声上曉煙礪乃風情旁一

筆詩菴收拾到畫軒

又留題谷睒閣一絶

維舟剪徑上層崖叠香冲霄即綠苔俯瞰紛紛行走客此

身知是在天台

过包鎖塘塘上即象鼻山有洞穿过如城門然山嶺有石塔如

香炉樣十七日列軸軸下从右岸过卯照橋那是七星岩相傳有八

仙来中峯山半大開岩洞石刻岩洞爭奇洞口是真武庙岩

右是棲霞寺殿宇宏敞僧房鱗次盆植奇花異卉扁宏

開鸞鳥嶺楼上奉天主佛尊楼後有洞从左稍級登湛月亭

更有涼亭数處皆金壁雕鏤外有養濟院以居丐者並

係首任巡撫陳元亮捐俸修造有題七星岩一律

攀崖度徑上層巔恍訝星辰落九天峭壁雲侵排翠巘香

13a

又留題伏波岩

鬼鑿神鎚闢太初淹淙挹翠八窗虚高臨飛遠驱山近屹然

倫闲放眼舒日色如丹風定後花容似錦雨晴餘䟦䟦喚契征笑

巽水㵎川平萬井廬

又題諸葛祠

三度隆中漢盖傾大圖振缺吐天争華容寧赦曹瞞死魚涌曾

鋭陸遜生駐筆驛雲千古含籌亩堂月四時明下如張管高伊

傅尚友由人自品評

輶儀庸展芥将	逐闹員從筵箱具呈
次朝詰旦平明	押搬貢物先秤金銀
并将沇速稱斤	堂官犒禀十分足糧
宴儀載舉首韋	曾於撫院公堂肆筵

其巧峯々東面峭壁上刻南天一柱四字字徑三尺旁註海濱黃
國材題正南有張天師像土人以硃砂印紙售客又有定粵禅林
製泰高大轉右有洞石刻洞中天水車巷山上有孔明臺臺下
有孔明祠扁臧哉大儒立於大宋正和二年府学在城西有本
省登科題名碑又有蒙日流恩書院接省城一面臨江三面因
山有巡撫布按道鎮府縣分區而居九街三市商貨大聚屋
屋萬餘家自此入長沙可一千六百里首部至此始晒美蔘萋
入京城西有榕樹自唐以来歲久跨門內外盤錯至地生成門
狀車馬往来經其下今号鍾鼓楼又且獨秀峯因紀

獨秀名峯自以開忙尋竹展上嶙峋斜拖白々棠如带遠挹青々
側似雲魚躍恒因漓水浪花開先占桂林春風光攬入行人手
一笑怡熙動比辰

又桂江晚望

山陰白轉數峯青岸上人侵落照行鍾到辣時知寺遠山從谽
處見花明赫嬲樵担奄煙重摸酒漁舟逐浪軽笑語易低
天上日斜鋪竹箪月痕生

14a

五月十八日到桂林至六月初五日開船縣差催取民夫每船六
人一路弥山滿岸尽種松杉江旁土民多張幈壩置水車運水灌田堤
山岸花卉垂波如織錦俗皆以山石燒灰撒布田中云可殺蝍去草一
天到灵川縣城城東曰朝陽門有城隍廟扁不可度思城北名路江
東注漓江首有板橋前令王爾溥甃尾石偕之下開五闕門以通舟揖城
東有兌山下即兌帝廟洽前將山嶺上是諸葛祠扁相將神仙

縈廷船轉東行花縫鳥徑石橫波心
中流縱二尺滌水車布岸松陰覆墻
路緣滑石門康伏龍有廟娘娘有祠
陸經三十六餘馬頭一嶺常如亀從

自灵川泝流江心日淺經大融江口上竜門灘有娘娘祠过滑石
灘到馬頭山塘塘上有山聳拔峭阜遥望如馬頭行二三日循

庭中結彩鋪氈　卓兮漢滿盃傳瓔掓

三齣彝兮歌韶　禮儀卒度呈簫具陳

五月二十一日巳時臨桂縣堂扒下七十二夫搬運貢使號布政公署由中門入每貢金二十一錠銀六十九錠沉香九百六十兩速香二千三百六十八兩上憲俱穿蟒袍先取表箱來王畨開鎖列位看畢佐雜二員開貢箱逐一秤驗仍收取交領具鎖

六月初一日賜宴肉品共十六大碟是謂漢席其行隨分坐門外鴨雞各一槃豬肉貳方湯一碗是謂滿席酒至三旬唱兒二十人先祝一品當朝次祝壽比南山次祝連生貴子演戲三齣一天官賜福二齣甲封王三萬国來朝倫奏凳甫

六月

揆延曾巳淡辰　憲俾揲趂方民拽船

石灰撒布山田　過灘倏到靈川縣城

15a

女井山溪掠城流来甃石作桥用三竇通水左是流出首河
故道官砌石成堤上架石橋横用九竇令水有所洩以免衝
滃沓灵渠水自海陽山來九十里許到鏵堤嶺分派两岐北
流派湘江入洞庭湖南流大融江入漓水秦始皇時戍五嶺
命史禄鑿渠通舟史禄横鑿相江引陽朔灵渠々水瀑
眼二十四石桥十一伏波武侯時加脩治唐李渤又添丐扁向
有濂溪祠扁理學開宗有留題一律
一溪崇祠浸碧石潭星々鬪出灰瑞煙含海球戲水相拋温江
鏡涵天共蔚藍不盡圖書留正脉無边風月助高談神情
自可徵遺像青眼常如目道南
穿蘇家橋江左有石一座同閣大丈大刻彩来石三字又横
刻夜月潭輝經南陡有竜王祠祠右是分水亭
祠經堯女舜妻　鳴珂響撥野鷄瀑泉
自分水亭順流过何家陡行二十五里到鑼口廟江口石磯上
有石角廟廟祀娥皇女英二娘々扁帝德配華途徑野鷄渡

見諺云三十六陡七十二湾湾〻望見馬頸山可見江路〻迁摺也
那是秦史祿所開巻道盤旋屈曲首置石陡凡三十六乾隆九年
增加新陡七八處到大牸牛陡此入陡〻始过清水河口右岐一江
从孔明臺三十里外流來左岐是貢路所由者有其渠晚趋作
揭山日影鳥声多石竇透迟取次過巢〻鶴松香閔帝廟浙
流船掠桔槔車馬頭雲破濃於墨蟆陡波翻緑似羅譙響
忽高何處雨〻菴灯挑酒出村家
经十五陡至南康陡在大路陡左山上為伏竜庵亦曰佛禄庵

星槎穿石橋中　興安渠口原從秦開
江皐石騎飛来　野茶助景蒼苔護碑
一山地控洪支　亭名分水流岐東西

舟剥大湾新陡过芑家桥接竜桥娘〻桥萬里桥〻已延过兴
安縣城两岸肩肆臨流右有馬子石〻橋此處江水四分其右是雙

乙巳長安第四年郴州彼岸湧金蓮三湘水月空中色
五嶺山巒靜裡緣風引松陰涼寶刹日移檣影度晴川
盈階多少題詩石留
与南人借補天

途經青木金花
松杉櫞樟浮槎蔽流

兵書堆積山頭
村𥡴福是武侯留來

披攜景爲人佳
水舍碧暈山排脩眉

翌日自粟江承塘進發經青木塢灘了婁灘金花灘商人多結
木筏篷流而下至碌埠頭塘左有石壁臨流名沈香山望見
沈香木一座具在山腰人不敢取秤勾灘右有兵書匣石俗傳諸葛
亮兵書留今見於石凹處有如木箱丹漆高可数丈

阜頭纜繫溴磯
永州奉賛崇祠進香

右邊有石水出石彩泉
噴白四季不歇

妙明空色現前
景無榔月岐雲

佛稱無量俗傳眞身
全州此地是秦長沙

六月十三日到全州城州是古秦長沙地山川奇勝明張演有
八景詩曰柳山寸月湘岐旁雲盤石水泉羊峯霄南竜洞清
溪礁山石彩瀑合江曉漲赤壁秋瀅州城西城門外有湘山寺
唐無量壽佛卓錫之所宋高宗賜額光孝禪寺其塔賜額
妙明塔塔下奉壽佛眞身扁松風水月対睡之九字五山嶺皓乾
竹中奇色現前空即現前皈依憑你並蕨心來却信金砂猶布地
八桂三江粧成天外境佛無量壽亦無量圓滿有人彩録去
惟餘玉塔独泉霄有我國使臣禮部尚書張公詩曰乙巳年
生乙巳人再逢乙巳十三春當來亦乙重逢已五百年中得遇
因今亦留題一律

自從湘合流而下河道稍闊山川秀麗數里徑浯溪渡右崖
石壁臨流大刻寒泉二字浯溪乃唐元結卜築之所山有竹
石正方高一尺五寸色黑如漆以水拭之其光可鑑臨流有亭扁
曰唐亭近石鏡外有刻大字者長可丈餘深可一尺兩峯峻峭
中架一橋名引勝橋過橋登勝異亭有元公鑿石為樽
處因有詩一律刻石于此
補天架海撼多端爭似山頭作大觀崖倩餘輝光可鑒卷楷
牘馥秀堪餐雲章引出蒼青帶地影移來如玉鑑莫謂無
心偏徇客也曾徑照古人還
轉山而右過涼亭步凌虛洵下扁雲山韶濩山麓下是
元顏二公祠因有梧溪覽勝一律和副使阮恬軒韻
鶺鴒山上喚行舟曲折攀登遂此遊一鏡玄文留洞口三亭翠
影落津頭水從叢聚唯為白山到衡遮德是秋昨夜浯僧
應有夢使星卿月會副冊

臨江廟號河龍

欽〻鐘響來從祁陽

十六日灣船老阜頭塘望見永州城樓堞隱隱去此十里有府
官叶鎮零陵縣官同任自此已屬湖南仍伻通士入城督兆
三岐江口有瀟湘古祠勅封有德禹皇允德舜皇
内扁威鎮頭靈外扁功在平成

雙流水合瀟湘　布帆風徤花檣雲低

自分水嶺東使道所經為湘江自九疑山過永州流來爲
湘水合爲瀟江舟泊適當既望因有瀟湘月色作
䁥倜橫江日色黃泊舟和柳柔瀟湘蟾光振岸涵秋暈楚埋
隨天剎上方長鏡波寒々金磧碎麴塵彩散璐蒼茫盈野逕
屬山河影桂子
仍然自在香

波心翠影參差　寒泉總是梧溪三亭

浤樽石鏡留名　山看樓外橋橫空中

衡州城邑延袤有道官府官叶鎮及衡陽青泉二縣官同任
城南桃田鴈峯峯出如鴈々田得名山上有大寺院郎宇佛
初出家處扁山不在高又覺岸田翔城々東比有小江自文
明庸流來亦名蒸水合流處是石鼓山人傳諸葛亮首
宅山頂上是石鼓書院祀周子朱子呂黎黃幹等七賢最名
教泉地院後是合江亭偏緑淨不可唾亭右々洞刻朱仙
洞野馬鳴朝鶊鵠啼曉風唇京殊勝因題石鼓書院一律
衡岳精英萃楚天山外々青書院卓山巔千年道派留双水萬
古文風仰七賢夜照馮愚蒸燃太乙晰徵倩浪鼓長川分明
認是青雲路遠大脩程快著鞭

又衡陽穩泛作

皇沙汀疊々岡風光無限入平章冲檣落藻苔花滑碍楫人淪
漣荇帶長翠雲鶴分軌鍾素練璟波拂鏡湛層巒青々
認得衡陽浦安把煙尚效鴈行

順風直抵衡山

舟擲乙々柳鬟鬢恭々

葛多雲貢京粧　客舟到日他常帯來

祈阳城包山臨水有三間庙扁見而畏莫不敬又三清道院扁嘯月餐霞与三部尚書內閣陳大學故宅御扁照績畏謨隣岸有河竜庙俗傳鍾是廣東彩來此城土產細葛布上者曰貢葛亦曰雲頭中曰京粧葛下曰跂葛

歸陽庸傍江隈　縫針土產藥材價廉

二十一日经為陽塘过竜泉橋是為阳庸多賣好針隨人多置造回程日取又地出土参常春其價頗賤

衡州寶墖安尖　峰高回鴈花枯定禪

雙流山峙一拳　院名石鼓亭傳合江

平分翠黛新粧　藤蔓古洞風凉石盤

額曰道鄉理宗御扁曰岳麓書院自自卑亭摳衣而上入
成德堂扁題欽令太壺最後為御書樓登山一级是四箴亭
石刻程子視咱言動箴及范氏心箴山〻最高處各岣嶁山
有大禹碑七十三字下有蒼〻良否是尚書鍾仙巢首隱上有
吹香亭因有題書院一律
理學淵源係王張曾因覲闕詣書堂心同月影圓〻落道共
江流滾〻長宸用若欵隆县新𥀷新立言誰是樹津梁手提茶碗攜
畔翠冷到權奸熱鬧場
又題六君子祠
岳麓遙〻鶴下空滄浩一水浴常豊盎知高弟眩卑官曾憶先
賢有此風拾世格言留石碣斯文韻事在山陲楚雲暖晒秋客
老一笛聲從月色中

計程閱六月多　湖南甫到長沙換船

自正月二十九日開閱至七月初二日到長沙府城城有巡撫
布按驛鹽道府官叶鎮及長沙善化二縣同任街坊整潔商

衡山城亦都会臨江名通津門内有南嶽宮扁德普南陽又有
欧陽宗祠扁尚書名家城南三十里即南嶽衡山之煙霞峯
有李泌讀書處宋時有阮姓者居此子孫百口明士良有詩曰
鴈蕩鷄足無碑板岑有佳山人姓阮因賦望衡山作一律
烁煙萬僂訪蒲湘一望脩眉函遠蒼清賴平分孤磬吼明河
倒引瀑泉長老僧自喜哉雲定宰相偏因衣紫忙聞道佳
山人姓阮会仙橋
上幾徬徨

湘潭古狒湘南　猪皆純黑山含半青

二十九日経地仙臺至湘潭縣城𠓨湘門下街肆繁麗縣有錫灣
着俗傳陶侃逄釣處自我國諒山到此猪間白毛至此猪已純黑其耳加大

七月

包村練疊波經　吹香岳麓爭迎客槎

七月初一日経包爺廟扁一笑河清過牛頭舟左边山腰有岳
麓書院宋時郡浩貶官居此後張栻着公築臺朱子書

20a

波役影漾儒機　人於天座舟依斗傍

君山一望滄茫　臨流已是岳陽樓臺

湘門庴合亦處臨江有洞庭王庙扁熊湘灘泉這是入湖口
處自永卅二水合流至此入洞庭湖煙波浩渺今古大觀二十
日淌船經烏龜塘一百三十里至磊石山口土民多將阜崗
來賣六十里經鹿角陶朱故宅五里至萬石湖再行六十
里放鷗洞望天水相連上下一碧搓浅縱横於雲无霞影淌
君扁二山乎若浮動岳城宝塔漸〻高大直抵岳卅府城共有
二百四十里路長城於洞山岸置鐵犀牛以防水患臨江城門上
有岳阳樓宋子京建相傳呂仙三醉處扁一珀呂萬頃因

有湖陰晚眺一律

暈倒脩眉浸碧流鼕〻鼓響出城樓激波色淡浮孤
鶩鳥晴漲寒多宿白鷗曲〻江留神禹跡声〻樹報洞庭秋斜
陽夕照江村暮皎月隨風上客舟

21b

賃大聚書坊效十餘家其價頗廉西門街有賈誼故宅扁忠渫遂署後奉屈原像扁獨醒堂城西有八景臺宋嘉祐間所建初十日奉給官棧船三隻船製長七丈床只周十三尺两边客人行走內架樓分刀房雕刻漆飾加以畫彩用松木造蓋大徑二三寸自此入湖北八百九十里时秋思撩人因和副使阮話軒一律

利名路上此微軀南北東西不自由老母倚閭年欲半童孫提印未初周翻雖唯馬爭湾擢禿筆枯腸強應酬誰者嘆嘆雞午夢迂喬應是友声求

蔚藍鏡湛空天　蘆洲絲白紅堤浴紅

禹河水溜砂縫　此爲故道疏通入湖

去城九十里經新康市碼頭過彤関水色居花青白相映景色如盈有灣河口塘安河舞稍笛縣三十丈灣人傳是禹鑿湘江入湖故道

湘陰光倩嵐浮　洞庭月到初秋更奇

21a

又登岳陽樓

一簇層樓倚碧虛世間惟有畫圖如近城樹色簷留遠寺鍾声刹盖凍〻霧隱山容吞去鳥人從鏡面效鍚漁行〻雁字天边草毬是平安報信書

又瀟湘紀勝　敬古長篇作

絲過粵甸到全州水色滄洋山色秀老幹默雲風晚嘯寒波拏攀獲中流翠微度險來青犢晴漂攪瀾赳白鷗瑞霭浮空明古刹薄煙聚遠毬樵樓百摺岩棲青淺徑一池天影秉客拌雲霞引塔入層雷叢岸陪人來釣艇芳店鷄声曙鴉彩江郁杵御音泉流哽松林綴緑暮排袖海浪洽红朝曦映滄〻佃雨過蒺橋鳩音穿柳曉傍晓民田半向雲根鑿奈鼎曾将竹叢燒磐石一湫鼋露重彩泉千尺縈帆遥帝道可徵封有庫嵒圖難掩青苔菁叄昭崇祠拜阜禹尊水遺踪傳自古掉盤若芸帶蹤銀紋日緑雲裳穿金使白露彩迷半欲高黄花晚葳嫣如舞峋嶁碑文上十字翰林詩藁三百首角聲出自汗塘中時刹船窗客

286

又月夜觀魚

楚江美色已相於況復添來那裡漁半璧浮空天色淨一刁
剪浪棹声徐桂飄膝馥和芳餌蟳放寒光照影莫小藝
亦持生殺柄吾儒肖略竟何如

又題洞庭廟

鳩工閱有太和中亘古君臣萬瑞雷竜潢沔擺藍浮揀字藋
衡㩦翠上藤掩以尾可引青彰德乘木从知渙有功萬頃
安瀾馮心棹恩波普潤朝南同

又順風穩泛

爲我江神也世情飽帆舟向鏡中行雲把佃剪沙汀濶日色沖
開遠島山明一水光涵天上下孤霞欹影逐烏縱横中流黄蕃
討依壯小勺分湖入客艇

又过湖喜賦

寒煙萬頃碧浮空水路脩長一棹通却把精誠沖叠浪有將
忠信御長風影移柳油滄茫剣涅接浮屠只中舟揖本來吾
自具今朝須試濟川功

荊吳兩岸横流　南屏古跡武侯祭風

六十里过茅阜甸经石頭口右岸一带岡嶺直趣江填名南
屏山中一嶺稍低是諸葛武侯祭風臺有二十八小壕人傳
是竖旗遗址因留題一律

靠山岸南屏一带山求風依首七星坛分明貌鴨朝霞外摆動
竜蛇树影间有菓可医公瑾病無髿須独享老瞞顏驅使
尽平生技何似当初抱膝间

嘉魚一碧長空　庯岐金口轉從沙汀

軍山草木為兵　省分湖北府城武昌

又六十里到嘉魚縣城再行一百里到金口墳庯一前之地是金
磯上有淮山宝刹庭前白果拔異二樹參天左边仙蘆一叢乃
達摩祖所摘葦渡江遺跡嶺上有三層塔扁渡蘆蓋古蹟
一里左是大軍山嶺上有祖師殿扁千江秋月五里经小軍山

麥牖唐亭波欲吞峦影石堯天如姤月客野鶴翻花紅
擺捶朝煙破浪碧蒼葱罟魚槎傍為商棹迴雁峯頭
送晓鐘古今勝跡皆鴻雪蝌蚪苔蔓留一絶竹經竜孫蘚
裡圓鶴汀鷺脚枝垂灰衡山煙雨𢓭仙絃上国風光來使節
皆月灯人捧盆中花歸院僧挑拔頭月碧揺蕩蒸霧低迷
黛抹青〻碓翊肴野草緑囲黄酒店山楓㣼繪碧森溪
朱陵石洞名千古無水仙橋月一谿揮塵間吟天日落登高
平眺梵〻雲低差指銀山双面壁共襯錦湾陶侃跡拂屏烏过
遠山青当境魚冲湖水白彭湃波撼岳阳城曖昧氣〻無雲
夢澤分排摩掌詰盎中詩对景偏撩遠行客

羅山風捲浪迴　洄縈茅阜雲開石頭

二十六日開船六十里経羅山庯有感作一律

鋪戶朱門次第開茶香酒熟客浮盃江楓衰柔落烯客瘦
堤柳尾翻水浪迴隔岸芦花迷釣艇倚山雲物訪丹臺庯名
況是同吾縣対景偏饒遠旅懷

83a

山昔崔顥題詩李白閣筆在此多有石工製石玩售客

登臨四望萬井畢列因留題一律

王笛声殘一鶴飛江樓無恙八窗吹鈴和類響音天能語波

並煙浮地嶽秀景到晴餘堪入畫筆從擱後更無詩

白雲遙指西南外始辨

幾分可當歸

換船仍奉憲牌　亂流抵漢陽街馬頭

庸多錦緞斂衆　量隨放拾預謀禦寒

晴川尤是奇觀　雲封泰時花環蓬萊

右爲禹稷行臺　碑翻岣嶁字排蝌文

八月

八月初四日換船蔯江抵漢口廟〻係十四省馬頭人煙萬家

無貨不有有關帝廟制甚宏後扁羑支振倫常後有都天

五十里至湖北武昌省城撫督布按鹽糧叶府与江夏縣堂
同在城有涛净寺奉回々教扁欽定示天命又有古萬壽宮
扁声謚吴天楚之因題大軍山一律
大軍兜踞暾江坪峻宇危樓逐势成叢里人侍丁奉榮宗祠
碑記武侯营横流綠净殘秋色古栢晴圖出鳥声虾鷯漁斧皆齊
餅江山口占屬書生
題小軍山一律
遠濵吴郊拱帝京軍山萬古独留名連天横布風雲陣蕩鶩地
匇排草木兵大蔚爽声傳鶴唳長江浪鼓洶罍竈更異哀賣
尽々山僧話但作蓮華般若咱

一壺山水文章　儒乘鶴去花傍樓詞

省城西南漢陽門内有黄鶴樓々三層高十餘丈門刻鵲
崎雲連対聯云昼彷王維着色寫朱欄粉堞詩侍崔灝得
意在芳草晴川又有斗䑓阁々左石刻大鵞字轉後是
仙棗臺西北有鳳凰山東南有鸚鵡洲対岸是漢口鎮

24a

𠬠卒𢭸半櫻閉放碑仍帯名賢𦓡一磬空徐勝國音熟撿㝵

中含有意世洵陳是畫工深

題祖師長後小軒一律

大別山𡎝一𡓇小軒風光獨占一壺天仅[illegible]欲泆千峯色𦀚岸

𢭸浮萬井烟月下焚香研易理鏡中倚檻放漁船𧯄成

括尽荊吴勝把扇揺凉我亦禪

贈陶和尚一律

利名路上早回頭曾向叢林祭白駒漢沔青蒼分遠浦剖

吴濃淡寫晴秋棗炉火㕥丹初就松楊棋殘子欲收錫杖

乘凉宜遠眺村灯釣艇隔江洲

晴川即事一律

滄沔長江二水流龜山嘴上出彩楼翔空翬革傳淒穎波

白珠蕉納海毬古渡自分南比岸長早常遶往來舟漁村

酒店平沙雁偏倚閑干每點頼

彩毫俯瞰江津

黄卅勝槩蹟因人傳

25b

庵扁黃山別號景致如畫渡小江隔一重庯使是龜山古名
大別山山有菴得古寺寺後小軒扁餐雲卧月最宜
遠眺又從水路入鉄肉門上晴川閣扁云中江萬閣右有
禹稷行宮宮牆外左有順治時翻刻衡岳禹碑前有臨
水閣扁南薰時阜留駐七日整備宴具有樂肉帝畫一律
山西一綫續山東正氣昂藏岳瀆中寸燭灰亡千古旦單刀
雪冷萬人雄龕彩欲借荊州水虎嘯先揚赤壁風毀聖袂
龕淨易事清民利物最稚功

又題郁天庵一首　五言律

江漢從華地支提啟覺門補離青柳絮點砌碧苔痕
掠岸金風御音攪瀾玉浪喧抛毬送鯉躍背影落鴉翻
帆送煙波客灯明水月村趁墟聞古渡撒網向黃昏群
翠橋茶碗雙流淼酒樽高僧向似佛
邛春令丹元

又大別紀逞一律

霞翻曉日霧烟沉把盞和僧話古今近水綠分千弄色遠山

25a

十五日徑蒲溪口驛挨尋州有記汝中秋作
岸上金風喝道來廣寒閶闔九重開光浮楊葉銀成暈影染
蘭溪玉作堆萬里通宵同皎潔他鄉今夕独徘徊明年此地新
頭月已是相邀伴客回
十六日徑蘄州江中有釣臺地出白𡻕十七日徑田家鎮地在
党參二十七日徑琵琶亭亭是白樂天官江州時送客于城
西聞鄰舟琵琶声詢之乃長安老妓為作琵琶行後人乎
此建亭扁双雅亭後有奉侯县扁匡岩拱翠皆唐英指
俸所脩南边臨水建御書亭刻今上所賜福字有題琵琶亭詩
琵琶遺韻一亭新流水高山四望分魚唱影從蘆浦見鳳求声
自竹窗聞天邊度曲多為雁世上知音半是君小座憑欄欲
白雪横秋晚西暮江雲

潯陽界屬江西

青摇匡嶺翠遥巢湖

九江府古潯阳地接彭蠡倚匡廬为江西省上游河道九分
書称九江孔殷即此有府附德化縣同任城有陶潜宅扁志高

扁題鶴鵲惚眩　竹樓有記坡儒有亭

十四到黄州府城城梳山臨江楊柔繁茂有安備道府吋黄岡縣官全任到南京二千三百里城頭是赤壁山上有二賦亭扁悠然鶴鵲壬戌古閣泛述門壽前後賦右壁刻王元之竹樓記其右有坡仙亭有坡公像扁秋水伊人臨流名睡亭堂後高処有小亭扁山高月小柔覆登臨因有赤壁懷古作

長江一帶古留名料峭浴浴四望平風動水光吞逞嶠雨深嵐暴隱孤城寒鵲彩尽三分地晩笛吹闌二賦亭無事照人天上月家家不改前時明

又登竹樓賦

層層翠影度長流柔覆登臨話竹樓織女梳声鵠尾御音外孫詩句石碑留日分淡霧褐邀明月江借頹波補破洲脩竹琅玕如娟客黄金頭碎無歸秋

一弓梅柳抽青　琵琶舊譜曾經品題

26a

亭誰多觜容易低三下四看
再行十里是馬當灘唐王勃行舟一夜順風行七百里到南昌滕王閣記

江南一境兩分
龍山影入危樓
迎江寶塔摩空

安徽半壁界隣浙湖
雲遮道院煙浮吾忠
花間調鶴亦中語禽

安慶古舒州地江南省大政分巡撫与布按官居此有府叶与懷寧縣同任地界南接湖廣東控浙江北振江陵西及河南河岸有卧鎮國祠扁白雲前里城内有生根王皇殿扁竖金观維赫城盃龜山有余闕墓拾級而登从道院轉右是大观亭長二郎字石刻差善最集大字山嶺是吾忠亭亭刻曰余闕守皖七年百餘戰常曰當盡吾忠因以名亭城東有迎江寺寺役石塔七層高十八丈右是大士閣門刻紫竹禅林左是鎮皖樓扁海門練淨有留題吾忠亭一律

品潔西有白居易祠沿後有庾亮樓東有巢湖 即湯放桀

處 甫賣磁器多是御窯剩 物最為精巧

有九江郎事作

水到江西九派分風波丕涉此官身落霞孤鶩天边影绿柳搖

帆景襯人樓建元規曾駐月亭因居易故晉春廬山一望堪医

俗盗水停舟捂同津

律山日浸浮屠　大姑献媚小姑撒嬌

九月

馬當滕阁路遥　風姨曾效鵲橋渡人

九月初一日开船五里是律山石疏上有古亭塔昂然入望過八里

江口对右是鄱陽湖湖中有大姑山山上有室塔往彭澤縣城中流

是小姑山尖圓如削四面斗峻上有孤亭及神文祠对面下流有

彭郎磧俗傳姑神嫁彭郎因留題一律

造化爭奇有此山亭亭石骨聳螺环麻姑玉甲隨牙長歐婦娥

眉賽月彎紅葉敢風秋色瘦綿綃擺浪水痕丹彭郎宸

自王家套行二百二十五里左岸有刘妃庙门有石牌坊祀先
王妃孫夫人至尧灵頸不可窺伺淩江而右到蕪湖河口岸有
中流柱論高五層対岸是巡司稅廠地多鉄交刀及銀殊渡
菜入縣城可半里路

西梁樓逐勢成 天門日朗禪窩雲閣
順流放過巡瀾 江東門口仍灣使船

初八日行四十里到西梁庯庯頭即西梁山山南腰是至尊閣
轉上一亭題天門勝覽轉後有怒吴閣从左拾級登小洞天
奉觀音像幽比有竜王宮轉上一級有三府殿扁是景勝逢遠
対岸有東梁山二山対峙江岸如門登臨四望因題天門山一律
古往今來閱幾星天門半壁首崩名芃門白朗明黄道烟鎖
風涧見不清藏佛洞深留古跡為僧路險落窮声登臨此日原
非憂两袖翻翻八翼生
再行二十五里経采石矶上有謫仙樓祀李太白又有白鶴覓捉

皖城山上一亭張，絫覺登臨送此逞。古樹影隨敲佰月，遠峯
色映掛霞紅。寒欺柳岸涼如洗，風撼蘋洲翠欲浮。彈碣空
餘忠美弥，語人野
鳥故鄉揀。

㵄磯宛在江心　晴暉献寶潮音助神

初四日開船十里到㵄江矶，廣可小畝許，砌石建那吒太子祠，右
旁有大林樹，對岸山薇深松中有文貫公狀元祠，再行四十里
到池口浮衙一里地，有高公祿墓，墓前有清凡亭，五十里到王家
套，岸上有岳王廟，神像儼然，下塑秦檜夫妻跪像，因留
題一律
十有餘年樹戟功，名如肝胆日如忠，滿腔勁氣酬千古，一片孤
誠对兩宮，恨土有芝生吳檜，強天無酒飲黃竜，凡人尽為身
家計，誰是留芳史冊中。

劉妃廟峙河濱　蕪湖城外有毬廷司營

28a

江南古金陵建京之地環後舟山阻其後聚宝山當其前石頭三山
踞其右秦淮横亘其中（秦人鑿淮以斷王氣故名秦淮）城周回一百八十里内開十三門百
貨悉有市坊可百餘家有織造坊造船如織船有欄杆食卓綵
竹之声喧闤闠巷陌好盆景家養或至百盆以售客城中總督布
政塩道糧道角叶与江寧上元二縣同住首有八景曰鍾山龍蟠石城
虎踞燕子臨流長江天塹秦淮秋色白鷺春潮東山勝野報恩
古寺自此入京可二千二百二十六里城西南有清凉山嶺上有皇亭山
版是清凉寺扁教闌蓮峯山前有善度庵掃葉樓从三山街
北徽甫至城北是鷄鳴山山有寺中堂祀誌公像扁鷄鳴古蹟
俗傳齊後主与宮女夜游秦淮每至此已是鷄鳴時候故名城
南聚宝門外有報恩寺吴孫權所建塔高九層層層四面各懸
灯盞龕伏前香炉三副每重可萬斤内多寓星相者秦淮上有烏
衣巷傳是王謝舊宅其運糧船通計各省大半隻而滿萬亦造
送半船之樣因置公估貝徽紬留住一月一日有江南八景作
一壺光景十三門娟色分來上晓曦天塹長江連虎踞報恩古寺拱
龍蟠燕磯流掠秦淮水鷺渚波摇勝墅根滋牖晴漪工古跡有

月亭俗傳是太白放舟酒醉從水中捉月処四十五里到芝蔴河口有落馬渡即烏騅投河処岸左九里山灣処有項王廟大十里經烏竜巡閔从河口塘轉入小江到江東門石橋外住
八月十四日自浚口開船九月十三日到南京共一月程

南京古號衝繁　春潮白鷺龍蟠鍾山
冥迷高下欄杆　雲留几閣花攢纂機
家家盆養青松　卓排古董爐烘竜涎
書坊徽庯蟬聯　廣洋雜貨遼燕藥材
笙歌声閙秦淮　潮盈聚寶風回清涼
鷄鳴勅建道場　報恩古墖昂藏連雲

楊柳欲乏煙風幡般若侍僧偈香火三生征客緣可是幽奇
能索句山〻有樓外雨晴天

題燕子磯一律

文〻帆影自西東水白山蒼畫未工村塢參差青樹外梵家隱
約翠松中和霜蘆帶三分雪隔岸尾侍半里煙鷗看紛〻
鷗作隊隨波共失信天翁

二十五日出小河越楊子大江入一餞港汻到都会橋此是儀徵
縣城西門過頭閘二閘三閘与東關河閘〻役有報春樓
自此河道淺狹官置石閘障水通舟製如吳安之陡
自此沿途側無贅見

揚州棗騗繁華　江心顛窄舟槎塞流
地鄰隋苑迷樓　花鬚繫月梆毬拋雲

自儀徵到揚州六十五里〻路揚州古廣陵城街市稠廣亞於
南京穿城出拱辰門柳木參天可以千計有隋苑迷樓及二十

306

悵難与俗人言

題報恩寺塔

聚寶门前叩老僧摳衣穩步最高層慈雲每向危欄攀玉乳常於翼尾吟裊裊烟浮千香景新星星焰吐萬盞灯題名韵事得今古朝代從來幾廢興

又金陵懷古作

從天萬馬認來踪地闢南京王氣鍾厘持寶六朝空揣揣埋金一呂自忡忡竜蟠山麓松楸長虎踞城边草樹紅自信天心開正統士綿未可恨江東

暫留月又一旬
換船仍復照循舊規
飽風掠燕子磯
儀徵四閘𡢐時經過

九月二十五日換船移就旱西门七星橋下十月二十日開船經覌音山寺寺名永濟扁雲山月海山上有亭扁空江独立過通津橋是燕子磯初上水雲亭嶺上名俯江亭有題永濟寺一律

繁華此地有林泉傍倚雲根闢大千霜後美蓉多作態冬来

十一日

高郵寶應沿途

縣差撥取民夫摠船

十一月初十日到高郵縣城縣差丁夫三船共二十四人經水天寺寺前極
高大扁年兒室數行一百二十里到寶應縣城縣古名安宜有中洛
面扁佑我蒸民是祠祀信俗傳最䏻訪之重子者臨江有碧霞
元君賛八二重門左祀岳麦稷像殿內扁望岳明祀後樓扁圖通自在
香碧霞娘娘是泰岳禪神勅封天妃元君自此在在多有行宮登臨乘興因題

蓬萊仙島落安宜一派層樓倚翠微冬雪方隆堤柳瘦春機
暗動畫橋肥碧蔣亭芳銀河練淡霭交縫玉女衣最是清
奇堪惹客橫鎖遠鳥篆斜暉

淮陰今號淮安

江干是漂母祠

雙槐藥室家傳神醫

釣臺有碣御詩有亭

初五日到淮安府古名淮陰有山陽縣同治有淡淮陰祠扁国
士無双又有双槐李家藥室家右槐樹大可二圍扁樹比甘棠

四橋遺跡今往〻非得坐叙古鏡其天寧寺右行宮是大儒坊
中有董子祠扁高明光大甫有芍藥三十二種惟金帶圍稱者
不易得城南江岸有福緣寺扁唉不得他僧衆二百餘十月二十八日
駐此有揚州漫興作
四顧乾坤一軸圖繁華自古說揚州　江橫橋影虹吞霧楹側
灯光浪綴珠雲點寺陰涼覺院風敲紅葉夏迷樓環街
芍藥天邊月相訂
回來覓出鎮

邵司祠有露筋　名高海岳倩芬社湖

行七里到五臺山汛上有香阜寺扁名香潛梵六十里至邵伯
鎮昔謝安鎮此築土堤成田萬頃人懷其德比之召公故名對
岸是邵伯湖妓船可百餘隻十里至腴畚汛歪四堡三堡三
堡對左岸是社湖畔有露筋娘〻祠門牌題流芳今古殿內扁
節媛芳躅對聯孤獨行不愧湖边影芳躅猶傳海岳文俗號是
古之貞女暮夜不肯投人家野宿而蚊咬死祠祝是人急

初六日到清江浦浦有清河縣治不設城古邗江口有高郵湖
左牌清江正閘右牌清江越閘按明初都燕難於漕運仍
決黃河與淮河二水合為顯鎮名曰裏河以通糧道但水勢衝
孥上游頻娘每歲更鑿月河分流名曰越閘旁有御詩亭云
淮黃流濟費經營疏浚三來不憚行幾如堤防親指畫停
看耕稼桑功成今上亦有御詩刻于碑後分差江南南河等
処河道官統之於總督時加脩治使舟泊閘口下有詩一律
清江閘口柔行舟雲霧暗高春淡露淳古樹冬尾鼓吹以詩亭
暮鳥噪初椑村灯漁火添星色寺磬塘鑼咽水流新月不知鄉
思絆擬將詩與刹茶罭

使船穩泛江中　裡河四閘乘風進行

由清江閘至福興閘通濟閘惠濟閘（三閘總名天妃）又泝上三五里過出
裡河到外河南頭壩岸上有一夬鐵牛銘云鐵牛作鎮兮淮
揚永除昏墊報吾皇俗謂前代用朝築堤不就有鑄得鐵
犀牛鎮之其堤乃成

[illegible]經西湖灣臨流是漂母祠扁一飯千秋前有御詩亭𠌨
湖立大碑刻乾侯釣台與釣処郎城下之淮潭有題淮陰一律
與双寡一負才名計利高功亦世情飯有玩金多吾報漂動悲
爵慎漂恩程品畢自空塵緣綱信漂室煩帯碍盟愛境當尋
知早覺釣臺風月又誰爭

題漂母祠一絶

咄嗟一飯進王孫何似晨欵不耐煩立志本無兒望態千金
難買怨時言

清江縣治要城
黄淮水引通漕
功超神禹決排
秖今成憲式遵

閘通正越曾經累朝
三來指畫仰叨睿裁
農需賫濟商懷深仁
欽差河道分遞加工

喧起白鷗曉角吹閘揚墦浒祥云攤山々碧霞樓瞳々海畔扶
犧駁不許寒威到客裘

入江便是楊家　田多麯麥屋多茅茨

宿遷经過逑司　皂河仍上崇祠澈風

逾十里入支河到楊家庄泝流而上至楊家垈浒左岸接竜
王庙扁灵佑中河行一百五十五里经宿迁縣城々外有项王
祠有卢姬像在側扁英雄情種江皂左有寺侠禅林扁日雲
雲妙諦一路地势曠邈人村甚遠只有麯麥并他树木時於
兩岸堤上三四小廬盧或是堡房措落朴陋不有庯舍但堤路
间楊柳向北尔縣城臨流有宿関税務廠係是委員所管扁
宿迁縣関五十里到皂河口興盛老行衩皓金竜庙謝北𠍶自楊家垈至
此一百三十五里路庙臨黄河岸上正殿扁福佑崇河中门扁五色雲生

堡房矗列西東　舟憑纜進人從橋穿

暫於御壩駐旌　就金龍廟虔誠求風
摳衣登望河宮　雲濤似接蛟龍欲浮
縣官撥取小舟　殘先獲遂亂流濟河
外河右岸有御壩上有御詩亭〻上有扁〻有金龍四大王廟
扁安瀾効祉按金龍神姓謝會稽人宋末勤王大戰于呂
梁見空中有神兵相助夜夢天帝封爲四大瀆神沿右岸
半里有尾神廟牌牛勅封清和宣惠尾伯之神又有天后宮上
殿扁福佑河漕旁有皇帝行宮扁尾帆沙拱宮後有望黃河
亭摳衣登臨遙見水勢湍奔波濤似捲中流清濁相回田
頭裡河中帆檣戟列隱映在深柳中參差如登十一日清河縣
官取小船六隻衙遞渡黃河經刹中流老班以船尾向前以
　循因有黃河早汛作
謁子嵩祠便從流南風依首恙行舟挪堤霜重堆黃柔老土声

界分滕縣辛庄　魚臺文是南陽庯頭
玉龍鱗甲横鋪　地飾銀屑江浮水晶

二十五日經滕縣交界再行五十五里到南陽驛仟汗属魚臺縣兩邊皆湖即春秋将棠邑隐公觀魚于此二十里到東林閘河氷堅污厚已一只閘官已下木栅二重岸秩柳條蒿荻刻期封閉乃湾船于此有東林待閘作

四序分閘造化功言寡畨今已成冬朱提染出江湖色白玉粧來世界中揷漢蒼松偏翩節迎凡象弗欲鞭空者光走漏好消息先到梅梢露粉容

通司扒上濟寧　具將赵陸文呈州官
篚箱一体開單　夫車需用若干鎛詳

遥瞻望毋山巔　他鄉遊子夢纏白雲
梁王城古跡陳　是何朝代秖聞口傳

一路兩岸村烟左右各有堡房挽夫逐驛更換过猫兒窩行七十五里左岸上有望毋山棲梁王城堡俗滿山腰是梁王城不知是何朝代但存遗址

苔兒氷碍客船　山東嶧縣控連沛湖
條経夏鎮地頴　亭名泗上跡番漢皇

廿三日行十里経山東江南石牌界三里到苔兒庄庄属山東自此家多砌磚臺高可二丈平頭無起脊二十四日到韓庄廟過此左是沛湖即孺子濯纓处六十里到夏鎮廣属江南省徐州沛縣乃漢祖故鄉今有泗亭驛及泗亭渡帝昔為泗上亭長即此是日河氷猶薄嫩護送以小舸先行持杖打開岸々流散船始可進

初三日駐 公館五聖街杜朗亭家
州官供夕飯

中都月色平分
蜀山汶水東塵滾飛

初四日早行未全康莊驛州官供午飯亥到汶上縣西関亭郭有智家
駐縣官供夕飯汶上古名中都圣人常宰于此地有汶水其流如环蜀山
似鼻峙立甫頼有五壘竜一路地極曠鑑 公家隱約在殊柳中有山東塋塋作
魯東四望尽平洋地曠天低木影長塋色更无山嶺隔別村容多是
雪裝濃崔盤遠把刀殺孤屿鳥剪寒雲度比鄉郊外声牛皆
當知同鼓角話斜陽

東平海岱鍾奇
一門父子名題狀元

蓬萊座着神仙
視同分産私傳家見

初五日換夫車二十二輛馬七匹夫四十六人午到沙河鋪東平州官
供午飯申到州南関葛朋来家駐州官供夕飯城中有竜山書院鋪

十二月　臘天初二朝陽　棗林搬運行裝上程

二十七日伴送差人將兵牌勘合入瀋寧城呈過我使亦伴通事呈起陸文州官給車二十二輛馬十四丁夫五十人十二月初二日夫馬齊集仍告祭道路神辰刻起轎有起陸偶成作

收拾東西快着鞭直將衣帽鬭寒天里亭暗效分長短村酒類斟辨聖賢雖省野童看漢節扶棘古樹蔭轉軒柔依擢髮皇恩重又是男兒得志年

展眉鳧嶧交迎　馬頭已是瀋寧南池

沿途之右一望地是嶧山即禹貢所謂嶧陽孤桐者又有鳧山相傳伏羲畫卦于此行六十里至瀋寧州城城外是古南池

松吞杜少陵祠　碑鐫手跡扁書藎臣

有杜少陵祠御扁藎臣詩史祠左一石刻公送南池詩云秋水通溝洫城隅進小船晨朝降白露遙憶舊青氈

茌平六屬東昌
傒擕月媚酒房花凝

巫山雲逐片帆
長安立媪夢隨客遊

初七日早發午到銅城驛東阿縣供午飯戌到茌平縣城南街外胡松家駐縣供夕飯衙後声妓可二十餘店縣屬東昌府

東门外三里到馬家庄有唐相馬周墓有征軺戴月小律

差役貪路每揮戈鞭駱駝驅趂尸斜怪得姮娥鮮入意天边推出望舒車

天邊照乘有珠
馬鑾響月直趨高唐

崇碑盼子留芳
四賢竝駕比彊知名

城東山號雞鳴
田宣底事難評有惡

初八日早發午到南鎮集高唐州供午飯一路飛塵蔽天使轎

行裝或至盈斗衣服當用包封稍不謹者悉皆糜爛戴月

絺帳香尾通衢中有石牌坊刻父子狀元字其右柱刻之宗梁
灝梁固父子鼎元丕代罕有前有牌坊今其裔孫中憲大夫
廷禎謹重葺之停驂良久因有龜山書院一律得梁字
皇花十有幸到宮墻獻眼尾光明艷阳若引晴暉融雪案冰分清
味潤書塲春回海岱文峯秀暖入洙沂道泒香院以龜名知変
化千秌長羨作津梁

臺經管氏三歸
東阿縣界古為全齊
靈舍獅耳狼溪
阿膠藥品固非尋常

初六日早發經梁山泊馬泡泉項王墓申過首縣到華山壩
山多花石民制為玩器售客又經管氏三歸基臺基臺只有土丘未畝
七年夏立碑述其跡酉到扺閲街趙中富杏駐縣供夕飯去城西
五十里是阿井處昔有虎居西山抓地得泉飲之久化為人今取
以煮膠者按製膠法春揀黑驢飼以獅耳山草至冬取皮
以狼溪水浸一月刮毛汲阿井水煑

公打督郵處有分州偶吳作　依壁间韻
九重將命此年春三百如今有五旬遊節偏夜臨海岱山馬麃車塵
動星辰寒々塵劉楷藏新夢明月排宵同故人香煩顏祠三叏
廟概然懷古索吟頻

景州曾紫龍眞英才輩出冠紳世傳
雄文斗卿廣川崇祠一簇巍然城顛
扁題闡道醇儒遺容儼在炎圖幾更
曹家四代恩榮官皆極品功銘太常
兒孫聚匊盈床汾陽姑勝高陽讓才

十一日早行午到留智庸分州官供午飯經劉置庄々有劉楷劉
智々兄弟晉時人智字子房亦稱留置庄名本此戍到景州南門

而行亥到高唐東街宋天成家駐州官供夕飯東関右边有碑

刻脅明子守大字去城東北四里是鷄鳴山初田宣常遇異

人於此遺以一石吞之百日不飢有使軺趂月作

周原晄々華晴車遶覓尾光戕物華雪重酒楼揩簸玉霧滌古

栢樹菴紗天因夕雪青宮威淺旬到生明月色奢萬里賢勞臣子

戢前程待與闌人多

程兼恩縣德州　雲彩龍甲冰浮虎壚

蕭々驢背寒砭　排窓雲板侵塘冰輪

初九日早發午到腰結平原縣供午飯戌到恩縣南街李国掏

家駐縣供夕飯城西十五里有白馬營夏秋之打清晨輒見城嘉

人物林木蔚葱日出方歇蓋海市之屬初十日早發午到善水

甯方州官供午飯一路天長々盛寒々手不可露嚏津成凍鼻涕

流鬚皷須盛珠畾纍々如串戌到方州城西閔橋口李成葉家

駐城中有顔真卿祠与三義廟古昔大柰四樹在庭々中郎卧

87a

十四日早行辰到孙家庯庯頭有橋河名滹沱河從天津
衛流来路旁牌坊題恬波永度南頭題萬国輻輳北
頭題北拱神京午到商家林庯雨雪繽紛天色寒冽
停車暫駐向火因成小律
萬里天顔咫尺威虎爐竜甲染征衣出門便是風塵客
向火仍思煨芋時

河间雪擁華坪　旹為盜藪今成繁衝
治绳功在漢龔　俗移刀劍家崇耕桑

十四日酉到河間府城南関外華章家駐河間縣官供夕飯那
即汉渤海郡龔遂所守者城有瀛洲书院立教泰姓人縣所延以授生童

遂中村有闌張　蘢園舊址宮墻鼎[illegible]
任邱名以人傳　古稱勇將忠懸日星

外王璉家駐卅巳屬直隸省城文廟後有董子祠神像儼雅御扁

刻闡道醇儒因留題一律　和副使官韻

道統聞知屬偉人淡竜皆昼独公真懸河素抱淵源富交醴儂

唯諾親王盛雅追原有以圣經匕表豈無因家村卅堞千年廟

迭介憑車每問律　通衢中有石牌坊刻四世一品大字分

註户尚曹青曹暉曹元遂右御史曹思誠至今簪纓不絶

和鈴嚮音徹琹臺　阜城認是南街老行

十二日早行申到阜城縣東関池中姜家駐縣供夕飯城有

善陌亭昔嵇康孝琹於此亦名琹臺

城擺甬語斜陽　纵籠畝縣栁藏歸鴉

十三日子時起轎午到富庄驛交河縣官供午飯戌時到獻

縣西関徐文礼家駐縣供夕飯

張橋牌揭恬波　合氷渡漢滹沱得名

觀魚時備游歌　潭連月白鷗和夢眠

雄山雲湛層天　此為雄縣昔傳名區

十六日早發午到鄚州任邱縣官供飯自中路牌坊題步接蓬瀛歪大橋至趙坡口是處西連新安縣東通天津衛運河西邊置快船可千餘隻比口中砌石作山架木為欄制壺壯麗鉤之懸差曰來春皇帝巡幸觀漁于此再經三橋至月陌橋戌到雄縣南衛到得頭家驛縣供夕飯縣城外有小雄山雲髻糺縵甚是佳趣

踰尾橋至白溝　河冰雪滑海球涼生

不妨戴霧披星　馬蹄踏破新城橋霜

十七日早行踰雄関至尾橋四十里到白溝河關門題白溝古鎮即宋遼前分界処一路比風太急嘶馬不前日色曈々寒氣々愈甚亥到新

306

三皇廟倚孤城　追思寔本人情表揚
任他畫棟雕梁　别與較短爭長鄙心
十五日早行已到十里甫河間縣官供午飯申到閔外村衛左
有三姜廟扁姜若屆一門外大樹下有石碑刻古刻閔外袁園
結姜處因留題一律　和副使阮梧軒韻
全叉可成天長〻邁倫同胞羞殺古今人咸權爵賞兄而主南北東
西弟文臣但爲高光錦正統不知吳外有強鄰精灵長与山川
並萬古懸高仰圣神
戌時到任卯縣西街周嗣茂家駐縣供夕飯任丘古〻將軍
戰死於此墓在城西一里因以名縣街中有三皇廟塑羲農黃
帝像扁利用前民是夕天長〻盛寒〻偶成短律
湯婆媢客鬈烏髮使你西施西子看況是深冬三五夜〻求如覓月如環
趙坡一碣千尋　西通安縣東襟運河

十九日早行由南門入涿州城門刻対云日边衝要無双地天下繁
華第一州丕拱宸門外是娘〻廟宏麗其地已經琉璃橋橋西當流
中有方鉄柱高可四十餘尺倚插橋旁也橋西二尺許上分三枝俗
傳是五代時王彥章鉄篙用以撐船者誌云此蓋寘壓神蛟之物
俗傳者謬因紀
鉄可差篙莫乱提彥章故事總凡 昏除非行者隨身捧或是周
公測影圭萬古障波流水底双 枝挑月石橋西星槎觸処已成
句授却詩囊付小奚
由經弘恩寺左有行宮每春首御駕詣寺行香亭旁有老僧施茶院扁
蓮界慈緣是日到良鄉縣東関刘成家駐縣供夕飯

良鄉恰遇囬又　與他一路同來外城

囬〻国先頭人麁足華帽皮衣人甚雄壯色欲一如中国从陝西
來到此合路早經七層塔三十五里到長新店又五里至蘆溝
橋北岸左旁碑刻御製芦橋曉月詩接順天府院十里
至大井村沿一箭地路有牌坊向外題蕩平為壺向內題涇环

城縣南街魯家店店主顧家駐縣官供夕飯深夜擁爐偶成小律

宋遼此地昔屯兵皇路如今達使程熾炭重裀當雪夜計程每喜近燕京

途經漢宅樓桑　輧車倏到藥王廟頭

十八日早行五十里經樓桑廟是漢先主故宅有廟在焉留題一律

炎劉曾將暖律吹英雄天下讓雄姿服勞虎將關張弟綢繆龍人葛亮師孫氏桓文原亦假曹家舜禹竟成欺車馳馬驟當年事消得仙家半局棋

申到涿州南關街街頭右有藥王行宮製甚軒豁散步賞玩因步入西大店亦得張家駐州官供夕飯

逶遲朝發涿州　琉璃橋傍波浮鐵篙

此為鎮壓神蛟　彥章故物還教謬傳

塵中界闊大千　弘恩古寺地連行臺

次朝奉進彖章

數天文到部堂演儀

二十日巳時起斬至章儀门左轉沿城西南去八仌西便门入午到
南门街公舘公舘內建三堂後十间分左八房去亟右边一房三间
炷每间一房中堂五间两边分房御碑左々名曰土坑下通竈烧
炭以祛寒々長前堂是對聳住舘之左有尼姑庵比京景有八曰太液
澄波瓊島春雲西山霽雪金臺夕照玉泉垂虹蘆溝曉月居
庸叠翠薊门煙樹有土地廟每月初三十三二十三商賃湊會
阜城门外有永安塔高入雲々衣其々琉璃廟左京中都会氣賈人
叅者可二百餘家文昌祠前有銅驢傳是宣德所造以手摩之
色甚光润
國子監在京城東中奉
至聖先師孔子牌位有御書对云彖備四時与天地日月鬼神合
其德教垂萬世继堯舜禹湯文武作之師正门置宣王石鼓九
门外植進士題名碑右一區左彝倫堂庭右边有老槐壽傳是
元許衡所植乾隆辛未年其太再榮使臣入謁有恭紀詩贊

416

同執此是外城自此入京路皆砌石亥刻刹章儀門外萬興
店邢士貴家駐有順天貪賂作
逶遲同道趂征驂萬里天威咫尺顏絲竦橫江通兩岸翠眉
夾道露垂鬟塵紫車聲馳声溢月紺音金岔夜色寒雪句千
峯施將地春爲任我墅青冊
徑盧溝桥走筆
岩侵松花綠綠排徊跨岸橫空兩翅開不是盧生鞭石到定應王
帝駕虹來日常溶雪隨車轉冰丢封江待客回最是多情堪畫
處漪春破臘一枝梅
留題壁上一律
天顏咫尺伏皇威曙色寒光染使衣紫陌霜深官柳瘦虹桥雪擁石獅肥綱
温野馬留朝霧咿喔村鷄語夕暉地近京城多勝景鮮數賓旅至如归

二十一日黎明從章儀入南行大街

重門公館洞閙誌房分任安排私装

天顏咫尺不遠　龍亭進表丹墀呼嵩

丁亥乾隆三十二年正月初一日子時造仮仍燒煉炭入手炉車户詣候門前六輛五更初進朝至西長安門下車步行徑天安門到端門內沿右白石桥進至午門外大使引入右掖候直五鼓半皇帝御太廟殿出列輓道旁聞鍾声窰叩跪於道右駕过後起一時許遙聞鼓樂復跪迎駕是刻覲贅欽旨許我使進四品山与高麗同拜候戒由午门右阙到太和门轉从右貞度門入丹墀立辰刻聞皋器三声白皇帝升御百官排班進表行礼退班鴻臚少卿富尨等引我使跪丹墀正中右与高麗使橫列聞階上賛云伊脯伊官郎導我有步到品山上立天樂旁奏再賛云呀枯離我即跪下賛云磬書歎盧我即叩頭至地即起仍跪再賛磬書歎盧我再叩頭又賛磬書歎盧我三叩頭又賛伊離我起立先右足上又賛呀枯離我再跪又賛磬書歎盧者三次賛伊離我起立重賛呀枯離我三跪又賛磬書歎盧三次九跪九叩訖重賛伊離我起立賛脯綠盧少卿官導我少却一步

大哉道乎　磅礴周流　備於聖人　屬於吾儒
緬維
素王　實茂聖德　與天地參　以立人極
王振金聲　集其大成　上紹往緒　下述來聖
人也而天　陶鑄無跡　師也而君　袞冕有奕
出類拔萃　麒麟鳳凰　邱高鑽堅　江漢秋陽
堯舜以旦　商周吹打　生民以來　未之有也
粤從開闢有生民天地英華萃一人德備溫良恭儉讓道兼
堯舜禹湯文春秋史外傳心典鄉党塵中涉世津江漢秋陽渾
在涅恍如親炙得身親
二十三日進表二十九日赴鴻臚寺演礼使臣呈称願与高麗一
体礼左侍諾報云候旨
新年朔旦子時　午門待漏仍隨百官
鐘聲響入雲端　日開黃道星環紫微

贈尼姑庵禅師

佛将空刹鎮羅浮不二門中別一壺天手拍敲仙掌露枕梵音
潮湧海宮珠響杳來使館鐘声淡影入金臺月色孫我亦脩
行君信否同心致治下工夫

病後漫成

元陽此日覲天家退食寒威染素疮体每增衣猶覔冷獨換
到口已嫌多味酸鹹求調新藥炭合鮮柴燒宿茶愈後当寛
呼僕問秋今肥瘦較如何

留題公館作　五言排律

相維公館所占得一般奇水藻横花楝晴雲排叠榻地置品車響
脩軒露月光遲雪點糊窓粉榻低入户枝孫尾随客思爽氣到詩脾井囱茶乞
遊天爽火更宜栾依欲大德餘㝡部洪私独闬頻呼酒消閒坐鬪棋進退為參使應似時來

部因具本奏知
午門須賞賜依遵行

樂心宴後鹿鳴
登盤丘倚羅庭矜甘

横出侍立鳴鞭肇蹕駕西苑到宮館從卓庭前南向行望拜
礼是刻奉皇帝攽宴具桌每卓四十四器酒幹並皆御製衣

委蛇退食自公　澆書索酒批風揮毫
寒威徹夜蕭騷　凍欺禁樹冷敲酒旗

燕京盃寒常衣二襲三綿擁厚被閉門亦覺冷冽買辦東西
須館夫替行其價騰貴其水是滹沱河取其味不鹹須百沸煮

客思轇轕因有燕京八景作
燕京文物又繁華萬里觀光與轉賒瓊島山春雲西嶺雪金臺
夕照液池波庸関疊翠泉流玉薊樹烟月映河多少風情分
一軸共隨遠介到南訛

新年喜賦
昨歲每同珥水濱如今旅次又逢春氣從律轉山眉動斗指天
回茹眼新七十母添逢鬓雪二年我備帝京塵來春此日朝
元殿分並鸞行面聖君

433a

欽差礼部精膳司郎中良格誌講車輛夫馬事備車定例二
套者㫖二月五找三套者九两五找四套者十二月限至清寧十音
辰時欽差引車十四輛官夫三十人并馬九頭候查仍備舘夫搬
運行裝誌車未刻起轎從廣順門出依前來程初三日到清宁

有同程喜賦

十乘騈車出帝京周原四壮覔來程壁紗編認題詩処鴻爪重
經駐節城日把霞光施錦𦂶春將山色疊丹青客囊衣在
縫仍𡧲剩喜今年叠錦榮

途中偶作

直隸山東一路中　沙塵滾契滿天紅𩙍清日朗春常在郣渡梅
𦣰昼未工睍睆黃鸝多作態差池元鳥故為容媚人最是他
御月夜送鍾声度琯檐

清寧登舟

東𩙍鮮凍水潺〻客舫仍從故道還畢〻數声雜岸檝青〻幾點
近家山睡眼攤飯心常靜酒可流書意自閒只是𠊛𩙍為索倫
惟餘𩙍月与平安

使臣公服庭參　稱觥遜席歌三拜重

二月十五日礼部官於午门外御道左列卓上陳該賞各邑巳刻堂官引我使就御道右行三跪九叩礼畢退班却立八九步使臣跪下賞賜科欽頒國王大蟒緞五疋粧緞五疋帰五疋倭緞五疋閃緞六疋表緞二十七疋裏緞二十七疋共八十疋陪臣㨿手加額行人領取出御道边旁祗再唱頒賞員陪臣科吏再将表緞各六疋裏緞各六疋紗各二疋羅各二疋绡各八疋每員二十四疋陪臣加額付隨人以包袱包裹又有賜於从者頒訖再行九叩礼趁出仍就礼部堂会宴堂前右設卓陪宴礼部官率我等共行九叩礼仍入坐堂正中版上宴具三十六磁先乳茶一旬陪宴官奉手加敬我使隨之又有黄酒三旬並用銀盞宴訖並向卓前行一跪三叩礼

欽差隨到館中　旨頒回國仍同報明

仲春既望起程　陸行滙到濟寧就船

44a

途中原隰皇華　曾經一面又何主賓

山川似看風因　再留鴻爪重新舊題

三月二十七日回到南京後駐江東門口有亭門泊舟作

石頭城下又維舟烟雨秦淮憶舊遊清曉霞光明刹境作晴山

色翠屏圍滿城花卉佳人館圍寺松連寶塔爽畫目西南彩

鳥外白雲深氣是雖州

四月初四日換船以公貨未完留駐二十二日欽差日夜督閘遣備

小船入三山街先當書店取上年所寄衹裝變運就船并請

鎮江礼稍尤淺計四月二十三日開船有開舟喜賦作

纜出江南紋客程尋拔宿諸協家庵理鄉路上蒙鑾處祈竹

階前喜見生緑雨潮古日時抖擻白雲烟嶂曉分明欲思緒地

覓閩里舊里東凡一揮程

任教月徑松溪　許多名勝都隨筆中

三月初五日往仲宗茂石山年上有仲夫子南扁聖道干城封壁云
治賦其才升堂其德七十國追隨無倦長為聖學之干城先濂表
而列賢科有自棨笑百米是孝結鑄是忠二千年祖宗常新允
作帝王之師表垂顔曾而曹世爵不亦宜乎□□因留刻石碑一律
魯人無論泉行行春積彩西過德光負米枕親路琴桑乘桴與子與行藏
在學多敏千秋秘列崛種生萬禩香怡植斯文天未喪吁文分四水袁流長

春容繡繪山川　花迎馬首無傳好音

順流穩泛江心　前來二日只今一程

綠堤榔眼垂青　澗經十八地程兩河

三月十七日自清河南入甑支有禋河蓄甚作

黃淮泥汴水源源引攬人声闹喑返與嵗光吞桂𩈘花阴浪
影印湘淉眼閘堤㭲涛如洗舌轉春含語更繁行色不隨
天色暮棹声嘔軋到前村

遠浦拓漁疆衫衣操纓鄰邑業郴衡望連蜀相帆蓭渡仙翁

原有意暫留詩客續佳章

六月二十五日未刻從岳州拔到南津其地駐下孔蓉湖有河寺紀勝標

歌壁閩神功不說軍往洋戶浚滙戮漢雖實浪接難為滄洛日盡遊

姑舜天關斷四山擴留遙牧羊步得有書傳平蓋乃借浣湘色岸

泣關汀婿客船

七月二十五日清湖駐湘陰縣城有清湖喜賦作

詩多黃色上眉尖兩日猶持一日愁橋邊漁述江內內柳因餞別

緑歲歲客使岳去來時猶月啟雲中幽日高括盡物華天生地

囊中詩富不偏兼

長沙換木馬船

衡山亦是衡門

十年空弊貂裘

帆歸遠浦照懸須村

懶殘多嘴長源出頭

山人李邑鄴侯新名

466

吳淞萬頃浮空　剪来半幅時供妥毯

道由湖北湖南　絺綌擺練布帆呼風

恬波穩泛湖中　繞過鹿角直通雲田

五月初五日駐嘉魚縣港口浮張次再逢端午因紀事呈二副官

雲擁黃旗禹楚天客中端午又今年當分鍋瀨清蛙灼熱泥香酒

依衣御烟池遠俗的同南素風高我亦開征船從樓桃翠榴饒

喬吏把前詩段戲聯

二十六日回到湖北武昌城六月初二日換船有武昌即事作

長江萬頃浪連天昔往今來恰一年又喜公亭蘧諸士話餘詩義

納訪征船觸積雷遙山搖影雁翅風敲網鼓鼓何物把來謠

垂雲同鶩在有回仙

初五日開船時決水橫流衰田悠邑吳舍武下潤尾有金鐵待尾作

横鋼白鷺鼓南翔舟奔畫山樓山岑客天歸箕宴登月影水侵

次朝會餞欽差
披心別語淘懷酒樽

報聞委勘二員
汚牌飭下跪船查明

只揀車器硫磺
仍收甘結申呈上司

个月初九日回國是夜初四日回到桂林府城初六日投遞呈文它轉報左江道
作急报来本国預先差員候閱上接領
縣堂差人過船报計公私箱出用并所採買書品貨各目
査劍欽差官餞送使臣到此乘興廣西治官仍從陸路回京奏侍
初十日公服入城餞欽差官回朝土宜十二色許家人銀十两
是日撫台牌下委臨桂巫堂湯登发經丑代王林跪船勘
寔家收甘結單文道內取書十餘部并要買銀價依我所計詢
臨道官牌給木馬船共十五隻

換船擇吉言歸
煙濤平穩月肥蒼梧

秪今萬仞攢青　雲閘方廣橋橫望僊

同七月八日本閘是初八日經衡山一覽亭傍縣城駐有閏月七夕作

河橋鵲幕隔毛橋天借佳期両度逢乞巧村已忘未歇行好行舞文登樓

題合江亭依松泉刻石韻

瀟流鏘淨一拳山古樹參天蒼影閒牧豎漁翁相對話声々出自亂叢閒

衡山感作

叙到衡山弟攸攸舟中感客未曾見欲尋幽沈常囘巷怡起予瀟樂者模堂有萬字塗思忌哉逢閏月稍尾泥沙洲细艸針分路認是香梅艇眺時

三旬已到興安　順流倏過靈川地頭

桂林城下維舟　禮將奠贄誠輸獻芹

因投領報公文　併閘書目轉申撫臺

等領取弓箭人三名渡河回國宣化府令夫役五十人沿途遞備替
二十一日伊等過關十月初二日到京十五日通事探得公文擇
以十二月十二日啟關得报同船有新寧道中作
桂水梧山越向天來程京邑正依時平吾慣爲忍辭力造化都为
一毫權使馬剛進歌樯星沒星常傍現雲边東西兩岸山禽語
我亦中流堅我船

麗江再覓來程
九天俄到太平歲津
仍查江道公文
定於十月下旬啟關
舟行經過邕營
當高自本國還恕居
逢间抵得家書
家門康吉家慈平寧

九月二十二日到太平仍駐二十九日有左江道公文改於十月二十
六日啟關十月初一日守隘家人譚勝遞本国擇鄉家始開本國謂

八月十五日到平樂府城有振吹逢秋作

秋心似火不成眠况復中秋月正圓爲賦逢春消此夕強揩好景意懷當年光含達浦送漢店影入長江過西來船異域相逢經二度從今長對在南天

自昭平縣城而下經三百三十六灘有梧江紀事作

灘外灘灘被經知水程經曲每每曉頃流已歷千山過小泊稍攤一攤逞消險從分前度經下灘仍見苗瑤詩向中領略江行趣而洗蒼梧月半規

二十五日駐藤縣是日本國而已係九月感時仍賦

也非因養也非貧爲志功名爲事親年矢每催逢此日心經友拂倍傷時况無五日兼二雅味况後千山萬水身家婦慣知遊子意采蘋應在洞南濱

南寧暫緊行舟　預望前路早途赴京

九月我國是日九月初十日面利南寧府衙前木南門外駐十二日公同陪□敬與投礼部咨文西兩付通事問春致中吉院寺

八天已達皇都　龍雲會合相孚一堂

十月初一日回京復命初七日到愛慕村府長慶家駐初八
日奉寄中男單讓迎渡珥河即詣。府門寄拜是日暮仍
就鳩堂寄拜。皇上尚不得臧宿有回朗自述一律
世故人情自暸然别孔求勝与争先分乘緯濯平織口功未書曽
無扎聊莫説经綸謫取春言衣食亦隨緣従今九載经三考
已是初冬請老年
二十九日以奉使劬勞往劄上年陞戢二次又頒伯爵
十二月初一日午　旨同家省覲初二日起程初九日到家有䖋作小律
名齒既逢中遑宦身鄉音依舊白頭新身來童稚隨車看
問此翁何處人

平安是我私裝　圖書侶洗衣裳如彬
當空皎月一輪　昔携入覲今因載還

忽矜行到𡶀邑高村亇監家人黃高訖𠬠𡨸具過平安京書来
并鄉芙諸𢪀物講𫢩是在京家婦去家信文復上開何延

早途𢴑自思明　啟關直抵團城換夫

十月十二日到寧明州卅前塘灣船留駐共十二日至二十四日辰時
起陸回国是夊旺受𢩣城二十五日駐幕府二十六日四更𣈜㵢五
更𣈜𡗶黎明振南關家人黃𠳨支等𩄲城㕵会有孙伴送詩一律
勤苦臣戟不辞难一路重層兩嶺間水國山关同玩賞𡗶𢖖夊
共鑑柜比𩈘馬首君𣎏㵢午指軒車我度關此别莫愁江潤隔
天边啟月一輪看

同關各賦

三年𩃳𦋦𠊛相隨𥪝𦋦南關皆為同答𠳒𢗼鄉語迍邅迎𢖖𢬣小人非風
關𡶀𤻓明黃道路隔東途上𢪀㗂𢶸夫則禅𡗶子去底前仍掛寄紅衣
午刻啟關我使謁竜真亭訖度關使𠓨官納甘結七十五道会装
移度甫出関外奉工番衙門粘取𢖖𠁑藩臣扒取民夫指軒
西刹團城副客家住𠁀貿官照例引丁夫五十人来代备夫故仍留四天

沿途點綴江山　卮言集古筆端有神
也依歌譜直陳　雖耽亦是效顰聖經
六三含章可貞　或從王事無成有終
此皆押韻之工　陰陽節拍就中取裁
公餘聊助吟懷　命名奉使燕臺總歌

奉使燕臺總歌終

弟子紅蓼阮[illegible]旺督刻

國家圖書館出版品預行編目(CIP)資料

皇華使程圖/阮輝美主編. -- 新北市: 華藝數位股份有限公司學術出版部出版: 華藝數位股份有限公司發行, 2021.11
面； 公分
ISBN 978-986-437-193-8(精裝)

1. 中越關係 2. 外交史 3. 史料

738.34 110015381

皇華使程圖

學門主編／許怡齡、阮蘇蘭（Nguyen To Lan）
主　　編／阮輝美（Nguyen Huy My）
校　　註／潘青皇（Phan Thanh Hoang）
責任編輯／吳若昕
封面設計／張大業
版面編排／莊孟文

發 行 人／常效宇
總 編 輯／張慧銖
業　　務／吳怡慧

出　　版／華藝數位股份有限公司　學術出版部（Ainosco Press）
地址：234 新北市永和區成功路一段 80 號 18 樓
電話：(02)2926-6006　傳真：(02)2923-5151
服務信箱：press@airiti.com

發　　行／華藝數位股份有限公司
戶名（郵政／銀行）：華藝數位股份有限公司
郵政劃撥帳號：50027465
銀行匯款帳號：0174440019696（玉山商業銀行 埔墘分行）

法律顧問／立暘法律事務所　歐宇倫律師
ISBN／978-986-437-193-8
DOI／10.978.986437/1938
出版日期／2021 年 11 月
定　　價／新台幣 2,500 元